hegau

Zeitschrift für
Geschichte, Volkskunde und Naturgeschichte
des Gebietes
zwischen
Rhein, Donau und Bodensee

Themenband
»Adel und Herrschaft«

Jahrbuch 70/2013
Hegau-Geschichtsverein e.V., Singen/Hohentwiel

Autorinnen und Autoren

Hildegard Bibby, Konstanz, Historikerin
Wilderich Graf von und zu Bodman, Bodman-Ludwigshafen, Dipl. Ing. agr.
Helmut Fidler, Konstanz, Historiker
Prof. Dr. Gerhard Fingerlin, Freiburg (Breisgau), Hauptkonservator i.R.
Dr. Jürgen Hald, Konstanz und Singen, Kreisarchäologe
Dr. Franz Hofmann, Konstanz, Kunsthistoriker und Historiker
Wolfram Janzer, Stuttgart, Architekturfotograf
Reinhild Kappes, Singen, Stadtarchivarin
Dr. Friedemann Kawohl, Villingen-Schwenningen, Musikwissenschaftler
Wolfgang Kramer, Engen und Konstanz, Kreisarchivar
Dr. Fredy Meyer, Stockach-Wahlwies, Oberstudienrat a.D.
Dr. Arnulf Moser, Konstanz, Studiendirektor a.D.
Emil J. Mundhaas, Konstanz-Staad, Ingenieur
Dr. Inga Pohlmann, Rielasingen-Worblingen, Literaturwissenschaftlerin
Sibylle Probst-Lunitz, Radolfzell, Historikerin
Alexander Röhm, Konstanz und Watterdingen, Historiker
Christof Stadler, Radolfzell, Schulleiter und Historiker
Dr. Edwin Ernst Weber, Sigmaringen, Kreisarchivar

Impressum

Schriftleitung: Wolfgang Kramer, Kreisarchiv Konstanz, Postfach 10 12 38, 78412 Konstanz, Telefon: (07531) 800-1901, Fax: (07531) 800-1902, in Zusammenarbeit mit dem Redaktions- und Programmausschuss des Hegau-Geschichtsvereins. Redaktionelle Mitarbeit: Dr. Franz Hofmann. Korrektorat: Sibylle Probst-Lunitz M.A.

Die Zeitschrift HEGAU erscheint jährlich. Sie kann über den Buchhandel oder bei der Geschäftsstelle des Hegau-Geschichtsvereins zum Preis von € 27,80 bezogen werden.
Mitglieder des Hegau-Geschichtsvereins erhalten den Jahresband gegen Entrichtung des Jahresbeitrags.

Erscheint als Buchhandelsausgabe bei MarkOrPlan Agentur & Verlag; MarkOrPlan Hegau-Bodensee, Bahnhofstraße 43, 78224 Singen (Hohentwiel); MarkOrPlan Bonn, Schmittgasser Kirchweg 54, 53123 Bonn; E-Mail: Info@MarkOrPlan.de, Telefon (07731) 977150, Telefax (0 77 31) 977151

Geschäftsstelle des Hegau-Geschichtsvereins: Rathaus, Hohgarten 2, 78224 Singen (Hohentwiel), Telefon: (07731) 85-239, Fax: (07731) 85-882244
info@hegau-geschichtsverein.de, www.hegau-geschichtsverein.de

Mitgliedsbeiträge Deutschland: Körperschaftliche Mitglieder mindestens 50,00 €; Familien 35,00 €; Einzelmitglieder 25,00 €; Schüler und Studenten 10,00 €; *Schweiz:* Körperschaftliche Mitglieder mindestens 75,00 CHF; Familien 55,00 CHF; Einzelmitglieder 40,00 CHF; Schüler und Studenten 15,00 CHF

Bankverbindungen: Postbank Karlsruhe (BLZ 660 100 75), Konto-Nr. 91 790-756; Sparkasse Singen-Radolfzell (BLZ 692 500 35), Konto-Nr. 3 008 075; Schaffhauser Kantonalbank, Konto-Nr. 582.463-0101

Satz: Setzerei Schumacher, Radolfzell
Umschlaggestaltung: Christine Winkelmann, München.
Druck: werk zwei Print + Medien Konstanz GmbH
ISSN 0438-9034
ISBN 978-3-933356-69-7

Die Herausgabe wurde vom Regierungspräsidium Freiburg gefördert.

Baden-Württemberg
REGIERUNGSPRÄSIDIUM FREIBURG

Inhalt

Höhensiedlungen der Völkerwanderungszeit vor dem Hintergrund der frühalamannischen Besiedlung im Hegau

Von Gerhard Fingerlin, Freiburg (Breisgau)

Die Archäologie der Alamannen in Südwestdeutschland, also auch im Hegau, war lange Zeit ganz überwiegend eine »Gräberarchäologie«. Das hatte gute Gründe. Vor allem reiche Grabfunde, etwa aus Güttingen, faszinierten Wissenschaftler wie Laien und regten zu weiterer Suche und Forschung an. Dabei war die Vermehrung des Kulturbesitzes und dessen museale Präsentation ein ganz wichtiger Aspekt. Auch waren die Begräbnisplätze leichter auffindbar und einfacher auszugraben als die dazugehörenden Siedlungen, die wegen der großen Flächen viel mehr Zeit und Arbeitskräfte erforderten und in der Regel auf den ersten Blick keine spektakulären Ergebnisse brachten.

Gebäude aus Holz hinterlassen im Boden nur Spuren, die man ohne planmäßiges Vorgehen leicht übersehen kann: erdverfüllte Pfostenlöcher und Fundamentgräbchen, kleine, ehemals holzverschalte Erdkeller (sog. Grubenhäuser), gelegentlich ein Brunnen, mit etwas Glück auch Spuren handwerklicher Tätigkeit. Meist ist auch das Fundmaterial wenig auffällig: Scherben von Tongefäßen, wenige Metallobjekte wie Messer, Sicheln oder Werkzeuge, dazu Speiseabfälle in Form von Tierknochen oder verkohltem Getreide. Und doch erhalten wir aus solchen großflächigen Grabungen eine Vielzahl wertvoller Erkenntnisse zum Gang der Besiedlung, örtlich wie regional, zu den verschiedenen ländlichen Siedlungstypen (Einzelhof, Weiler, Dorf), zu den Hausformen oder zu gewerblichen Einrichtungen, die uns den Stand der Technik anzeigen: Schmelzöfen für die Eisenverhüttung, Töpferöfen mit Resten der am Ort hergestellten Keramik oder wassergetriebene Getreidemühlen.

Im 7. Jahrhundert liefern Grundrisse kleiner Holzkirchen erste Hinweise auf die im Land sich ausbreitende kirchliche Organisation. Wir haben es also – anders als bei den Bestattungsplätzen – mit dem Lebensraum der Bevölkerung zu tun, die als Bauern, Handwerker, Händler, Krieger oder adlige Grundherren, seit der jüngeren Merowingerzeit auch als Geistliche, Spuren ihres Daseins hinterlassen haben. So stellt die Siedlungsforschung, nachdem sie deutlich intensiviert werden konnte, neue Quellen zur Verfügung, die es erlauben, immer genauere Vorstellungen von den Lebensbedingungen und ihrem Wandel in der frühmittelalterlichen Alamannia zu gewinnen und damit die Aussage der Grabfunde zu ergänzen, gleichzeitig sie zu erweitern und zu vertiefen.

Eine durch Lage und andere Besonderheiten auffällige Siedlungsform geriet schon recht früh ins Blickfeld von Heimatforschern und Archäologen: die wohl meist befestigten Höhensiedlungen der Völkerwanderungszeit aus dem 4. bis Mitte des 5. Jahrhunderts, die nur vereinzelt (nach Unterbrechungen?) auch in merowingischer Zeit und wenig danach in Benutzung waren. Als dieser seit den 1930er Jahren bekannte Typ, nicht ganz glücklich auch »Höhenburg« genannt, zum ersten Mal zusammenfassend behandelt wurde, ging es um 13 gesicherte oder vermutete Anlagen, von denen nur wenige in der Nähe der spätantiken Reichsgrenze lagen. Bis heute sind zahlreiche Plätze dazugekommen, darunter auch im Hegau, an Hoch- und Oberrhein, also unmittelbar am Rand der noch intakten römischen Welt.

Bevor wir uns etwas näher mit den beiden wichtigsten Anlagen im Hegau, auf dem Hohentwiel und auf dem Hohenkrähen, befassen, ist noch ein kurzer Blick auf den Beginn der germanischen Besiedlung dieser Region zu richten. Mit dem Rückzug Roms aus den »agri decumates«, dem rechtsrheinischen Gebiet hinter dem Limes, stand das Land für Zuwanderung offen, auch wenn Teile der provinzialrömischen Bevölkerung diesen Exodus nicht mitgemacht hatten. Auf jeden Fall begann in dieser Zeit, Ende des 3. bis Anfang des 4. Jahrhunderts, ein neuer, von den Einwanderern geprägter Abschnitt in der Geschichte Südwestdeutschlands.

Das soll uns aber hier nur unter einem seiner vielen Aspekte interessieren. Beim Vergleich mit dem Siedlungsbild der römischen Zeit, das geprägt war von wenigen Städten mittlerer Größe, von Kastellen mit ihren Lagerdörfern (canabae), kleinstädtischen bis dörflichen Siedlungen (vici) sowie zahlreichen, inmitten ihrer Ländereien gelegenen Gutshöfen (villae) fallen die Veränderungen sofort ins Auge. An erster Stelle ist festzuhalten, dass der Steinbau keine Fortsetzung findet, sondern überall durch den für die Einwanderer traditionellen Holzbau abgelöst wird. Neue dörfliche Siedlungen entstehen jetzt, wohl auch Einzelhöfe. Während in römischer Zeit bei vielen »villae« auch Straßenorientierung festzustellen ist (Warentransport, Marktbeschickung), spielt jetzt für einen neuen Siedlungsplatz eine günstige Verteilung von Äckern, Wiesen und Wald (Bau- und Brennholz, Laubstreu, Eichelmast) die Hauptrolle.

Genauso auch im Hegau: Gelegentlich, wie in Büßlingen, knüpft man an einen zerstörten Gutshof an, der durch seine erschlossenen Felder, nicht aber durch seine Bauten von Interesse war. Dörfliche Siedlungen, wie die im 4. Jahrhundert entstandene bei Ehingen oder die etwas später (?) gegründete bei Watterdingen, zeigen, dass sorgfältig gewählte Plätze gute Entwicklungschancen boten und über Jahrhunderte hinweg weiterleben konnten. Für andere Gründungen mag der Zusammenhang mit einer »Höhensiedlung« ausschlaggebend gewesen sein.

Womit wir wieder zu unserem Hauptthema zurückkehren. Was für den ganzen Hegau gilt, dass wir nur einen Teil der Siedlungsplätze kennen, hat auch für diese Kategorie eine – wenn auch eingeschränkte – Gültigkeit. Genau genommen eignet sich jeder Hegau-Vulkan für diesen Siedlungstyp und tatsächlich gibt es einen – unsicheren – Hinweis auf den Hohenstoffeln. Wichtigster Platz ist jedenfalls der Hohentwiel, geringer in seiner Bedeutung der Hohenkrähen. Auf dem Schloss-

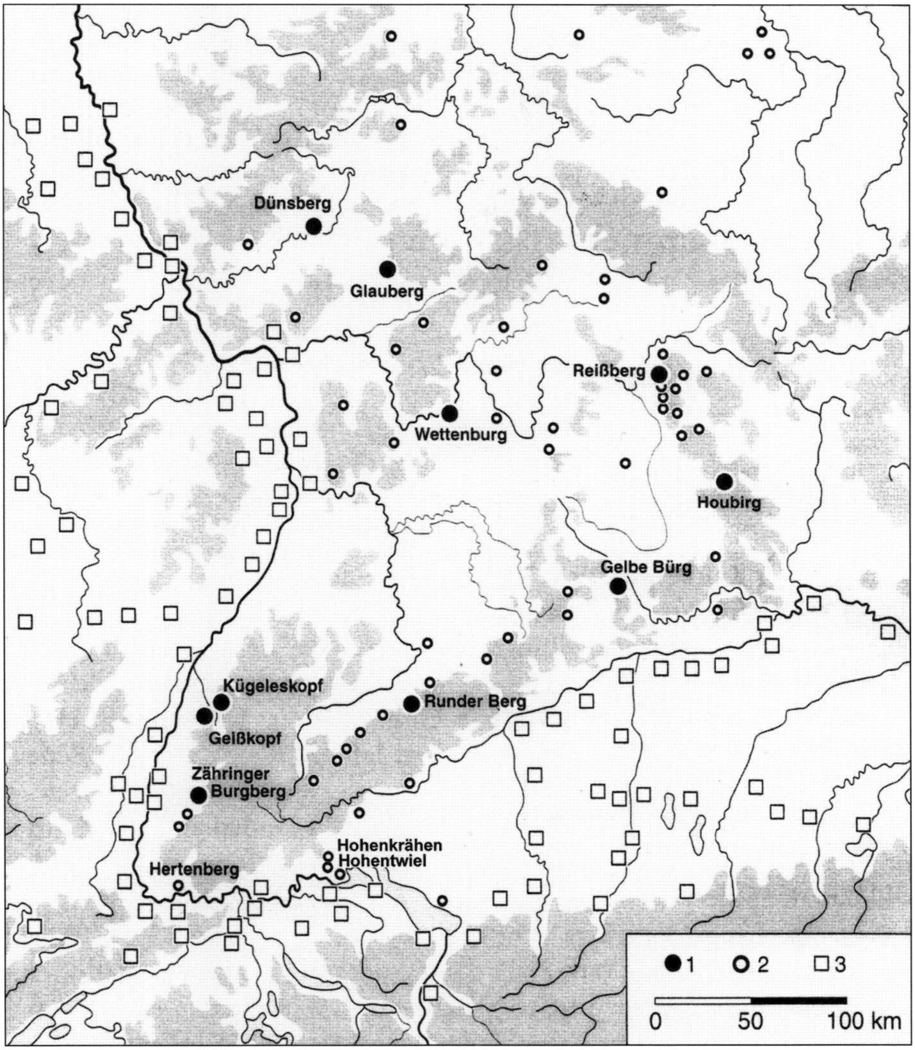

Verbreitung der Höhenstationen des 4./5. Jahrhunderts in Südwestdeutschland nach H. Steuer (2008), S. 214, Abb. 1, mit Ergänzung (Hohentwiel) und Korrektur (ohne Hals bei Bodman)
1 Höhensiedlungen mit größeren Ausgrabungen und Prospektionen
2 Höhensiedlungen mit vereinzelten Funden
3 Kastelle des spätrömischen Limes

bühl bei Bankholzen, der durch einen Depotfund mit Resten von Bronzegefäßen auffällt, wären vielleicht einmal Forschungsgrabungen möglich, durch die sich seine Rolle verdeutlichen ließe. Auch neue Entdeckungen könnten das bisherige Bild erweitern.

Befestigte Höhensiedlungen, entstanden im 4. und verlassen um die Mitte des 5. Jahrhunderts, sind also typisch für die Zeit der Völkerwanderung. Sie sind nur zu verstehen aus dem römisch-germanischen »Spannungsfeld« vom Ende des Limes bis zur Auflösung organisierter römischer Reichsverteidigung entlang der Rhein-Donaulinie. Spätere Nutzungsphasen solcher Plätze, wie etwa auf dem Runden Berg bei Urach, stehen dann unter ganz anderen Vorzeichen. Immer ist es beim Blick auf diese Siedlungsform aufgefallen, dass es erhebliche Größenunterschiede zwischen diesen Anlagen gibt, und dass dies mit unterschiedlichen Funktionen zu tun haben könnte.

Neue Entdeckungen und moderne Forschungsgrabungen an dafür geeigneten Plätzen, vor allem an Rhein und Main, haben neue Denkanstöße vermittelt. Aber noch sind wir nicht in der Lage, auch nicht für die besser untersuchten Fälle, ein durchweg schlüssiges Bild zu zeichnen, nicht zuletzt deshalb, weil sich in diesen eineinhalb Jahrhunderten Funktionen geändert oder auch die »Vorzeichen« gewechselt haben können. Als Beispiel: Waren alle Anlagen im Vorfeld der römischen Reichsgrenze, also im Hegau und an Hoch- und Oberrhein, »alamannische« Gegenpositionen oder von römischer Seite initiierte Einrichtungen zur Sicherung eben dieser Reichsgrenze? Haben zwei Höhensiedlungen am Ausgang des Kinzigtals in die Oberrheinebene der Sicherung des Schwarzwaldübergangs in die südöstliche Alamannia gedient oder waren es vorgeschobene Positionen zur Verteidigung der römischen Festungsstadt Argentoratum (Straßburg)?

Römische Militärgürtel und Waffen (neben den germanischen Entsprechungen) an diesen Plätzen sagen dazu wenig, weil die spätrömische Armee ohnehin zum größeren Teil aus germanischen Söldnern bestand. Alamannische Gefolgschaftsführer, von denen wir einige Namen kennen, bekleideten in ihr hohe militärische Ränge. Die römische Geschichtsschreibung, etwa Ammianus Marcellinus, berichtet nicht nur von kriegerischen Auseinandersetzungen, sondern auch von Bündnissen, also durchaus auch von friedlichen Zeiten mit durchlässiger Grenze.

Sicher ist jedenfalls, dass es sich bei den Höhensiedlungen um hervorgehobene Plätze handelt, allein schon durch ihre weithin sichtbare Lage und ihre – nicht immer gesicherte – Befestigung. Nehmen wir den Zähringer Burgberg bei Freiburg am Rand des Schwarzwalds als Beispiel für einen Platz mit gutem Forschungsstand. Nach seinem strategischen Wert, seiner Größe, den gewaltigen Erdbewegungen, mit denen die Bergkuppe in siedlungsgeeignete Terrassen umgestaltet wurde, wie auch nach dem zahlreichen Fundmaterial mit kostbaren Einzelstücken, kann es sich hier nur um den Sitz eines alamannischen Stammesführers, eines Königs bzw. Kleinkönigs handeln, wie man »rex« bzw. »regulus« übersetzen muss. Für diesen bei Ammian überlieferten Personenkreis kennen wir im Breisgau (Gau der Brisigavi) sogar drei Namen: Gundomad, Vadomar und Vithikab.

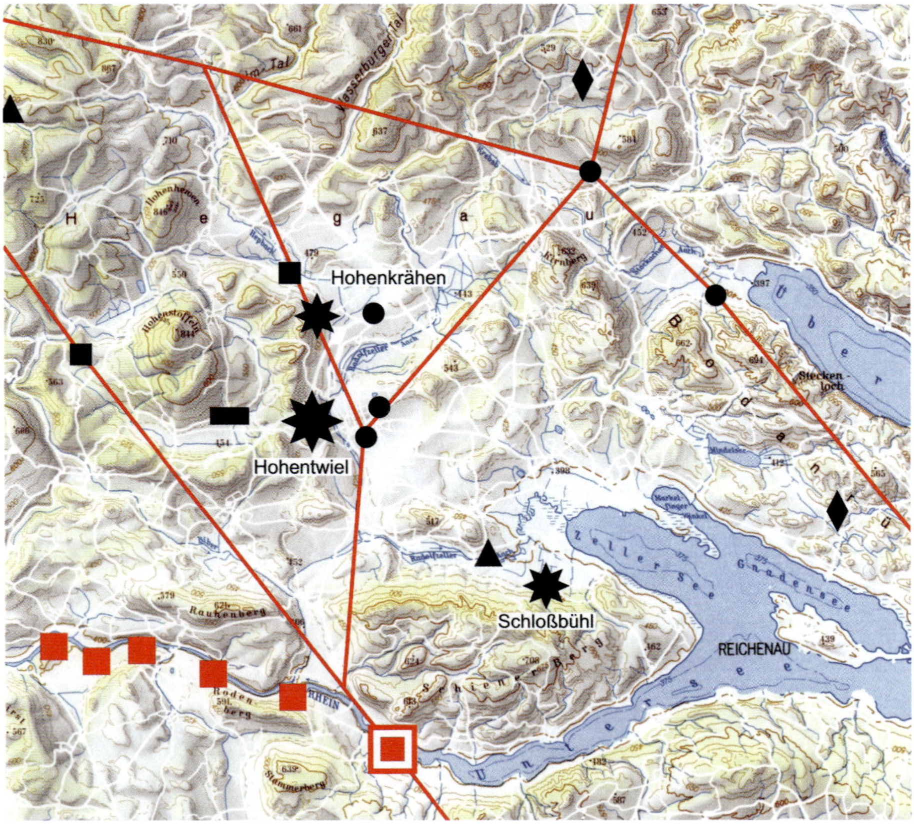

Im Vorfeld der spätrömischen Reichsgrenze: Der Hegau in der Völkerwanderungszeit. Schwarze Signaturen: Stern = Höhensiedlung; Quadrat = Siedlung; Dreieck = Einzelfund Fibel; Kreis = spätrömische Münze als Siedlungszeiger (?); Rechteck = Grab; Raute = Depotfund. Rote Signaturen: Durchgezogene Linie = Römerstraße (vermutet), Einzeichnung schematisch; Quadrat = spätrömischer Wachtturm an der dem Rheinlauf folgenden Grenze; gerahmtes Quadrat = spätrömisches Kastell Tasgaetium (Stein am Rhein) mit Brückenkopf auf dem rechten Rheinufer. Kartengrundlage: Orohydrographische Karte M. 1:200 000, Ausschnitt, vergrößert. Hg. vom Institut für angewandte Geodäsie, Frankfurt (Main). Abdruck genehmigt

Zumindest in den größten dieser Anlagen lebten also hochadlige Stammesführer mit ihrer Familie (Sippe), einem ebenfalls ranghohen Kriegergefolge sowie der zugehörigen Dienerschaft. Spezialisierte Handwerker wie Goldschmiede, Waffenschmiede, Bronzegießer, ausgesuchte Fachleute für Lederarbeiten (Gürtel, Sättel, Pferdegeschirr) usw. waren ebenfalls in einer solchen Residenz untergebracht. Die Versorgung mit Lebensmitteln und allem anderen Bedarf oblag der umwohnenden bäuerlichen Bevölkerung sowie mobilen Händlern, darunter auch solchen, die aus weiter Ferne Luxuswaren lieferten, wie Gläser und Wein.

Selbstverständlich konnten kleine Anlagen solchem Anspruch nicht genügen. Da sie außerdem viel zu zahlreich sind, muss es verschiedene andere Deutungsmöglichkeiten geben, auf die wir bei den Plätzen am Ausgang des Kinzigtals ja auch schon kurz eingegangen sind. Dies im Einzelnen zu erörtern, das Für und Wider jeweils abzuwägen, würde hier aber viel zu weit führen. Deshalb nur einige Stichworte aus der bisherigen Diskussion: Sicherung der römischen Grenze, Platz zur Rekrutierung germanischer Söldner, temporäres Heerlager, logistischer Stützpunkt, nur bei Gefahr aufgesuchte Fluchtburg.

Wenn wir uns jetzt wieder dem Hegau zuwenden, der zusammen mit dem Linzgau das Stammesgebiet der alamannischen »Lentienses« bildet, ist noch einmal festzuhalten, dass wir es bei den bis jetzt bekannten Höhensiedlungen mit drei nach Lage und Größe ganz verschiedenen Plätzen zu tun haben, denen in ihrer Zeit vermutlich auch ganz verschiedene Rollen zugewiesen waren. Urteilen können wir außerdem nur nach Funden, nicht nach Grabungsergebnissen. Und gerade auf solche ist wenig zu hoffen, denn Hohentwiel wie Hohenkrähen sind durch mittelalterliche Burgen und jüngere Festungsbauten so tiefgründig verändert worden, dass von den völkerwanderungszeitlichen Befunden kaum etwas übrig sein dürfte.

Zunächst zum Hohentwiel: Mit steilen Flanken und teilweise fast senkrechten Felsabstürzen ist er für eine Höhensiedlung der Völkerwanderungszeit geradezu prädestiniert, auch wegen seiner strategisch hervorragenden Lage mit Bezug auf das römische Straßennetz. Auch nach der Größe des für Angreifer fast unerreichbaren Hochplateaus kommt nur dieser Berg als Sitz (Residenz) eines »rex« der Lentienser in Frage, von denen wir einen, wenn auch in latinisierter Form, mit Namen kennen: Priarius. Soviel Aussage, obwohl nur zwei Bronzemünzen des 4. Jahrhunderts vorliegen (Constantin I. und Magnentius), wenngleich gesichert aus dem Bereich der »oberen Festung«? Von anderen Fällen abgesehen: Beim Zähringer Burgberg war es sogar nur eine einzige Perle aus dieser Zeit, die den ersten sicheren Hinweis gegeben hat. Dort allerdings war dieser Fund Auslöser langjähriger Forschungsgrabungen, wie sie auf dem Hohentwiel nicht möglich sind.

Leider gilt dies auch für den Hohenkrähen, aus dessen Hangschutt einige Funde der gleichen Zeit geborgen werden konnten. Aussagekräftig sind vor allem eine scheibenförmige Bronzeriemenzunge von einem Militärgürtel und eine kleine silberne Schmucknadel, die auf eine Frau in dieser Siedlung hinweist. Auch vier Bronzemünzen des 4. Jahrhunderts wurden bei einer gezielten Suchaktion gefunden (Constans, Constantius II., Magnentius). Am ehesten möchte man diesen kleinen Platz als eine Art von militärischer Dependance des Hohentwiel ansehen, wahrscheinlich zur besseren Kontrolle der vom spätrömischen Kastell Tasgaetium (Eschenz) ausgehenden Straße nach Norden.

Deutlich bescheidenere Funktionen sind wohl für den etwas abseits gelegenen Schlossbühl auf der Gemarkung von Moos-Bankholzen zu vermuten. Immerhin zeigen die Reste von Bronzegefäßen, die zum Einschmelzen bestimmt waren, dass es auf dem Berg eine metallverarbeitende Werkstatt gegeben hat.

Hohentwiel und Hohenkrähen haben möglicherweise in den Jahren 355 und 378 n. Chr. beim Eindringen römischer Truppen eine Rolle gespielt. Für 378 berichtet Ammian in höchst dramatischer Weise von heftig umkämpften steilen Felsbergen,

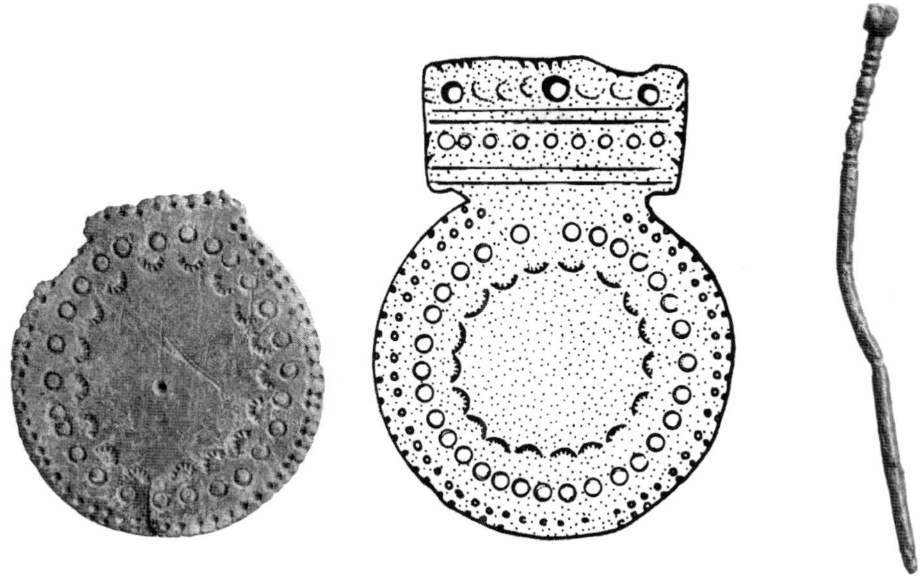

Oben: Typisch für die Völkerwanderungszeit: Fragment einer scheibenförmigen Riemenzunge mit Stempeldekor (Zeichnung daneben ein vollständig erhaltenes Exemplar von einem anderen Fundort) und fein profilierte, silberne Nadel. Fundstelle Hohenkrähen, Südosthang. Länge der Nadel 7 cm

Links: Follis Constantin I., geprägt 312/313 n. Chr. Fundstelle Hohentwiel, Hochplateau, max. Durchmesser 2,3 cm

die zwar von den Verteidigern schließlich geräumt wurden, aber von den Römern nicht direkt eingenommen werden konnten. Das würde die Bedeutung dieser beiden Plätze für Herrschaftssicherung, Landesverteidigung und die Kontrolle der wichtigen Straßen nachdrücklich unterstreichen. Nicht immer muss sich dieses Potential gegen das römische Imperium gerichtet haben. Auch Lentienses – wie Brisigavi und andere – dienten im römischen Heer und hatten als Foederaten (Verbündete) zeitweise ihren Beitrag zum Schutz der Reichsgrenze zu leisten.

Dass diese Höhensiedlungen in der folgenden Merowingerzeit wieder eine Rolle spielten, erscheint wenig wahrscheinlich – der Hohentwiel erst wieder im 10. Jahrhundert als Sitz des Herzogs von Schwaben. Vermutlich traten auch im Hegau seit dem 6. Jahrhundert an ihre Stelle die sog. Königshöfe, in denen adlige Familien im Auftrag des fränkischen Herrschers aus der Dynastie der Merowinger militärische und administrative Aufgaben wahrnahmen. Die Alamannia war ja inzwischen Teil des fränkischen Reiches geworden. Möglicherweise hat sich aus einem solchen Königshof die karolingische Pfalz von Bodman entwickelt.

Auch Adelshöfe ohne Bezug zu königlichem Auftrag hat es sicher gegeben. Die ländlichen Siedlungen dieser Zeit, die ja teilweise auf völkerwanderungszeitliche Gründungen zurückgehen, wurden und werden auch künftig an gefährdeten Stellen (z. B. in Neubaugebieten) systematisch untersucht, bevor ihre im Boden bewahrten Strukturen der modernen Nutzung zum Opfer fallen. Doch werden deshalb die Begräbnisplätze nicht vernachlässigt. Denn erst beide »Bodenurkunden« zusammen, selbstverständlich ergänzt durch die sehr lückenhafte schriftliche Überlieferung (»dunkle Jahrhunderte«), ergeben das mittlerweile schon recht konkrete Bild, das wir uns vom Leben in der frühmittelalterlichen Alamannia machen können.

Literaturhinweise

Archäologisches Landesmuseum Baden-Württemberg (Hg.): Die Alamannen. Begleitband zur gleichnamigen Ausstellung in Stuttgart, Zürich und Augsburg, Stuttgart 1997, insbesondere S. 59–68, 119–143, 149–162, 311–322

Aufdermauer, Jörg: Römische Münzen vom Hohenkrähen, Kreis Konstanz. In: Archäologische Ausgrabungen in Baden-Württemberg 1984, S. 157–159

Böhme, Horst Wolfgang: Der Altkönig im Taunus als Höhenstation des 4./5. Jh. In: Krohn, Niklot, und Koch, Ursula (Hg.): Grosso Modo. Quellen und Funde aus Spätantike und Mittelalter. Festschrift für Gerhard Fingerlin zum 75. Geburtstag. Mannheimer Geschichtsblätter, Sonderveröffentlichung 6, 2012, S. 7–24

Fingerlin, Gerhard: Hohentwiel und Hohenkrähen – zwei beherrschende Mittelpunkte der völkerwanderungszeitlichen Siedlungslandschaft des Hegaus. In: Mattuschik, Strahm et al. (Hg.): Vernetzungen. Festschrift für Helmut Schlichtherle, Freiburg (Breisgau) 2010, S. 439–448

Geuenich, Dieter: Geschichte der Alemannen, Stuttgart 1997

Hald, Jürgen: Neue archäologische Untersuchungen in einem vor- und frühgeschichtlichen Siedlungsareal von Mühlhausen-Ehingen, Kreis Konstanz. In: Archäologische Ausgrabungen in Baden-Württemberg 2003, S. 44–46

Derselbe: Siedlungsspuren des frühen Mittelalters und der Urnenfelderkultur. In: Archäologische Ausgrabungen in Baden-Württemberg 2009, S. 209–210

Derselbe: Weitere archäologische Ausgrabungen in der frühmittelalterlichen Siedlung von Watterdingen. In: Archäologische Ausgrabungen in Baden-Württemberg 2012, S. 227–229

Derselbe, und Bräuning, Andrea: Vom Weiler zum Dorf – Siedlungen des 5.–8. Jhs. im Bodenseeraum. In: Römer, Alamannen, Christen. Frühmittelalter am Bodensee. Ausstellungskatalog, 2013, S. 32–43

Heiligmann-Batsch, Karin: Der römische Gutshof bei Büßlingen. Ein Beitrag zur römischen Siedlungsgeschichte des Hegaus. In: Forschungen und Berichte zur Vor- und Frühgeschichte Baden-Württembergs 65, Stuttgart 1997, bes. S. 98–100

Steuer, Heiko, und Hoeper, Michael: Germanische Höhensiedlungen am Schwarzwaldrand und das Ende der römischen Grenzverteidigung am Rhein. In: ZGO 150 (N.F. 111), 2002, S. 41–72

Dieselben: Völkerwanderungszeitliche Höhenstationen am Schwarzwaldrand. Eine Zusammenfassung der Gemeinsamkeiten und Unterschiede. In: Steuer, Heiko, und Bierbrauer, Volker (Hg.): Höhensiedlungen zwischen Antike und Mittelalter von den Ardennen bis zur Adria. RGA-E Bd. 58, Berlin und New York 2008, S. 213–260

Theune-Großkopf, Barbara: Germanen – Lentienser – Alamannen. In: Hald, Jürgen, und Kramer, Wolfgang (Hg.): Archäologische Schätze im Kreis Konstanz. Hilzingen 2011, S. 174–205

Werner Joachim: Zu den alamannischen Burgen des 4. und 5. Jhs. In: Bauer, C., et al.: Speculum Historiale. Festschrift für Johannes Spörl zum 60. Geburtstag, Freiburg 1965, S. 439–453

Prunkgräber des frühen Mittelalters im Hegau und angrenzenden Regionen

Von Jürgen Hald, Konstanz und Singen

Adel oder Nichtadel?

Während für das Hochmittelalter und die darauffolgenden Epochen schriftliche Quellen in breitem Umfang Auskunft zu Gesellschaftsstruktur und politischen Machtverhältnissen geben, ist für die Jahrhunderte nach Ende der römischen Herrschaft, die wir als Völkerwanderungszeit und frühes Mittelalter umschreiben, die Quellenlage eine gänzlich andere. Aus der Frühzeit der Alamannen, vor der Eingliederung ins fränkische Reich, erfahren wir in erster Linie aus den Berichten des Römers Ammianus Marcellinus (ca. 330–395), dass sich die Alamannen im 4. Jahrhundert in eine Vielzahl von Teilstämmen mit jeweils eigenem König (rex) bzw. Kleinkönig (regulus) gliederten.[1] Auf die als »regales« bezeichneten königsnahen Familien folgten im gesellschaftlichen Gefüge die »optimates« oder »primates« sowie die Masse der waffenfähigen Krieger (populus, plebs).

Auch für die Zeit nach der unfreiwilligen Eingliederung der Alamannen in das Frankenreich am Ende des 5. bzw. zu Beginn des 6. Jahrhunderts stehen nur wenige schriftliche Quellen wie beispielsweise die Gesetzessammlungen des »Pactus Alamannorum« (frühes 7. Jh.) oder des »Lex Alamannorum« (frühes 8. Jh.) zur Verfügung, die uns Einblicke in die frühmittelalterliche Gesellschaft der Alamannen geben.[2] Anhand der Höhe des sogenannten »Wer-Geldes«, also des Bußgeldes, das für allerlei Vergehen bis zu Raub und Mord gegen verschiedene Personengruppen verschieden hoch ausfiel, erfahren wir, dass während des 7. und 8. Jahrhunderts die alamannische Gesellschaft dem Rang nach gestaffelt war.

1 Zusammenfassend hierzu: Bickel, August: Zofingen von der Urzeit bis ins Mittelalter. Veröffentlichungen zur Zofinger Geschichte. Band 1, Aarau, Frankfurt (Main) und Salzburg 1992, 118–119

2 Zu den alamannischen Gesetzestexten zusammenfassend: Krapp, Karin: Die Alamannen. Krieger – Siedler – frühe Christen, Stuttgart 2007, S. 125–129; Schmidt-Wiegand, Ruth: Recht und Gesetz im frühen Mittelalter. Pactus und Lex Alamannorum. In: Archäologisches Landesmuseum Baden-Württemberg (Hg.): Die Alamannen. Stuttgart 1997, S. 269–274 (im Folgenden Alamannen 1997)

Neben den Abhängigen, Hörigen und Sklaven (servi), werden Halbfreie und Freigelassene (liti oder laten) sowie Freie (liberi bzw. ingenui) erwähnt.[3] Innerhalb der Gruppe der freien Alamannen lassen sich von den schlichten freien Alamannen (baro minoflidis), bei denen es sich wohl um wenig vermögende Bauern mit ihren Familien und Anhang gehandelt haben dürfte, freie Alamannen mit größerem Grundbesitz und teils zahlreichem Gefolge unterscheiden, die einen mittleren (medianus Alamannus) oder hohen Rang (primus Alamannus) innerhalb des gesellschaftlichen Gefüges einnahmen.

Heiko Steuer, der intensive Forschungen zu den gesellschaftlichen Strukturen der Alamannen betrieb, konnte plausibel machen, dass die Alamannen in Familienverbänden unterschiedlichen Ranges organisiert waren. Entscheidend ist dabei, dass die Gesellschaft durch hohe soziale Mobilität gekennzeichnet war und »eben nicht die Zugehörigkeit der Familien zu einem rechtlich streng definierten Stand, etwa zum Adel«, ausschlaggebend war.[4] Die soziale Schichtung war durchlässig und noch nicht fixiert, sodass auch Freigelassene oder freie Alamannen niederen Ranges durch wirtschaftlichen oder kriegerischen Erfolg in der sozialen Hierarchie aufsteigen konnten.

Neben Landbesitz und Reichtum bestimmte wohl auch die Ausübung eines Amtes im Dienste des Königs oder eines Herzogs den Rang der jeweiligen Familien und auch den Rang der Familienmitglieder innerhalb eines Familienverbandes. Der erworbene Rang musste allerdings auch durch Leistung oder wirtschaftliche Macht immer wieder bestätigt bzw. erstritten werden. Nach Steuer bildeten die Häupter der ranghöchsten und wohl auch reichsten Familien einen Adel bzw. verfügten über einen adelsgleichen Rang,[5] der allerdings noch nicht gesetzlich festgelegt und vererbbar war. Erst im Laufe des 8. Jahrhunderts scheint sich aus diesen Strukturen all-

3 Zusammenfasend: Steuer, Heiko: Krieger und Bauern – Bauernkrieger. Die gesellschaftliche Ordnung der Alamannen. In: Alamannen, a. a. O. 1997, S. 275–287. Weitere Überblicksliteratur zu Recht und gesellschaftlichen Strukturen der Alamannen und ihren Nachbarn: Krapp, a. a. O. 2007, S. 125 –136; Schott, Clausdieter: Recht und Gesetzgebung bei den Alamannen, Burgundern und Langobarden. In: Das Frühmittelalter. Ur- und frühgeschichtliche Archäologie der Schweiz Band IV., Basel 1979, S. 203–212, bes. 204–207; Kokkotidis, Klaus Georg: Gesellschaftsstruktur des frühen Mittelalters. In: Ade, Dorothe, Rüth, Bernhard, und Zekorn, Andreas: Alamannen zwischen Schwarzwald, Neckar und Donau. Stuttgart 2008, S. 96–100; Hasenfratz, Albin: Frühmittelalter. In: Amt für Archäologie Thurgau (Hg.): Archäologie im Thurgau. Frauenfeld 2010, S. 188–190; Staab, Franz: Die Gesellschaft des Merowingerreichs. In: Die Franken. Wegbereiter Europas. Mainz 1996, S. 479–484; Becher, Matthias: Merowinger und Karolinger. Darmstadt 2009, S. 11–13

4 Steuer, a. a. O. 1997, S. 276

5 Auf die umfangreiche Literatur zum frühmittelalterlichen Adel, dessen Definition und die kontroverse Diskussion, ob für das frühe Mittelalter überhaupt von »Adel« und »Adligen« als Angehörige der obersten sozialen Schicht gesprochen werden darf, kann in diesem Rahmen nicht näher eingegangen werden. Einfachheitshalber wird im Folgenden mit dem Begriff »Adel« weiter operiert, wenngleich ausdrücklich betont sei, dass die Definition des Adels des hohen Mittelalters nicht ohne weiteres auf die frühmittelalterlichen Verhältnisse übertragen werden kann. Hierzu beispielsweise: Bickel, a. a. O. 1992, S. 119–122, mit weiterer Literatur. Für anregende Diskussionen und zahlreiche Hinweise zu diesem Thema sei an dieser Stelle Prof. Dr. Gerhard Fingerlin, Freiburg, recht herzlich gedankt.

Hilzingen. Beigaben aus dem Männergrab aus Gewann »Zwischen Wegen« mit spätantiker Keramik und drei Silberfingerringen. Besonders der facettierte Glasbecher war von großem Wert (um 350 n. Chr.). (Archäologisches Landesmuseum Baden-Württemberg, Foto: Yvonne Mühleis, Landesamt für Denkmalpflege Baden-Württemberg)

mählich ein Geburtsadel mit vererbbaren Ämtern und Privilegien zu etablieren, dessen Machtgrundlage wohl die Grundherrschaft war.[6]

Können wir in Ermangelung schriftlicher Quellen diese ranghöchsten Alamannen oder Franken innerhalb des Hegau anhand ihrer Hinterlassenschaften und mit Hilfe der Archäologie identifizieren? Die Antwort kann leider nicht eindeutig ausfallen, da die Deutung archäologischer Quellen, für unseren Fall insbesondere der frühmittelalterlichen Grabinventare, die zu Hunderten auf uns gekommen sind, zahl-

6 Steuer, Heiko: Adelsgräber, Hofgrablegen und Grabraub um 700 im östlichen Merowingerreich – Widerspiegelung eines gesellschaftlichen Umbruchs. In: Nuber, Hans Ulrich, Steuer, Heiko, und Zotz, Thomas (Hg.): Der Südwesten im 8. Jahrhundert aus historischer und archäologischer Sicht. Freiburger Forschungen zum ersten Jahrtausend in Südwestdeutschland, Band 13, Sigmaringen 2004, S. 199

reichen Einschränkungen unterliegt:[7] Bedeutet Reichtum immer auch eine hohe soziale Stellung? Können sich hinter angeblich armen Gräbern, von denen wir ja nur die nicht vergangenen Beigaben und meist weder Textilien, Holzartefakte und andere möglicherweise wertvolle organische Objekte kennen, nicht auch zu Lebzeiten wichtige Persönlichkeiten verbergen? Wer entschied über die Grabausstattung der Toten? Wie stark hat der teils beträchtliche Grabraub in der Spätphase der Merowingerzeit das Bild verzerrt?

Als hilfreich für eine Klassifizierung der überaus großen Zahl von frühmittelalterlichen Grabinventaren hat sich das Modell der Qualitätsgruppen von Rainer Christlein erwiesen, der anhand charakteristischer Beigabenkombinationen vier Qualitätsklassen der Grabinventare definierte.[8] Sie reichen von ärmlichen Ausstattungen der Gruppe A bis zu überaus reichen Beigabenensembles der Gruppe D. Geht man davon aus, dass im Grab zur Schau gestellter Reichtum gleichzeitig auch eine hohe soziale Stellung zu Lebzeiten anzeigen kann, so sind für unseren Überblick hier nur die zwei höchsten Qualitätsgruppen C und D von Interesse, da sich hinter diesen Personen vermutlich ranghohe Alamannen bzw. Mitglieder des frühmittelalterlichen Adels verbergen dürften, wenngleich man sich immer vor Augen halten muss, dass die exakte archäologische Identifizierung der in den Schriftquellen genannten Angehörigen der frühmittelalterlichen Gesellschaft oder der damit verbundenen Eigenschaften wie »adlig« oder »nichtadlig« nicht möglich ist.[9]

In Männergräbern der Qualitätsgruppe C finden sich neben einer vollständigen Waffenausstattung aus Hieb- und Kurzschwert (Spatha, Sax), Lanze und Schild noch ein prächtig verzierter Gürtel sowie Reitzubehör und Bronzegeschirr. Die Frauengräber weisen ein reiches Ensemble aus Fibeln, Ohrringen, Wadenbinden und Gürtelgehängen auf. Besonders die Schmuckstücke sind aufwendig gearbeitet und bestehen meist aus Gold oder Silber. In die oberste Qualitätsgruppe D gehören nur noch Gräber mit Beigaben höchster Qualität sowie importierten Luxusgütern und Einzelanfertigungen. Gräber dieser Ausstattung sind sehr selten und werden Angehörigen des alamannischen »Hochadels« also Personen höchsten Ranges, wie beispielsweise einem Herzog oder dessen Familienmitgliedern, zugeschrieben.[10] Neben der Qualität der Grabbeigaben können aber auch außergewöhnlich große oder aufwändige Grabanlagen oder die Lage der Gräber an separierten Plätzen bzw. abseits der normalen Gräberfelder Hinweise auf sozial hoch stehende Persönlichkeiten geben.

Der folgende Überblick gilt also Bestattungen im Hegau und dessen Nachbarschaft, die sich aufgrund ihres Beigabenreichtums mit außergewöhnlich wertvollen oder sehr seltenen Beigaben, besonders aufwändig hergerichteter Grabstätten oder

7 Hierzu Kokkotidis, a. a. O. 2008, S. 98–99

8 Christlein, Rainer: Besitzabstufungen zur Merowingerzeit im Spiegel reicher Grabfunde aus West- und Süddeutschland. Jahrbuch Römisch-Germanisches Zentralmuseum Mainz, Band 20, 1973, S. 147–180

9 Zusammenfassend mit weiterer Literatur: Bickel, a. a. O. 1992, S. 111–115

10 Beispielsweise Krapp, a. a. O. 2007, S. 132

Schleitheim, Gräberfeld »Hebsack«. Rekonstruierte Beisetzung der reichen Frau aus Kammergrab 363. Es könnte sich um die Gründerin des Ortes handeln (ca. 400–450 n. Chr.). (Kantonsarchäologie Schaffhausen, Zeichnung: Ruth Baur)

durch eine separierte Lage des Grabes von der Mehrheit der Reihengräber absetzen.[11]

Gräber des 4./5. Jahrhunderts (frühalamannische Zeit)

Aus der frühen Phase der Aufsiedlung des Hegau durch germanische Gruppen sind nur wenige Spuren bekannt.[12] Offenbar wurden zu dieser Zeit nur Angehörige der

11 Steuer, a. a. O. 2004, S. 207; Zur Sitte der Separatgrablege als Abgrenzung einer sozial hoch stehenden Gesellschaftgruppe siehe: Böhme, Horst Wolfgang: Adelsgräber im Frankenreich. Archäologische Zeugnisse zur Herausbildung einer Herrenschicht unter den merowingischen Königen. Jahrbuch Römisch-Germanisches Zentralmuseum Mainz, Band 40, 1993/2, S. 397–534. – Einen kompakten Überblick zum frühmittelalterlichen Hegau bietet: Theune-Großkopf, Barbara: Germanen – Lentienser – Alamannen. In: Hald, Jürgen, und Kramer, Wolfgang (Hg.): Archäologische Schätze im Kreis Konstanz. Hegau-Bibliothek Band 147, Hilzingen 2011, S. 174–205

12 Im 3. bis 5. Jahrhundert wurden die Toten bis zum Einsetzen der späteren Reihengräberfriedhöfe meist in Einzelgräbern oder in kleinen Gräbergruppen bestattet. Die Entdeckung dieser Bestattungsplätze ist weitaus schwieriger als die Lokalisierung der großflächigen Reihengräberfriedhöfe des späten 5., des 6. und des 7. Jahrhunderts, die insbesondere in den 1960/70er Jahren in zahlreichen Neubaugebieten an den damaligen Ortsrändern zutage kamen. Erschwerend kommt hinzu, dass man im 3. bis 5. Jahrhundert die Verstorbenen meist auf dem Scheiterhaufen verbrannte und die weniger auffälligen Brandgräber sehr viel seltener bei Baumaßnahmen oder anderen Erdeingriffen erkannt werden.

Oberschicht unverbrannt in Einzelgräbern beigesetzt, so dass anhand der überlieferten Grabfunde lediglich ein sehr selektives Bild gewonnen werden kann. Zur obersten sozialen Schicht der örtlichen Bevölkerung dürfte ein Mann von etwa 25 Jahren gehört haben, der in der Mitte des 4. Jahrhunderts unweit des Hohentwiel in Hilzingen in einer 2,5 x 2,8 m großen Grabkammer bestattet wurde.[13] Das bereits durch einen Kanalgraben gestörte Einzelgrab barg neben den Speisebeigaben (Huhn, Schweineschinken und Teile eines Spanferkels) zwei Tongefäße und einen besonders wertvollen, vermutlich importierten Glasbecher mit Facettenschliff. Zur persönlichen Ausstattung des mit etwa 1,78 m Körperhöhe überdurchschnittlich großen Mannes gehörten ein kleines Bronzemesser, ein Gürtel mit bronzener Schnalle und Riemenzunge, ein bronzenes Toilettebesteck aus Ohrlöffel und Pinzette, das wohl in einer kleinen Tasche aufbewahrt wurde, sowie drei Silberfingerringe.[14]

In denselben Zeitabschnitt datiert ein reich ausgestattetes Frauengrab aus dem Linzgau, das bereits 1858 beim Kiesgraben in Frickingen-Bruckfelden angeschnitten wurde.[15] Vom ursprünglichen Inventar sind nur drei Goldschmuckstücke erhalten, die ins Badische Landesmuseum gelangten. Es handelt sich um einen spätrömischen, etwa um 400 gefertigten Fingerring, dessen Einlage, möglicherweise eine römische Gemme, verloren ging, sowie zwei traubenförmige Anhänger, die wohl ein alamannischer Goldschmied für ein Halscollier schuf. Die Dame von Bruckfelden wurde vermutlich zu Beginn des 5. Jahrhunderts zu Grabe getragen.

Was möglicherweise aus diesem unsystematisch geborgenen Grab verloren ging, vermittelt uns das Inventar eines Frauengrabes der ersten Hälfte des 5. Jahrhunderts aus Grab 363 von Schleitheim-»Hebsack« (Kanton Schaffhausen).[16] Neben zwei Silberfingerringen trug diese in einer ca. 2,4 x 3,0 m großen Holzkammer bestattete, etwa 30–40 Jahre alte Frau zwei Halsketten aus Bernstein- oder Glasperlen, einen fein tordierten Silberhalsring, einen silbernen halbmondförmigen Anhänger, eine silberne Haarnadel, zwei Silbernadeln eines Toilettebestecks sowie Bronzeschnalle und -beschläge eines prächtigen römischen »Militärgürtels«. Zudem fanden sich in der Grabkammer Reste einer etwa 75 x 60 cm großen Pappelholztruhe, ein Bein-

13 Das Grab wurde 1969 vom damaligen Kreisarchäologen Dr. Rolf Dehn geborgen. Bücker, Christine, und Wahl, Joachim: Ein Kammergrab frühalamannischer Zeit aus Hilzingen im Hegau. In: Bücker, Christine, et al.: Regio Archaeologica. Archäologie und Geschichte an Ober- und Hochrhein. Festschrift für Gerhard Fingerlin zum 65. Geburtstag. Rahden (Westfalen) 2002, S. 156–168; Theune, Claudia: Frühmittelalterliche Grabfunde im Hegau. Universitätsforschungen zur prähistorischen Archäologie Band 54, Bonn 1999, 133–134, mit weiterer Literatur. Zur vermuteten frühalamannischen Höhensiedlung auf dem Hohentwiel siehe den Beitrag von Prof. Dr. Gerhard Fingerlin in diesem Jahrbuch.

14 Die Beigabe von Waffen war in der frühalamannischen Zeit nicht üblich.

15 Christlein, Rainer: Grabfunde des 5. Jahrhunderts von Frickingen, Ortsteil Bruckfelden, Kreis Überlingen. Fundberichte aus Baden-Württemberg Band 1, Stuttgart 1974, S. 565–572; Klein, Frieder: Grabfunde in der Kiesgrube, Frickingen-Bruckfelden im 5. Jh. n. Chr. In: Troll, Anneros, und Hald, Jürgen (Hg.): Zeitreisen am Bodensee. Von den Rentierjägern zu den Alemannen. Steißlingen 2004, S. 56–57

16 Leicht, Jakob, Die spätkaiserzeitlichen Kammergräber. In: Burzler, Anke, et al.: Das frühmittelalterliche Schleitheim – Siedlung, Gräberfeld und Kirche. Schaffhauser Archäologie Band 5, Schaffhausen 2002, S. 79–99, bes. S. 83 ff.

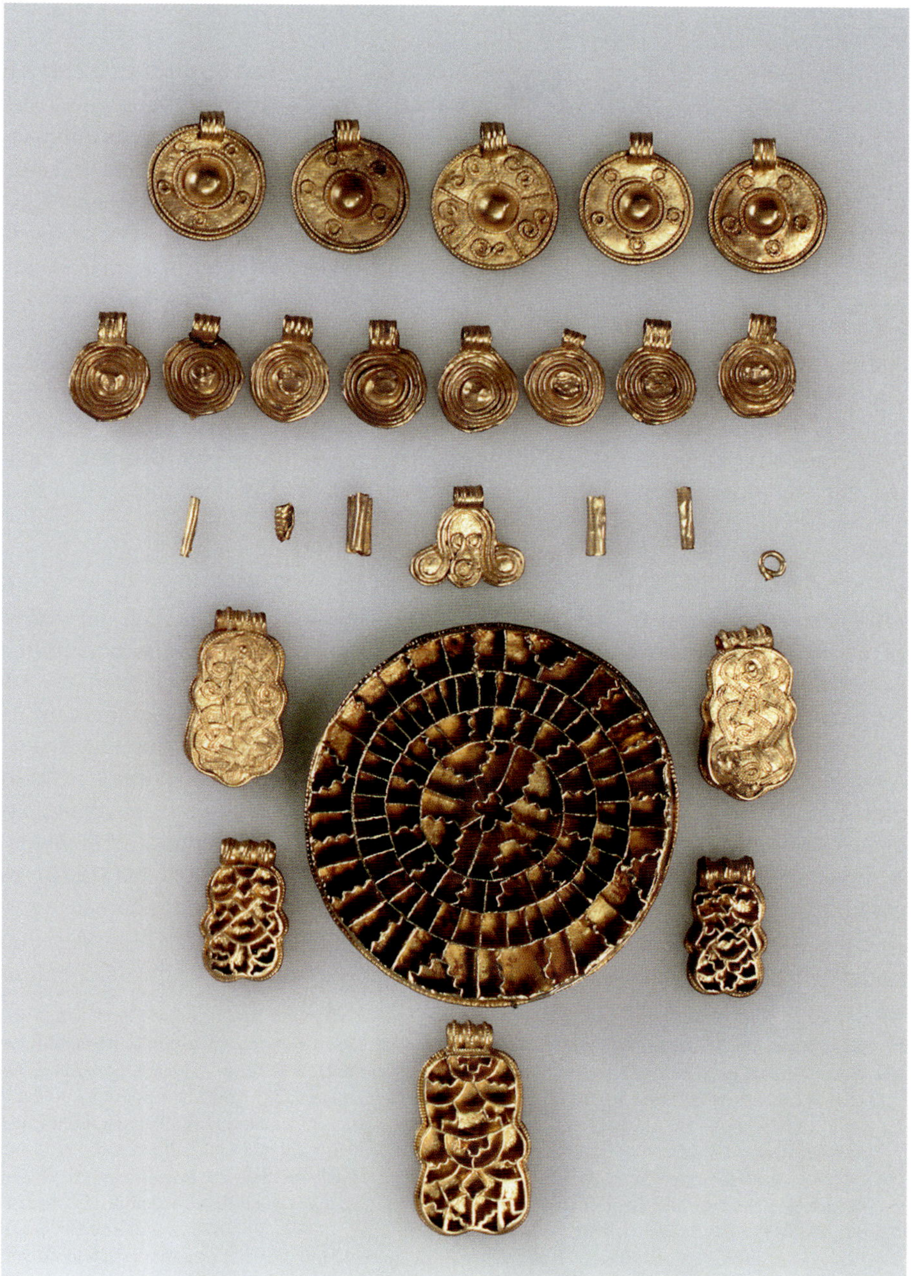

Hüfingen, Gräberfeld »Auf Hofen«. Goldbeigaben aus dem reichen Kammergrab 268, um 600 n. Chr. (Archäologisches Landesmuseum Baden-Württemberg, Foto: Yvonne Mühleis, Landesamt für Denkmalpflege Baden-Württemberg))

kamm, Keramikgefäße und das Skelett eines Ferkels, das man der Toten als Wegzehr ins Jenseits mitgab.[17]

In die Zeit um 500, als die Alamannia nach der verlorenen Schlacht bei Zülpich (496/497) als abhängiges Herzogtum in das Reich der fränkischen Merowinger eingegliedert wurde, gehört die noch als Einzelgrab angelegte Bestattung eines Kriegers, das 1888 in Tengen-Blumenfeld entdeckt wurde.[18] Die silbervergoldete Silberschnalle seines Gürtels zierten Einlagen aus Granat (Almadin). Zur Waffenausstattung gehörten neben einem wertvollen damaszierten Langschwert noch ein Kurzschwert und ein Schild sowie ein sogenannter Ango, eine gefürchtete Wurflanze mit langer Spitze und Widerhaken, die als typisch fränkische Waffe gilt. Besonders hervorzuheben ist das silbervergoldete Ortband der Schwertscheide, das mit Niello und drei Alamadinen prächtig verziert war, sowie die silberne Gürtelschnalle mit Almadineinlagen.

Etwa zur gleichen Zeit wurde ein weiterer hochrangiger Krieger auf der Baar bei Bräunlingen bestattet, der eine vermutlich im Mittelmeerraum gefertigte Prunkspatha mit almadinverzierter Schwertscheide und Silberortband sowie eine goldene Schwertschnalle mit einem großen Tafelalmadin besaß.[19]

Gräber des 6./7. Jahrhunderts (Merowingerzeit)

Im fortgeschrittenen 5. Jahrhundert werden die Einzelgräber allmählich durch größere Ortsfriedhöfe mit regelmäßig angeordneten, meist etwa West-Ost-orientierten Bestattungen, sogenannten Reihengräbern, abgelöst. In diesen Friedhöfen, die bis etwa um 700 als Bestattungsplatz genutzt wurden, fallen einzelne Gräber einerseits durch besonders reiche Grabbeigaben, andererseits durch ihre separierte Lage oder ihren aufwändigen Grabbau auf. Hierzu zählt ein etwa um 530 angelegtes Frauengrab aus dem Reihengräberfeld »Auf der Lehr« bei Schwenningen, das neben reichem Gold- und Silberschmuck unter anderem zwei goldene, almadinbesetzte Scheibenfibeln barg, deren Herkunft man im Umfeld des byzantinischen Kaiserhofes vermutet.[20]

Etwa zwei Generationen später, um 600, werden zwei Frauen in Hüfingen und Radolfzell-Güttingen zu Grabe getragen, deren Inventare zu den reichsten Grabfun-

17 Aus dem frühen 5. Jh. liegt vom selben Gräberfeld im »Hebsack« ein weiteres, leider durch eine spätere Bestattung gestörtes Kammergrab eines Mannes vor, von dessen Inventar nur noch drei Tongefäße sowie eine bronzene Bügelknopffibel erhalten waren; vgl. Leicht, a. a. O. 2002, S. 101–105.

18 Garscha, Friedrich: Die Alamannen in Südbaden. Germanische Denkmäler der Völkerwanderungszeit. Serie A, Band 11, Berlin 1970, S. 18 mit Tafel 10 A

19 Fingerlin, Gerhard: Bräunlingen, ein frühmerowingerzeitlicher Adelssitz an der Römerstraße durch den südlichen Schwarzwald. Grabungen 1996 und 1997. In: Archäologische Ausgrabungen in Baden-Württemberg 1997, S. 146–148 mit Tafel 14

20 Fingerlin, Gerhard: Zum Abschluß der Grabungen im frühmittelalterlichen Reihengräberfeld von Schwenningen, Stadt Villingen-Schwenningen, Schwarzwald-Baar-Kreis. Archäologische Ausgrabungen in Baden-Württemberg 1985, S. 182–184; Ders.: Das alamannische Reihengräberfeld von Schwenningen »Auf der Lehr«. In: Almanach 87, Heimatjahrbuch des Schwarzwald-Baar-Kreises Band 11, 1987, 82–104; Steuer, a. a. O. 1997, S. 279, Abb. 300

Tengen-Blumenfeld. Silberne Gürtelschnalle mit Almadineinlage aus dem 1888 entdeckten Kriegergrab, um 500 n. Chr. (Rosgartenmuseum Konstanz, Foto: Peter Wollkopf)

Tengen-Blumenfeld. Waffenausrüstung und Trachtbestandteile des 1888 entdeckten Kriegergrabes mit almadinverzierter Gürtelschnalle und Schwertscheide sowie langer Widerhakenlanze, um 500 n. Chr. (Rosgartenmuseum Konstanz, Foto: Peter Wollkopf)

den der Merowingerzeit in Südwestdeutschland zählen. Beide Frauen legte man in großen Holzgrabkammern zur Ruhe, die zahlreiche Beigaben bargen. Im Hüfinger Gräberfeld »Auf Hofen« trug die Frau in Kammergrab 268 neben üppigem Silberschmuck ein Collier aus 19 Goldanhängern und sieben kleinen Goldblechperlen sowie eine große Goldscheibenfibel.[21] Aus der Kammer konnten zudem ein wertvoller Sturzbecher aus grünem Glas und die Reste einer Bronzeschüssel geborgen werden.

Zum höchsten frühmittelalterlichen Adel dürfte die Dame von Güttingen gehört haben, deren Kammergrab am Rand des großen Reihengräberfelds »Kirchental« zu-

21 Fingerlin, Gerhard: Hüfingen, ein zentraler Ort der Baar im frühen Mittelalter. In: Der Keltenfürst von Hochdorf. Methoden und Ergebnisse der Landesarchäologie, Stuttgart 1985, S. 411–425 und im Katalogteil S. 426–427

tage kam.[22] Zu ihren Füßen standen ein bronzebeschlagener Schankeimer, eine wertvolle Glasschale, weitere Holz- und Keramikgefäße sowie eine aus dem byzantinischen Mittelmeerraum stammende Bronzepfanne mit Darstellung einer Tierhatz und griechischer Inschrift, die etwa besagt: »Lasset euch Netzen zum Wohle des Herrn«. An ihrem Gürtelgehänge waren unter anderem ein Eisenmesserchen mit Goldblechgriff, ein teilweise vergoldeter Sieblöffel aus Silber sowie eine wertvolle Millefiori-Perle befestigt, die vermutlich aus Italien stammt.

Zu den Prunkstücken der umfangreichen Schmuckausstattung gehören eine lange Glasperlenkette mit drei Goldblechanhängern, ein goldener Fingerring mit Amethysteinlage, der vermutlich auch im Mittelmeerraum gefertigt wurde, eine silbervergoldete S-förmige Fibel und eine goldene Scheibenfibel mit filigranem Zellwerk (cloisonniert). Singuläre Stücke sind zwei Scheibenfibeln, die man aus den Böden zweier römisch-byzantinischer Silberteller geschnitten und umgearbeitet hat. Das eine Exemplar zeigt ein Cäsarenbild in der Mitte, auf dem zweiten, vergoldeten Stück erkennt man einen Reiter mit einem kreuzförmigen Stab sowie im Hintergrund Palmen. Zusammen mit den Goldanhängern der Perlenkette, die stark stilisierte Menschenköpfe (Christusdarstellungen?) zeigen, deutet dieses Stück darauf hin, dass sich die Dame von Güttingen bereits dem christlichen Glauben verbunden fühlte.

Der große Freiraum in der südlichen Hälfte der etwa 2,5 x 1,5 m großen Grabkammer dürfte für weitere Beigaben wie Textilien, Holzgefäße und Möbelstücke gedient haben, die längst vergangen sind. Was wir hier unter Umständen zu erwarten hätten, zeigt uns das bekannte »Sängergrab« von Trossingen mit hervorragend erhaltener Holzkammer, Bett, mehreren anderen Möbelstücken und Holzartefakten.[23] Der darin im Spätsommer 580 bestattete, etwa 35–40 Jahre alte Krieger von etwa 1,80 m Größe bekam neben seiner Bewaffnung und Reitausrüstung auch eine Leier aus Ahornholz mit ins Grab gelegt, die exzellent erhalten ist.

Separierte Grablegen und Kirchenbestattungen

Zu dieser Gruppe gehört das 1966 bei Hüfingen »An der Gierhalde« geborgene Kammergrab eines etwa 25-jährigen Mannes, der in einer kleinen Adelssepultur wenig entfernt des großen Reihengräberfelds »Auf Hohen« bestattet wurde. Die mit Hilfe der Dendrochronologie datierte Holzkammer wurde im Jahr 606 für einen schwer bewaffneten Krieger gezimmert. Obwohl Grabräuber bereits Teile des Inventars plünderten, lassen die zurückgebliebenen Beigaben, zu denen neben Zaumzeug und

22 Fingerlin, Gerhard: Die alamannischen Gräberfelder von Güttingen und Merdingen in Südbaden. Germanische Denkmäler der Völkerwanderungszeit, Serie A, Band 12, Berlin 1971, passim; Ders.: Grab einer adligen Frau aus Güttingen (Ldkr. Konstanz). Badische Fundberichte Sonderheft 4, Freiburg 1964; Ders.: Sonderanfertigungen an einem Adelshof der Alamannia oder Unikate aus dem Angebot mediterraner Fibelhersteller? Noch einmal zu den Silberscheiben von Güttingen Grab 38. Bayerische Vorgeschichtsblätter Bd. 71, 2006, S. 293–305; Theune-Großkopf, a. a. O. 1999, S. 119–125

23 Theune-Großkopf, Barbara: Mit Leier und Schwert – Das frühmittelalterliche »Sängergrab« von Trossingen, Friedberg 2010

Radolfzell-Güttingen, »Kirchental«, Grab 38. Beigaben aus dem Grab einer hochrangigen Alamannin, um 600 n. Chr. (Archäologisches Landesmuseum Baden-Württemberg, Foto: Yvonne Mühleis, Landesamt für Denkmalpflege Baden-Württemberg)

Radolfzell-Güttingen, »Kirchental«, Grab 38. Goldfingerring aus dem Mittelmeerraum mit Amethysteinlage, um 600 n. Chr. (Kreisarchäologie Landratsamt Konstanz, Foto: Jürgen Hald)

Sporn noch Reste von Holzmobiliar und mehrere Gefäße, darunter ein aus Italien stammendes Bronzebecken, gehören, den einstigen Reichtum des Grabinhaltes erahnen.[24] Herausragend sind drei Silberblechzierscheiben mit frühchristlichem Bildprogramm. Sie waren Teil des Zaumzeugs, mit dem das Reitpferd des Herrn von Hüfingen geschmückt war, und stammen aus dem byzantinischen Mittelmeerraum.[25]

Eine besondere Überraschung erbrachte die archäologische Untersuchung der Stadtkirche St. Mauritius von Zofingen (Kanton Aargau), die zu den ältesten Kirchen in der weiteren Region gehört. An der Südwand der ersten Kirche, einem einfachen Rechteckbau von 7,60 m Breite und unbekannter Länge, wurden zwei Grabkammern angelegt, die man als Grabstätten der Kirchenstifter interpretiert.[26] Grab 81 an der südlichen Außenwand der Kirche enthielt durch eine Nachbelegung nur noch wenige Reste des Primärgrabes, das vermutlich um 600 für einen Mann angelegt wurde.[27]

Das wohl zugehörige zeitgleiche Frauengrab, dessen Kammer nachträglich als überwölbtes Nischengrab in die südliche Kirchmauer eingebaut wurde, barg eines der reichsten Inventare des frühen Mittelalters in der Schweiz. Zu den herausragenden Beigaben der etwa 63 Jahre alten Frau zählen eine überaus qualitätsvolle cloisonnierte Goldscheibenfibel mit Almadineinlagen, zwei wohl aus Oberitalien importierte Körbchenohrringe aus Gold, ein halbrunder Goldring mit Ösenenden, möglicherweise Teil eines Haubenbesatzes, und ein massiver Goldfingerring mit antiker Gemme.

Ein bis zwei Generationen später wurde in der südwestlichen Ecke der ersten Kirche von Schleitheim (Kanton Schaffhausen), einer einfachen Saalkirche aus Stein, ein Trockenmauergrab (Grab 30) angelegt.[28] Die darin bestattete Frau, die in der fortgeschrittenen ersten Hälfte des 7. Jahrhunderts starb, gehört wohl nicht zur Gründergeneration der Kirche, die vermutlich zu Beginn des 7. Jahrhunderts errichtet wurde. Ihr Grab schmückten unter anderem ein Amethystcollier mit Goldmedaillons sowie ein Goldfingerring mit spätantiker Karneolgemme.[29]

Erwähnt seien in diesem Zusammenhang auch noch ein hochkarätiges Grab einer Frau des 7. Jahrhunderts mit Silberschmuck, mehreren Halscolliers aus Bernstein oder Millefiori- und Amethystperlen aus der Kirche von Bülach (Kanton Zürich), die zu den Kirchenstiftern gehört haben dürfte, sowie Gräber des späten 6. bis

24 Fingerlin, a. a. O. 1985, S. 420–421 und im Katalogteil S. 445–447

25 Fingerlin, Gerhard: »Er soll Dir den Kopf zertreten« – Endlich komplett: Das frühchristliche Bildprogramm aus dem Kammergrab von Hüfingen »Gierhalde«. Archäologische Nachrichten aus Baden, Heft 76/77, 2008, S. 68–69

26 Martin, Hartmann: Die Stiftergräber in der Stadtkirche St. Mauritius von Zofingen. Archäologie der Schweiz Band 4, Heft 4, 1981, S. 148–163; Bickel, a. a. O. 1992, S. 97–106

27 Es handelt sich um Teile einer hochwertigen Gürtelgarnitur.

28 Burzler, Anke: Der Sonderfriedhof in und bei der Kirche. In: Burzler, a. a. O. 2002, S. 415–458

29 Die benachbarten, allerdings alt beraubten Gräber 21 und 23 mit Resten von wertvollen Gürtelgarnituren dürften einst auch reich ausgestattet gewesen sein. Sie sind etwas jünger als Grab 30 und gehören ins dritte Viertel des 7. Jahrhunderts. Burzler, a. a. O. 2002, S. 436

Radolfzell-Güttingen, »Kirchental«, Grab 38. Vergoldete Silberscheibenfibel mit Darstellung eines Reiters mit Kreuz vor Dattelpalmen, um 600 n. Chr. (Archäologisches Landesmuseum Baden-Württemberg, Foto: Manuela Schreiner)

Zofingen, St. Mauritius. Reich verzierte Goldscheibenfibel aus dem Stiftergrab 86 mit engzelliger Cloisonnierung. Im Zentrum bilden die Goldstege mit den eingesetzten Almadinen ein Kreuz, um 600 n. Chr. (Kantonsarchäologie Aargau, Vindonissa-Museum Brugg, Foto: Hans Weber)

Die hervorragend erhaltene Ahornleier aus dem sogenannten »Sängergrab« von Trossingen. Das reich verzierte Stück – auf der Vorderseite sind zwei sich um eine Lanze gruppierende Kriegerreihen zu sehen – weist deutliche Abnutzungsspuren auf und zeigt die musische Seite des Herrn von Trossingen.

frühen 8. Jahrhunderts aus der Kirche Auf Burg bei Stein am Rhein (Kanton Schaffhausen).[30]

Diese Beispiele sollen genügen, um zusammenfassend festzustellen, dass wir anhand der reichsten Bestattungen der frühalamannischen und darauf folgenden Merowingerzeit sozial hoch stehende Persönlichkeiten erfassen, deren genauer Rang innerhalb der frühmittelalterlichen Gesellschaft zwar nicht exakt bestimmbar ist, die jedoch mit gewisser Berechtigung als Angehörige eines frühmittelalterlichen Adels oder als Personen adelsgleichen Ranges gedeutet werden können.

Während um 600 n. Chr. einige der reichsten Gräber noch in den Ortsgräberfeldern oder an deren Rändern liegen, lassen sich ab dieser Zeit »Separierungstendenzen« der reichsten Familien feststellen, die ihre Angehörigen zunehmend in kleinen Sonderfriedhöfen oder in den ersten Kirchen der Region bestatten. Mit zunehmender »Nobilisierung« scheint sich die örtliche Elite immer stärker von der Normalbevölkerung abzusetzen. Eine vorerst offene Frage bleibt, ob es sich bei diesen Persönlichkeiten um fränkische Herren mit ihren Angehörigen oder um einheimische Alamannen handelt, die sich mit den geänderten Machtverhältnissen unter der fränkischen Herrschaft arrangiert haben.

30 Drack, Walter: Ein Adeligengrab des 7. Jahrhunderts in Bülach. In: Helvetia Archaeologica Band 1, Heft 1, 1970, S. 16–22; Burzler, Anke: Die frühmittelalterlichen Gräber aus der Kirche Burg. In: Höneisen, Markus (Hg.): Frühgeschichte der Region Stein am Rhein. Archäologische Forschungen am Ausfluss des Untersees. Schaffhauser Archäologie, Band 1, Basel 1993, S. 191–232

Graf Scrot und die Reliquientranslation nach Schienen im Frühjahr 801

Von Alexander Röhm, Konstanz

Das diesjährige Schwerpunktthema des Jahrbuchs HEGAU »Adel und Herrschaft«[1] erzeugt bei vielen Menschen eine Assoziation von Schlössern, Gärten und Prinzessinnen. Gleichzeitig kann bei diesen Schlagwörtern auch der Gedanke an Lehensherrschaft, Unterdrückung und Unfreiheit aufkommen. Oft ist der Adel, besonders in einer demokratischen Staatsform, negativ konnotiert.

Der Adel war ein sozial und politisch privilegierter Stand, der sich so schon früh in den unterschiedlichsten Kulturen herausgebildet hatte. Somit wurde dieser Stand auch zu einer staatstragenden Schicht, welche zwar heute nicht mehr die Funktion wie im Mittelalter oder in der Frühen Neuzeit hat, sich aber noch immer in der Gesellschaft finden lässt. Der Adel war und ist auch heute noch sehr häufig eng mit der jeweiligen Region verbunden, in welcher er seine Herrschaft ausübt oder ausübte, unabhängig davon, ob die herrschaftliche Familie und ihre Zweige noch existieren oder nicht.

Der Hegau

Der Hegau ist eine durch natürliche Gegebenheiten begrenzte Landschaft, die sich im Norden von der Donau, im Westen durch den Randen, im Süden durch den Rhein und im Osten durch den Bodensee von den benachbarten Gauen abgrenzt. Hierbei ist aber zu beachten, dass die geographischen Grenzen oft nicht mit den politischen identisch sind bzw. waren. So wurden im Frühmittelalter z. B. Kirchen im Aitrachtal 806 zum Hegau gezählt, wohingegen das benachbarte Aulfingen »in pago, qui dicitur Eitrahuntal« verortet worden war. Hoppetenzell, das im Frühmittelalter Adalungocella genannt wurde, scheint in dieser frühen Zeit der östlichste Ort des Hegau

1 Unter »Herrschaft« wird meistens die Verfügung über eine Sache, aber auch eine (dauerhafte) Beziehung zwischen sich fügenden und befehlenden Personen verstanden. Wichtig ist aber, dass man »Herrschaft« nicht mit Macht verwechselt, da Macht im Allgemeinen die Möglichtkeit umschreibt, auf das Handeln, Denken und Wollen anderer Personen oder auf gesellschaftliche Prozesse Einfluss zu nehmen, wohingegen sich Herrschaft nur auf das Verhältnis von Befehl und Gehorsam bezieht. Somit ist »Herrschaft« nur eine Form der Machtausübung, die sich aber nicht nur auf die Politik beschränkt, sondern sich auch im ökonomischen, familiären, kirchlichen usw. Raum finden lässt. Der einzige Unterschied zur politischen Herrschaft liegt in der Möglichkeit, Gehorsam durch Androhung bzw. Anwendung von physischer Gewalt zu erzwingen. Vgl. Baumgartner, Alois: Herrschaft: Lexikon für Theologie und Kirche (LThK), Bd. 5, 2009, Sp. 25–26

gewesen zu sein. Zu unterscheiden ist auch der pagus Untersee, worunter der Bodanrück verstanden wurde, der damals nicht Teil des Hegau war.[2]

Im Hegau lassen sich schon früh Adelsangehörige nachweisen. Die ersten großen Persönlichkeiten, die von den Karolingern in den Hegau geschickt wurden und somit nicht mehr dem einheimischen alemannischen Adel[3] entstammten, waren die Grafen Warin[4] und Ruthard.[5] Beide kamen um die Mitte des 8. Jahrhunderts in den Hegau und hatten mindestens bis Ende der 750er Jahre die Herrschaft sicher inne. Von Warin wissen wir außerdem, dass er Land in Hoppetenzell und Liptingen besaß. Für Ruthard lässt sich kein Besitz im Hegau nachweisen. Auch befand sich ein Gozbert[6] im Hegau, der größere Güter bei Stein am Rhein sein Eigen nennen konnte.[7]

Da diese Adligen aber keinen nachweisbaren Grafentitel für den Hegau innehatten, muss davon ausgegangen werden, dass der Gau einer »nichtgräfliche[n] Sonderverwaltung«[8] unterstand. Erst um 778 schien dieser Sonderbezirk aufgelöst und eine einheitliche Grafengewalt im Hegau installiert worden zu sein. So lassen sich ab 778 nacheinander die Grafen Ruadbert [I.],[9] Udalrich,[10] Ruadbert [II.][11] und Ruachar[12] bis ins Jahr 829 nachweisen. Bis zum Ende des 9. Jahrhunderts lassen sich noch Albgar,[13] Ato[14] und Adalbert[15] im Hegau finden.[16]

Bemerkenswert ist, dass Grafen im Hegau, die nicht mit den gleichzeitigen Amtsgrafen identisch waren, über Besitz verfügten. Einer dieser Grafen war Scrot, der im Jahr 801 eine Reliquie auf den Schienerberg brachte. Dieser Ort, das heutige Schienen, war Eigengut des Grafen, der in Florenz die Grafenwürde innehatte. Über diesen Grafen und Schienen erfahren wir einiges durch einen frühmittelalterlichen Text, der auf der Reichenau entstanden ist.

2 Vgl. Borgolte, Michael: Geschichte der Grafschaften Alemanniens in fränkischer Zeit, Sigmaringen 1984, S. 198

3 In vorkarolingischer Zeit lässt sich für den Hegau – in den Schriftquellen – kein Adel finden. Man kann aber davon ausgehen, dass ein alemannischer Adel im Hegau vertreten war.

4 Vgl. Borgolte, Michael: Die Grafen Alemanniens in merowingischer und karolingischer Zeit. Eine Prosopographie, Sigmaringen 1986, S. 282–287

5 Vgl. ebenda, S. 229–236

6 Vgl. ebenda, S. 131–133

7 Vgl. Duft, Johannes: Sankt Otmar. Die Quellen zu seinem Leben. Lateinisch und deutsch, Zürich 1959, S. 34–35

8 Borgolte, a. a. O. 1984, S. 201

9 Vgl. Borgolte, a. a. O. 1987, S. 216–219

10 Vgl. ebenda, S. 248–254

11 Vgl. ebenda, S. 220–224

12 Vgl. ebenda, S. 210–215

13 Vgl. ebenda, S. 46–48

14 Vgl. ebenda, S. 60–62

15 Vgl. ebenda, S. 21–28

16 Borgolte, a. a. O. 1984, S. 199–202

Das Manuskript zur Überführung der Genesiusreliqien nach Schienen

Beschäftigt man sich mit Schienen während der karolingischen Zeit, kann man auf eine Reichenauer Handschrift zurückgreifen, die ein genaues Bild der Jahrhundertwende vom 8. auf das 9. Jahrhundert liefert. Im vorliegenden Beitrag sollen die Textstellen chronologisch, das heißt, der Erzählung der Handschrift folgend, betrachtet, zeitlich eingeordnet und gedeutet sowie die Hintergründe geklärt werden. Doch zunächst muss die gesamte Handschrift untersucht und verortet werden. Um vorzugreifen und auch gleichzeitig einzugrenzen, liegt der Fokus dieses Beitrags hauptsächlich auf den ersten Seiten der Handschrift, sodass die darauf folgenden Seiten nur noch kurz zusammengefasst werden.

Kaiser Karl der Große (links) mit seinem Sohn Pippin dem Buckligen (rechts), König von Italien, und einem Schreiber (unten), Kopie aus dem Jahr 991 nach einem 829/836 in Fulda enstandenen Original (Biblioteca Capitolare, Modena)

Die von Reginbert verfasste Handschrift, die heute als Kodex Aug. CCII in der Badischen Landesbibliothek in Karlsruhe liegt, ist als »Commemoratio brevis de miraculis s. Genesii martyris Christi« aufgezeichnet. Leider liegt dieser Text nur noch in Abschriften aus dem 17. und 18. Jahrhundert vor. Für die vorliegende Arbeit wird die Edition von Wilhelm Wattenbach (1872) herangezogen.[17] Über die Abfassungszeit gibt uns die Handschrift einen Hinweis.[18] Dort steht im ersten Kapitel geschrieben: »De quibus cum aliquanta, cum cuncta nullus sufficiat, memoriae commendare, fratrum illic deo famulantium caritas cohortetur, et maxime abbatis mei venerabilis viri Erlaboldi cogat obedientia, hoc exordium narrationis nostrae ad conprobanda caetera ratum fore conicio, [...].«[19]

Auf Deutsch – alle lateinischen Originaltexte wurden textnah übersetzt von Robin Hoffmann (im Folgenden R. H.): »Weil über diese ziemlich viel bekannt ist, weil aber nichts von dem ausreicht, um es der Erinnerung anzuvertrauen, möge die den

17 Wattenbach, Wilhelm: Die Übertragung der Reliquien des hl. Genesius nach Schienen. In: Zeitschrift für die Geschichte des Oberrheins (ZGO) 24, 1872, S. 1–21, die Edition auf S. 8–21

18 Vgl. Klüppel, Theodor: Reichenauer Hagiographie zwischen Walahfrid und Berno, Sigmaringen 1980, S. 18–19

19 Wattenbach, a. a. O. 1872, S. 9

dort Gott dienenden Brüdern entgegengebrachte Wertschätzung den Anlass dazu bieten, und besonders gebietet es die meinem Abt, dem verehrungswürdigen Herrn Erlaboldus entgegenzubringende Verehrung, dass ich diesen Anfang unserer Erzählung sorgfältig zusammentrage, damit das Übrige sorgfältig bestätigt wird. […].« Der Text wurde also unter der Abtschaft Erlebalds verfasst, in den Jahren 823 bis 838.[20] Eduard Hlawitschka konnte den Zeitraum noch etwas genauer auf 823 bis 825 eingrenzen.[21]

Vermutlich lag der Grund, weshalb diese Handschrift auf der Insel Reichenau entstand, in der stark frequentierten Wallfahrt in fast unmittelbarer Nachbarschaft, die schon bald nach der Translation in Schienen eingesetzt hatte.[22]

Die Translationsgeschichte

Die Translationsgeschichte beginnt mit der Aufzählung der verschiedenen Regierungen und den Ereignissen, die es ermöglichen, den Zeitpunkt der beschriebenen Geschehnisse zu bestimmen. So heißt es: »Tempore quo Carolus rex inclitus miro sub regimine Galliam rexit, cum iamiamque deo propitio hostes per gyrum innumeros bellis triumphalibus subiugatos habuisset, cum Italiam Pippino, Aquitaniam Hludowico regibus iure regio gubernandum regnum utrumque commendaret; cum etiam pater Leo apostolicus, omni ferocia rabieque Romanorum dei iam suffragante misericordia superata, sub pace tranquilla iure pastorali Romanae praefuisset ecclesiae, iamque etiam Karolus imperiale diadéma, Leone papa inponente, Romani gestaret imperii, nullusque foret satán vel malus occursus, qui statum catholicae perturbaret ecclesiae: hisdem ut praefati sumus temporibus reliquiae sancti Genesii martyris Christi partibus Germaniae ducatus Alamanniae, cuidam fideli viro Scrot nomine, ex nobili orto progenie, evehente allatae sunt.«[23]

Übersetzung R. H.: »Zu der Zeit, als König Karl in bewundernswerter Macht Gallien regierte, als er schon mit Gottes Gunst zahllose Feinde ringsumher in triumphalen Kriegen unterworfen hatte, als er dem König Pippin Italien und dem König Hludowico Aquitanien durch königliches Recht [beide] als Königreiche zur Verwaltung übergab, als auch der apostolische Vater Leo nach Überwindung des trotzigen Mutes der Römer durch Gottes Barmherzigkeit der römischen Kirche in Frieden mit geistlicher Macht vorstand, und Karl schon sogar die kaiserliche Krone des Römischen Reiches, von Papst Leo aufgesetzt, trug und es keinen Teufel noch sündhafte Hilfe gab, die den Stand der katholischen Kirche erschütterte: Zur selben Zeit, wie wir erwähnt haben, da wurden die Reliquien des heiligen Genesius des Märtyrers

20 Vgl. Klüppel, a. a. O. 1980, S. 19; Haubrichs, Wolfgang: Neue Zeugnisse zur Reichenauer Kulturgeschichte des neunten Jahrhunderts. In: Zeitschrift für die Geschichte des Oberrheins (ZGO) 126, 1978, S. 1–43, hier S. 28

21 Hlawitschka, Eduard: Ratold, Bischof von Verona und Begründer von Radolfzell. In: HEGAU 54/55, 1997/1998, S. 5–44, hier S. 12

22 Vgl. Klüppel, a. a. O. 1980, S. 21

23 Wattenbach, a. a. O. 1872, S. 8

Christi nach Germanien ins Herzogtum Alemannien, einem gewissen gläubigen Mann namens Scrot, der aus einem edlen Geschlecht abstammte, gebracht.«

Anhand dieser Einführung in den Text lässt sich erkennen, dass die Translation über die Alpen erst nach der Krönung Karls des Großen zum Kaiser am 25. Dezember 800 stattgefunden haben kann. Somit bildet der Tag nach der Krönung den Beginn des Zeitfensters, in dem die Überführung der Reliquie nach Schienen vor sich ging. Gleichzeitig, um etwas vorzugreifen, kann anhand des später genannten Waldo[24] – »Waldo vir«[25]– das Ende des Zeitfensters bestimmt werden. Er war der Abt des Klosters Reichenau und wechselte im Jahr 806 in das Kloster Saint-Denis über. Somit ist ein Zeitraum von ungefähr fünf bis sechs Jahren eingrenzbar, in dem die Translation nach Alemannien stattgefunden haben muss.

Die in diesem Textabschnitt genannten Personen sind zum einen Karl der Große[26] († 814) und seine beiden Söhne Pippin[27] († 810) und Ludwig[28] († 840). Pippin war seit 781 König von Italien, sein Bruder, der später den Beinamen »der Fromme« trug, wurde der Gesamtherrscher des Fränkischen Reiches. Zum anderen werden Papst Leo[29] († 816), der heilige Genesius[30] und Graf Scrot[31] erwähnt.

Der heilige Genesius ist ein eher unbekannter Heiliger. In den meisten Heiligenlexika ist er nicht zu finden. Der Legende nach handelte es sich um einen heidnischen Schauspieler in der Zeit Kaiser Diocletians (284–305). Während einer Theateraufführung, die auch vom Kaiser besucht wurde, machte sich Genesius über den

24 Vgl. Begrich, Ursula: Reichenau, in: Helvetia Sacra, Abteilung III., Bd. 1, Teil 2, 1986, S. 1059–1100, hier S. 1069; Munding, Emmanuel: Abt-Bischof Waldo. Begründer des goldenen Zeitalters der Reichenau, Beuron 1924

25 Wattenbach, a. a. O. 1872, S. 14

26 Vgl. Becher, Matthias: Karl der Große, 4. Auflage, München 2004; Fleckenstein, Josef: Karl (I.) der Große. In: Lexikon des Mittelalters (LexMa), Bd. 5, 2003, Sp. 956–960

27 Vgl. Böhmer, Johann F.: Regesta Imperii 1, Die Regesten des Kaiserreichs unter den Karolingern 751–918 (926/962), Hildesheim 1966, Nr. 508d–515a

28 Vgl. Fleckenstein, Josef: Ludwig (I.) der Fromme. In: LexMa 5, 2003, Sp. 2171–2172

29 Vgl. Mordek, Hubert: Leo III. In: LexMa, Bd. 5, 2003, Sp. 1877–1878

30 Vgl. Stadler, Johann Evangelist: Genesius. In: Vollständiges Heiligen-Lexikon 2, 1975, S. 371–372; Kaster, Gabriela: Genesius. In: Lexikon der christlichen Ikonographie 6, 1994, Sp. 358; Weidner, Daniel: Der heilige Genesius – der Schauspieler als Märtyrer, der Märtyrer als Schauspieler. In: Weigel, Sigrid (Hg.): Märtyrer-Porträts. Von Opfertod, Blutzeugen und heiligen Kriegern, München 2007, S. 74–77

31 Vgl. Davidsohn, Robert: Geschichte von Florenz. Aeltere Geschichte 1, Osnabrück 1969, S. 78–79; Hofmeister, Adolf: Markgrafen und Markgrafschaften im italischen Königreich in der Zeit von Karl dem Großen bis Otto dem Großen (774–962). In: Mitteilungen des Instituts für österreichische Geschichtsforschung, Ergänzungsband 7, 1907, S. 215–428, hier S. 297; Decker-Hauff, Hansmartin: Die Ottonen und Schwaben. In: Zeitschrift für Württembergische Landesgeschichte 14, 1955, S. 233–371, hier S. 325–345; Jänichen, Hans: Warin, Ruthard und Scrot. Besitzgeschichtliche Betrachtung zur Frühgeschichte des Stifts Buchau. In: Zeitschrift für Württembergische Landesgeschichte 14, 1955, S. 372–384; Tellenbach, Gerd et al.: Kritische Studien zur großfränkischen und alemannischen Adelsgeschichte. In: Zeitschrift für Württembergische Landesgeschichte 15, 1956, S. 169–190, hier 189–190; Tellenbach, Gerd: Der großfränkische Adel und die Regierung Italiens in der Blütezeit des Karolingerreiches. In: ders. (Hg.): Studien und Vorarbeiten zur Geschichte des großfränkischen und frühdeutschen Adels, Freiburg im Breisgau 1957, S. 40–70, hier S. 61; Borgolte, a. a. O. 1986, S. 238–240

christlichen Kult lustig. Doch während des Schauspiels, zum Zeitpunkt, als Genesius eine fingierte Taufe empfing oder empfangen sollte, wurde er zum Christ. Als der Kaiser erkannte, dass der Schauspieler Genesius aus dem Theaterstück in die Wirklichkeit wechselte und plötzlich Christ wurde, ließ er ihn enthaupten. Sein Martyrium soll Genesius am 25. August des Jahres 286 oder 305 erlitten haben. Inwieweit Genesius mit Gelasius von Heliopolis identisch ist – beide haben das Schauspielermartyrium gemeinsam – lässt sich nicht genau sagen.

Scrot war zur Zeit Karls des Großen Graf von Florenz. Er selbst oder Teile seiner Familie stammten aus Alemannien und standen in Verbindung mit dem Gebiet nördlich der Alpen. Auch muss Scrot noch Güter in diesem Gebiet besessen haben. Über die Größe und Anzahl der Güter kann nichts gesagt werden, nur der Besitz auf dem Schienerberg kann heute noch mit Sicherheit seinem Machtbereich zugeschrieben werden. Auch sonst ist es sehr schwer, diesen Grafen in Alemannien mit Sicherheit nachzuweisen. Weder kann er eindeutig in den Verbrüderungslisten der Bodenseeklöster ausfindig gemacht werden, noch in den St. Galler Urkunden.

Zwar erscheint in den Quellen nördlich der Alpen immer wieder ein Scrot mit und ohne Grafentitel, doch gibt es keinen Beweis für eine Übereinstimmung mit dem Grafen aus Florenz. Eher ist die Annahme von Michael Borgolte wahrscheinlich, dass es sich hierbei um einen anderen Grafen mit dem gleichen Namen handelt, der in Alemannien ansässig war. Leider sind auch keine Quellen über Scrots Handeln in Florenz bekannt. Die Familienverhältnisse Graf Scrots in Alemannien sind trotz aller Versuche von Hans Jänichen und Hansmartin Decker-Hauff nicht mit Sicherheit zu rekonstruieren. Somit ist Graf Scrot ausschließlich in der Translationsgeschichte nachweisbar.

Gleichzeitig stellt die Kaiserkrönung für den damaligen Schreiber der Handschrift einen gewissen Fixpunkt in der Geschichte dar. Beim weiteren Lesen des Textes wird erläutert, wohin die Reliquie[32] gebracht wurde, denn dort steht geschrieben: »Quae in brevi postquam in praedio praefati viri in secessu cuiusdam montis, quem Skinam aetas prior appellavit, haud longe a Rheno fluvio habitaculum sibi a deo, ut credimus, susceperunt praeparatum, […]«.[33] Übersetzung R. H.: »Nachdem sich diese [die Reliquien] in Kürze auf dem Gut des erwähnten Mannes in der Abgeschiedenheit eines gewissen Berges, den die frühere Zeit Skina genannt hat, eine Wohnstätte nicht weit vom Rhein von Gott hergerichtet, wie wir glauben, genommen haben, […].« Diese Erwähnung des Ortes ist auch gleichzeitig die erste schriftliche Erwähnung

32 Zur Funktion und Entwicklung des Reliquienkultes vgl. Kötting, Bernhard: Der frühchristliche Reliquienkult und die Bestattung im Kirchengebäude, Köln und Opladen 1965, S. 7–37; Mayr, Markus: Geld, Macht und Reliquien. Wirtschaftliche Auswirkungen des Reliquienkultes im Mittelalter. In: Nussbaumer, Josef (Hg.): Geschichte und Ökonomie 6, Innsbruck/Wien/München 2000, S. 12–26

33 Wattenbach, a. a. O. 1872, S. 9

von Schienen[34] überhaupt. Auch die verkehrstechnische Anbindung bzw. Ausrichtung nach Süden, also zum Rhein hin, kann aus diesen Zeilen gelesen werden.

Nachdem die Handschrift mit der ungefähren Zeit- und Ortsangabe begonnen hat, schildert die Translationsgeschichte die Ereignisse in Italien, die vor der Translation nach Schienen stattgefunden haben. Das zweite Kapitel beginnt folgendermaßen: »Comes quidam fuit Partibus Italiae in civitate Darvisia, Gebahardus nomine, relegiosus in fide.«[35] Übersetzung R. H.: »Es gab einen gewissen Grafen in den Landen Italiens, im Ort Darvisia,[36] namens Gebahardus,[37] gottesfürchtig in seinem Glauben.«

Dieser Graf Gebahardus/Gebhard[38] vernahm von zwei Händlern aus Jerusalem die Wundergeschichten der heiligen Märtyrer Genesius und Eugenius.[39] Daraufhin schickte er die Händler mit Geschenken für den dortigen Bischof nach Jerusalem zurück. Sie sollten den Bischof[40] fragen, ob der Graf die Körper der Heiligen erwerben könne. Nachdem die Händler in Jerusalem ankamen und die Geschenke und die Bitte des Grafen vorgetragen hatten, gab ihnen der Bischof seine Zustimmung für die Translation in das in Treviso stehende Kloster. Mit dieser Nachricht kehrten die Händler nach Treviso zurück. Der Graf begann sofort mit den Vorbereitungen für eine weitere Gesandtschaft, in der sich, auf Wunsch des Bischofs, ein Priester und ein Diakon befinden sollten.[41]

Bis zu dieser Textstelle wurden noch keine genauen Angaben darüber gemacht, wann diese Gesandtschaften stattgefunden haben. Erst mit dem Beginn der Gesandtschaft, die die Reliquien der Märtyrer im Heiligen Land abholen sollte, kann man die Geschichte zeitlich fixieren. Denn im Text heißt es: »Contigit etiam eodem in tempore missos domni imperatoris Karoli id ipsum in iter directos fore, qui ab Aa-

34 Die Frage nach der Herkunft des Namens Schienen, welcher sich, wie Karl Marbe darlegt, vom Wort »scheinen« bzw. »erscheinen« ableiten lässt, kann an dieser Stelle nicht beantwortet werden. Auch die Behauptung, dass sich die Christen schon zur Zeit der Christenverfolgung auf dem Schienerberg versteckt hielten, kann weder verifiziert noch falsifiziert werden. Vgl. Marbe, Karl: Die gnadenreiche Wallfahrt zu Unserer lieben Frau von Schienen. Dem christlichen Volke beschrieben, Freiburg (Breisgau) 1879, S. 7–8

35 Wattenbach, a. a. O. 1872, S. 9

36 Es handelt sich hierbei um die Stadt Treviso im Norden Italiens.

37 Gebahard war vermutlich einer dieser Grafen, die im Jahr 776, nachdem der aufständische Herzog Hrodgaud getötet worden war, als fränkische Grafen in Norditalien eingesetzt wurden. Vgl. Hlawitschka, Eduard: Franken, Alemannen, Bayern und Burgunder in Oberitalien (774–961). Zum Verständnis der fränkischen Königsherrschaft in Italien. In: Bauer, Clemens et al. (Hg.): Forschungen zur oberrheinischen Landesgeschichte 8, Freiburg (Breisgau) 1960, S. 184–185; Hofmeister, a. a. O. 1907, S. 271. Als Quelle für das Jahr 776 vgl. Quellen zur karolingischen Reichsgeschichte 1. Die Reichsannalen. Einhard Leben Karls des Großen. Zwei »Leben« Ludwigs. Nithard Geschichten. In: Buchner, Rudolf (Hg.): Ausgewählte Quellen zur Deutschen Geschichte des Mittelalters 5, Darmstadt 1968, S. 32

38 In der Sekundärliteratur wird der Name unterschiedlich geschrieben – hier wird der Name Gebhard benutzt.

39 Leider kann an dieser Stelle nicht genau geklärt werden, um welchen Eugenius es sich hierbei handelt. Für die Vielzahl der Personen mit diesem Namen siehe Stadler, Johann Evangelist: Eugenius. In: Vollständiges Heiligen-Lexikon 2, 1975, S. 104–108

40 Es handelt sich hierbei vermutlich um den Patriarchen von Jerusalem.

41 Vgl. Wattenbach, a. a. O. 1872, S. 9–10

ron rege Saracenorum elefantem expetebant, atque cum aliis muneribus quae Karolo transmiserat, [...].«[42] Übersetzung R. H.: »Es glückte sogar zur selben Zeit, dass die Gesandten des Gebieters und Kaisers Karl auf dieselbe Reise geschickt wurden, die von Aaron,[43] dem König der Sarazenen, einen Elefanten[44] erbaten und mit anderen Geschenken, die er Karl geschickt hatte, [...].«

Durch Zufall trafen sich, vermutlich in Venedig, zwei Gesandtschaften, die in dieselbe Richtung wollten. Es lag somit nahe, dass sich diese beiden Gruppen für die Reisedauer zusammenschlossen. Diese Gesandtschaft Karls des Großen ist in vielen Quellen[45] belegt und spiegelt die Bedeutung und Außergewöhnlichkeit für die damalige Zeit und die folgenden Generationen wider. Die Abreise zu Aaron, der eigentlich Hārūn ar-Rašd († 809) hieß, aus der Dynastie der Abbasiden stammte und zu diesem Zeitpunkt Kalif in Bagdad war, fand nach den neuesten Forschungsergebnissen im Jahr 797 statt.[46] Gemeinsam segelten beide Gesandtschaften ins Heilige Land und gingen vermutlich noch zusammen nach Jerusalem, wo sich ihre Wege trennten.

Doch bevor die Gesandten Karls des Großen weiter nach Bagdad zogen, müssen sich die beiden Gruppen auf eine gemeinsame Rückfahrt verabredet haben, denn in der Translationsgeschichte steht: »Sed missi praefati cómitis praesbiter et diaconus, uná cum illis Hierosolimam adventantes, reditum illorum quia diu demorati sunt, praestolari non poterant; [...].«[47] Übersetzung R. H.: »Doch die Gesandten des genannten Grafen, der Priester und der Diakon, gemeinsam mit jenen an Jerusalem herantretend, konnten die Rückkehr, weil sie sich zu lange aufgehalten haben, nicht abwarten.«

Der Grund, weshalb die beiden Gruppen miteinander reisten und reisen wollten, lag in den potentiellen Gefahren, die für eine solche Gesandtschaft zweifelsohne bestanden. Neben den Risiken, die von der Natur ausgingen, stellten Überfälle bzw. Hinterhalte von »Ungläubigen« eine große Gefahr dar, wie uns die Translationsgeschichte berichtet.[48] Eine gemeinsame Rückfahrt jedoch fand auf Grund von Verzögerungen der königlichen Gesandtschaft nicht statt, sodass der Diakon[49] alleine nach Italien zurückkehrte.

42 Wattenbach, a. a. O. 1872, S. 10

43 Vgl. Halm, Heinz: Hārūn ar-Rašd. In: Lexikon des Mittelalters (LexMa), Bd. 4, 2003, Sp. 1949–1950

44 Nachdem die Gesandten Lantfrid und Sigismund auf der Reise starben, brachte der Dolmetscher und Führer der Expedition, der Jude Isaak, den Elefanten am 13.7.802 nach Aachen. Der Name des Tieres lautete Abul Abaz. Das Tier starb 810. Vgl. Borgolte, Michael: Der Gesandtenaustausch der Karolinger mit den Abbasiden und mit den Patriarchen von Jerusalem. In: Münchener Beiträge zur Mediävistik und Renaissance-Forschung 25, München 1976, S. 46–58

45 Anzuführen sind unter anderem die Reichsannalen oder die Vita Karls des Großen von Einhard. Für weitere Quellen vgl. Borgolte, a. a. O. 1976, S. 47

46 Borgoltes Meinung nach ist an der Glaubwürdigkeit dieser Gesandtenüberschneidung bzw. Doppelgesandtschaft nicht zu zweifeln. Vgl. Borgolte, a. a. O. 1976, S. 50

47 Wattenbach, a. a. O. 1872, S. 10

48 Vgl. Wattenbach, a. a. O. 1872, S. 10; Borgolte, a. a. O. 1976, S. 51

49 Die Translationsgeschichte berichtet, dass der Priester im Heiligen Land verstarb. Vgl. Wattenbach, a. a. O. 1872, S. 10

In der Nähe von Rom gelandet, erreichte den Diakon die Nachricht, dass sein Herr, Graf Gebhard, verstorben sei. Zufälligerweise befand sich im Gefolge Scrots, des Grafen von Florenz, der Bruder des genannten Diakons. Dieser Bruder und dessen Herr hielten sich gerade zur selben Zeit in Rom auf, als der Diakon dort mit dem Schiff ankam. Der Diakon wurde zum Grafen von Florenz gebracht und berichtete von seiner Reise, fragte aber auch, was er nun tun solle, da sein Herr tot sei. Scrot begab sich zu Papst Leo und berichtete diesem wiederum von dem Gesandten Gebhards und dessen kostbarer Fracht. Papst Leo ließ den Diakon zu sich bringen, betrachtete die Reliquien und segnete sie. Gleichzeitig überwies Leo den Diakon an Graf Scrot, der ihn mit den sterblichen Überresten der beiden Märtyrer an die vorgesehene Stätte bringen sollte.[50]

Leider gibt uns die Handschrift über die Ankunft und die Ereignisse in Rom keine Zeitangabe. Doch ist es Michael Borgolte gelungen, den Zeitraum, in dem die Ereignisse stattfanden, näher zu bestimmen. Er schreibt: »Für die Ankunftszeit des Diakons ist wichtig, daß Scrot den Papst in Rom aufsuchte; dies kann vor dem Überfall auf Leo III. am 25. April 779[51] [sic!] oder nach dessen Rückkehr aus dem Frankenreich am 29.11. desselben Jahres geschehen sein [...]. Eine Ankunft im Frühjahr 799 ist chronologisch wohl möglich [...], sachlich aber sehr unwahrscheinlich. Man kann sich nämlich nicht vorstellen, daß der Diakon und Scrot mit ihrem kostbaren Schatz viele Monate in der unruhigen Stadt gewartet haben, bis der Papst seine Entscheidung treffen konnte. Da die Translation von Rom nach Schienen, dem ausdrücklichen Zeugnis der Quelle zufolge, erst nach Weihnachten 800 vor sich ging, wären zwischen einer frühen Ankunft des Diakons und dem Weitertransport der Reliquie sogar mindestens rund zwei Jahre vergangen. Offenkundig ist damit kaum zu rechnen. Deshalb dürfte Scrot [und der Diakon] frühestens im Jahr 800 an den Apostelgräbern gewesen sein [...].«[52]

Graf Scrot erhielt aber nicht sofort einen Teil der Reliquien. So wurde dem Grafen erst dann ein Knochen übergeben, nachdem der Diakon und der Papst ihre Zustimmung gegeben hatten. Die Quelle beschreibt die Übergabe so: »At diaconus ille facta oracione cum laetaniis cophinos reseravit, partemque aliquam corporis sancti Genesii Christi martyris, id est dextrum faemur a iunctura superiore usque ad geniculi iuncturam inferiorem, Scrót comiti tradidit; [...].«[53] Übersetzung R. H.: »Doch jener Diakon öffnete nach Verrichtung eines Gebetes mit Freuden die großen Körbe und übergab irgendeinen Teil des Körpers des heiligen Märtyrers Christi, Genesius, das heißt, den rechten Oberschenkel von der oberen Verbindung bis hin zur unteren Verbindung des Knies, dem Grafen Scrot.«

50 Vgl. ebenda, S. 10–11

51 Die Jahresangabe von Borgolte ist falsch, korrekt ist das Jahr 799.

52 Borgolte, a. a. O. 1986, S. 239

53 Wattenbach, a. a. O. 1872, S. 12

Danach wurden die übrigen Reliquien nach Treviso gebracht.[54] Scrot aber begann sofort mit den Vorbereitungen für die Translation seiner Reliquie über die Alpen, indem er einen Schrein anfertigen ließ. Daraufhin bat er bei König Pippin um Beurlaubung und begab sich nach Schienen in Alemannien.[55]

Doch kaum war die Reliquie in Schienen, wurden Zweifel an ihrer Echtheit laut. So heißt es: »Sed cum in exordio ambiguitatem nonnullis, non solum in populo, sed etiam in sacerdotali gradu consistentibus, res ipsa conferret, Pippinus rex Langobardorum, Ratoldum tunc principem palatii sui sacerdotem, veritatem rei diligenter perquirendae Darvisiam misit.«[56] Übersetzung R. H.: »Aber weil die Sache selbst am Anfang den Zweifel nicht nur bei manchen im Volk, sondern auch bei in priesterlichem Amte Stehenden erzeugte, schickte Pippin, der König der Langobarden, den Ratoldus, oberster Hofkaplan, nach Treviso, um die Wahrheit über diese Angelegenheit sorgfältig und genau zu erkunden.«

In Treviso untersuchte Ratold[57] die Gebeine, indem er, wie es heißt, die Knochen aneinander fügte. Nach dieser Arbeit erkannte er, dass nur der vom Papst gewährte Knochen, welcher an Graf Scrot übergeben wurde, fehlte.[58] Um aber ganz sicher zu gehen, musste Ratold auch die Reliquie in Schienen aufsuchen und diese als das fehlende Stück der Reliquien in Treviso identifizieren. Die Translationsgeschichte berichtet dazu: »Quod etiam postmodum cum rege Pippino ad eundem locum, ubi reliquiae sancti Genesii allatae sunt, isdem sacerdos venisset, experimento consimili conprobavit. Nam iubente rege scriniolum aperuit, partemque corporis sancti Genesii Christi martyris, quam apud Darvisiam civitatem non repperit, hic nanctus est collocatam.«[59] Übersetzung R. H.: »Weil sogar bald darauf derselbe Priester mit dem König Pippin an denselben Ort, wo die Reliquien des heiligen Genesius hingebracht worden sind, gekommen war, erkannte er [dies] durch eine ähnliche Erfahrung an. Denn er öffnete auf Befehl des Königs die Kiste und entdeckte zufällig, dass ein Teil des Körpers des heiligen Genesius, des Märtyrers Christi, den er in der Gemeinde Treviso nicht fand, hier untergebracht worden ist.«

54 Vgl. Wattenbach, a. a. O. 1872, S. 12. Die Gebeine der Heiligen kamen vermutlich in das Kloster, welches auf einer Insel beim Zusammenlauf der Flüsse Sila und Cagnano bei Treviso lag. Anfang des 10. Jh. wurden sie dann in das Kloster Nonantola gebracht, da das alte Kloster bei den Ungarneinfällen zerstört wurde. Vgl. Hofmeister, Markgrafen und Markgrafschaften, S. 271; Haubrichs, Reichenauer Kulturgeschichte, S. 28 – 30. Bald nach der Translation der Reliquien nach Treviso schienen die Namen der Heiligen vergessen gewesen zu sein. Am Anfang des 11. Jahrhunderts wurde die Geschichte der Heiligen Senesius und Theopontus in Nonantola niedergeschrieben. Ebenfalls erwarb Bischof Ratold von Verona um 830 Reliquien der Heiligen Senesius und Theopontus für seine Stiftung Radolfzell. Leider kann an dieser Stelle auf eine (vermutliche) Überschneidung der Heiligen nicht weiter eingegangen werden. Weitere Untersuchungen müssen erst noch zeigen, ob es sich hierbei um die gleichen Heiligen handelt. Zur Quelle aus dem Kloster Nonantola, vgl. Translatio et miracula sanctorum Senesii et Theopontii. In: Monumenta Germaniae Historica (MGH), SS XXX, S. 984–992

55 Vgl. Wattenbach, a. a. O. 1872, S. 12

56 Ebenda

57 Für Ratold allgemein vgl. Hlawitschka, a. a. O. 1997/1998, S. 5–32

58 Vgl. Wattenbach, a. a. O. 1872, S. 12

59 Ebenda, S. 12–13

Die Translation der Genesius-Reliquien durch Graf Scrot nach Schienen, neoromanisches Wandbild in der ehemaligen Propsteikirche Schienen, 1904–06, zerstört 1960

Aus dieser Textstelle lassen sich mehrere Sachverhalte erkennen. Zum einen suggeriert die Quelle dem Leser, dass Graf Scrot eine wichtige Persönlichkeit gewesen sein muss. Dies könnte durchaus so gewesen sein, da es ihm gelang, König Pippin persönlich dazu zu bewegen, sich dieser Angelegenheit anzunehmen. Der König wiederum sandte seinen Hofkaplan nach Treviso. Später kamen sogar der König selbst und sein Hofkaplan nach Schienen, um den Fall zu klären. Daraus lässt sich der Einfluss des Grafen Scrot ablesen. Ansonsten hätte Pippin nicht solch einen großen Aufwand betrieben. Zwar war Pippin vermutlich nicht hauptsächlich aus diesem Grund über die Alpen gezogen, doch sein Erscheinen unterstreicht auch die Position des Grafen Scrot in Italien.

Zum anderen kann nun der Zeitraum, in dem die Translation nach Schienen stattgefunden hat, stark eingegrenzt werden. Wichtigster Hinweis hierfür ist die Titulierung Ratolds als oberster Hofkaplan. Eduard Hlawitschka[60] konnte nachweisen, dass Ratold mit großer Wahrscheinlichkeit am 26. Sept. 801 seine Bischofsweihe in Verona empfangen hatte. Da Ratold in der Translationsgeschichte nicht als Bischof tituliert wurde, bedeutet dies, dass die Geschehnisse vor diesem Datum stattgefunden haben müssen. Auch König Pippin von Italien kann nur im Frühjahr des Jahres 801 nach Alemannien gezogen sein, da er nach Ostern 801[61] eine Heerfahrt gegen die Beneventaner unternahm und sich im August in Spoleto aufhielt. Somit fallen die Zeit der Translation sowie die Klärung der Echtheit der Reliquien in den Zeitraum des Frühjahres 801.[62]

60 Vgl. Hlawitschka, a. a. O. 1997/1998, S. 11–13
61 4. April 801
62 Vgl. Hlawitschka, a. a. O. 1997/1998, S. 11–13; Böhme, a. a. O. 1966, Nr. 513 g–h

Infolgedessen kann nun auch gesagt werden, dass Graf Scrot in sehr kurzer Zeit über die Alpen gezogen ist, nur kurz in Schienen verweilte, um daraufhin wieder sehr schnell nach Italien zurückzukehren.

Die Überprüfung Ratolds beseitigte aber nicht sofort die herrschenden Zweifel. Egino,[63] Bischof von Konstanz, überzeugte sich selbst von der Echtheit der Reliquie. Auch Abt Waldo vom Kloster Reichenau kam, und als sich am Abend »ein Wunder« ereignete, gab es für ihn keinen Zweifel mehr.[64] Die Quelle berichtet: »Quod dum praefato venerabili patri ad mensam residenti nuntiatum esset, Christo gratias agit, omnemque dubietatem ulterius de hac re e pectore suo fatebatur extinctam«.[65] Übersetzung R. H.: »Als dies dem ehrwürdigen Vater, der am Tisch saß, mitgeteilt wurde, dankte er Christus und gestand, dass jeder frühere Zweifel über diese Sache aus seinem Herzen ausgelöscht worden sei.«

Neben den hier geschilderten Ereignissen, die in der Translationsgeschichte dargestellt werden, nehmen die Wunder einen großen Teil der Geschichte ein. In diesem Aufsatz kann aber nicht weiter darauf eingegangen werden. Es lassen sich jedoch drei unterschiedliche Typen von Wundern erkennen. Zum einen gibt es Strafwunder wegen Nichtbeachtens der Reliquie, zum anderen das Heilen von Menschen. Den dritten Typ bilden die sogenannten Licht- und Wachswunder, die sich durch die Reliquie des heiligen Genesius ereigneten.[66]

Zusammenfassend kann mit den Worten von Theodor Klüppel festgehalten werden: »Ein gemessen am Weltgeschehen doch recht unscheinbares Ereignis wird hiermit in einen großen Zusammenhang gestellt, gewinnt so an Bedeutung. Papst Leo ist direkt am Geschehen beteiligt, ebenso Karls Sohn Pippin. Die Tatsache, daß ein unscheinbares Ereignis in einen weltweiten Horizont gestellt wird, begegnet als Prototyp bei Lukas 2,1 ff., wo die Messiasgeburt mit einem von Kaiser Augustus befohlenen Zensus in Zusammenhang gebracht wird.«[67]

Transalpine Politik der Franken bis zur Zeit Karls des Großen

Um die Geschichte besser verstehen zu können, soll die transalpine Politik der Franken bis zur Zeit Karls des Großen näher betrachtet werden, da sich die Frage stellt, weshalb ein Graf aus Florenz Reliquien über die Alpen brachte. Dies kann nur dann beantwortet werden, wenn die fränkische Italienpolitik zur Translationsgeschichte herangezogen wird.

Der Text zur Translation der Reliquie hat gezeigt, dass die Franken um das Jahr 800 Italien beherrschten. Schon in der merowingischen Zeit kam es zu fränkischen Vorstößen in den italienischen Raum. Die Gründe für eine Ausrichtung gen Süden

63 Eginos Amtszeit war von 782 bis 811, vgl. Maurer, Helmut: Das Bistum Konstanz 2. Die Konstanzer Bischöfe vom Ende des 6. Jahrhunderts bis 1206. In: Germania Sacra 42,1. Die Bistümer der Kirchenprovinz Mainz, Berlin und New York 2003, S. 54–60

64 Vgl. Wattenbach, a. a. O. 1872, S. 14

65 Ebenda, S. 14–15

66 Vgl. Klüppel, a. a. O. 1980, S. 24

67 Ebenda

waren nicht immer nur politisch-militärisch, sondern auch religiös motiviert.[68] Einige dieser Menschen, die aus dem Norden kamen, fanden in Italien auch eine neue Heimat.[69] Die Einwanderung aus dem Gebiet nördlich der Alpen nach Italien verlief nicht konstant, sondern eher in Perioden.[70]

Besonders die oberdeutschen Gebiete, in denen im Frühmittelalter die Stämme der Alemannen und Bayern siedelten, nahmen im Reich der Merowinger eine kulturelle, aber auch eine politische Ausnahmestellung ein. Diese Sonderstellung resultierte aus ihrer Beziehung zu Italien, welche ein Gegengewicht zur kulturellen und politischen Einflussnahme von Seiten der Franken darstellte. Dabei wurde, so vermutet Fried, der alemannische Raum stärker von den Wirtschafts- und Handelsbeziehungen berührt als der bayerische.[71] »Sie [die Beziehungen mit Italien] hatten jedoch keine politischen Folgen, da Alemannien lediglich in den größeren Zusammenhang des Handelsverkehrs zwischen Oberitalien und dem fränkischen Rheingebiet eingespannt war und es vor allem keine gemeinsame Grenze mit dem Langobardenreich hatte.«[72]

Aber die Nähe zu Italien war der Grund, weshalb das alemannische Gebiet, aus dem Graf Scrot ursprünglich kam, stärker in die Italienpolitik des fränkischen Reiches miteinbezogen wurde. Leider sind die kirchlichen Verbindungen zwischen Alemannien und Italien zur Zeit der Merowinger nicht genau rekonstruierbar, da nur sehr wenige Quellen, die dies veranschaulichen würden, überliefert sind. Da Alemannien nicht von Italien aus christianisiert wurde, sondern aus dem fränkisch-burgundischen Gebiet, war die Einflussnahme von Süden her zudem sehr gering. Allgemein gesehen kann man sagen, dass die Herzöge und die geistlichen Würdenträger von Alemannien in merowingischer Zeit von sich aus kaum Kontakte nach Süden suchten. Eher waren die Franken die treibende Kraft.[73]

»Die endgültige Eroberung Ober- und Mittelitaliens durch die Franken war erst eine Folge der zu welthistorischer Bedeutung gelangten Verbindung zwischen den Karolingern und dem Papsttum, die sich vor der Mitte des 8. Jahrhunderts anbahnte. Diese Verbindung fand ihren Ausdruck in der Hilfe, die der Papst für Pippin bei der Schaffung des karolingischen Königtums leistete (751).«[74]

Nach der Eroberung des langobardischen Reiches durch Karl den Großen 773/774 begann langsam die administrative Neuordnung dieses Gebietes. Dabei wurden fränkische Adlige nach Italien gebracht, die dort die ehemaligen langobardischen »du-

68 Als Beispiel lassen sich Pilgerfahrten nach Rom anführen.

69 Vgl. Hlawitschka, a. a. O. 1960, S. 17–21

70 Vgl. Tellenbach, a. a. O. 1957, S. 66

71 Fried, Pankraz: Alemannien und Italien vom 7. bis 10. Jahrhundert. In: Beumann, Helmut, und Schröder, Werner (Hg.): Die transalpinen Verbindungen der Bayern, Alemannen und Franken bis zum 10. Jahrhundert, Sigmaringen 1987, S. 347–358, hier S. 350

72 Ebenda

73 Vgl. ebenda, S. 350–352

74 Hlawitschka, a. a. O. 1960, S. 21

ces« als »comites« ablösten.[75] Es handelte sich bei diesen Adligen immer um sehr zuverlässige Leute, die aus dem alten Kernland in den neuen Reichsteil geschickt wurden.[76] Auf diese Weise wurde Italien sehr eng an das karolingische Reich gebunden.

Durch die enge Verflechtung konnten auch Unabhängigkeitsbestrebungen der Langobarden unterdrückt werden. So wurden zum Beispiel an sehr wichtigen militärischen und politischen Orten wie Mailand, Verona oder Pavia Franken und Alemannen angesiedelt. Zwar wurde von Seiten der Franken keine breite Ansiedlungspolitik betrieben, aber es wurde eine fränkische Führungsschicht in Italien installiert, die Träger der karolingischen Politik in Italien war.[77] Außerdem wurden auch fränkischen, alemannischen und bayerischen Würdenträgern, die dem geistlichen Stand angehörten, italienische Bistümer zur Verwaltung übertragen. Als Beispiel kann der oben genannte Reichenauer Abt Waldo herangezogen werden, der unter anderem auch zeitweilig Bischof von Basel und Pavia war. Neben der fränkischen Reichsaristokratie, die in Italien eingesetzt wurde, kamen auch adlige Grundherren. Ihre Aufgabe bestand in der Sicherung und dem Schutz sowie der Verwaltung dieses neuen Reichsteils. Das Zentrum des Unterkönigtums Italien war das Gebiet Mailand–Pavia.[78]

Durch diese Ansiedlung von fränkischen und alemannischen Adligen sowie die Besetzung der Bischofsstühle mit reichstreuen Geistlichen wurde es möglich, dass das Unterkönigtum Italien zu einem festen Bestandteil des fränkischen Reiches wurde. Zwei Drittel der Personen, die nach Italien kamen, waren Franken. Neben den Franken waren die Alemannen bei dieser Ansiedlung von Adligen stark vertreten. Die Bayern und Burgunder machten nur einen verschwindend geringen Anteil aus. Daraus lässt sich schließen, dass die Alemannen eine nicht unwesentliche Rolle im fränkischen Reich innegehabt hatten.[79]

»Für die Grundstruktur der langobardisch-romanischen Bevölkerung Ober- und Mittelitaliens blieb die Verpflanzung so vieler fränkischer, alemannischer, wie auch bayrischer und burgundischer Vasallen und kriegsdienstpflichtiger Siedler nach dem Süden freilich ohne größere Bedeutung. Um das relativ dicht besiedelte Italien mit einer fränkischen Bevölkerung – wie ehedem die Niederlande, Belgien und Nordfrankreich – aufzufüllen, wäre eine Landnahme auf viel breiterer Grundlage notwendig gewesen.«[80]

In diesem Zusammenhang muss man die Translationsgeschichte und die dort erwähnten Grafen hinzuziehen. Bei Scrot und Gebhard handelte es sich also um Grafen, die ursprünglich aus dem Gebiet nördlich der Alpen stammten. Sie hatten den Kontakt in die alte Heimat nie verloren. Scrot besaß sogar noch Güter dort, die er durch die Reliquie des heiligen Genesius aufwertete.

75 Vgl. ebenda, S. 23–24

76 Vgl. Tellenbach, a. a. O. 1957, S. 66–67

77 Vgl. ebenda, S. 66

78 Vgl. Hlawitschka, a. a. O. 1960, S. 23–36

79 Ebenda, S. 36–48. Es muss an dieser Stelle noch einmal darauf hingewiesen werden, dass Graf Scrots Herkunft, ob Alemanne oder Franke, nicht geklärt ist.

80 Ebenda, S. 48

Die frühen Grafen von Nellenburg[1]

Von Fredy Meyer, Stockach-Wahlwies

Die Grafen von Nellenburg zählen zu den ältesten und vornehmsten Adelsdynastien des deutschen Südwestens. Orientiert man sich an den so genannten Vorfahren der Nellenburger aus dem 9. Jahrhundert und dem letzten männlichen Angehörigen, dem am 26. Mai 1591 verstorbenen Straßburger Dompropst Graf Christoph Ladislaus von Tengen-Nellenburg, so umfasst die Geschichte dieser Adelsfamilie einen Zeitraum von nahezu sieben Jahrhunderten. Die historische Forschung unterscheidet vier genealogische Linien der Grafen von Nellenburg:

1. Ältere Linie: Sie wird nach dem Leitnamen Eberhard auch »Eberhardinger« genannt. Vermutlich erster namentlich bekannter Vorfahre ist ein im Jahre 889 als Graf im Zürichgau amtierender Eberhard. Bekanntester und bedeutendster Vertreter des Grafengeschlechts ist Graf Eberhard von Nellenburg (erwähnt 1034, † 1078/79), genannt der Selige, der Stifter des Klosters Allerheiligen in Schaffhausen. Die seit der zweiten Hälfte des 11. Jahrhunderts nach ihrer Burg auf dem Nenzinger Berg benannten Grafen von Nellenburg sind auch die Ortsgründer von Stockach.

2. Mittlere Linie: Da Graf Burkhard von Nellenburg, der Sohn Graf Eberhards des Seligen, um 1101/02 kinderlos stirbt, gelangt das nellenburgische Erbe an seine Neffen (?) Graf Dietrich von Bürglen im Thurgau und Graf Adalbert von Mörsberg.

3. Jüngere Linie: Nach dem Aussterben der mittleren Linie im Mannesstamm folgen um 1170 durch Vermählung mit einer nellenburgischen Erbtochter die Grafen von Veringen. Unter ihnen wird Stockach um die Mitte des 13. Jahrhunderts zur Stadt erhoben (1283 erstmalige Erwähnung als »civitas«) und entwickelt sich im 13. Jahrhundert die Grafschaft Nellenburg zur Landgrafschaft.

4. Freiherren von Tengen: Mit dem Erlöschen der männlichen Linie aus dem Hause Veringen nach dem Tod Graf Eberhards IV. von Nellenburg (1363–1422) kommt die Landgrafschaft durch Heirat an die Freiherren von Tengen, seit 1422 Grafen von Nellenburg. Sie verkaufen 1465 wegen Überschuldung die Landgrafschaft Nellenburg für 37 905 fl an Erzherzog Sigismund von Österreich. Besondere Berühmtheit aus dem Geschlecht der Herren von Tengen erlangte Graf Christoph von Nellenburg-Tengen († 1539).[2] Mit dem Tod von dessen Sohn Christoph Ladislaus erlosch 1591 die männliche Linie der Grafen von Nellenburg-Tengen.

1 Vortrag anlässlich der Jahreshauptversammlung des Hegau-Geschichtsvereins am 15.2.2013
2 Vgl. den Beitrag von Franz Hofmann zu Graf Christoph von Tengen in diesem Jahrbuch

Wappen der Grafen von Nellenburg in der Zürcher Wappenrolle (um 1340)

Das Kloster Allerheiligen in Schaffhausen, einige Mauerreste der Nellenburg auf dem Nenzinger Berg, die Burgruine Mörsberg (Morimont) im Sundgau (Oberelsass) und die spätere Mörsburg bei Winterthur, die Burgruine der Grafen von Veringen im Laucherttal auf der Zollernalb oder die Burg in Tengen zählen zu den bedeutendsten baulichen Zeugnissen, die heute noch an die fast 700-jährige Grafengeschichte erinnern.

Überlegungen zur Abstammung der Grafen von Nellenburg

Die Nellenburger »sind mit den Staufern, Saliern, Zähringern und Zollern verwandt« und »in gewissem Sinne als Ahnherren des späteren Landes Baden anzusehen.«[3] Mit dieser pointierten Formulierung hat Herbert Berner aus der besonderen landesgeschichtlichen Perspektive des südbadischen Historikers die schon lange bekannte hochadlige Herkunft der Adelsfamilie und ihre Bedeutung für die territoriale Entwicklung Südwestdeutschlands charakterisiert. Aus diesem Grunde hat sich vor allem die ältere Nellenburg-Forschung intensiv mit den verwandtschaftlichen Beziehungen zu den früh- und hochmittelalterlichen Dynastengeschlechtern beschäftigt und genealogische Verbindungslinien zu anderen bedeutenden Adelsfamilien herzustellen versucht.

Die ersten Versuche einer Genealogie stammen aus der zweiten Hälfte des 19. Jahrhunderts.[4] Seitdem wurden zahlreiche genealogische Studien geschrieben und Stammtafeln entworfen, die wegen großer Unstimmigkeiten bei den Filiationsangaben und Datierungen allerdings immer wieder korrigiert, modifiziert und überarbeitet worden sind.[5] Hauptproblem neben dem der Quellenarmut des 10. Jahrhunderts ist die Einnamigkeit des frühen Mittelalters und die Tatsache, dass innerhalb einer Familie die männlichen Nachkommen sehr oft auf denselben Namen getauft worden sind.

3 Vgl. Berner, Herbert: Die Landgrafschaft Nellenburg. In: Das Hegöw, ein kleines, aber über die Maßen wol erbauen fruchtbar Ländlein (Sebastian Münster). Ausgewählte Aufsätze. Festgabe zu seinem 70. Geburtstag, hg. v. Franz Götz, Sigmaringen 1991, S. 70–82, hier S. 71

4 Vgl. Fickler, C. B. A.: Quellen und Forschungen zur Geschichte Schwabens und der Ostschweiz, Mannheim 1859, S. 57–84; Wyss, Georg von: Nellenburg, Eberhard III. Graf von. In: Allgemeine Deutsche Biographie, Bd. 23, Leipzig 1886, S. 418–421, mit umfassender Bibliographie der bis 1886 zu dem Thema erschienenen Literatur

5 Das gilt besonders für den Stammbaum der Nellenburger in Kindler von Knobloch, O. von: Oberbadisches Geschlechterbuch, Bd. 3, Heidelberg 1919, S. 195–199

Erst im Laufe des 11. Jahrhunderts, als sich die Adligen immer häufiger zusätzlich zu ihrem Vornamen auch nach ihren Herrschaftssitzen, den Stammburgen, benennen, wird die Zweinamigkeit üblich und die Identifikation wesentlich erleichtert.[6] Auf Grund dieser Schwierigkeiten hat sich die neuere historische Literatur entweder auf Teilstammtafeln beschränkt oder auf die genealogische Erforschung der frühmittelalterlichen Vorfahren der Familien völlig verzichtet.

Ein wichtiges Erkennungsmerkmal zur Ermittlung der personalen Identität und Filiationsfolgen stellen die Standes- und Amtsangaben zu den Vornamen, die Bezeichnung als Grafen oder Vögte, dar. Doch auch an ihnen sind die genauen Lebensdaten, die tatsächliche Amtsausübung und der exakte Grad der verwandtschaftlichen Beziehung nicht zweifelsfrei zu erkennen.[7] Durch die Berücksichtigung der besitzgeschichtlichen Argumente[8] und Auswertung der Namenseinträge in den Verbrüderungs- und Totenbüchern ist es der Forschung inzwischen zwar gelungen, bisher vermutete verwandtschaftlichen Beziehungen der Nellenburger zu untermauern, nicht jedoch den genauen Verwandtschaftsgrad mit Sicherheit zu bestimmen.

Epitaph Eberhards VI. des Jungen, Graf von Nellenburg-Veringen (1333–1371), in der Pfarrkirche St. Michael, Stockach-Hindelwangen (Foto: Franz Hofmann)

Die ältere historische Forschung ist von der Annahme ausgegangen, dass hinter den häufig wiederkehrenden Namen Hunfrid, Burchard, Konrad, Eberhard einzelne Geschlechter stehen, dass sie typische Namen für verschiedene Adelsdynastien seien, z. B. der Hunfridinger, Burchardinger und Eberhardinger. Diese Namensgebung hatte zur Folge, dass sich mehr und mehr eine bestimmte Vorstellung vom »Adelshaus« heraus-

6 Vgl. Haverkamp, Alfred: Aufbruch und Gestaltung. Deutschland 1056–1273, München 1984, S. 207

7 Siehe dazu die Beispiele von Zettler, Alfons: Nellenburg – Kloster Reichenau – Allerheiligen in Schaffhausen. Stationen in der Geschichte der älteren Nellenburger. In: Bänteli, Kurt, et al. (Hg.): Das Kloster Allerheiligen. Schaffhauser Archäologie Bd. 4, Schaffhausen 1999, S. 146–154, hier S. 146–147. Herrn Kurt Bänteli von der Kantonsarchäologie des Kantons Schaffhausen danke ich herzlich für seine hilfreichen Informationen zur Geschichte des Klosters Allerheiligen und der Stadt Schaffhausen.

8 Vgl. Schmid, Karl: Zur Problematik von Familie, Sippe und Geschlecht beim mittelalterlichen Adel. In: Zeitschrift für die Geschichte des Oberrheins (ZGO) 105, NF 66, 1957, S. 1–62, hier S. 3; Mayer, Theodor: Die Anfänge des Stadtstaates Schaffhausen. In: Schaffhauser Beiträge 31, 1954, S. 7–55, hier S. 11

kristallisierte. Adlige Personengemeinschaften im Sinne moderner Dynastien hat es im frühen Mittelalter nach der neuesten wissenschaftlichen Adelsforschung aber nicht gegeben. Erst nach der Jahrtausendwende bilden sich aus einem älteren Sippenverband bestimmte Adelsgeschlechter, Adelshäuser oder Adelsdynastien heraus.[9]

Die Abstammung der Nellenburger von den Hunfridingern und ihre Verwandtschaft mit den Udalrichingern und Burkhardingern wurde in der historischen Forschung wohl früh vermutet. Für den exakten Nachweis der verwandtschaftlichen Beziehungen reichen die genealogischen Quellen jedoch nicht aus.[10] Dies zeigt sich z. B. an dem von Eduard Krüger (1891) entworfenen Stammbaum, der die genauen Filiationsfolgen vom ersten Vertreter dieser Adelssippe, Hunfrid, bis zu den letzten Angehörigen der älteren Linie der Grafen von Nellenburg darzustellen versucht.[11]

Die Einnamigkeit des frühen Mittelalters hat leider zur Folge, dass, wie Karl Schmid (1957) es formuliert hat, »kein einziges hochmittelalterliches Adelsgeschlecht in völlig gesicherter Filiation bis ins 8. Jahrhundert zurückverfolgt werden kann«.[12] Und dies gilt leider auch für die Nellenburger.

Vermutliche Vorfahren des 9. und 10. Jahrhunderts

Aufgrund der genealogischen Barriere der Einnamigkeit ist also die Aufstellung eines Stammbaums für die Nellenburger im 9./10. Jahrhundert nicht möglich, doch gibt es dennoch eine Personengruppe, die man vielleicht dem Umkreis (Familie oder Sippe) der Grafen von Nellenburg zuordnen kann. Es handelt sich bei ihnen um einen als Grafen und Vögte in der Nordostschweiz, aber auch in der Umgebung der Könige fassbaren Personenkreis, der vor allem auf Grund der nellenburgischen Leitnamen Eberhard, Burchard und Mangold der Familie der Grafen von Nellenburg zugeordnet wird.[13]

Als Beispiel aus dem 9. Jahrhundert sei der im Jahre 889 in einer Schenkungsurkunde als Graf im Zürichgau erwähnte »Eberhart comes« genannt.[14] Einiges spricht dafür, dass der vermeintliche Stammherr der Nellenburger mit dem zwischen 886 und 894 im Oberaargau, Elsass und in der Ortenau tätigen Grafen Eberhard identisch ist und dem elsässischen Geschlecht der Etichonen angehört.[15] Vielleicht ist er

9 Vgl. Krüger, Emil: Zur Herkunft der Zähringer. In: ZGO 45, NF 6, 1891, S. 553–635, hier S. 606–607

10 Vgl. Mayer, a. a. O. 1954

11 Krüger, a. a. O. 1891

12 Schmid, a. a. O. 1957

13 Vgl. Kläui, Hans: Grafen von Nellenburg (»Eberhardinger«). In: Genealogisches Handbuch zur Schweizer Geschichte (GHS) Bd. 4, Freiburg 1980, S. 179–204; Tumbült, Georg: Graf Eberhard von Nellenburg, der Stifter von Allerheiligen. In: ZGO 44, NF 5, 1890, S. 425–443; Krüger, a. a. O. 1891, S. 553–635 mit Stammtafel auf S. 606–607

14 »Eberhart comes cum advocatu suo Adalberto«, vgl.: Urkundenbuch der Stadt und Landschaft Zürich, Bd. 1, Zürich 1939, Nr. 153

15 Zotz, Thomas: Der Breisgau und das alemannische Herzogtum. Zur Verfassungs- und Besitzgeschichte im 10. und beginnenden 11. Jahrhundert, Sigmaringen 1974, hier S. 86–87; Borgolte, Michael: Die Grafen Alemanniens in merowingischer und karolingischer Zeit. Eine Prosopographie, Sigmaringen 1986, S. 98–99, und schon Krüger, a. a. O. 1891, S. 590, Anm. 2. Die Etichonen waren ein im Elsass be-

mit dem ehemaligen Straßburger Propst Eberhard, dem ersten Abt des Klosters Einsiedeln, verwandt, den Hagen Keller (1964) der elsässischen Grafenfamilie der Eberhardinger als Nachkommen der Etichonen zugeordnet hat.[16] Etwa zur selben Zeit ist in einer Urkunde König Arnulfs von Kärnten von 888 ein Graf namens Eberhard in der Hattenhuntare bzw. im Sülchgau, in der Region des mittleren Neckars, bezeugt, in der um 1050 Eberhard der Selige als Graf im Neckargau und überdies nellenburgische Besitzungen nachgewiesen sind.[17]

Doch reichen diese Anhaltspunkte für eine klare Identifizierung mit dem vermeintlichen Ahnherrn der Grafen von Nellenburg nicht aus.[18] Sowohl die ältere als auch die neuere Forschung zieht ebenfalls eine familiäre Verbindung zwischen Eberhard und der schwäbischen Herzogsfamilie der Burchardinger in Betracht. Danach könnte Reginlind († 958), die Gemahlin der Herzöge Burchard II. (geb. 883/884, † 926) und Hermann I. (927–949), eine nahe Verwandte[19] oder sogar die Tochter oder Schwester Eberhards[20] gewesen sein.

Eine Verwandtschaft der Grafen von Nellenburg mit den Burchardingern als den Nachkommen der Hunfridinger wird hauptsächlich mit dem nämlichen Namensgut und den zahlreichen Besitzüberschneidungen begründet.[21] Die Namen Burchard, Mangold und Eberhard, die auch bei den Nellenburgern häufig vorkommen, weisen sie demnach als Angehörige der schwäbischen Herzogsfamilie der Burchardinger aus. Aus dem Vergleich der nellenburgischen Besitzungen mit dem frühmittelalterlichen Adelsbesitz im Bodenseeraum, insbesondere im Klett- und Albgau, geht hervor, dass sich ihre Besitzungen in unmittelbarer Nachbarschaft zu denen der Burchardinger befanden. Der von Herzog Burchard II. an Kloster Reichenau geschenkte Fiskus Schleitheim mit den Orten Schleitheim, Beggingen, Schlatterhöfe und Taler-

gütertes Adelsgeschlecht, das auf einen merowingischen »dux« Eticho zurückgeht. Zu ihren Nachkommen gehören die elsässischen Grafen des 10. Jahrhunderts.

16 Keller, Hagen: Kloster Einsiedeln im ottonischen Schwaben, Freiburg (Breisgau) 1964, S. 14–15

17 Vgl. Borgolte, a. a. O. 1986, S. 100

18 Ebenda, S. 99

19 Vgl. Keller, a. a. O. 1964, S. 21–22; Zotz, a. a. O. 1974, S. 86–87. Siehe dazu auch die Stammtafel bei Schwennicke, Detlev (Hg.): Europäische Stammtafeln. Stammtafeln zur Geschichte der europäischen Staaten. Neue Folge, Bd. XII, Schwaben, Marburg 1992, Tafel 85: Die Eberhardinger, Grafen im Zürichgau und im Thurgau, Grafen von Nellenburg erster Stamm

20 Neugart, Trudpert: Episcopatus Constantiensis Alemannicus, Bd. I,1, St. Blasien, 1803, S. 418; Stälin, Christoph Friedrich: Wirtembergische Geschichte, 1. Teil Schwaben und Südfranken von der Urzeit bis 1080, Stuttgart und Tübingen 1841, S. 553; Wyss, a. a. O. 1886, S. 418; Ringholz, Odilo: Geschichte des Benediktinerstifts Einsiedeln, Einsiedeln 1904, S. 184–186; Keller, a. a. O. 1964, S. 21–22; Zotz, a. a. O. 1974, S. 86–87; Kläui, a. a. O. 1980, S. 182

21 Schmid, Ludwig: Die älteste Geschichte des erlauchten Gesamthauses der Königlichen und Fürstlichen Hohenzollern, Tübingen 1888, S. 206 ff.; Krüger, a. a. O. 1891, S. 588; Mayer, a. a. O. 1954, S. 12 ff.; Keller, a. a. O. 1964, S. 22; Maurer, Helmut: Die Herren von Krenkingen und das Land zwischen Schwarzwald und Randen. Studien zur Geschichte eines landschaftsgebundenen Adelshauses im 12. und 13. Jahrhundert, Freiburg (Breisgau) 1963, S. 47 mit Anm. 11; Zotz, a. a. O. 1974, S. 72; Hils, Kurt: Die Grafen von Nellenburg. Ihre Stellung zum Adel, zum Reich und zur Kirche, Freiburg (Breisgau) 1967, S. 28 ff. und 47 mit Anm. 11

hof grenzte beispielsweise an Güter, die die Grafen von Nellenburg außer dem Randenforst ebenfalls im Klett- und Albgau besaßen.[22]

Aufgrund besitzgeschichtlicher Indizien wie der eng nebeneinander liegenden udalrichingischen und nellenburgischen Güter am nördlichen Bodensee zieht die Forschung auch verwandtschaftliche Beziehungen der Grafen von Nellenburg zu den Udalrichingern in Betracht.[23] Theodor Mayer (1954)[24] begründet diese Annahme unter anderem damit, dass der gesamte Bodenseeraum und Rätien nach der Unterwerfung unter die fränkischen Hausmeier eine überwiegend den Udalrichingern gehörende großflächige Adelsherrschaft war, die durch verschiedene Erbgänge unter deren Nachkommen und Verwandten aufgeteilt wurde.[25] Diese Hypothese stützt sich allerdings nur auf die allgemeine Besitzverteilung, ohne dass die genaue Besitzentwicklung nachzuvollziehen und der Verwandtschaftsgrad stammbaummäßig nachzuweisen ist.[26]

Ebenso wie bei den frühmittelalterlichen Ahnen ist auch bei den vermeintlichen Vorfahren aus dem 10. Jahrhundert die genealogische Zugehörigkeit zu den Nellenburgern nicht gesichert. Am interessantesten und von der Quellenlage her am ehesten den vermutlichen Vorfahren Eberhards des Seligen zuzurechnen ist Mangold (geb. um 940, † 991), der im letzten Drittel des 10. Jahrhunderts als Graf im Zürichgau, als Vogt des Klosters Einsiedeln und in der Nähe der ottonischen Königsfamilie nachzuweisen ist.[27] Die Ausübung der Vogtei geht möglicherweise auf verwandtschaftliche Beziehungen zur Familie des ersten Straßburger Dompropsts und ersten Abts Eberhard († 958) zurück.

Die Forschung hat Graf Mangold wegen seiner besonderen Beziehungen zu Kaiserin Adelheid (931/932–999), der Gemahlin Kaiser Ottos des Großen, auch als »Geschäftsträger der Kaiserin Adelheid« bezeichnet.[28] Er erhält am 27. August 987 von Otto III. auf Bitten der Kaiserin Theophanu den Ort Baden (heute Baden-Baden) im Ufgau.[29] Die Schenkung steht im Zusammenhang mit dem Plan einer Kloster-

22 Vgl. Mayer, a. a. O. 1954, S. 13–14; Maurer, a. a. O. 1963, S. 143–144; Hils, a. a. O. 1967, S. 28–29 und die Besitzkarte auf S. 136

23 Mayer, a. a. O. 1954, S. 11 ff., unter Berufung auf Schmid, Karl: Graf Rudolf von Pfullendorf und Kaiser Friedrich II., Freiburg (Breisgau) 1954, S. 23 ff. und 33 ff.; Seibert, H.: Nellenburg. In: LMA Bd. 6, 1993, Sp. 1087; Leonhard, Martin: Nellenburg. In: Historisches Lexikon der Schweiz, deutet »einen Zusammenhang mit den Geroldenc« an.

24 Mayer, a. a. O. 1954, S. 7–20

25 Ebenda

26 Ebenda, S. 18; Kläui, a. a. O. 1980, S. 179; zu den frühmittelalterlichen Besitzverhältnissen siehe auch Dobler, Eberhard: Udalrichingisches Erbe im Hegau. In: HEGAU 31, 1974, S. 53–85

27 Vgl. Keller, a. a. O. 1964, S. 23

28 Schwarzmaier, Hansmartin: Baden-Baden im frühen Mittelalter. Die älteste schriftliche Überlieferung aus den Klöstern Weißenburg und Selz, Baden-Baden 1988, S. 23

29 Baumann, Franz Ludwig: Das Kloster Allerheiligen in Schaffhausen. In: derselbe, Meyer von Knonau, Georg, und Kiem, P. Martin (Hg.): Die älteren Urkunden von Allerheiligen in Schaffhausen, Rheinau und Muri, Basel 1883, S. 3–4, Nr. 1; Uhlirz, M. und K.: Jahrbücher des Deutschen Reiches unter Otto II. und Otto III., Bd. 2, Berlin 1954, S. 87; Erben, W.: Die Anfänge des Klosters Selz. In: ZGO NF 7, 1897, S. 1–27, hier S. 7 ff.; Schmid, Karl: Baden-Baden und die Anfänge der Markgrafen. In: ZGO 140,

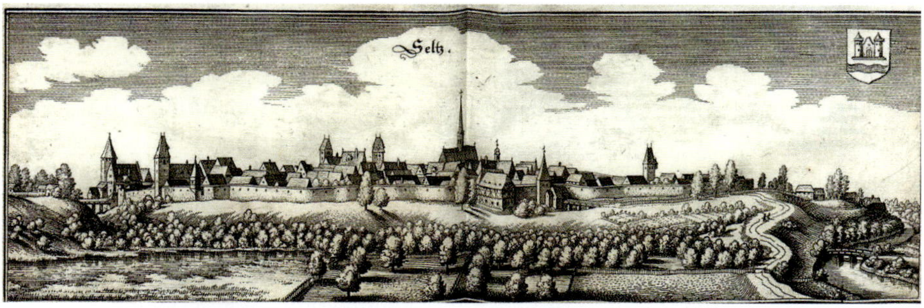

Selz. Kupferstich von Matthäus Merian, 1645

gründung im elsässischen Selz, auf der anderen Rheinseite, den Adelheid nach einem Zeugnis Abt Odilos von Cluny zusammen mit ihrem Verwandten, dem Grafen Mangold, gefasst hatte.[30] Zur Dotation des Klosters wurde ihm ein der Kaiserin gehörendes Gut in Sermersheim (Gemeinde im Département Bas-Rhin) übertragen.

Die Initiative zu der Klosterstiftung dürfte nicht von Adelheid allein, sondern auch von Mangold ausgegangen sein, denn als er am 1. Mai 991 auf einer Reise durch Sachsen in Memleben plötzlich verstarb, gab er auf dem Sterbelager das »praedium« (Gut) Sermersheim zurück und legte der Kaiserin dabei die Erfüllung der von ihm eidlich gelobten Klosterstiftung ausdrücklich ans Herz. Mangold wurde in Gegenwart der Kaiserin Adelheid und engster ottonischer Familienangehöriger im Quedlinburger Dom, der Grablege Heinrichs I., bestattet.[31] Mangold ist die erste Person, die man mit einiger Gewissheit den Vorfahren und Verwandten der Nellenburger zurechnen kann, auch wenn der genaue Verwandtschaftsgrad ungewiss bleibt.

Die Klostergründung Selz ist auch für die Besitzverhältnisse der Grafen von Nellenburg interessant. Durch die Schenkung von Baden hatten sie bedeutenden Besitz auf der dem Kloster gegenüber liegenden rechten Rheinseite erlangt. Die von Mangold und Adelheid geknüpften Verbindungen zu Selz rissen nach dem Tod Mangolds keineswegs ab. Man darf davon ausgehen, dass die Vogtei über die Reichsabtei mit ihren nicht unbeträchtlichen Klostergütern »gleichsam als Stiftervogtei« an Mangolds Nachkommen vererbt wurde und seine Familie dadurch bedeutenden Einfluss

1992, S. 1–37. Da die im Staatsarchiv Schaffhausen aufbewahrte Königsurkunde nicht im Allerheiligen-Repertorium von 1597 verzeichnet ist, nahm Sickel, Theodor: Über Kaiserurkunden in der Schweiz, Zürich 1877, an, dass sie nicht »von jeher« zum Archiv des Klosters Allerheiligen gehört hat. Siehe dazu ferner Schwarzmaier, a. a. O. 1988, S. 20, der dagegen die Meinung vertritt, dass Mangold sie »später im Archiv seines Familienklosters« aufbewahren ließ. Der Ufgau ist eine historische Landschaft am Westrand des Nordschwarzwalds.

30 Uhlirz, a. a. O. 1954, S. 149 mit Anm. 1; Krüger, a. a. O. 1891, S. 256; Keller, a. a. O. 1964, S. 21 ff.; Hils, a. a. O. 1967, S. 54–55; Zotz, a. a. O. 1974, S. 64–65; Kläui, a. a. O. 1980, S. 186

31 Vgl. Uhlirz, a. a. O. 1954, S. 87; Hils, a. a. O. 1967, S. 149

in dieser Region am Oberrhein gewann.[32] Das Kloster lag an einer wichtigen Fernhandelsstraße, die auf der linken Rheinseite von Straßburg über Hagnau, Speyer, Worms und Mainz nach Norden führte. Das besondere Interesse der Grafen von Nellenburg gerade an dieser Landschaft geht auch aus der Güterschenkung Kaiser Heinrichs IV. an Graf Eberhard den Seligen im Jahre 1065 hervor, durch die er als Entschädigung für die an das Bistum Como abgetretene Grafschaft Chiavenna Besitzungen in der unmittelbaren Umgebung von Selz und Baden, nämlich die Dörfer Hochfelden, Schweighausen und den Heiligen Forst (Hagnauer Forst im Unterelsass), erhielt.[33]

Mit großer Wahrscheinlichkeit haben die Grafen von Nellenburg auch in dieser Region wie im Südschwarzwald oder Hegau Landesausbau betrieben, Wald gerodet und Siedlungen gegründet. Darauf weisen möglicherweise die beiden Orte namens Schaffhouse près Seltz und Schaffhouse sur Zorn im Unterelsass hin.

Die ottonische Schenkung von 987 an den Grafen Mangold wurde lange Zeit als eine Art »Geburtsurkunde« der Markgrafschaft und des späteren Landes Baden angesehen. Denn da Markgraf Hermann II. (geb. um 1060, † 1130) sich in zwei Königsurkunden des Jahres 1112 nach dem kurz zuvor erhaltenen Besitztum Baden »von Baden« nannte und eben dort auch um dieselbe Zeit eine Burg erbaute, schloss die historische Forschung, dass das »praedium Baden« aufgrund von Verwandtschaftsbeziehungen mit den Nellenburgern »an die Zähringer kam und somit einen Ansatzpunkt für die Entwicklung der badischen Markgrafschaft bildete«.[34]

Nach Karl Schmid (1992) und Hansmartin Schwarzmaier (1988/2005)[35] wurde der Besitz in Baden jedoch nicht von den Nellenburgern an die Markgrafen vererbt, sondern aus »königlichem Recht« und politischen Gründen von Kaiser Heinrich IV. an Hermann II. verliehen, um den während des Investiturstreits entstandenen Konflikt mit den Zähringern beizulegen und die Absetzung Bertholds I. als Herzog und Markgraf von Verona wegen seiner Gegnerschaft zum salischen König im Jahre 1077 durch die Verleihung der Besitz- und Herrschaftsrechte in Baden und des Markgrafentitels angemessen aufzuwiegen.[36] Die Verwandtschaft zwischen den Grafen von Nellenburg und den Zähringern, bzw. Markgrafen von Baden wird damit nicht in Frage gestellt. Doch die in der Geschichtsschreibung und auch von Herbert Berner (1991) geäußerte Beurteilung der Grafen von Nellenburg als »Ahnherren des späteren Landes Baden«[37] ist nicht mehr zu vertreten.

32 Schäfer, Alfons: Staufische Reichslandpolitik und hochadlige Herrschaftsbildung im Uf- und Pfinzgau und im Nordwestschwarzwald vom 11.–13. Jh. In: ZGO 117, NF 78, 1967, S. 179–244, hier S. 222–223

33 Ebenda

34 Berner, a. a. O. 1991, S. 588

35 Vgl. Schmid, a. a. O. 1992, S. 24–25; Schwarzmaier, a. a. O. 1988, S. 27–28; derselbe: Baden, Dynastie–Land–Staat, Stuttgart 2005, S. 49–55

36 Schwarzmaier, a. a. O. 2005, S. 53: »Die von Karl Schmid vorgetragene Auffassung, die Markgrafen seien in den staufisch-zähringischen Ausgleich einbezogen gewesen und hätten damals aus königlichem Recht ihren Besitz in Baden-Baden erhalten, auf dem sie dann ihre Burg errichteten, hat die Forschung überzeugt.«

37 Berner, a. a. O. 1991

Zum Thema der Vorfahren der Grafen von Nellenburg gehört auch jene rätselhafte Person des »Eberhardus comes de Potamo«, die der wissenschaftlichen Forschung schon viel Kopfzerbrechen bereitet hat.[38] Sie wird zusammen mit zwei weiteren Adelspersönlichkeiten, den Grafen Ulrich von Bregenz und Gero von Pfullendorf, in der Chronik des Klosters Petershausen erwähnt.[39] Während die beiden Grafen Ulrich der Ältere von Bregenz und Gero von Pfullendorf eindeutig als Nachkommen der Familie der Udalrichinger bestimmt werden können, ist die Identifizierung des »Eberhardus comes de Potamo«, der nach den Zeitangaben des Chronisten um 1080/84 in der Klosterkirche begraben wurde, trotz zahlreicher Versuche und detailliertester Erörterungen immer noch nicht zweifelsfrei gelungen.[40]

Die historische Forschung versucht, ihn mit einem Angehörigen der Nellenburger, Bregenzer, Pfullendorfer und Udalrichinger, ja sogar mit einem Vorfahren der Herren von Bodman zu identifizieren, worauf an dieser Stelle im Einzelnen nicht eingegangen werden kann.[41] Otto Feger hat ihn mit Nachdruck als einen Nellenburger bezeichnet,[42] doch sind dem gegenüber die größten Bedenken angebracht, da sich die Grabstätte Graf Eberhards des Seligen von Nellenburg in Kloster Allerheiligen, die seines Vaters Eppo (von Eberhard) auf der Reichenau befindet und darüber hinaus keine engeren Beziehungen zwischen der Familie der Grafen von Nellenburg und Kloster Petershausen festzustellen sind.

Man könnte auf Grund der geringen Entfernung von der Nellenburg und verschiedenen anderen Überlegungen den Pfalzort Bodman als zumindest zeitweiligen Aufenthaltsort der Nellenburger in Erwägung ziehen, doch spricht gegen diese Annahme das politische Interesse der Grafen Nellenburg, das sich unter Eberhard dem Seligen seit der Mitte des 11. Jahrhunderts auf den Aufbau einer Grafschaft im Hegau mit der Nellenburg als Herrschaftszentrum konzentriert. Das Reichsgut des Fiskalortes Bodman scheidet als Basis für eine nellenburgische Herrschaftsbildung eigentlich aus. Eberhard bezeichnet die Nellenburg 1056 als »castrum meum« (meine Burg) und 1080 hat sich sein Sohn Burchard in einer Urkunde ausdrücklich nach der Stammburg auf dem Nenzingerberg als »comes Burchardus de castello Nellinburk«[43] benannt. Dies schließt neben genealogischen Erwägungen eine weitere Benennung nach Bodman völlig aus.

Einiges spricht dafür, dass sich hinter dem numinosen »Eberhardus comes de Potamo« die 1058 bezeugte Person des Vogtes von Petershausen oder ein Graf Eber-

38 Schmid, Karl: Eberhardus comes de Potamo. Erwägungen über das Zueinander von Pfalzort, Kirche und Adelsherrschaft. In: Berner, Herbert (Hg.): Bodman. Dorf–Kaiserpfalz–Adel, Bd. 1, Sigmaringen 1977, S. 317–344

39 Feger, Otto: Die Chronik des Klosters Petershausen, Sigmaringen 1978, S. 103

40 Mayer, a. a. O. 1954, S. 14 ff.; Schmid, a. a. O. 1957, S. 315–344; Miscoll-Reckert, Ilse Juliane: Kloster Petershausen als bischöflich-konstanzisches Eigenkloster. Studien über das Verhältnis zu Bischof, Adel und Reform vom 10.–12. Jahrhundert, Freiburg (Breisgau) und München 1973, S. 103–108

41 Siehe dazu die verschiedenen Abstammungsvorschläge bei Schmid, a. a. O. 1977, S. 335, Anm. 72

42 Feger, a. a. O. 1978, S. 102, Anm. 1: »Wohl sicher ein Graf von Nellenburg.«

43 Baumann, a. a. O. 1883, S. 14, Nr. 7

hard von Unterrätien, ein Bruder des Grafen Udalrich von Bregenz und somit ein Angehöriger der Udalrichinger, verbirgt, der seinen Bodmaner Grafentitel von seinen Amtsrechten in Unterrätien abgeleitet hat.[44] Hans Jänichen dagegen hält ihn für einen standesrechtlich freien Vorfahren der Herren von Bodman, der vielleicht in einer grafenähnlichen Stellung amtierte.[45] Doch ist diese These nach Karl Schmid (1977) nur dann aufrecht zu erhalten, wenn es der Forschung gelingt, schlüssig nachzuweisen, dass die späteren Reichsministerialen der Herren von Bodman als Nachkommen des rätselhaften »Grafen« Eberhard und seiner Familie anzusehen sind.[46]

Im Kontext der Verwandten der Grafen von Nellenburg ist noch eine weitere Person sehr interessant: ein gewisser Bernhard von Rißdorf (bei Stockach), hinter dem sich mit großer Wahrscheinlichkeit ein weiterer, allerdings illegitimer Sohn Eberhards des Seligen aus einer unehelichen Beziehung verbirgt.[47] Er wird erstmals zwischen 1102 und 1116 als Zeuge des Grafen Dietrich von Nellenburg in einer Allerheiligen-Urkunde als »Bernhard de Rustinesdorf« genannt.[48] In einem 1913 entdeckten Blatt des Rotulus Sanpetrinus (Güterverzeichnis des Klosters St. Peter im Schwarzwald) wird er ebenfalls erwähnt, und zwar als »frater et cliens Bernhard de Roustinsdorf«, also als Halbbruder und Höriger des Grafen Burchard von Nellenburg.[49] Nach diesem Dokument besaß er ein Gut in Kirchheim-Nabern am mittleren Neckar, wo die Vorfahren der Zähringer ihren Sitz auf der Limburg bei Weilheim in der Nähe von Kirchheim errichtet hatten und wo – in Kirchheim – im Jahre 1059 Graf Eberhard von Nellenburg von Heinrich IV. das Münzrecht verliehen worden war. Wir wissen aus dem Stifterbuch, dass Eberhard sechs Söhne und zwei Töchter hatte. Alle sind namentlich bekannt. Bernhard ist nicht darunter. Dies berechtigt zu der Annahme, dass Bernhard aus der unehelichen Beziehung zu einer Freien hervorgegangen ist.

Die Grafen von Nellenburg im 11. Jahrhundert

Wenden wir uns nach diesen Ausführungen der Geschichte der Grafen von Nellenburg im 11. Jahrhundert zu. Wir sind auf Grund der urkundlichen Überlieferung des Klosters Allerheiligen, insbesondere der Seelgerätsurkunde Graf Eberhards des Seligen für seine Vorfahren aus dem Jahre 1056 und dem so genannten Schaffhauser Stifterbuch, einer um 1360 entstandenen deutschen Legende um den Stifter und die Stiftung Allerheiligen, über die Familie der Grafen von Nellenburg recht gut infor-

44 Miscoll-Reckert, a. a. O. 1973, S. 107–108; Schmid, a. a. O. 1977, S. 335 ff.

45 Jänichen, Hans: Die Pfalz Bodman und die schwäbische Pfalzgrafschaft im Hochmittelalter. In: Berner, a. a. O. 1977, S. 309–316, hier S. 315

46 Schmid, a. a. O. 1977, S. 342

47 Vgl. Jänichen, Hans: Die schwäbische Verwandtschaft des Abtes Adalbert von Schaffhausen (1099–1124). In: Schaffhauser Beiträge zur vaterländischen Geschichte 35, 1958, S. 72–75; Schmid, a. a. O. 1992, S. 16

48 Baumann, a. a. O. 1883, S. 64–65

49 Flamm, Hermann: Ein neues Blatt des Rotulus Sanpetrinus aus dem Freiburger Stadtarchiv. In: ZGO 67, NF 28, 1913, S. 72–84, hier S. 82–83

miert, so dass dadurch erstmals ein Stammbaum für die Familie Graf Eberhards des Seligen erstellt werden kann.

Graf Burkhard als Erbauer des Schaffhauser Salvatormünsters auf der Einband-Rückseite von Cod. Sang. 604, der die Hs. A des Stifterbuchs von Schaffhausen enthält (Stiftsbibliothek St. Gallen)

Graf Eppo von Nellenburg, der Vater Graf Eberhards des Seligen, wird im Schaffhauser Stifterbuch als »an hocher grave in Swaben lant« von edelster Herkunft »mit ains grimmen löwen muot und sitten« beschrieben,[50] dessen gewalttätiger und furchterregender Charakter aber erst unter dem Einfluss seiner frommen und tugendhaften Gattin Hedwig gezähmt worden sei. Sein genaues Geburtsdatum ist nicht bekannt. Nach Hans Kläui (1980)[51] soll er der Sohn oder Enkel des oben genannten Grafen Mangold gewesen sein. Eppos Gattin Hedwig war gleichfalls vornehmster Abstammung. Sie hatte enge Beziehungen zur kaiserlichen Familie, da sie in den Schaffhauser Annalen[52] als Kusine oder Nichte Kaiser Heinrichs II. (reg. 1002–1024) und im Stifterbuch[53] als »des hohen Kaisers Heinrichs swester tochter« bezeichnet wird. Sie war außerdem mit den Grafen von Egisheim und Papst Leo IX. (amt. 1048/49–1054) verwandt. Auf ihre Verwandtschaft geht das reiche Erbe an Gütern zurück, das sie den Nellenburgern im Nahegau und Hunsrück in die Ehe gebracht hat.

Über das politische Wirken Eppos ist fast nichts bekannt und das Wenige, das die Quellen überliefern, ist in der Forschung umstritten. Es ist nicht einmal sicher, »ob er tatsächlich ein Grafenamt innehatte«,[54] auch wenn er im Stifterbuch und in der lange nach seinem Tod entstandenen Seelgerätsurkunde von 1056 als »Graf« bezeichnet wird. Nach einer Traditionsnotiz im »Liber Heremi« hatte ein »bei Gott verhasster Eppo das Kloster Einsiedeln angezündet und niedergebrannt«, später aber einen Hof im Dorf Stetten (bei Bremgarten, Kanton Aargau CH) als Sühne für die

50 Gallmann, Heinz: Das Stifterbuch des Klosters Allerheiligen zu Schaffhausen. Kritische Neuedition und sprachliche Einordnung, Berlin und New York 1994, S. 8* und 12*

51 Kläui, a. a. O. 1980, S. 179–204; Schwennicke, a. a. O. 1992

52 Baumann, a. a. O. 1883, S. 158: «Temporibus his Ebbo, comes de Nellenburc, consobrinam Heinrici regis, Hadewigam nomine, de curia regis duxit uxorem"

53 Gallmann, a. a. O. 1994, S. 10*

54 Zettler, a. a. O. 1999, S. 147

Freveltat geschenkt.[55] Die Motive seines feindseligen Verhaltens liegen im Dunkeln. Nach der älteren historischen Forschung soll er das Kloster aus Rache dafür angezündet haben, dass ihm die Vogtei über Einsiedeln nach dem Tod seines Vaters Mangold entzogen und auf die Herren von Uster übertragen wurde.[56]

Einiges deutet jedoch darauf hin, dass der wahrscheinlich 1029 stattgefundene Klosterbrand im Kontext der kriegerischen Auseinandersetzungen zwischen Herzog Ernst II. von Schwaben († 1030) und dessen Stiefvater Konrad II. (um 990–1036), ostfränkischer König (ab 1024) und deutscher Kaiser (ab 1027), gesehen werden muss.[57] Die Kämpfe wurden 1027–1030 unter anderem in der Nordostschweiz, im unmittelbaren politischen Wirkungsbereich Eppos von Nellenburg, ausgetragen. Die Grafen von Nellenburg zählten dabei zu den wichtigsten Machtstützen und treuesten Anhängern des Kaisers. Aus diesem Grunde hatte Kaiser Konrad Eppos Sohn Mangold im Jahre 1024 mit der Vogtei des Inselklosters Reichenau belehnt.[58] Im Verlauf der Kämpfe fügte der Herzog den Gütern der Klöster Reichenau und St. Gallen schweren Schaden zu, wovon möglicherweise auch der Graf Mangold selbst betroffen war, der ein großes reichenauisches Lehen besaß.[59]

Da sich Herzog Ernst II. nicht dem Kaiser unterwarf, kam es im Sommer 1030 zum entscheidenden Kampf, bei dem Graf Mangold stellvertretend für den Kaiser mit der Führung der Truppen gegen den Rebellenherzog beauftragt wurde. Herzog Ernst II. und sein treuer Anhänger, Graf Werner von Kyburg, hatten sich in einer Burg Falkenstein im Schwarzwald (?) verschanzt. Dort fanden er und Graf Werner von Kyburg (geb. um 980) ebenso wie Graf Mangold an der Vigil des hl. Laurentius (17. August) 1030 in einer blutigen Schlacht den Tod. Mangold wurde auf dem Reichenauer Friedhof, Herzog Ernst II. im Konstanzer Münster bestattet.[60]

Während des Aufstandes gegen den Kaiser fanden in der Nordostschweiz umfangreiche Besitzveränderungen statt, da Konrad II. zur Bestrafung die Güter seiner

55 Vgl. dazu die Nachricht des »Liber Heremi« in Kläui, Paul (Bearb.): Quellenwerk zur Entstehung der Schweizerischen Eidgenossenschaft, Abt. II, Bd. 3, Urbare und Rödel, Stift Einsiedeln, Traditionsnotizen des 10.–14. Jahrhunderts, S. 363–378, Aarau 1951, S. 374: »Eppo deo dibilis, qui monasterium nostrum incendit et combussit, pro quo reatu postea data est huoba in supradicta villa Stetten.«

56 Ringholz, a. a. O. 1904, S. 57–58; Tumbült, a. a. O. 1890, hier S. 427–428; Krüger, a. a. O. 1891, S. 593; zuletzt Salzgeber, Joachim: Einsiedeln. In: Helvetia Sacra, Abt. III, Bd. 1, Teil 1, Bern 1986, S. 517–594, hier S. 552. Über die vor allem im Raum des oberen Zürichsees begüterten Herren von Uster siehe Kläui, Paul: Hochmittelalterliche Adelsherrschaften im Zürichgau, Zürich 1960, S. 63 ff.

57 Vgl. Zotz, Thomas: Ottonen, Salier- und frühe Stauferzeit (911–1167). In: Handbuch der baden-württembergischen Geschichte 1, Allgemeine Geschichte, Teil 1: Von der Urzeit bis zum Ende der Staufer, Stuttgart 2001, S. 381–528, hier S. 407–416, bes. S. 415–416; Zettler, Alfons: Geschichte des Herzogtums Schwaben, Stuttgart 2003, S. 162–167

58 »Anno 1024 Conradus fit imperator, a quo Manegoldus comes advocatiam Augiae mortuo Landolfo, impetrat«; vgl. Bader, Joseph: Nellenburgische Regesten. In: ZGO 1, 1850, S. 72–92, hier S. 73

59 »Manegoldus comes, de Augiensi abbatia magnum beneficium habens«; vgl. Bresslau, Harry (Hg.): Die Werke Wipos (Wiponis Opera). In: Scriptores rerum Germanicarum in usum scholarum separatim editi 61, Hannover 1915, S. 46

60 Beyerle, Konrad: Von der Gründung bis zum Ende des freiherrlichen Klosters (724–1427). In: derselbe: Die Kultur der Abtei Reichenau. 1. Halbband, München 1925, S. 55–212/2, hier S. 112/29

Feinde, unter anderem die des Grafen Werner von Kyburg, konfiszierte und sie den Erben des Grafen Mangold, den Herren von Winterthur, übertrug.[61] Davon waren auch die Besitz- und Herrschaftsstrukturen im Zürichgau, im traditionellen politischen Handlungsraum der Grafen von Nellenburg, stark betroffen. Die damals entstandenen regionalen Besitzverschiebungen vor allem im Raum Winterthur/Kyburg haben aber möglicherweise zu einer allmählichen Neuorientierung der dynastisch-politischen Interessen der Nellenburger und einer Machtverlagerung vom Zürichgau und Thurgau nach Norden, zum Bodensee, Hochrhein und Hegau geführt.[62]

Der Tod Mangolds von Nellenburg muss ein schwerer Schlag für die Familie gewesen sein, da die Reichenauer Vogtei nach seinem plötzlichen Ableben an Ulrich, den Vater des späteren St. Georgener Klostergründers Hezzelo von Königsegg, kam und der Verlust der Vogteirechte eine empfindliche Schwächung des politischen Einflusses und der Machtstellung des Adelsgeschlechts vor allem im Bodenseeraum nach sich zog.[63] Vielleicht hatten sich die Nellenburger, wie Alfons Zettler (1999) vermutet, sogar Hoffnungen »auf Mangolds Nachfolge im Herzogtum Schwaben« gemacht.[64]

Etwa zur selben Zeit um 1030 dürften auch Mangolds Vater Eppo von Nellenburg und dessen weiterer Sohn Burkhard gestorben sein.[65] Dies geht aus der sogenannten Seelgerätsurkunde von 1056 hervor, in der Eberhard von Nellenburg vom Bau einer Grabkirche zu Ehren des hl. Laurentius auf dem Klosterfriedhof der Reichenau berichtet, in der er die sterblichen Überreste seines Vaters Eppo sowie seiner Brüder Burkhard und Mangold beisetzen ließ.[66] Das Oratorium wurde von Bischof Eberhard von Konstanz wohl nach 1034 konsekriert. Der Standort befand sich nach den bisherigen archäologischen Ergebnissen in einer Entfernung von ca. 50 Metern südöstlich des jetzigen Münsterchors am Südrand des ehemaligen Mönchsfriedhofs.[67]

Kloster Reichenau, Stockach und die Nellenburg

Die Urkunde von 1056 ist eines der wichtigsten und aufschlussreichsten Dokumente zur Geschichte der Grafen von Nellenburg. Sie fixiert die rechtlichen Bestimmungen, die mit der Stiftung zum Seelenheil der Grafen von Nellenburg verbunden waren. Sie stellt zum einen die enge Verbundenheit der Grafen von Nellenburg mit der

61 Eugster, Erwin: Adlige Territorialpolitik in der Ostschweiz. Kirchliche Stiftungen im Spannungsfeld früher landesherrlicher Verdrängungspolitik, Zürich 1991, S. 24, 31 und 36

62 Auf diese Herrschaftsverlagerung haben schon Hils, a. a. O. 1967, S. 12–18, und Zettler, a. a. O. 1999, S. 150, hingewiesen, allerdings ohne kausalen Bezug auf die besitz- und herrschaftlichen Strukturveränderungen in der Nordschweiz um 1030.

63 Sein Nachfolger war von 1030 bis 1050 Ulrich, der Vater Hezzelos, des Gründers von Kloster St. Georgen im Schwarzwald. Vgl. Hils, a. a. O. 1967, S. 82; Buhlmann, Michael: Hl. Georg, S. 23, in: www.michael-buhlmann.de; derselbe: Wie der heilige Georg nach St. Georgen kam, St. Georgen 2001; Derselbe: Gründung und Anfänge des Klosters St. Georgen im Schwarzwald, St. Georgen 2002

64 Zettler, a. a. O. 1999, S. 148 und 152

65 Hils, a. a. O. 1967, S. 24; Zettler, a. a. O. 1999, S. 147

66 Baumann, a. a. O. 1883, S. 8, Nr. 4. Siehe dazu die Übersetzung von Zettler, a. a. O. 1999, S. 154

67 Zettler, Alfons: Die frühen Klosterbauten der Reichenau. Ausgrabungen–Schriftquellen–St. Galler Klosterplan, Sigmaringen 1988, S. 67, 70 und 119

Benediktinerabtei Reichenau dar, muss aber auch als Ausdruck nellenburgischen Selbstbewusstseins und adligen Selbstverständnisses gesehen werden, das sich im Bau dieser Memorialbasilika für die sterblichen Überreste der Familienangehörigen Eberhards von Nellenburg manifestiert.[68] Der Bau einer eigenen Grabkirche signalisiert gleichzeitig einen hohen politischen Anspruch. Er steht in der Fortsetzung königlich-karolingischer und schwäbisch-herzoglicher Bestattungstradition, denn schon Kaiser Karl III., Markgraf Gerold und die schwäbischen Herzöge Hermann II. und Burchard III. wurden im Inselkloster begraben.

Wichtig ist aber auch die Bedeutung des Kirchenpatrons, des hl. Laurentius. Der am 10. August 258 in Rom hingerichtete frühchristliche Märtyrer wird seit der Schlacht auf dem Lechfeld als Sieghelfer über die Ungarn und neben Mauritius als ottonischer Reichspatron verehrt.[69] Mangolds Sieg über Herzog Ernst II. an der Vigil des hl. Laurentius war ein Verdienst der Nellenburger, die während des Konflikts treu auf der Seite des Kaisers standen. Die Laurentiuskapelle wurde wenig später noch unter dem Eindruck der siegreichen Schlacht von 1030 erbaut. In diesem Kontext hat das Laurentiuspatrozinium eine starke politische Dimension. Es ist ein politisches Signal, ein Bekenntnis zu Kaiser und Reich, das das Zusammenwirken und die enge Verbundenheit der Grafen von Nellenburg mit dem salischen Königtum unübersehbar demonstriert.

Die Urkunde von 1056 ist auch für die Geschichte der Nellenburg höchst aufschlussreich, denn in ihr wird die Nellenburg erstmals urkundlich genannt. Ihre Erwähnung erfolgt im Rahmen eines Tauschgeschäfts, bei dem der Reichenauer Abt den Zehnten von einem Ort erhält, »der auf dem Nenzinger Berg bei [s]einer Burg Nellenburg liegt«.[70] Hier handelt es sich nur um eine Besitz- und Ortsangabe. Die Formulierung »iuxta castellum meum Nellenburg« ist eine Ortsangabe und lässt erkennen, dass die Burg im östlichen Hegau um 1056 wohl als befestigter gräflicher Wohn- und Verwaltungssitz diente. Erst die Urkunde von 1080, in der sich Eberhards Sohn Burchard mit dem Beinamen »de castello Nellinburk« ausdrücklich nach der Nellenburg benennt,[71] zeigt, dass die in exponierter Lage auf dem Gipfel des Nenzinger Berges errichtete Burganlage zum Herrschaftszentrum der Nellenburger geworden ist.[72]

68 Zettler, a. a. O. 2003, S. 123, mit Verweis auf Schmid, Karl: Adel und Reform in Schwaben. In: Fleckenstein, Josef (Hg.): Investiturstreit und Reichsverfassung, Sigmaringen 1973, S. 295–319, bes. S. 302 ff.

69 Vgl. dazu Weinrich, Lorenz: Laurentiusverehrung in ottonischer Zeit. In: Jahrbuch für die Geschichte Mittel- und Ostdeutschlands 21, 1972, S. 45–66; Meyer, Fredy: Sankt Laurentius und Oswald. Eine Studie zu den kirchlichen Anfängen von Mindersdorf unter besonderer Berücksichtigung der Laurentius- und Oswald-Verehrung im Bodenseeraum. In: HEGAU 51/52, 1994/95, S. 137–159

70 Vgl. Baumann, a. a. O. 1883, Nr. 4, S. 9: »Has abbas, dum, sicut necessitas locorum poscebat, alias distribueret, in decimis villae, quae posita est in Nancingareberge juxta castellum meum Nellenburg, commutavit«

71 Ebenda, S. 17, Nr. 7

72 Vgl. Hils, a. a. O. 1967, S. 12 ff.; derselbe: Die Grafen von Nellenburg und der Hegau im 11. Jahrhundert. In: HEGAU 23/24, 1966/67, S. 7–25, hier S. 16 ff.; Zettler, a. a. O. 1999, S. 149–150

Von da an gilt sie als namengebende Stammburg der bislang ausschließlich einnamig überlieferten Hochadelsfamilie, deren Benennung in den folgenden Jahrhunderten auch in kognatischer (weiblicher) Erbfolge von den verschiedenen Linien des gräflichen Hauses getragen wird und auch im Namen der späteren Landgrafschaft bis zum Ende des Alten Reiches (1805) weiterlebt. Erst unter den badischen Großherzögen geht durch die Schaffung neuer Verwaltungsbezirke der Name und der damit verbundene Bezug zu den »Gründungsvätern«, der Familie der Grafen von Nellenburg, verloren.

Reichenau-Mittelzell, Blick auf die ehemalige Klostermauer, in der sich an dieser Stelle vermutlich noch der östliche Absidenschluss der Laurentiusbasilika Eberhards von Nellenburg befindet. (Foto: Verfasser)

Schon Kelten und Römer und Alemannen hatten übrigens den strategisch wie verkehrsgeographisch bedeutsamen Platz auf dem Nenzinger Berg im Bodenseehinterland erkannt, wie die umliegenden keltischen Grabhügel, römischen Münzen und Scherben sowie ein alemannisches Gräberfeld in Rißdorf, am Fuße der Nellenburg, belegen.[73] An der Nellenburg und der nördlich von Stockach gelegenen Hildesburg vorbei verlief außerdem die sogenannte »Königsstraße«, die vom Hochrhein und der Schweiz kommend durch den Hegau zur oberen Donau führte.[74] Ein weiterer Fernweg führte am Fuße der Nellenburg vorbei in den nördlichen Bodenseeraum unter anderem zum Herrschaftssitz der Grafen von Pfullendorf, die nachweislich seit 1067 als Hegaugrafen amtierten und die Burg Hohenstoffeln im Hegau besaßen.[75] Die Lokalisierung der Burg auf dem Nenzinger Berg ist nicht selbstverständlich, denn aus heutiger Sicht läge es nahe, den Berg nach Stockach, dem späteren Hauptort und Herrschaftszentrum der Grafen von Nellenburg im Hegau zu benennen, was zur Annahme berechtigt, dass Stockach um die Mitte des 11. Jahrhunderts entweder noch nicht existierte oder nur ein noch kleiner, junger und daher unbedeutender Weiler gewesen ist.

Von besonderem Interesse ist die Frage, wann die Nellenburg erbaut wurde. Da Eberhard sie zum Zeitpunkt der Urkundenausstellung (1056) erwähnt, muss sie zweifellos schon früher erbaut worden sein. Mit dem in der Urkunde nicht namentlich, sondern nur »villa« (Hofgut oder Weiler) genannten Ort, von dem der Reichenauer Abt den Zehnten bezog, ist möglicherweise der Lohnerhof unterhalb der Nellenburg

73 Meyer, Fredy: Auf Schritt und Tritt. Burgen, Höhlen und heilige Orte am Bodensee, Konstanz 2004, S. 11

74 Maurer, Helmut: Mindersdorf (B), Gemeinde Hohenfels, Landkreis Konstanz. In: Die deutschen Königspfalzen, Band 3.1, Baden-Württemberg, Göttingen 2004, S. 420–429, hier S. 422

75 Jänichen, Hans: Gaue, Territorien, Ämter und Kreise: In: Der Landkreis Konstanz (KB KN) I, Konstanz 1968, S. 287–327, hier S. 289

gemeint.[76] Der Hinweis auf die reichenauischen Zehntrechte, die an dem Hof neben der Nellenburg hafteten, lässt darauf schließen, dass der Hof ursprünglich reichenauisches Lehen war,[77] das von den Grafen von Nellenburg allodifiziert worden ist. Zum reichenauischen Grund und Boden hat sicher auch der Burgplatz unweit des Hofes auf dem Bergsporn gehört.

Wie stark Kloster Reichenau als Grundherr auf dem Nenzinger Berg und in dessen Umgebung begütert war, verraten die umfangreichen Besitzrechte, die es in den angrenzenden Ortschaften Nenzingen, Eigeltingen, Langenstein, Wahlwies und Orsingen durch Schenkung aus dem Königsgut seit dem 9./10. Jahrhundert besaß.[78] Ja, sogar in Rißdorf am Fuße des Burgbergs hatte die Inselabtei durch eine Schenkung Kaiser Ottos II. (973–982) Besitz erworben.[79] Es sind insgesamt Güter innerhalb oder an der Grenze des Fiskus Bodman, die wie die Schenkung Ludwigs des Frommen von 839 – eine gefälschte Urkunde Karls III. von 887 – und die Zuwendungen Ottos II. im Laufe der Zeit an das Inselkloster gekommen sind.[80]

Für die Entstehung der Nellenburg sind diese Beobachtungen nicht unerheblich. Nach Kurt Hils (1967) ist sie »auf allodialer Grundlage«, d. h. auf freiem eigenem Grund und Boden, entstanden.[81] Die Seelgerätsurkunde von 1056 und die starke reichenauische Besitzkonzentration berechtigen jedoch zu der Annahme, dass die Nellenburg nicht auf altem nellenburgischem Eigengut, sondern auf allodifiziertem reichenauischem Klosterlehen entstanden ist.[82]

Wir wissen damit natürlich noch nicht, wann die Nellenburg errichtet wurde. Orientiert man an sich an den vielen Adelsburgen, die schon im 10. Jahrhundert zwischen Alpen und Rhein bestanden haben,[83] und bedenkt man die Befestigung des »castrums« oberhalb von Zürich durch Herzog Ernst II. und die Belagerung der Kyburg durch Kaiser Konrad II. im Jahre 1027 oder die mit Hilfe der Archäologie schon für die Zeit zwischen 980 und 1020 wesentlich früher als bisher angenommene Ent-

76 Der Hof wird 1381 als »Lone« erstmals urkundlich erwähnt. Er war ein nellenburgisches Lehen und hatte 1737 die Größe von 123 Jauchert. Pfarrrechtlich gehörte er zur Pfarrei Hindelwangen, die auch den Zehnten erhielt; vgl. KB KN IV, Sigmaringen 1984, S. 407

77 Zettler, a. a. O. 1999, S. 149–150

78 Vgl. Dümgé, Carl Georg: Regesta Badensia, Karlsruhe 1836, S. 68–69; siehe dazu auch Meyer, Fredy: Ludwig der Fromme und die reichenauische Schenkungsurkunde vom 21. April 839. In: HEGAU 49/50, 1992/93, S. 7–27; Walther, Helmut: Der Fiskus Bodman. In: Berner, a. a. O. 1977, S. 231–274, hier S. 250 ff.

79 Brandi, Karl: Die Chronik des Gallus Öhem, Heidelberg 1893, S. 19, Z. 17

80 Walther, a. a. O. 1977, S. 265–266

81 Hils, a. a. O. 1967, S. 17

82 Nicht zu klären ist dabei wohl die Frage, ob »dieses große klösterlich-reichenauische Lehen«, auf dem die Nellenburg erbaut wurde, aus »burchardingisch-herzoglichem Vermögen« herrührt, wie Zettler, a. a. O. 2003, S. 171, vermutet.

83 Vgl. Meyer, Werner: Frühe Adelsburgen zwischen Alpen und Rhein. In: Fleckenstein, Josef (Hg.): Das ritterliche Turnier im Mittelalter, Göttingen 1985, S. 571–587, bes. S. 578 ff.

Stockach mit dem Nenzinger Berg und Resten der Nellenburg (links), Anfang des 19. Jahrhunderts. Ölbild von R. Eitelsberger (Stadtmuseum Stockach, Foto: Verfasser)

stehung der Turmburg in Aach[84] in unmittelbarer Nachbarschaft zur Nellenburg, so könnte die Feste durchaus schon im 10. Jahrhundert entstanden sein.

Leider wurden bisher auf dem Gelände der Nellenburg keine sowohl für die Geschichte der mittelalterlichen und frühneuzeitlichen Burganlage als auch für die Zeit der Vor- und Frühgeschichte wichtigen archäologischen Grabungen unternommen. Es wäre außerordentlich wünschenswert, ja dringend notwendig, das gesamte Burggelände einer geophysikalischen Untersuchung (Georadarmessung) zu unterziehen, um über die Auswertung der Radarwellen die im Boden ruhenden Mauerreste der Nellenburg und damit die Entwicklung der mittelalterlichen Burganlage wie durch ein Fenster in die Vergangenheit zu erkennen. Durch die bis zu zwei Metern unter der Erdoberfläche reichende Georadarmessung auf dem Ramsberg im oberen Linzgau war es möglich, den Grundriss der stauferzeitlichen Höhenburg samt tiefer liegendem Vorwerk zu erstellen.[85]

Es gibt allerdings einige neue archäologische Funde aus Stockach, die für die Siedlungsgeschichte des Ortes selbst, aber auch für die Datierung der Nellenburg aufschlussreich sind. Im Sommer 2008 wurden bei Aushubarbeiten auf dem ehema-

84 Vgl. Martin, Rudolf, und Schrage, Ralf: Die Burg »Alter Turm« über dem Aachtopf. In: Deutsche Burgenvereinigung (Hg.): Burgen und Schlösser, Heft 4, 2010, S. 239 ff.; ferner Losse, Michael, und Noll, Hans: Burgen, Schlösser, Festungen im Hegau – Wehrbauten und Adelssitze im westlichen Bodenseegebiet, Hilzingen 2006, S. 65

85 Vgl. Siegelin, Bruno, et al.: Die geophysikalische Untersuchung des Burgplateaus im September 2012, in: Kaffanke, Jakobus, Kammerer, Frieder, und Meyer, Fredy: Alte Burg und Ort der Stille. 1000 Jahre Ramsberg im Linzgau, Meßkirch 2012, S. 161–168

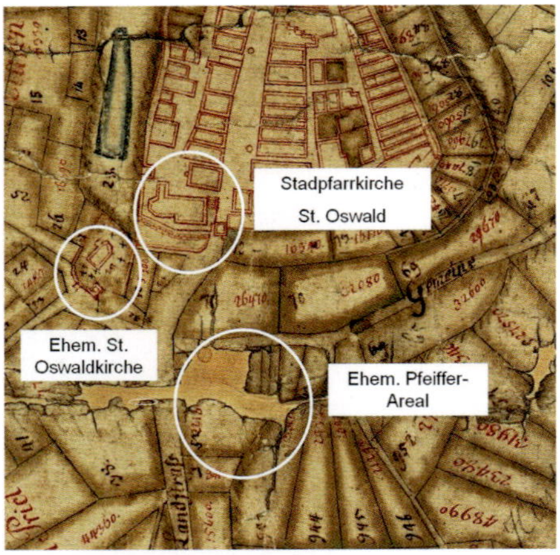

Stockach, Ausschnitt aus dem Gemarkungsplan von 1721/84 mit dem Pfeiffer-Areal (Ausgrabungsstätte), dem Standort der ursprünglichen und der heutigen Pfarrkirche St. Oswald (Stadtmuseum Stockach)

ligen Pfeiffer-Gelände, inmitten der sogenannten Aachenvorstadt, der Keimzelle Stockachs, durch eine archäologische Sondage der Konstanzer Kreisarchäologie Spuren von Pfostenbauten und Grubenhäusern entdeckt.[86] Es handelt sich um einen Sechspfostenbau und mehrere Grubenhäuser mit reichen Druschabfällen, deren Alter mit Hilfe der Radiokarbondatierung auf die Zeit von 1036 bis 1154 bestimmt werden kann.[87]

Stockach gehörte den Grafen von Nellenburg. In einem am Anfang des 12. Jahrhunderts verfassten Güterbeschrieb werden die hier lebenden Leibeigenen des Klosters Allerheiligen aufgezählt: »Das synd die namen der eygenlütt, die zü Stocka sytzen, den münsters sant Salvator: Herewich und syn hußfrau mit yren sünen, Reginto und syn gemahel Bertha mit yren sünen, Oudelger und sin hußfrau mit ihren kinden, Arnold, Bertoldt, Buobo, gebriedere, Rychwyn mit synen brüderen und swestern, ußgenommen Gerung, swester Herwich, ein gemahel Adelberonis, des schuosters, mit yren sünen Gotfrid und Diebolt.«[88] Es gehörten also fünf Familien mit insgesamt ca. 30 Personen zu der von den Archäologen erfassten Siedlung. Der Hinweis auf den Schuster Adelbero zeigt, dass an dem Weiler nicht nur leibeigene Bauern, sondern auch Handwerker lebten. Ihre Hofstätten zählten zum umfangreichen Ausstattungsgut, das das Kloster Allerheiligen zwischen 1050 und 1080 unter anderem im Hegau aus nellenburgischem Grundbesitz erhalten hatte.

Die Familien dieser Leibeigenen können nur von den Grafen von Nellenburg in Stockach angesiedelt worden sein. Der Ortsname Stockach ist ein Forstname und weist wie die Ortsbezeichnungen Reute, Rot, Malezreute, Schwackenreute auf eine durch Landausbau entstandene Waldrodung hin. Sicherlich deuten die um 1036 nachgewiesenen frühesten Siedlungsspuren in Stockach auf diesen Landausbau hin, der von ihrem Herrschaftsstützpunkt, der Nellenburg auf dem Nenzinger Berg, geleitet, beschützt und verwaltet wurde. Der archäologische Nachweis der Rodungssiedlung an der Aach wäre damit für die Existenz der Nellenburg in den 1030er Jahren ein indirekter Beleg. Vielleicht wurde sie schon unter der Vogtei Mangolds von

86 Vgl. Hald, Jürgen: Hochmittelalterliche Siedlungsspuren am Fuße der Stockacher Oberstadt, Kreis Konstanz. In: Archäologische Ausgrabungen in Baden-Württemberg 2008, S. 197–200

87 Rösch, Manfred: Ein mittelalterliches Grubenhaus mit Druschabfällen aus Stockach. In: Archäologische Ausgrabungen in Baden-Württemberg 2008, S. 201–203

88 Baumann, a. a. O. 1883, S. 137

Nellenburg zwischen 1024 und 1030 errichtet oder im Kampf gegen den aufrührerischen Schwabenherzog Ernst weiter ausgebaut.[89]

Graf Eberhard von Nellenburg und die Gründung des Salvatorklosters in Schaffhausen

Die 1030er Jahre bedeuten für die Nellenburger zunächst eine Zeit des Übergangs, in der dem vermutlich noch unmündigen Sohn und Erben Eppos, Graf Eberhard dem Seligen, die Leitung seines Hauses zufiel und die künftige Entwicklung der Familie noch keineswegs abzusehen war. Das politische Wirken Eberhards in dieser Zeit ist schwer zu beurteilen, da nur sehr wenige Nachrichten von ihm überliefert sind. Die Stiftung der Reichenauer Familiengrablege (nach 1034) lässt zwar eine starke Bindung der Nellenburger an das Inselkloster erkennen, doch noch ist absehbar, dass sich der Herrschaftsschwerpunkt in einigen Jahren vom Zürich- und Thurgau nach Norden an den Hochrhein und westlichen Bodensee verlagern wird. Deutlicher Beleg dafür ist die Gründung des Klosters Pfaffenschwabenheim an einem Besitzschwerpunkt der Nellenburger bei Kreuznach im weit entfernten Nahegau, das Eberhard zusammen mit seiner Mutter Hedwig etwa zeitgleich mit der Reichenauer Laurentiuskapelle um 1040 auf ihren Erbgütern gestiftet hatte.

Pfarrkirche St. Maria Himmelfahrt in Pfaffenschwabenheim, als Kloster um 1040 von Graf Eberhard von Nellenburg und seiner Mutter Hedwig gegründet (Foto: Verfasser)

Das Schaffhauser Stifterbuch berichtet, dass Hedwig in dem Kloster ein gottesfürchtiges Leben als Nonne geführt habe und dort auch verstarb.[90] Die Errichtung von Pfaffenschwabenheim fand ca. zehn Jahre vor der Gründung des Klosters Allerheiligen statt und lässt darauf schließen, dass Schaffhausen um 1040 als möglicher Standort noch keine Rolle spielte, da die materiellen und grundherrlichen Voraussetzungen zu diesem Zeitpunkt noch nicht gegeben waren. Wir wissen nicht, wie groß der Grundbesitz Eberhards in Schaffhausen war und in wessen Besitz sich die

89 Den Gedanken der Ausgestaltung hat bereits Alfons Zettler allerdings ohne Hinweis auf einen möglichen Zusammenhang mit Herzog Ernst angesprochen; vgl. Zettler, a. a. O. 1999, S. 149: »Manches spricht also dafür, dass die Nellenburg vor 1030 zum Sitz und zur Burg der Nellenburger ausgestaltet wurde.«

90 Gallmann, a. a. O. 1994, S. 14* ff.

»villa Scafhusun« befand.[91] Außer den Nellenburgern waren dort bis 1080 noch das Kloster Reichenau, Graf Eberhard von Haigerloch und das Stift Bamberg begütert.[92]

Damit die grundherrschaftlichen Rahmenbedingungen für eine Klostergründung gegeben waren, mussten zunächst die Eigentumsverhältnisse geklärt und der nötige Grund und Boden erworben werden.[93] Eine wichtige materielle Voraussetzung dafür stellt das 1045 gewährte Münzprivileg[94] dar, wodurch die wirtschaftliche Entwicklung der villa Schaffhausen begünstigt und die bereits mit Mauer und Marktrecht ausgestattete Siedlung in den Rang einer Stadt erhoben wurde.[95] Die starke Wirtschaftskraft Schaffhausens geht aus einem Güterbeschrieb des Klosters Allerheiligen vom Anfang des 12. Jahrhunderts hervor,[96] nach dem die Abtei an Einkünften aus Münze, Handel und Verkehr die enorme Summe von 93 Talenten erhielt.[97]

Schaffhausen war schon seit längerer Zeit ein bedeutsamer Handelsplatz, da die Waren der Schiffe wegen des Rheinfalls an dieser Stelle auf Wagen oder Maultiere umgeladen und ein Stück weit auf dem Land transportiert werden mussten.[98] Da Eberhard wahrscheinlich auch einen Flussübergang – eine »kostenpflichtige Fähre« über den Rhein[99] – eingerichtet hatte, spielte der Ort auch für den überregionalen Nord-Süd-Verkehr, der von der oberen Donau über Zürich zu den Bündnerpässen nach Italien verlief, eine wichtige Rolle.

91 Gamper, Rudolf: Die Rechts- und Herrschaftsverhältnisse des Allerheiligenklosters im 11. und 12. Jh. In: Bänteli, Kurt, et al. (Hg.): Das Kloster Allerheiligen, Schaffhausen 1999, S. 125–145, hier S. 130

92 Ebenda, S. 130–131; ferner: Schudel, Elisabeth: Der Grundbesitz des Klosters Allerheiligen in Schaffhausen. Diss. Zürich 1936; Rösener, Werner: Grundherrschaft im Wandel. Untersuchungen zur Entwicklung geistlicher Grundherrschaften im südwestdeutschen Raum vom 9. bis 14. Jahrhundert, Göttingen 1991, S. 275–299

93 Darauf verweist auch Büttner, Heinrich: Zur frühen Geschichte von Allerheiligen in Schaffhausen. In: Schaffhauser Beiträge zur vaterländischen Geschichte 36, 1959, S. 30–39, hier S. 33; Gamper, a. a. O. 1999, S. 130. Dies bestätigt auch der Güterbeschrieb von ca. 1120, nach dem Eberhard, Ita und Burchard dem Kloster Allerheiligen in Schaffhausen vermachten, was sie geerbt oder durch Tausch erwerben konnten. Ebenda, S. 131

94 Vgl. Baumann, a. a. O. 1883, Nr. 7, S. 15

95 Vgl. Bänteli, Kurt: Zur Baugeschichte der Schaffhauser Stadtbefestigung. Ergebnisse baugeschichtlicher Untersuchungen 1982–1989. In: Schaffhauser Beiträge zur Geschichte 66, S. 93–140; derselbe: Schaffhausen – seit dem 11. Jahrhundert befestigte Stadt. In: Nachrichten der Schweizerischen Burgenvereinigung 67, 1994, S. 82–92; derselbe: Schaffhausen um 1200 – Nach der Boomstadt der Nellenburger eine mittelalterliche Stadt wie andere auch. In: Igel, Karsten, et al. (Hg.): Wandel der Stadt um 1200. Die bauliche und gesellschaftliche Transformation der Stadt im Hochmittelalter, Stuttgart 2013, S. 15–38, hier S. 15–18; Gamper, a. a. O. 1999, S. 128–129; Schib, Karl: Geschichte der Stadt und Landschaft Schaffhausen, Schaffhausen 1972, S. 19–22; Hils, a. a. O. 1967, S. 48; Rösener, a. a. O. 1991, S. 277–278

96 Vgl. Baumann, a. a. O. 1883, S. 125–138

97 Der von Baumann, a. a. O. 1883, noch um 1150 datierte Güterbeschrieb dürfte aber nach Schudel, a. a. O. 1936, S. 4, und zuletzt Rösener, a. a. O. 1991, S. 277, bereits um 1110 verfasst worden sein, da sowohl der um 1105 verstorbene Burkhard von Nellenburg als auch das 1111 von Heinrich V. gewährte wichtige Besitzprivileg nicht erwähnt werden.

98 Die Frage, ob der Ortsname »Scafhusun« von althochdeutsch »scaf« (Schiff) abzuleiten ist und Abstellplatz für Schiffe bedeutet (vgl. Schib, a. a. O. 1972, S. 11), ist damit allerdings nicht geklärt.

99 Vgl. Borst, Arno: Mönche am Bodensee 610–1525, Sigmaringen 1978, S. 118–135, hier S. 124

Das Schaffhauser Stifterbuch berichtet, dass Eberhard auf Grund seiner weit gestreuten Besitzungen überlegt habe, ob er sein Kloster im Elsass oder in Schwaben bauen solle.[100] Die wirtschaftlichen Vorteile der villa Schaffhausen als Handelsplatz und aufstrebender Marktort im Bodenseeraum, die zentrale Lage des Ortes zwischen den nellenburgischen Besitzungen im Zürichgau, Aargau, Klettgau, Albgau und Hegau, vor allem aber die starke Besitzkonzentration in der unmittelbaren Umgebung Schaffhausens haben für die Wahl dieses Standorts sicher den Ausschlag gegeben.

Die Klostergründung fand am 22. November 1049 statt. An diesem Tag wurde von Papst Leo IX., einem Verwandten des Grafen Eberhard, auf seiner Reise durch Süddeutschland ein auf dem Bauplatz errichteter Altar der sogenannten Urständs- oder Eberhardskapelle zu Ehren der Auferstehung des Erlösers geweiht.[101] Die feierliche Konsekration der Münsterkirche erfolgte 15 Jahre später am 3. November 1064 durch Bischof Rumold von Konstanz zu Ehren des Erlösers, der hl. Dreifaltigkeit, des hl. Kreuzes, der Gottesmutter Maria, des Erzengels Michael und aller Heiligen.[102]

Es ist kaum anzunehmen, dass der Papst erst bei der Ankunft in Schaffhausen anlässlich der Segnung des Baugeländes den Plan einer Klostergründung erfahren und gebilligt hätte. Man wird vielmehr davon ausgehen dürfen, dass das Vorhaben mit Rom abgesprochen und der um eine tatkräftige Förderung der Klöster bemühte Papst viel stärker, als aus der dürftigen Quellenlage hervorgeht, in die Gründung des Salvatorklosters einbezogen war. Papst Leo IX. hat auch das Patrozinium und den Reliquienkult des nellenburgischen Klosters stark beeinflusst, was in der historischen Forschung bisher nur wenig Beachtung gefunden hat. Seine Mitwirkung an der Klostergründung, sein Einfluss auf die Heiligenverehrung, vor allem aber die Frage inwieweit der christozentrische Weihetitel des Salvatormünsters die Schaffhauser Kirchenanlage mit dem einzigartigen Kreuz- oder Rautenhof beeinflusst hat, sind Gegenstand einer umfangreichen kultgeschichtlichen Studie, die an anderer Stelle publiziert werden wird.

Das südlich der heutigen, 1090 begonnenen und im frühen 12. Jahrhundert vollendeten Klosterkirche (Allerheiligen IV)[103] errichtete Salvatormünster war eine eher kleine dreischiffige Basilika von 17,5 x 29 Metern. Doch könnte der mit einem Dreiapsidenchor, Querhaus und Zweiturmfassade im Westen ausgestattete Bau dennoch einen repräsentativen Eindruck gemacht und an den von Eberhards Verwandten,

100 Gallmann, a. a. O. 1994, S. 10

101 Vgl. Tüchle, Hermann: Dedicationes Constantienses. Kirch- und Altarweihen im Bistum Konstanz bis zum Jahre 1250, Freiburg (Breisgau) 1949, S. 17: »Hoc anno beatus Eberhardus, comes de Nellinburc, Scafhusensem locum construere cepit, in quo sanctus papa Leo IX. X Kalendas decembris altare in honore dominice resurrectionis consecravit et locum suis sanctis benedictionius initiavit et confirmavit.«

102 Baumann, a. a. O. 1883, S. 141–142; Tüchle, a. a. O. 1949, S. 19–20, Nr. 33

103 Vgl. Bänteli, Kurt: Gebaut für Mönche und Adelige. Eine neue Baugeschichte des Klosters Allerheiligen. In: Bänteli et al., a. a. O. 1999, S. 12–108 und 241–257, hier S. 19–32; Bänteli, Kurt, und Mathis, Hans Peter: Das ehemalige Kloster zu Allerheiligen in Schaffhausen, Bern 2004, S. 7–8. Die Datierung orientiert sich an den neuesten baugeschichtlichen Erkenntnissen von Kurt Bänteli.

Konrad II. und Heinrich III., gegründeten und 1061 geweihten kaiserlichen Dom in Speyer erinnert haben.[104] Vor der Westfassade befand sich eine große Vorhalle mit einer Toranlage, deren Obergeschoss möglicherweise als »nellenburgische Pfalz« oder als Amtshaus für den Vogt[105] gedient hatte.

Kurz darauf, 1067, erlangte Eberhard wahrscheinlich durch Vermittlung seines Sohnes, Erzbischof Udos von Trier,[106] von Papst Alexander II. das Privileg, das sein Kloster unter den Schutz des Papstes stellte und ihm zugleich umfassende Rechte garantierte.[107] Eberhard besaß damit das Recht der Abtseinsetzung und Erblichkeit der Vogtei und übte somit in eigener Person die Verwaltung und Kontrolle seiner Klosterstiftung aus. Im selben Jahr wurde ihm von Kaiser Heinrich IV. auch der Wildbann innerhalb seines eigenen Besitzes im Hegau und Klettgau verliehen,[108] wodurch die Grafen von Nellenburg über die Hoheitsrechte und Gerichtsbarkeit in einem größeren geschlossenen Besitz verfügten, der den eigentlich zuständigen Grafen des Hegau und Klettgau entzogen war.[109] Dieser Wildbannbezirk war gewissermaßen die Keimzelle, aus dem sich im Laufe der Zeit das Territorium der Stadt Schaffhausen entwickelte, und dies ist ein Grund, weshalb auch noch heute, nach bald 1000 Jahren, die Grenze zwischen dem Land Baden-Württemberg und dem Kanton Schaffhausen so kurvenreich verläuft.[110]

Mit der Konsekration von 1064 und dem Privileg Papst Alexanders II. von 1067 war die Gründungsphase der Abtei und Stiftung der Benediktinerabtei als nellenburgisches Eigenkloster abgeschlossen. Graf Eberhard hatte für seine Klostergründung den aufblühenden Marktort Schaffhausen im Mittelpunkt der nellenburgischen Besitzlandschaft gewählt und damit Allerheiligen zum Herrschaftszentrum der Grafen von Nellenburg gemacht. Die Motive der Klosterstiftung waren primär nicht religiöser, sondern im Hinblick auf die günstigen ökonomischen Standortfaktoren und den von Allerheiligen aus im Südschwarzwald und Hegau betriebenen Landausbau

104 Darauf hat bereits Knoepfli, Albert: Kunstgeschichte des Bodenseeraumes, Bd. 1, Konstanz und Lindau 1961, S. 230, hingewiesen, ebenso Speich, Klaus, und Schläpfer, H. R.: Kirchen und Klöster der Schweiz, München 1978, S. 65

105 Bänteli, a. a. O. 1999, S. 26; Gamper, a. a. O. 1999, S. 133

106 Gamper, a. a. O. 1999, S. 133 mit Anm. 1159

107 Baumann, a. a. O. 1883, S. 20 ff., Nr. 8; Büttner, Heinrich: Zur Klosterreform des 11. Jahrhunderts. In: Schaffhauser Beiträge zur vaterländischen Geschichte 26, 1949, S. 99–113, hier S. 103; Schudel, Elisabeth: Allerheiligen in Schaffhausen. In: Helvetia Sacra, Abt. III. Die Orden mit Benediktinerregel. Bd. 1 Frühe Klöster, die Benediktiner und Benediktinerinnen in der Schweiz, Teil 3, Bern 1986, S. 1490–1535, hier S. 1491; Gamper, a. a. O. 1999, S. 133 mit Anm. 1159. Dieses Privileg ist nicht mehr erhalten, sondern nur noch aus der Bestätigungsurkunde Papst Gregors VII. für das Salvatorkloster vom 3.5.1080 zu rekonstruieren; vgl. dazu die Textedition mit Übersetzung in Buchner, Rudolf, und Schmale, Franz-Josef (Hg.): Ausgewählte Briefe Papst Gregors VII., Darmstadt 1978, S. 340–343

108 Baumann, a. a. O. 1883, S. 13–14

109 Hils, a. a. O. 1967, S. 55–56

110 Ebenda, S. 57; dazu ausführlich Mayer, a. a. O. 1954, S. 7–56, bes. S. 21–36, mit einer Skizze der Grenzen des Forstbannbezirks von 1067 auf S. 26

Das von Graf Eberhard von Nellenburg und seiner Gattin Ita erbaute und 1064 geweihte Salvatorkloster in Schaffhausen (Allerheiligen I), das zwischen 1064 und vor 1090 zur Grablege der Grafen von Nellenburg mit dem anschließenden Kreuzhof (Allerheiligen II) ausgebaut wurde (Computerrekonstruktion: V. Homberger, Kantonsarchäologie Schaffhausen)

sicherlich politischer und wirtschaftlicher Natur,[111] auch wenn die Legende ein ganz anderes Bild vom Klostergründer gezeichnet hat.

Der in einer zweiten Bauphase zwischen 1064 und 1080 angelegte Kreuzhof mit seinen Sakralbauten steht, wie die anderen baulichen Erweiterungen, in engem Zusammenhang mit der »Aufwertung von Allerheiligen zum dynastischen Hauskloster« (Rudolf Gamper).[112] Er verdeutlicht den in den letzten Jahren vollzogenen politischen, sozialen und wirtschaftlichen Aufstieg des Adelsgeschlechts, der sich in der Stiftung des Eigenklosters als geistlicher Mittelpunkt ihrer Herrschaft[113] mit einer außergewöhnlich repräsentativen, die reichenauische Laurentiuskirche als bisherige Grablege weit übertreffenden Memorialanlage manifestiert.[114] Das darin zum Ausdruck kommende Selbstbewusstsein Eberhards von Nellenburg, sein Pres-

111 So Borst, a. a. O. 1978, S. 132, und Gamper, a. a. O. 1999, S. 130

112 Gamper, a. a. O. 1999, S. 133

113 Schwarzmaier, Hansmartin: Klöster, Stifter, Dynastien. Studien zur Sozialgeschichte des Adels im Hochmittelalter, Stuttgart 2012 S. 18: »Die um Burg und Herrensitz konzentrierte Herrschaft erhielt hierdurch ihre geistliche Überhöhung.«

114 Bänteli, a. a. O. 1999, S. 45–49; Bänteli/Mathis, a. a. O. 2004, S. 8 ff.; Bänteli, a. a. O. 2013, S. 19; Gamper, a. a. O. 1999, S. 131–132; Zettler, a. a. O. 1999, S. 152–153

tigebedürfnis und Streben nach gesellschaftlichem Ansehen,[115] spiegelt sich auch in der Inneneinrichtung der Kapellen wider, die Eberhard »nach besten Kräften« »mit dem gebührenden Schmuck« ausstatten ließ.[116]

Thomas Zotz hebt als charakteristisches Merkmal der sozialen Stellung der Grafen von Nellenburg unter Heinrich III. und Heinrich IV. vor dem Ausbruch des Investiturstreits ihre »Königsnähe« hervor.[117] Sie zeigt sich 1030 in der Rolle Mangolds als Beauftragter des Kaisers im Kampf gegen Herzog Ernst, 1045 bzw.1059 im Münzrecht für Schaffhausen[118] und Kirchheim an der Teck,[119] 1065 in der Schenkung des Heiligen Forstes sowie 1067 in der Übertragung des Wildbanns im Klettgau und Hegau und kulminiert in der Gefolgschaft Eberhards und Heinrichs von Nellenburg, der beiden Söhne Graf Eberhards, die 1075 in der Schlacht an der Unstrut für Heinrich IV. ihr Leben verlieren.

Der Kreuzhof diente aber nicht nur der Repräsentation. Berent Schwineköper hat ihn als erster in den großen, die Kreuzzugsbewegung vorbereitenden Kontext der

115 Vgl. Gamper, a. a. O. 1999, S. 133

116 Baumann, a. a. O. 1883, S. 140; Siehe dazu die Übersetzung von Karl Schib: 900 Jahre Münster zu Allerheiligen. In: SH BG 42, 1965, S. 7–18, hier S. 16–17: »Nachdem er alle Verpflichtungen und Gebühren der Einweihung und Übergabe dieses Klosters [...] nach besten Kräften erstattet und die priesterlichen Gewänder und die Bücher für die verschiedenen Gottesdienste, zusammen mit den Einrichtungen für die Beleuchtung und allen dazugehörigen Gerätschaften der Kirche sehr passend und geschickt angeordnet hatte, stattete er auch die Kapellen [...] mit dem gebührenden Schmuck aus.«

117 Vgl. Zotz, a. a. O. 2001, S. 421–422

118 Am 3.7.1045 verlieh Heinrich III. Graf Eberhard das Münzrecht für Schaffhausen; vgl. Baumann, a. a. O. 1883, S. 4–5, Nr. 2; Hils, a. a. O. 1967, S. 47; Gamper, a. a. O. 1999, S. 129 mit Anm. 1118

119 Am 22.11.1059 wurde Eberhard von Nellenburg von König Heinrich IV. auf Intervention seiner Mutter, der Witwe Kaiser Heinrichs III., das Münzrecht »in villa quer vocatur Kiricheim in pago Neckargove in comitatu Eberhardi comitis« (in Kirchheim im Neckargau, in der Grafschaft des Grafen Eberhard), verliehen; vgl. Baumann, a. a. O. 1883, S. 12, Nr. 5. Nach dieser Urkunde war Eberhard von Nellenburg Ortsherr von Kirchheim und gleichzeitig auch Graf im Neckargau. Der 960 erstmals urkundlich erwähnte Ort Kirchheim gelangte in diesem Jahr durch einen Ringtausch aus dem Besitz König Konrads von Burgund (937–993) an König Otto I. bzw. dessen Nachfolger und könnte nach Bühler, Heinz: Wie gelangte Kirchheim unter Teck in den Besitz der Grafen von Nellenburg? In: Stadt Kirchheim unter Teck, Schriftenreihe des Stadtarchivs Bd. 13, 1991, S. 7–35, hier S. 9 ff., durch Erbfolge an Hadwig, die Mutter Eberhards von Nellenburg, gekommen sein, die im Schaffhauser Stifterbuch als »consobrina«, als Base Kaiser Heinrichs II., bezeichnet wird. Eberhards Aktivitäten in Kirchheim und am mittleren Neckar lassen nach Bühler, S. 11, darauf schließen, dass es darum ging, »sich um Kirchheim eine gewisse Machtposition aufzubauen.« Unter diesem Aspekt könnte gegen Ende des 11. Jahrhunderts auch die Burg Teck von Burkhard von Nellenburg erbaut worden sein; vgl. dazu Frasch, Werner: Kirchheim unter Teck. Aus der Geschichte und Gegenwart einer Stadt und ihrer Bewohner, Kirchheim (Teck) 1996, hier S. 53–62; Götz, Rolf: Die Herzöge von Teck. Herzöge ohne Herzogtum, Kirchheim (Teck) 2009, S. 11–50; derselbe: Geschichte Kirchheims von der ersten urkundlichen Nennung im Jahre 960 bis zur Mitte des 16. Jahrhunderts. In: Kilian, Rainer (Hg.): Kirchheim unter Teck – Marktort, Amtsstadt, Mittelzentrum, Kirchheim (Teck) 2006, S. 108–120; Lorenz, Sönke: 960 – Kirchheim im Tausch der Könige. In: Schriftenreihe des Stadtarchivs Kirchheim u. Teck Bd. 35, 2002, S. 7–21. Für viele Anregungen und Informationen zur Geschichte Kirchheims und wichtige Literaturhinweise danke ich herzlich Herrn Eberhard Kenner, Esslingen.

Grabplatten für Eberhard von Nellenburg (Mitte), seine Ehefrau Ita (rechts) und seinen Sohn Burkhard, moderne Kopie (2006) des im Museum zu Allerheiligen befindlichen Originals (Schaffhausen, Münster, Foto: Franz Hofmann)

im 11. Jahrhundert aufblühenden Christus- und Kreuzesfrömmigkeit gestellt.[120] Ausdruck dieser »neuen« religiösen Mentalität sind unter anderem[121] der starke Aufschwung der Jerusalem-Wallfahrten[122] und die zahlreichen Nachbauten des Heiligen Grabes, die besonders häufig im 11. und 12. Jahrhundert entstanden sind.[123] In die-

120 Schwineköper, Berent: Christus-Reliquien – Verehrung und Politik. Studien über die Mentalität der Menschen des früheren Mittelalters, insbesondere über die religiöse Haltung und sakrale Stellung der früh- und hochmittelalterlichen deutschen Kaiser und Könige. In: Blätter für deutsche Landesgeschichte 117, 1981, S. 183–281

121 Siehe dazu die Hinweise bei Jaspert, Nikolaus: Vergegenwärtigung Jerusalems in Architektur und Reliquienkult. In: Bauer, Dieter, et al. (Hg.): Jerusalem im Hoch- und Spätmittelalter. Konflikt und Konfliktbewältigung, Vorstellungen und Vergegenwärtigungen, Frankfurt (Main) 2002, S. 219–270, auf die Ausdrucksformen der Jerusalemverehrung in Liturgie, Kunst und Kultur, S. 225. Dies gilt vor allem für die zweite Hälfte des 11. Jahrhunderts.

122 Vgl. Schein, S.: Jerusalem. In: LMA V, 1991, Sp. 355; Jaspert, a. a. O. 2002, S. 225, mit weiterführender Literatur zur Jerusalemverehrung in Anm. 11. Bischof Gunther von Bamberg brach 1064/65 mit über 7000 Pilgern nach Jerusalem auf; vgl. Krüger, Jürgen: Die Grabeskirche zu Jerusalem. Geschichte–Gestalt–Bedeutung, Regensburg 2000, S. 85. Siehe auch die Beispiele bei Biddle, Martin: Das Grab Christi. Neutestamentliche Quellen, historische und archäologische Forschungen, überraschende Erkenntnisse, Gießen 1998, S. 97

123 Stolzenberg, Xenia: Bestattungen »ad sanctissimum« – Die Heiligen Gräber von Konstanz und Bologna im Zusammenhang mit Bischofsgräbern. In: Janut, Jörg, et al. (Hg.): Bischöfliches Bauen im 11. Jahrhundert, München 2009, S. 89–107, hier S. 90

Blick in den Chorraum der Johanneskapelle. Die um 1060 mit dem ersten Münster erbaute südliche Frontalkapelle (heute Museumsraum) blieb in ihrem ursprünglichen Zustand fast vollständig erhalten und ist damit »das älteste noch aufrecht stehende Gebäude der Stadt Schaffhausen«. (Kurt Bänteli). (Foto: Verfasser)

sem kultgeschichtlichen Zusammenhang muss auch die um 1087/1094, nur wenige Jahre nach der Schaffhauser Kreuzhofanlage, von Hildegard von Egisheim († 1094)[124], einer Nichte Papst Leos IX. und entfernten Verwandten der Grafen von Nellenburg, »nach dem Bilde des Grabes des Herrn gemachte« St. Fideskirche in Schlettstadt[125] gesehen werden.[126]

Die Gründung des Salvatorklosters fand möglicherweise unter dem Eindruck des 1048 abgeschlossenen Wiederaufbaus der vom fatimidischen Kalifen Al-Hakim 1009 zerstörten Jerusalemer Grabeskirche statt.[127] Die mit den Saliern eng verbundenen Grafen von Nellenburg haben den Christus- und Kreuzeskult rezipiert und in einer außergewöhnlichen Klosteranlage für die Memoria der eigenen Stifterfamilie insze-

124 Hildegard von Egisheim war die gleichnamige Tochter einer Schwester Papst Leos IX. und mit Friedrich von Büren, dem Vater Herzogs Friedrichs I. von Schwaben, verheiratet.

125 Dalmann, Gustav: Das Grab Christi in Deutschland, Leipzig 1922, S. 41–44, hier S. 42

126 Ebenso Schwineköper, Berent: Zur religiösen Haltung der Staufer (Christusreliquien und Politik), Vortrag, Protokoll des Arbeitskreises für mittelalterliche Geschichte vom 4.6.1977, S. 1–16, hier S. 7

127 Biddle, a. a. O. 1998, S. 99; Pieper, Jan, et al.: Jerusalemskirchen. Mittelalterliche Kleinarchitekturen nach dem Modell des Heiligen Grabes, Katalog zur Ausstellung, Aachen 2003, S. 25–26; Küchler, Max: Jerusalem. Ein Handbuch und Studienreiseführer zur Heiligen Stadt, Göttingen 2007, S. 448

Romanische Lünette (um 1200) mit der Darstellung der Steinigung des hl. Stephanus, ursprünglich aus der Johanneskapelle (Schaffhausen, Museum zu Allerheiligen, Foto: Verfasser)

niert und instrumentalisiert. Er ist weniger Zeichen individueller Devotion,[128] sondern Ausdruck der allgemeinen Christus- und Kreuzverehrung, die von zahlreichen südwestdeutschen Adelsgeschlechtern, vom Papst und den salischen Herrschern getragen wird.

Der Weihetitel, Reliquienkult und Kreuzhof des Salvatorklosters in Schaffhausen sind affirmative religiöse und liturgische Ausdrucksformen der Nellenburger. Sie symbolisieren ihr Selbstverständnis, das enge kultische und politische Zusammenwirken mit dem salischen Königtum, bevor der »Wirkverbund von Kirche, Adel und Herrscher« (Stefan Weinfurter)[129] beim Ausbruch des Investiturstreits zerfällt.

Die engen Verbindungen zur Reichenau und zur Nellenburg blieben auch nach der Gründung Allerheiligens als nellenburgischer Herrschaftsmittelpunkt bestehen, wie die Wahl Ekkehards von Nellenburg, eines Sohnes Graf Eberhards, zum Reichenauer Abt 1071/72, und die erstmalige Benennung seines Bruders Burchard nach der Nellenburg bezeugt. Gegen Ende seines Lebens, vermutlich noch vor Ausbruch des Investiturstreits 1076/77, unternahm Graf Eberhard zusammen mit seiner Frau Ita

128 Das gilt übrigens ebenso für den von Heinrich dem Löwen aus kultpolitischen Motiven geförderten christozentrischen Reliquienkult im obdodritischen Sakralraum der Bistümer Schwerin und Lübeck im südlichen Ostseeraum; vgl. Petersohn, Jürgen: Der südliche Ostseeraum im kirchlich-politischen Kräftespiel des Reichs, Polens und Dänemarks vom 10. bis 13. Jahrhundert, Köln und Wien 1979, S. 111–123

129 Weinfurter, Stefan: Das Jahrhundert der Salier (1024–1125), Ostfildern 2008, S. 64–65

eine Wallfahrt zum Grab des hl. Jakobus nach Santiago de Compostela und zog sich danach in sein Eigenkloster zurück, wo er nach der Überlieferung des Stifterbuchs sechs Jahre lang wie ein Laienbruder ein streng asketisches Leben führte und am 26. März 1078 oder 1079 mit ca. 66 Jahren verstarb.[130] Der ausführlichen Beschreibung des Stifterbuchs zufolge hatten Eberhard und Ita die Pilgerfahrt aus Liebe zum hl. Jakobus unternommen.[131] Sie gehören wie Erzbischof Siegfried von Mainz, Abt Ruthard von Fulda und die Gräfin Richardis von Sponheim zu den ersten deutschen Pilgern, die die beschwerliche und gefahrvolle Reise ins ferne Galizien auf sich nahmen.[132]

Die Motive für den Klostereintritt (conversio) Graf Eberhards sind nicht eindeutig geklärt und könnten sowohl im Tod seiner beiden Söhne Heinrich und Eberhard 1075 im Kampf Heinrichs IV. gegen die Sachsen,[133] als auch im 1076 ausbrechenden, schweren politischen Konflikt des Investiturstreits, dem Machtkampf zwischen Imperium und Sacerdotium,[134] begründet gewesen sein, in dem Eberhards Söhne, Ekkehard († 1088) als Abt des Klosters Reichenau und Graf Burchhard († um 1105), zu den Anhängern Papst Gregors VII. und des Gegenkönigs Rudolf von Rheinfelden gehörten und Kloster Allerheiligen Partei für die Ziele der kirchlichen Reformbewegung bezog.[135]

Graf Eberhard wurde in seiner Krypta beigesetzt, Ita zog sich zunächst in das Fronhaus bei Allerheiligen, später in das von ihrem Sohn erbaute Frauenkloster St. Agnes zurück.[136] Sie starb in hohem Alter am 25. oder 26. Februar 1105 und überlebte ihren Mann um 27 Jahre. Da Eberhards Söhne Eberhard und Heinrich 1075 gefallen waren, trat Burchard um 1079 das Erbe seines Vaters in Allerheiligen an. Unter ihm wurde das Kloster in den Strudel des Investiturstreits gerissen, auf dessen komplexe Thematik hier aber nicht mehr eingegangen werden soll.

130 In der Literatur werden verschiedene Todestage genannt: Als Todestag ist nach dem ursprünglich aus dem Salvatorkloster stammenden monastischen Brevier des 13./14. Jh. der 26. März ausgewiesen: »Eberhardi co(n)fessor(is)« (Zentralbibliothek Zürich, Ms. Rh. 28, p. 4); vgl. Mohlberg, Leo Cunibert: Katalog der Handschriften der Zentralbibliothek Zürich I. Mittelalterliche Handschriften, Zürich 1951, S. 172, Nr. 395. Auf der letzten Seite des Kapiteloffiziumsbuchs von St. Agnes, Stadtbibliothek Schaffhausen, Min. 90, aus der Wende zum 15. Jahrhundert wird in einem Nachtrag gleicher Hand aus der 2. Hälfte des 15. Jh. als Jahrzeit Eberhards des Seligen der 15. März angegeben; vgl. Gamper, Rudolf, et al.: Katalog der mittelalterlichen Handschriften der Ministerialbibliothek Schaffhausen, Zürich 1994, S. 44; Gallmann, a. a. O. 1994, S. 42, Nr. 128, nennt als Todesdatum den 25. oder 26. März; bei Hils, a. a. O. 1967, ist ebenfalls der 26. März angegeben.

131 Gallmann, a. a. O. 1994, S. 54*–55*

132 Vgl. Plötz, Robert: Deutsche Pilger nach Santiago de Compostela bis zur Neuzeit. In: Herbers, Klaus: Deutsche Jakobspilger und ihre Berichte, Tübingen 1988, S. 1–27, hier S. 12

133 Zotz, Thomas: Markgraf Hermann von Verona und Graf Eberhard von Nellenburg. Religiöser Aufbruch und adlige conversio im Schwaben des 11. Jahrhunderts. In: Bünz, Enno, et al. (Hg.): Religiöse Bewegungen im Mittelalter. Festschrift für Matthias Werner zum 65. Geburtstag, Köln, Weimar, Wien 2007, S. 155–172, hier S. 168

134 So Gamper, a. a. O. 1999, S. 133

135 Dazu ausführlich Hils, a. a. O. 1967, S. 75–112: Stellung der Grafen von Nellenburg im Investiturstreit

136 Ebenda, S. 14; Gallmann, a. a. O. 1994, S. 42; Schudel, a. a. O. 1986, S. 1491

»Die kunten hernach mit der Warhait sagen, dass sie den großen Graven von Tengen hetten gesehen« – Der »dicke Graf« Christoph von Tengen in der Zimmerischen Chronik

Von Franz Hofmann, Konstanz

Graf Christoph von Tengen († 1539) war eine stattliche, wenn nicht sogar imposante Erscheinung. Es heißt, er habe fünf Zentner (250 kg) gewogen, und – wie die Zimmerische Chronik berichtet, dazu unten mehr – von »seiner überschwenklichen Größe und Faiste« habe »man Wunder hin und wider gesagt«. So wurde er allenthalben nur »der große [= dicke] Graf« genannt, eine Bezeichnung, die sich bis heute gehalten hat. Aber nicht nur seine körperlichen Ausmaße beeindruckten seine Zeitgenossen. Er konnte ungeheure Mengen essen und trinken und hatte einen eigenwilligen, etwas derben Humor. Von ihm wurden denkwürdige Anekdoten erzählt – auch dazu unten mehr. So manches Ereignis aus seinem Leben war wohl fast schon legendär, und wer ihm begegnete, der vergaß das nicht so schnell.

Er trug den Grafentitel, seine Vorfahren waren im Besitz der Landgrafschaft Nellenburg gewesen, er war also ein Vertreter des höchsten Adels im Hegau. Eine herrschaftspolitische und historische Würdigung seiner Person ist daher bereits erfolgt, ebenso die Erforschung der Herkunft der Herren von Tengen aus dem schweizerischen Eglisau.[1] Beides soll hier nicht Thema sein.

Die wichtigsten historischen Rahmendaten zu Graf Christoph von Tengen seien dennoch kurz wiedergegeben. Bereits sein Großvater, Graf Johann V. von Tengen (gest. 1484), Graf von Nellenburg und Herr zu Eglisau, musste 1457 Eglisau an seinen Schwager und 1465 die Landgrafschaft Nellenburg an Herzog Sigmund von Österreich verkaufen. Dennoch behielt die Familie den Grafentitel und führte auch weiterhin den Zusatz »Graf von Nellenburg«. Christophs Vater Eberhard (Erhard, Erhart) von Tengen starb 1521, das Geburtsjahr von Graf Christoph ist nicht be-

1 Krezdorn, Siegfried: Die letzten Grafen von Nellenburg. In: HEGAU 29/30, 1972/73, S. 7–56; Bittmann, Markus: »Uralten Geschlechts und Herkommens«. Die Freiherren und Grafen von Tengen 1080–1591. In: Götz, Franz (Hg.): Tengen. Geschichte der Stadt und ihrer Ortschaften, Singen (Hohentwiel) 1991, S. 60–92; Lamprecht, Franz: Die Herren von Tengen in der heutigen Schweiz. In: Götz, a. a. O. 1991, S. 93–100; Lamprecht, Franz, und König, Mario: Eglisau. Geschichte der Brückenstadt am Rhein, Zürich 1992, zu den Herren von Tengen, S. 27–74

kannt. Die Herren von Tengen saßen zu dieser Zeit in Tengen, Graf Christoph bewohnte die Burg Tengen, deren beeindruckender stauferzeitlicher Bergfried noch erhalten ist. 1519 brannte die Burg ab, was eine Katastrophe für die Familie bedeutete – weniger, weil die Burg zerstört war, als vielmehr wegen des Verlustes des kompletten Archivs und aller Urkunden als Rechtsgrundlage. Graf Christoph, der nicht gerade solide wirtschaftete und überschuldet war, musste schließlich 1522 sogar den – freilich bereits von seinem Vater verpfändeten – Stammsitz, die Vordere Herrschaft Tengen, verkaufen. Bis 1528 wohnte er in Radolfzell, dann erwarb er die Herrschaft Wehrstein bei Sulz am Neckar (Landkreis Rottweil). Auf Schloss Wehrstein starb Graf Christoph 1539, wahrscheinlich an der Pest.

In erster Ehe war Graf Christoph mit Erentraut von Staufen, Tochter von Leo von Staufen und Elsbeth vom Hag, verheiratet, mit der er drei Kinder hatte: Christoph der Jüngere, Jörg und eine Tochter, die später Adam von Wolffstein heiratete. In zweiter Ehe heiratete Graf Christoph Helena von Zollern, die Tochter von Graf Franz Wolfgang von Zollern und der Markgräfin Rosina von Baden. Sie hatten drei Söhne, Oswaldt, Christoph Ladislaus und Eberhart. Mit Graf Christoph Ladislaus starb 1591 die Familie im Mannesstamm aus.

Dieses doch zum Teil recht schwere Schicksal und die genannten, unten wiedergegebenen Anekdoten aus dem Leben des »dicken Grafen« wollen auf den ersten Blick nicht so recht zusammen passen. Dabei stellt sich als »roter Faden« dieses Beitrags die Frage, ob er lediglich eine Art belächeltes »Original« war oder doch eine ernstzunehmende, verantwortungsvolle Persönlichkeit.

Die Chronik der Herren von Zimmern

Wären nur die genannten Lebensdaten und die aus Dokumenten und Urkunden erschlossenen Sachverhalte bekannt, dann ergäbe sich ein sehr eingeschränktes Bild von Graf Christoph von Tengen. Dass wir darüber hinaus eine ganze Zahl von Begebenheiten aus dem Leben des »dicken Grafen« kennen, die seinen ganz individuellen und originellen Charakter aufscheinen lassen, verdanken wir der sogenannten »Zimmerischen Chronik« des Grafen Froben Christoph von Zimmern (1519–1566), dem Erbauer von Schloss Meßkirch.[2] Die ab etwa 1550 verfasste Chronik blieb in ihrer endgültigen Form unvollendet, ist aber dennoch sehr umfangreich. Zu den entsprechenden Handschriften in der Württembergischen Landesbibliothek Stuttgart (Cod. Don. 580 und 581), früher in der Fürstlich Fürstenbergischen Hofbibliothek Donaueschingen (Hs. 580 und 581), gibt es bereits eine lange Forschungs- und Editionsgeschichte.[3]

2 Zu den Herren von Zimmern vgl. vor allem: Bumiller, Casimir, Rüth, Bernhard, und Weber, Edwin Ernst (Hg.): Mäzene, Sammler, Chronisten. Die Grafen von Zimmern und die Kultur des schwäbischen Adels. Ausstellungskatalog Schloss Meßkirch und Dominikanermuseum Rottweil, Stuttgart 2012

3 Vgl. etwa Franklin, Otto: Die freien Herren und Grafen von Zimmern. Beiträge zur Rechtsgeschichte nach der Zimmerischen Chronik, Freiburg (Breisgau) 1884; Jenny, Beat Rudolf: Graf Froben Christoph von Zimmern. Geschichtsschreiber, Erzähler, Landesherr, Lindau und Konstanz 1959; Bumiller/Rüth/Weber, a. a. O. 2012, S. 130–180

Tengen im Luftbild, 1929: rechts die vordere Stadt Tengen, links die Ruine der Burg und Tengen-Hinterburg (Kreisarchiv Konstanz, Z9 Bildsammlung)

Publiziert wurde die Chronik in mehreren Gesamtausgaben und zahlreichen Auswahlausgaben. Maßgeblich ist die zweite Edition von Karl Barack in vier Bänden (1881/82), die 1932 nochmals herausgegeben wurde.[4] Eine moderne Edition von Hansmartin Decker-Hauff und Rudolf Seigel (1964–1972) blieb nach dem dritten Band unvollendet.[5] Im vorliegenden Beitrag wurden die Originalzitate vorsichtig modernisiert, um das Lesen zu erleichtern. Die Eigenheit des Ausdrucks und der Sprache blieb dabei möglichst erhalten. Wer den originalen Wortlaut lesen möchte, der sei auf die Edition von Karl Barack verwiesen; die Stelle wird in der Fußnote jeweils angegeben.

4 Zimmerische Chronik, urkundlich berichtet von Graf Froben Christoph von Zimmern † 1567 und seinem Schreiber Johannes Müller † 1600. Nach der von Karl Barack besorgten zweiten Ausgabe neu herausgegeben von Dr. Paul Herrmann. Band 1–4, Meersburg (Bodensee) und Leipzig 1932 (nachfolgend Zimmerische Chronik, a. a. O. 1932); hieraus auch die Zitate

5 Die Chronik der Grafen von Zimmern. Handschriften 580 und 581 der Fürstlich Fürstenbergischen Hofbibliothek Donaueschingen, herausgegeben von Hansmartin Decker-Hauff unter Mitarbeit von Rudolf Seigel, Band 1, Konstanz und Stuttgart 1964, Band 2, Konstanz und Stuttgart 1967, Band 3, Sigmaringen 1972

Die Zimmerische Chronik ist eine der bedeutendsten Quellen zur Adelskultur des 16. Jahrhunderts.[6] Dabei geht der Autor, Graf Froben Christoph von Zimmern, weit über die üblichen genealogischen Aufzählungen und Ausführungen zu Heiratspolitik, Herrschaft und Besitz hinaus. Er beschreibt die handelnden Personen psychologisch differenziert, aus eigenem Erleben oder zumindest nach direkten Erzählungen. Froben Christoph ist sozusagen »Insider« – schon das macht die Chronik so wertvoll – und hat darüber hinaus auch eine literarische Begabung. Die Wiedergabe interessanter Anekdoten geschieht dabei ganz bewusst: »Man mueß zu Zeiten den ernsthaftigen und leidigen Fällen auch guete Schwenk und ander Bossen anhenken, damit die Handlungen durch einandern vermischt und der Leser guetwillig behalten werd.«[7]

Dass auch »ungebührliche« Geschichten nicht verschwiegen werden, dient aber nicht nur dazu, die Neugier des Lesers zu befriedigen und aus dem Nähkästchen zu plaudern, sondern hat durchaus auch einen ernsten Hintergrund. Froben Christoph möchte ausdrücklich »nit allein das löblich [...] beschreiben, sonder vil mehr das unlöblich und ungepürlich, damit sich die Nachkommen dessen erinnern und zu vermerken, warum etwann Gott ein ganz Künigreich sinken last und erschroklichen strafet. [...] Aber die Historici, die übergeen dises alles und will niemands der großen Herren Privatleben anrüren oder der Katzen die Schellen anhenken, [...] daran sie doch höchlich Unrecht thuen und billicher [eher] wären Schmeichler und Ohrenmelker, denn Historici zu nennen.«[8]

So werden auch die Maßlosigkeit und das zuweilen aus dem üblichen Rahmen fallende Benehmen des »dicken Grafen« immer wieder mit dem Niedergang der Herren von Tengen verknüpft. Doch Froben Christoph verurteilt ihn nicht pauschal, schon deshalb nicht, weil beide Familien seit jeher sehr eng verbunden waren: »Es haben under allen Grafen und Herren des Lands zu Schwaben keine treulicher zu [den] Zimmern sich gehalten, auch in allem ihrem Unfall [Unglück] [...] sich wider sie nit bewegen wellen lassen als die Grafen von Tengen.«[9] So wurde beispielsweise nach dem Tod von Graf Christoph von Tengen 1539 »von gemeiner freundtschaft her« Gottfried Werner von Zimmern (1484–1554), ein Onkel von Froben Christoph, zum Vormund der unmündigen Kinder erklärt.[10]

Eine Episode der Chronik thematisiert die enge Verbindung der Herren von Zimmern und von Tengen. Als im Sommer 1524 Wilhelm Werner von Zimmern (1485–1575), ein weiterer Onkel von Froben Christoph, nach dem Tod seiner ersten Gemahlin ein zweites Mal heiraten möchte, tritt der »dicke Graf« Christoph von Tengen als Vermittler auf und begleitet ihn bei seinem Brautritt. Beide vereinbaren, »mit einandern zum Hag zu reiten, das Frölin zu besehen, auch den Heirat zu beschlie-

6 Vgl. Kuhn, Elmar L.: Der Blick auf die Standesgenossen – Der schwäbische Adel im Spiegel der Zimmerischen Chronik. In: Bumiller/Rüth/Weber, a. a. O. 2012, S. 158–180

7 Zimmerische Chronik, a. a. O. 1932, Band IV, S. 13

8 Ebenda, Band IV, S. 46

9 Ebenda, Band II, S. 375

10 Ebenda, Band III, S. 73

ßen«. Wilhelm Werner möchte das Fräulein Margaretha vom Hag ehelichen, doch wird er »von der Muetter überredt, dass er sie gleich nähme«. Er entschließt sich ganz kurzfristig und heiratet umgehend und überstürzt die Mutter und Witwe, Gräfin Amalia von Leuchtenberg (1469–1538). »Also wardt gleich die Hochzeit in wenig Tagen zum Hag fürgenommen und gehalten. Es hett sich der Hochzeit niemands versehen gehapt, und hetten weder Graf Christof [von Tengen] noch der Preutigam mit Claider oder ander Notturft sich darzu gerüst.«[11]

Graf Froben Christoph von Zimmern (1519–1566), Verfasser der Zimmerischen Chronik. Federzeichnung, vor 1546 (Württembergische Landesbibliothek Stuttgart, Cod. Don. 593a)

Froben Christoph von Zimmern, der Autor der Chronik, war eine Generation jünger als der »dicke Graf« von Tengen, doch sind sie sich mindestens einmal begegnet. An Pfingsten 1531 reiste der 12-jährige Froben Christoph nach Sigmaringen, wo Graf Christoph von Werdenberg »ein groß Fest« hielt. »Es kam auch denselbigen Abend dahin der groß Graf von Tengen, Graf Christof, mit seinem Gemahl, der Grevin von Zollern.« Am nächsten Tag kam noch Ritter Hans Jacob von Landau »geen Sigmaringen, dem hielt Grave Christof [von Werdenberg] ad partem Gesellschaft in einem besondern Gemach, denn der groß Graf von Tengen und dieser Herr Hanns Jacob stunden nit in einem Stall und wollt sie Graf Christof von Werdenberg nit zusammen lassen«. Offenbar befürchtete der Gastgeber, dass zwischen beiden Streit ausbrach. Dazu Froben Christoph: »Ich glaub, es hett der Sorg nit bedurft, denn, so der [dicke] Graf Frieden het gehalten, würd Herr Hanns Jacob den Unflat nit haben angefangen.«[12] Es war anscheinend vor allem Graf Christoph von Tengen, dem allgemein zugetraut wurde, auch während eines Festes eine ernste Rauferei zu beginnen.

Froben Christoph kannte den »dicken Grafen« also persönlich. Doch sind die Berichte über Graf Christoph von Tengen zumeist nicht aus eigenem Erleben erzählt, sondern aus zweiter Hand. Dennoch haben sie sicher einen hohen Wahrheitsgehalt.

11 Ebenda, Band II, S. 611–612
12 Ebenda, Band III, S. 137

Bergfried der ehemaligen Burg Tengen, Ansicht von innen (Südosten), rechts Spuren der Anbauten und des Brandes von 1519 (Foto: Verfasser)

Nicht auszuschließen ist natürlich, dass die eine oder andere Anekdote etwas ausgeschmückt wurde, aber im Kern sind sie nicht in Zweifel zu ziehen.

Der Tengener Schlossbrand 1519

Der Brand der Burg Tengen 1519 war ein Ereignis, das die Adligen im Hegau sicher sehr bewegte. So wird es auch in der Zimmerischen Chronik ausführlich beschrieben:[13] »Graf Erharts von Tengen ältester Sohn, Graf Christof, hausete zu Tengen im Schloß [Burg], und nachdem söllichs ein einziger großer Stock, mit hilzinen Stiegen allenthalben versehen, begab sich im Jahr 1519 eins Abends, dass gedachter Graf Christof etwas spat het gebadt und das Feur nit wol versorgt; also da meniglich [alle Bewohner] im Schloß nider kam, gieng das Feur umb Mitternacht an. Der Graf erwacht aus dem Willen Gottes und schmäckt [riecht] das Feur. Da steht er uf und findt das Feur. Also geet er den nächsten [als nächstes] zum Thorhüeter, begert die Schlüssel zum Thor. Damit schleust er selbs uf und beschreit das Feur; also kam meniglich [kamen alle] mit dem Leben darvon. Es bracht sein[e] Gemahl[in], war ein Freiin von Staufen, ußer aller ihrer Claidung und anderm nichts weiter ußerm Schloß, denn ein Schlaffhauben und das Hemmet. Also beschach [geschah es] auch dem Grafen und denen andern.«

Schon die Zeitgenossen hoben die Umsicht des Burgherrn anerkennend hervor, denn die Rettung aller Bewohner durch das beherzte und verantwortungsvolle Handeln des »dicken Grafen« bedeutete den Verlust aller Dokumente und Urkunden, was enorme wirtschaftliche Folgen hatte: »Es waren sonderlichen zu reuen die Brief und alte Monumenta [Urkunden und Dokumente] von den alten, herrlichen Grafen von Nellenburg und den Freiherren von Tengen, die domals in dieser Brunst hingangen. Man sagt, daß deren bei zehn oder zwelf mälteriger Säck seien voll gewesen. [...] Aber Graf Christof hat mit seinem bedacht Weib und Kindt, auch alles sein Gesindt unzweifenlich beim Leben erhalten; denn so er die Schlüssel zum Thor nit zu seinen Handen gebracht, oder den Thorwart anfangs erschreckt, hett derselbig im Schrecken und vor Forcht die Schlüssel nit leichtlich finden könden, dardurch sie alle [...] entweders zun [Fenster]läden außfallen oder doch beschwerlichen mit dem Leben darvon hetten kommen könden.«

13 Ebenda, Band II, S. 375–376

An anderer Stelle kommt der Chronist nochmals auf die Katastrophe zu sprechen und betont wieder die Rettung der Menschen durch Graf Christoph und den Verlust aller Dokumente:[14] »Es het Grave Christof ein Narren dozumal, den nempt man nur Junker Adam, [das] war ein langer, dünner Mentsch, mit einem kleinen Köpflin. Derselbig war auch in aller Fürsnot [Feuersnot]. Der Graff half dem Narren aus vor allen andern seinen Sachen und ließ seine alten, besten Brief brennen und verderben, das immer schad ist.« So seien »dieser Herren [von Tengen] beste Brief und was sie guets gehapt, mit einandern hingangen und verdorben, und seitmals [damals] solche Pfandtbrief damit auch verbronnen und sie [haben] iezmals desshalben fürzulegen nichts mehr in Handen«. Dass Graf Christoph keine Pfandbriefe, Verträge und Urkunden mehr vorlegen konnte, wurde dann auch tatsächlich ausgenutzt, etwa vom Domkapitel zu Konstanz oder von der Stadt Schaffhausen.

Eine Audienz bei Kaiser Karl V. während des Augsburger Reichstags 1530

»Seiner überschwenklichen Größe und Faiste halb, davon man Wunder hin und wider gesagt, ist er [Graf Christoph von Tengen] bei Kaiser Carlen dem Fünften angezeigt worden. Dieweil er [der Kaiser] dann domals den lengesten und kürzesten Mann zu Hof [holte], von denen man wusst domals zu sagen, da wollt er den größten und faistesten Mann auch darbei haben, derhalben warb er nach diesem Graven [von Tengen] auch. Der kam geen Augspurg uf den Reichstag anno 1530 und ließ sich [durch] den kaiser und seine spanischen und welschen [italienischen] Fürsten wol beschauen, die sich alle zum höchsten ob ihme verwunderten. Es hett der Kaiser ein besonders gnedigs Gefallen ob ihm und erbott sich aller Gnaden.«[15]

Der »dicke Graf« verdankte es also seiner enormen Leibesfülle, dass er von Kaiser Karl V. zum Reichstag gerufen wurde und eine – wenngleich recht ungewöhnliche – Audienz erhielt. Der Kaiser höchstselbst und die Fürsten beschauten den Tengener. Graf Christoph nutzte offenbar die Gunst der Stunde und erreichte, dass sein ältester Sohn Christoph als Page am kaiserlichen Hof aufgenommen wurde und es dort später bis zum Truchsess brachte. Auch hier zeigen sich wieder eine gewisse Umsicht und ein verantwortungsvolles Handeln des Grafen.

Eine Vorrichtung zum Vollzug des Beischlafs

Mit Graf Christoph von Tengen »hat Kaiser Carle mancherlei gespracht, und nachdem er vernommen, das er [Graf Christof] nach Absterben seiner ersten Hausfrauen widerumb eine junge Grefin genommen, do hat er sich dessen noch mehr verwundert, und als er ihne so gar groß, feist und ungefüeg gesehen (denn er hat den Rock vorm Kaiser abziehen müeßen und sich wol beschauen lassen), hat er ihne under anderm gefragt, wie er doch bei seinem Weib scharmützlen künde und mit so großer Ungelegenhait was bei ihr schaffen. Do hat er [der Graf von Tengen] gelachet

14 Ebenda, Band III, S. 74–75
15 Ebenda, Band III, S. 76–77

und dem Kaiser geantwort, er thue ihm [dem Weib] wie ein frommer Landtsknecht. Darbei hat ihn der Kaiser bleiben lassen.«

Wie der »dicke Graf« bei seiner Leibesfülle den Beischlaf vollzog, hat die Zeitgenossen offenbar sehr beschäftigt. Die Zimmerische Chronik berichtet: »Gleichwol hat man wahrhaftiglichen gesagt, er hab seiner Faiste halb mehrmals beim Weib nichts schaffen mögen [können]; auch hab er ein besonders Gebinde gehapt, so oben an der Bettstatt angeheft; darin hab er sich gelegt, so hab sich dann das Weib gerad under ihne geschickt zum Handel und dem Dolchen zugegriffen. Alsdann, so er den Bogen gespannen und die Mus stechen wellen, hab er seiner Beschließere, so zu sollichem Handel abgericht, zugesprochen: ›Heng! heng!‹, so hab dann die Beschließere nachgelassen und gehengt. Alsdann ist er einsmals mit der Wehre ins Weib gefallen [...] Wann er dann der Abenteur genug gehapt und müet worden, so hab er der Beschließere abermals zugeschrieen: ›Streck! streck!‹, alsdann hab sie gestreckt und ihn widerumb hinder sich gezogen, so hat er ab dem Weib walen künden. Ein sollichen modum procedendi [...] soll er den mertails gehalten haben, aber [es ist] zu bedenken, [dass] die Beschließere [...] manichmal guete Ruhe gehapt.« Dieser etwas umständliche »modus procedendi« ist also wohl doch nicht so oft vorgekommen.

Auch unter den Herren auf dem Reichstag wurde das Thema diskutiert: »Darumb, als uf ein Zeit under hochen Leuten hievon geredt ward, do sagt ein Hofmann, wo es ein solliche Ungelegenheit hette mit eim Mann, were es einer Frauen ganz beschwerlich, ihre Kurzweiln also zu erzwingen, [...] [vielmehr] gehörten glatt, jung Schreiber oder stark Offenheizer darzu.«[16]

Schon 1528, als Graf Christoph von Tengen, bereits in vorgerücktem Alter, die junge Helena von Zollern geheiratet hatte, waren der Altersunterschied und der Vollzug der Ehe Thema gewesen:[17] »Dieweil aber der Graff von Tengen sich je wider verheuren [verheiraten] wellt, wie man gemeinlich sagt, so ein Alter zu einem Narren werde, das er umb ein weites einen Jungen übertreffe.« Helena von Zollern war zunächst im Kloster gewesen, hatte aber die erste Gelegenheit wahrgenommen, dem zu entkommen: »So wolt auch das Fröle Helena nit lenger im Closter zu Stetten pleiben, und maint man, die Flöch [Flöhe] hetten sie also gebissen, darumb kam sie auch hinüber zu der Mutter.«

Graf Christoph hatte dem Fräulein den Hof gemacht und war des Nachts von seinem Schloss Wehrstein hinüber zum Schloss Haigerloch gefahren. »Daselbst het er seine Tromelschlager, Sackpfeifer und dergleichen Volk bei sich, zucket und hoffirt also dem Freulin über das Thal hinüber. [...] Als die Hochzeit hernach [...] gehalten, war auch Grave Cristof von Werchberg darzu berüeft [berufen]. Der het die Hochzeiterne [Braut] gefragt und ein Mitleiden mit ihr gehapt, sprechend: ›Sommer die feifl! Wie thut [Ihr] bei dem Herren, dem ungefüegen, großen Mann? Solltest von ihme ertruckt und erstickt werden‹. Aber sie het ihm gleichwol geantwurt: ›Herr Vet-

16 Ebenda, Band III, S. 76–77
17 Ebenda, Band III, S. 80–81

Graf Christoph von Tengen, Brustbild mit Mütze und Mantel, Medaille von Friedrich Hagenauer (München, Staatliche Münzsammlung)

ter, Ihr sollt euch das nit so hoch verwundern lassen, seitmals Ihr das ußer gewisser Erfahrnus haben, dass kein Maus, wie klein sie auch ist, under einem großen Heuschochen erstickt.‹«

Graf Christoph scheißt die Hosen voll

Eine besonders deftige Anekdote erzählt die Zimmerische Chronik wieder vom Reichstag 1530:[18] »Uf obbemeltem Reichstag zu Augspurg ist er [Graf Christof] nit allein von Kaiser Carolo und seinem Brueder, dem Künig Ferdinando, sondern auch von dem Mehrerteil allen Chur- und Fürsten zu Wunder besehen worden, die ihne alle geladen und viel Gnaden bewisen [haben]; insonderheit, als man merken ward [gemerkt hat], dass er so wol drinken künt, do wolte menigclich [wollten alle] dises Graven kuntschaft [Bekanntschaft] haben. Er wardt hin und wider [her] berüeft [berufen], wenig Banketen giengen für [vor sich], darzu er nit vor andern bei den Fürnembsten ward geladen.

Einsmals het bei etlichen Fürsten er zu Nacht gessen, war ihm aber dermaßen mit Drinken zugesetzt worden, dass er all satt uf den Abend in seim Wägele in die Herbirg faren muest. Nit mag ich wissen, ob es vom Drinken oder nit, oder ob er vielleicht der süßen, durchtreibenden Speisen zuvil versucht, die sich mit dem überflissigen [überfließenden] Wein nit vergleichen [vertragen] kunten, der guet Herr, wie er in die Herbirg kam und ußer dem Wägelin stige, do ließ [er] die Büchs und schmiß [schiß] er die Hosen voll, dass ein groß Gestenk umb ihne wardt. Wem war engster [ängstlicher] denn seinen Dienern? Die kunten mit ihrem vollen, ungeheuren Herren nit nahen kommen oder ihne ersäubern, darumb schnitten sie ihme die Nestel

18 Ebenda, Band III, S. 77–78

an [den] Hosen uf, stellten ihne uf alle Viere und schütteten ihme einen Kübel mit Wasser über den andern zum Feiraubent [Feierabend], damit er wider rein würde. Das ward ein Notturft umb disen Grafen, den konnt man sonst nit säubern.«

Dieses Missgeschick machte auf dem Reichstag natürlich schnell die Runde: »Es ist aber die Wäsch, wie der groß Grave von Tengen von seinem Gesindt gesäubert, vor Kaiser und König kommen, auch vor mehrerteil Fürsten, und dessen von menigclichen [allen] wol gelacht worden.« Es wäre interessant zu wissen, wie Graf Christoph damit umging, gewissermaßen zum Gespött der hohen Herren geworden zu sein. Doch darüber gibt die Zimmerische Chronik keine Auskunft.

»drank auch dermaßen mit ihnen, dass sie all voll worden und man deren einsteils vom Disch must füeren«

Offenbar hat Graf Christoph die Begegnung mit dem Kaiser und den Fürsten auch zu seinem Vorteil zu nutzen verstanden:[19] »Kaiser Carl ließ mit Grave Ruedolfen von Sulz [ver]handlen, damit er disen Graven [Christoph von Tengen] das Hofgericht zu Rottweil Statthalters Weis ließ versehen. Das bewilliget Grave Rudolf, also versahe er [Graf Christof] das Hofgericht etwas mehr denn ein Jahr. Zudem [ver]lihe ihm Graf Wilhalm von Fürstenberg das Jagen an der Kinzig, so zu dem Burgstall Schenkenzell gehörte, uf ein Revers.« Graf Christoph von Tengen hat diese Einkünfte sicher bitter nötig gehabt.

In diesem Zusammenhang erzählt die Zimmerische Chronik eine letzte Geschichte, die den »dicken Grafen« und seinen eigenwilligen Humor wohl ganz gut charakterisiert:[20] »Begab sich einstmals, dass er [Graf Christoph] vorm Hofgericht an der Kinzig gejagt het und am Ufherfaren war, in Rottweil das Hofgericht zu versehen. Füegt sich aber, das er selbigs Tags underwegen zu Seedorf [Gemeinde Dunningen, Kreis Rottweil] abstande [anhielt] und zu morgen aße, auch von der Hitz wegen still lag; wollt uf den Abendt in der Küele in die Stadt reisen. So kamen aber domals etliche Schaffner und Burger von Straßburg herauf, wollten ihrer Rechtsachen halben das Hofgericht besuchen. Denen ward bei Aichalden [unweit Seedorf] Wunder gesagt bei etlichen Pauren [Bauern] von dem grosen [dicken] Graven, den sie hetten faren und in die Herbirg zu Seedorf geen sehen; darumb, wie sie baldt darnach durch Seedorf reiten, füegt [es] sich ungeferdt, dass der Graf under dem Fenster ligt, wie die Straßburger durchreiten. So sprücht aber der Schaffner im Gürtlerhof zu seinen Mitgefährten aus Straßburg: ›Ach, was wendt ir also fürreiten? Last uns auch absteen [absitzen] und den großen Mollenkopf besehen!‹ Damit überedt er seine gesellen, das sie abstanden.

Der Graf het des Schaffners und der andern Wort aller gehört, der mocht er wol lachen und berüeft sie zu ihm [zu sich]. [...] Wie sie sein[er] ansichtig [wurden], erschracken sie übel, insonders der Schaffner, denn sie sich wol erinnern kunten, dass er der war, den sie im Fenster gesehen; besorgt, er hett ihre Reden gehört [...]. Ob

19 Ebenda, Band III, S. 78
20 Ebenda, Band III, S. 78–79

Graf Christoph von Tengen, Brustbild im Harnisch, Bleimedaille, datiert 1534 (Privatbesitz, Foto: Fredy Meyer)

dem Morgenessen [Frühstück] was [tat] er ihnen gar guete Gesellschaft leisten und frölich mit ihnen sein, drank auch dermaßen mit ihnen (denn sie ihm eren halb [zu Ehren] bescheid thun mussten), dass sie all voll worden und man deren einsteils vom Disch must füeren, sonderlich den Schaffner im Gürtlerhof, der war ganz schwach. Darob het der Graf ein groß Wolgefallen, und wie sie abschiden [auseinandergingen], sprach er: ›Hen! hen, ihr Gesellen! (also war sein Sprüchwort), hapt ihr iez den Mollenkopf wol gesehen?‹ Als sie uf Rottweil zuritten, waren sie so gar überweint [des Weines übervoll], dass ihren einsteils under die Ross fielen und ihre Mitgefährten sie mit aller Marter [nur mit Mühe] kunten dieselbig Nacht in die Stadt bringen. Die kunten hernach mit der Warhait [wahrhaftig] sagen, dass sie den großen [dicken] Graven von Tengen hetten gesehen.«

»Der grave war die Zeit seines Lebens ein guet Gesell, warhaft und eins ufrechten Gemüets erlich«

Graf Froben Christoph von Zimmern zieht in seiner Chronik abschließend ein kurzes, prägnantes und wohl gut treffendes Fazit zum Leben des »dicken Grafen« Christoph von Tengen:[21] »Der Grave war die Zeit seines Lebens ein guet Gesell, aber ein böser [schlechter] Kindsvatter, darumb er auch große Schulden verließ [hinterließ], gleichwol sonst warhaft und eins ufrechten Gemüets erlich. Er ist in seinem besten Alter [am 12. Februar 1539] zu Werstain gestorben [...] und ward zu Empfingen begraben [...]; ein Teil haben gesagt, ihm sei vergeben worden, ein Teil haben vermaint, er seie in Peste gestorben. Dem seie, wie im welle, [...] soll einer sterben, so muß es ein Ursach und ein Anfang haben.«

21 Ebenda, Band III, S. 79–81

Graf Christoph von Tengen war ohne Zweifel beeindruckend. Er war das, was heutzutage als »ein Original« bezeichnet würde. Das empfanden auch seine Zeit- und Standesgenossen so. Graf Christoph war ein Mensch, der denen, die ihm begegneten und die ihn erlebten, als besondere und eigenwillige Erscheinung im Gedächtnis blieb – nicht nur wegen seiner Leibesfülle, sondern auch wegen seines zum Teil recht »rustikalen« Benehmens. Er war darüber hinaus, wie Froben Christoph von Zimmern resümiert, »ein guter Geselle«, wahrhaft, aufrecht und ehrlich.

Aber war Graf Christoph von Tengen wirklich der »schlechte Kindsvater«, der seinen Kindern nur »große Schulden hinterließ«? Immerhin hat er beim Schlossbrand 1519 die Familie und alle Bewohner vor dem sicheren Tod gerettet und dafür das Archiv geopfert. Und er war sich nicht zu schade, im Hemd vor den Kaiser und die Reichsfürsten zu treten und sich begaffen zu lassen, um im Gegenzug wirtschaftliche Vorteile zu erlangen und dabei auch die Versorgung und Zukunft seines ältesten Sohnes am Kaiserhof zu sichern. Zu seiner Ehrenrettung sei außerdem angeführt, dass es sein Großvater war, der den alten Familienbesitz Eglisau und die Landgrafschaft Nellenburg verkaufte, und dass es sein Vater war, der das Stammgut Vordertengen verpfändete. Der Verlust der Burg Tengen 1519 und aller »Briefe« und Urkunden war ein weiterer schwerer Schlag, den der »dicke Graf« nicht zu verschulden hatte, dessen wirtschaftliche Folgen er aber tragen musste. Dennoch schaffte er es sogar, die Herrschaft Wehrstein zu erwerben – auch wenn er insgesamt wohl kein guter Wirtschafter war.

Um nochmals auf die oben aufgeworfene Frage zurückzukommen: Graf Christoph von Tengen war letztlich doch eher eine verantwortungsvolle Persönlichkeit als nur eine Art originelle Witzfigur, wenngleich etwas derb und von rustikalem Humor. Dass von ihm landläufig nicht viel mehr im Bewusstsein blieb als die 1972 geschaffene Tengener Fastnachtsfigur samt Kehrreim »Unser Graf, der große, dicke, / liebte schon die Tanzmusike, / drehte rund 500 Pfund, / goss viel Wein sich in den Schlund. / Ja! Machet nur daraus kein Hehl, / er war das erst und größt Kamel!« – das wird ihm nicht ganz gerecht.

Erwähnt sei abschließend eine Episode aus der Zimmerischen Chronik, die seinen Sohn, Graf Christoph den Jüngeren, charakterisiert:[22] »Es schrieb ihme [Graf Christoph dem Jüngeren] Graf Günther von Schwarzenburg einsmals von eim Tag, wie sie dann zuvor bei Kaiser Carln waren zu Hof gewest, welcher Gestalt sie ein[en] Gesellen und Zechbruder hetten zu Dodt gedrunken. Das war nemlich der gut Graf Phillip Franz, der Reingraff [...]. Graff Christof hat diese Bottschaft zu einer großen Beschwerdt ufgenommen, nit von des erlichen Grafen absterben wegen, oder dass er ein Betrauren mit ihme hett, sonder der Ursach, dass er nit auch bei der redlichen Compania wär gewesen und auch seins Tails hett geholfen, den zu Tod trinken [...]. Ist ihme ernst gewest, so verzeihe im Gott! wo nit, so ist es doch ein unmentschliche Rede, die bei kainem Verstendigen kann oder mag gepürlichen verfochten werden.« Wie heißt es so schön im Sprichwort: Der Apfel fällt nicht weit vom Stamm.

22 Ebenda, Band III, S. 89

Die Herrschaft Singen im 16. Jahrhundert

Von Reinhild Kappes, Singen

Über die Geschichte von Singen ist im Laufe der Jahre viel geschrieben worden. Der frühere Singener Stadtarchivar und Historiker Herbert Berner forschte nicht nur selbst, sondern gewann auch zahlreiche Wissenschaftler wie Eberhard Dobler, den St. Galler Archivar Werner Vogler oder den Archivar des Fuggerarchivs Franz Karg für Beiträge über das ausklingende Mittelalter und die Frühe Neuzeit. Alle befassten sich mit Themen, für die sie besonders spezialisiert waren. Beschäftigte sich der Schaffhauser Forscher Max Ruh mit dem Einfluss Schaffhausens auf Singen, so ging Werner Vogler auf die Verhältnisse im St. Gallischen Lehen Singen ein und Herbert Berner blieb es vorbehalten, die Geschichte vor Ort zu beleuchten. Das Rad muss hier nicht neu erfunden werden, es soll im Folgenden vielmehr gelingen, die vielen Gesichtspunkte der Forschungen miteinander zu verbinden.

Zunächst fällt auf, dass die Besitzverhältnisse im Dorf Singen gut 150 Jahre vor dem 30-jährigen Krieg von ständigen Besitzerwechseln geprägt waren. Besitz in Form von Bauernhöfen und Feldern erwarben beispielsweise im 15. Jahrhundert das Kloster Allerheiligen zu Schaffhausen, das Kloster Paradies bei Schaffhausen und die ebenfalls von dort stammende Familie von Fulach. Dies beweist die starke wirtschaftliche Ausrichtung der Stadt nach Norden, über den Hegau und Schwarzwald bis hin zur oberen Donau. Selbst nachdem Schaffhausen, der Not gehorchend, erstmals zum 1. Juni 1454 ein Bündnis mit der Eidgenossenschaft geschlossen hatte, war die mächtige und wohlhabende Familie von Fulach an Singen interessiert. So erwarben 1461 die Brüder Hans und Konrad von Fulach das Dorf Singen von der verarmten Adelsfamilie von Friedingen, mit denen sie über Margarete von Friedingens Mutter, Veronika von Fulach, verwandt waren. 1490 war Hansens Sohn, Bolli von Fulach, Inhaber des Dorfes. Auch als Schaffhausen 1501 vollberechtigtes Mitglied der Eidgenossenschaft wurde, hielt er an seinem Besitz fest. Erst 1518 verkaufte Bolli von Fulach Singen an Hans Heinrich von Klingenberg. Damit war er der letzte Besitzer, der aus dem nun eidgenössischen Schaffhausen stammte.

Im mittelalterlichen Feudalismus müssen allerdings verschiedene Eigentumsverhältnisse beachtet werden. So besaßen die Herren von Friedingen rund 300 Jahre das Dorf Singen als oberste Lehensherren, bis sie es, völlig verarmt und zerstritten, 1432 an das Kloster St. Gallen verkaufen mussten. Fortan waren die Fürstäbte von St. Gallen Besitzer und damit oberste Lehensherren des Ortes, auch als sie 1451 dem helvetischen Bund beitraten, und sie blieben es bis kurz vor dem Ende des alten Reiches 1803. Als Mannlehen verliehen die Fürstäbte das Dorf wieder zurück an die

Friedinger, die hier bis 1461 die Ortsherren blieben, denn es ist nachvollziehbar, dass das Kloster die Ortsherrschaft in Singen nicht selbst ausüben konnte. Die Ortsherren waren Inhaber der niedergerichtlichen Gewalt und hatten das Recht, auf der ganzen Gemarkung zu »gebieten und verbieten«. Diese Rechte gingen 1461 nach dem bereits erwähnten Verkauf Singens durch die Herren von Friedingen an die Familie von Fulach über, die sie bis 1518 innehatte.

Viele Singener hatten ihrem Ortsherrn als Leibeigene zu dienen. Das Singener Urbar von 1555 weist für Singen 64 Personen und 25 Personen in Remishofen aus.[1] Die meisten Bauern waren in wirtschaftlicher, rechtlicher, sozialer und politischer Hinsicht mit ihrer Herrschaft verknüpft. Die Urbare halten fest, wie sich die feudalen Lasten der Bauern zusammensetzten. Der Gerichtsherrschaft mussten die Bauern jährlich Steuer zahlen und Frondienste leisten. Den verschiedenen Grundherren schuldeten die Bauern Zinsen und Gülten, die meist als Naturalabgaben der bebauten Güter bezahlt wurden. Leibeigene hatten ihrem Herrn jährlich die Leib- oder Fastnachtshenne abzugeben, auch gab es die Todfallabgabe (Dorfoffnung 1668), wonach entweder das beste Pferd oder die beste Kuh zu entrichten waren, je nach dem Geschlecht des/der Toten. Auch an die Kirche und andere Herren hatte mit dem Zehnten eine Abgabe zu erfolgen, vom gesamten Feldertrag eines Bauern war ein Zehntel an die Zehntscheuer zu zahlen.

Bis ins 19. Jahrhundert lagen die Einwohnerzahlen der Gemeinde Singen immer unter 1000. Genaue Zahlen liegen ab 1740 vor, damals betrug die Anzahl der Einwohner 723. In der Musterliste von 1615 konnten anhand der Steuerzahler (Kontribuenten) 101 Haushaltsvorstände ermittelt werden.[2] Geht man von einer durchschnittlichen Haushaltsgröße von 4 bis 5 Personen aus, belief sich die damalige Einwohnerzahl auf etwa 400 bis 500 Personen (nach Peter Bohl).[3] Es ist wohl auch für das 16. Jahrhundert von dieser Zahl auszugehen, zumal mehrere Pestepidemien und der Bauernkrieg in Singen ihre Spuren hinterlassen haben dürften.

Für die Dorfbevölkerung amtete der Vogt, der in Personalunion sowohl die Belange der Herrschaft wie auch die der Singener zu vertreten hatte. Der Vogt wurde beim alljährlich stattfindenden Jahrgericht im Januar von der Versammlung der Singener Vollbauern bestimmt. Es ist naheliegend, dass nur Persönlichkeiten aus einflussreichen alten Singener Familien in dieses Amt gewählt wurden. Die Singener Vögte des 16. Jahrhunderts, soweit bekannt: Konrad Peter (1501), Jacob Ehinger (1519/53), Gallus Reize (1562/65), Jacob Losser der Junge (1575/79).

Unter dem Vorsitz des Vogtes tagte bereits im 16. Jahrhundert das Dorfgericht, ein bis 1552 aus sechs Personen bestehendes Gremium, das dann auf vier Personen, die sogenannten »Vierer«, reduziert wurde. Ob es im Singen des 16. Jahrhunderts bereits den Gemeindeausschuss der »Vierundzwanziger« gegeben hat, kann nicht

1 Enzenberg-Archiv Singen (EAS) B I/2

2 Musterliste der Landgrafschaft Nellenburg 1615/1616, Hauptstaatsarchiv Stuttgart, B15, Bü 57

3 Bohl, Peter: Aspekte der Bevölkerungsentwicklung Singens im 17. und 18. Jahrhundert. In: Berner, Herbert (Hg.): Singen – Dorf und Herrschaft. Singener Stadtgeschichte Band 2, Konstanz 1990, S. 310–329

nachgewiesen werden. Gesichert ist aber, dass das Dorfgericht in der Dorfmitte unter einer Linde zusammenkam. Hier dürfte es sich um den heutigen Hohgarten (früher Heimgarten) handeln. Ein Gemeinde- oder Rathaus gab es zu jener Zeit wohl noch nicht.

Das Dorfgericht entschied über Fragen der niederen Gerichtsbarkeit. Erhalten ist ein Urteil von 1501, in dem das Gericht gegen Hans Schäffli, genannt Müller, entschied, da dieser mit seinen an den Steiner Schultheiß Hans Lewerer zu zahlenden Zinsen im Rückstand war.[4] Ein weiterer Fall ist aus dem Jahr 1536 bekannt, in dem es um einen Zehntstreit der Schaffhauser Patrizierin Katharina Stocker mit dem Abt von Reichenau ging.[5] Die sehr weitreichenden Kompetenzen des Singener Dorfgerichts könnten nach einer Hypothese von Herbert Berner darauf zurückgehen, dass Singen im frühen Mittelalter den hohen Rang eines königlichen Gerichtsortes inne gehabt hatte.

Neben den Ortsherren gab es aber auch noch weitere Besitzer von Singener Grund und Boden. Über den größten Grundbesitz verfügte das Kloster Reichenau bzw. der Bischof von Konstanz. Unter anderem gehörten dazu der Reichenauer Kellhof und der Heiligenhof der Pfarrkirche Singen, damals nach dem Niederhof der zweitgrößte Singener Hof. Die Pfarrkirche in Singen war bereits 1359 von dem Konstanzer Bischof Heinrich III. von Brandis dem Kloster Reichenau, dem sein Bruder Eberhard von Brandis vorstand, inkorporiert worden. So flossen ab 1359 auch die Einkünfte der Pfarrpfründe Singen – Lehenszinsen und Zehnt – der Abtei Reichenau zu, die diese Einnahmen ob ihrer Verschuldung auch gut gebrauchen konnte. Die Abtei gab aber dem Singener Pfarrvikar derart wenig aus dem Pfründeeinkommen weiter, dass die Konstanzer Bischöfe als neue Inhaber der Reichenau den Singener Pfarrvikaren ab 1540 die Erträge aus dem reichenauischen Klein-, Etter- und Blutzehnten weitergeben mussten.[6]

Weitere wichtige Grundherren waren das Kloster Salem mit dem Holzerhof, das Frauenkloster Katharinental mit drei Höfen, das Kloster Petershausen mit Ackerland sowie die Herzöge von Württemberg mit vier Bauernhöfen, die sie vom Kloster Paradies übernommen hatten.

Wie das Singen des 16. Jahrhunderts aussah, kann aus dem Urbar des Jahres 1555 ansatzweise rekonstruiert werden.[7] Es gab 56 Häuser, als zentraler Punkt kann die Kirche angesehen werden, von deren damaligem Aussehen heute nichts mehr bekannt ist. Lediglich die unteren Turmgeschosse zeigen altes Mauergestein, das bis ins frühe Mittelalter zurückgehen dürfte. Hinter der Kirche lag der Friedhof, der bereits im 8. Jahrhundert angelegt worden war und der erst 1899 nach Singens Erhebung zur Stadt abgeräumt wurde.

4 Stadtarchiv Stein am Rhein, Repertorium Band 2, S. 754, 1501 VA 275
5 GLA Karlsruhe, 5/562
6 Götz, Franz: Kirche in Singen, Singen (Hohentwiel) 1987
7 Danner, Wilfried: Die Herren von Bodman und Singen in der 2. Hälfte des 16. Jahrhunderts. In: Berner, a. a. O. 1990, S. 182–191

Ein weiterer wichtiger Punkt war der Hohgarten, wo sämtliche für die Dorfgemeinschaft wichtigen Beschlüsse gefällt wurden. Das Amtshaus der Ortsherrschaft stand an der Stelle des heutigen Schlosses. Hier gab es eine Scheuer, Stallungen und ein Brauhaus. An der Rückseite des Amtshauses befand sich die herrschaftliche Torkel mit zwei Weinpressen. Mitten im Dorf lag die herrschaftliche Zehntscheuer. Die Zehntscheuer der übrigen Zehntbesitzer stand an der heutigen Freiheitstraße (heute DAK-Gebäude).

An der Aach lag auf Höhe der heutigen Mühlibruck die Hagmühle, die aber zwischen 1450 und 1530 urkundlich nicht mehr erwähnt wird. Möglicherweise wurde sie im Verlaufe der im 15. Jahrhundert im Hegau zahlreichen Auseinandersetzungen mit den Schweizern zerstört, zumindest trat für einige Jahrzehnte die Dornermühle auf Hausener Gemarkung an die Stelle der Hagmühle. Um 1554 wurde die Mühle mit einer dazu gehörigen Säge neu errichtet. Die Mühlräder wurden vom Wasser des breiten Mühlkanals angetrieben. Über diesen Kanal führte eine steinerne Brücke.

Im Singen des 16. Jahrhunderts gab es nur eine einzige Insel, die heute als Stadtgarteninsel bekannt ist. Erst später entstand das sogenannte Inselviertel, nachdem der Bleichebach – ebenfalls ein Kanal – gegraben worden war. Er führte an der 1789 errichteten Bleiche und der Färbe vorbei und ließ somit eine zweite Insel entstehen. Die dritte Insel, heute als Musikinsel und Insel Wehrd bekannt, wurde erst um 1848 durch den Baumwollspinner Trötschler angelegt. Im 16. Jahrhundert gab es hier einen Wehrgraben, den Trötschler später zum Fabrikkanal ausbauen ließ.

Weitere Brücken gab es keine, bis auf die sogenannte Stockacher Brücke, die aber bereits außerhalb des Dorfes lag. Von Stein am Rhein führte eine Landstraße Richtung Hohenkrähen–Mühlhausen, zwei weitere, von Friedingen und Radolfzell her kommend, mündeten am Kreuzenstein. Die Häuser waren, wie auf alten Stichen zu sehen, ein- bis zweigeschossig. Man bezeichnet sie als »Dreisässenhaus«, da sich der Wohnteil mitsamt Stall und Scheune unter einem Dach befand. Die wenigen alten Fachwerkhäuser, die heute noch in der Lindenstraße zu sehen sind, vermitteln einen schwachen Eindruck, wie das ehemalige Dorf Singen im 16. Jahrhundert ausgesehen haben mag. Vermutlich wurde Singen nicht durch Gräben, Wälle oder steinerne Tore geschützt. Es gab wohl einen sogenannten Etterzaun, der das Wild abhalten sollte, ansonsten aber symbolisch das eingezäunte Dorf als Friedens- und Rechtsbereich kennzeichnete.[8]

Ackerbau betrieben die Bauern in Form der Dreifelderwirtschaft, mit der Nutzungsfolge Winterfrucht – Sommerfrucht – Brache. Durch das wechselweise Aussäen von Sommer- und Wintergetreide sollte Hungersnöten vorgebeugt werden, durch die Brache sollte sich der Boden regenerieren können. Angebaut wurde in drei sogenannten Zelgen, in Singen auch »Ösche« genannt. Die Namen der Hauptzelgen waren »Zelg zum Rain«, »Zelg zum Hardfeld« und »Zelg zum Berg«. Um die Zelgen besser zu nutzen, hatten die Bauern dem Flurzwang zu folgen. Dieser schränkte den einzelnen Bauern in seiner wirtschaftlichen Entscheidungsfreiheit erheblich

8 Bader, Karl Siegfried: Das mittelalterliche Dorf als Friedens- und Rechtsbereich, Weimar 1957

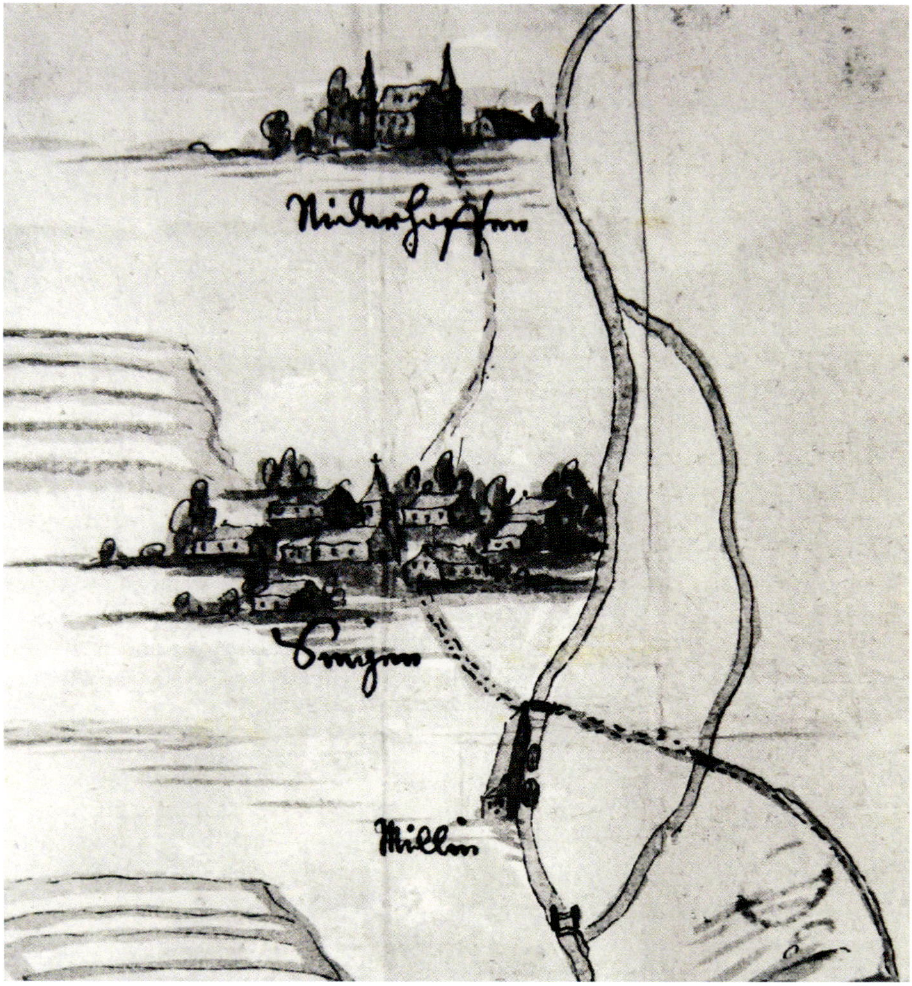

Eine der ältesten Darstellungen des Dorfes: Singen mit Mühle (»Millin«) und Niederhofen auf einer Zeichnung der Festung Hohentwiel von Elias Gumpp, um 1655, »Delineatio der Festung Hohentwiel und deren Circumferenz« (Singen, Privatbesitz)

ein, da die Nutzung des Ackerlandes alle Bauern in gleichem Maße an feste, verbindliche Regeln und Termine band.[9]

Man könnte meinen, die Singener hätten zu jener Zeit ein relativ beschauliches, von der Welt unbeachtetes Leben führen können. Das Gegenteil war der Fall: Im Verlaufe des 16. Jahrhunderts wurde das Dörfchen zunehmend zum Zankapfel zwi-

9 Strobel, Albrecht: Eine Flurkarte aus dem Jahre 1709 und die Agrarverfassung des Hegaudorfes Singen am Hohentwiel im 18. Jahrhundert, Singen (Hohentwiel) 1968, S. 44; Berner, a. a. O. 1990, S. 206

schen größeren Mächten. Bereits 1499 wird erwähnt, dass im Verlaufe des Schweizerkriegs Züricher und Solothurner Hauptleute das »Schloss« Singen in Flammen aufgehen ließen. Ein »Schloss« ist zu jener Zeit allerdings im Dorf Singen nicht zu finden. Es gab aber noch eine andere Siedlung mit Namen Niedersingen, später Niederhofen, die im Gebiet der heutigen Südstadt lag. Hier befand sich eine von den Herren von Singen erbaute Burg, die 1503 in den Urkunden als Burgstall, also als Platz einer zerstörten Burg, erwähnt wird.[10] Es ist davon auszugehen, dass diese Burg und das genannte »Schloss« identisch sind und zumindest Teile des Schlosses damals zerstört wurden. Fundamente dieses Bauwerkes sind bis heute nicht gefunden worden. Das unter dem Namen Niederhof bekannte Bauerngehöft in der Rielasinger Straße 33 wurde erst 1970 abgerissen.

Tatsächlich hatte im 10. Jahrhundert eine Besitztrennung zwischen Ober- und Niedersingen stattgefunden. 960 kam es zur Teilung des Reichsfiskus Bodman. Dabei erhielt Ita, die Tochter des verstorbenen schwäbischen Herzogspaares Hermann I. und Reginlind das Dorf Obersingen und weitere Teile des Fiskus Bodman. Der Twiel und Niedersingen blieben davon unberührt. Bereits hier ist wohl die endgültige Abtrennung von Obersingen geschehen, die schon im Jahr 920 ihren Anfang genommen haben könnte, als König Heinrich I. nach erfolgreichem Kriegszug gegen die Burgunder dem Gefolgsmann Babo des alemannischen Adligen und neuen Schwabenherzogs Burkhard (II.) einen Teil der Singener Gemarkung abtrat.[11] Ab 1087 konnte für Niedersingen mit den Herren von Singen eine Herrschaft nachgewiesen werden, die öfter im Tross der Zähringer urkundete. Diese zogen aber zwischen 1121 und 1131 auf den Hohentwiel, nachdem Berthold von Zähringen von dort die ersten Herren von Twiel verjagt hatte. Die ehemaligen Herren von Singen wurden so zu den zweiten Herren von Twiel. Niedersingen bestand als eigener Herrschaftsbezirk zunächst fort, wurde aber nach dem Aussterben der Herrschaftsfamilie schrittweise wieder in die Herrschaft Obersingen eingegliedert.

Nach dem Aussterben der Zähringer 1218 übernahmen östlich des Schwarzwaldes die Herren von Klingen (Stein am Rhein) teilweise deren Besitz, setzten die Herren von Twiel vermutlich 1250 auf das Rosenegg und übernahmen selbst den Twiel, auf dem 1267 einer der zahlreichen Ulrichs derer von Klingen nachweisbar ist. 1300 verkauften die Herren von Klingen den Twiel an die thurgauischen Klingenberger.[12]

Auch zum Ausgang des 15. Jahrhunderts gehörten Ober- und Niedersingen unterschiedlichen Herrschaften an. So sind die Gründe, warum Obersingen im Verlaufe des Schweizerkriegs 1499 relativ wenig Zerstörungen erdulden musste, wahrscheinlich darin zu suchen, dass der Ort damals im Besitz der Schaffhauser Familie von Fulach war und daher aus Rücksicht auf Schaffhausen weitgehend verschont blieb.

10 Stadtarchiv Stein am Rhein, Repertorium Band 1, S. 248, KIA 44

11 Schmid, Karl: Die Urkunde König Heinrichs I. für Babo aus dem Jahr 920. In: Berner, a. a. O. 1990, S. 30–42

12 Kessinger, Roland, und Peter, Klaus Michael (Hg.): Hohentwiel Buch, Singen (Hohentwiel) und Bonn 2002, S. 20–22 und 32–38; dieselben: Ergänzungsband Neue Hohentwiel Chronik, S. C20–C22

Dieser Ausschnitt aus der sogenannten Wagner'schen Karte des Thurgau zeigt Singen und den Hohentwiel um das Jahr 1695. (Staatsarchiv Zürich)

Im 16. Jahrhundert geriet Singen zunehmend ins Zentrum machtpolitischer Interessen. Die Gründe sind wohl in den umwälzenden Veränderungen zu sehen, die die mittelalterlichen Wertvorstellungen gegen Ende des 15. Jahrhunderts zunehmend ins Wanken brachten. Mit der Epoche der Renaissance und der Wiederentdeckung antiken Gedankengutes hielten neue Gedanken Einzug. Persönlichkeiten wie Martin Luther, der die bisherigen religiösen Praktiken anzweifelte, rückten das Individuum als Einzelpersönlichkeit ins Blickfeld. Bauern, die durch die Strukturen des Feudalismus von jeher das Dienen gewohnt waren, lehnten sich auch im Hegau gegen ihre Herren auf. Die 1492 erfolgte Entdeckung Amerikas weckte Expansions-Begehrlichkeiten im Haus Habsburg. Karl V., der 1520 nach Maximilian I. Kaiser wurde, besaß ein Reich, »in dem die Sonne nie untergeht«.

Aber auch in Europa führten Arrondierungsbestrebungen zu Konflikten zwischen einzelnen Mächten. So geschehen im Hegau und in Singen, wo sich ein Spannungsfeld zwischen Österreich und Württemberg aufbaute. Ziel der habsburgischen Hausmachtpolitik war es, zwischen den vorarlbergischen Landen und dem Breisgau eine möglichst zusammenhängende Herrschaftsbrücke aufzubauen. Württemberg hingegen vergrößerte währenddessen seinen Besitz im schwäbischen Kernraum nördlich der Donau ständig und verfügte dort über ein relativ geschlossenes Territorium.

Den Österreichern gelang dann mit dem Erwerb der Landgrafschaft Nellenburg im Jahre 1465 ein wirklich großer Coup. Der Hegau war nun österreichisches Herrschaftsgebiet, ein schwerer Schlag für die württembergischen Grafen! Immerhin besaßen diese aber seit 1358 ebenfalls einen Trumpf im Hegau: Damals hatten sie von Werner von Tettingen die Herrschaft Mägdeberg mit der gleichnamigen Burg und dem Dorf Mühlhausen erworben – ein veritabler Affront gegen die Habsburger. Die Umstände, unter denen Württemberg in den Besitz der Herrschaft Mägdeberg gelangte, waren allerdings rechtlich mehr als zweifelhaft. Eberhard Dobler weist darauf hin, dass »von irgendwelchen ›Rechten‹ in der Verkaufsurkunde keine Rede war. Man wusste zu genau, dass Werner von Tettingen als bloßer Pfandbesitzer die Burg, die ihm nicht gehörte, gar nicht hätte verkaufen dürfen. Württembergs hoher ›Kaufpreis‹ war also eher ein Bestechungsgeld.«[13]

Indes konnte die Schmach für Österreich 1480 in Folge der »Friedinger Fehde« wieder ausgeglichen werden. Damals wurde der Mägdeberg von Truppen des österreichischen Erzherzogs Sigmund belagert. Nach einem kaiserlichen Einigungsspruch musste der Mägdeberg an Österreich herausgegeben werden, was beweist, auf welch tönernen Füßen die rechtlichen Grundlagen des Erwerbs standen. Der württembergische Graf Eberhard hatte aber das Interesse am Hegau nicht verloren: Auf dem Hohentwiel saßen damals die Herren von Klingenberg. Diese Familie war groß und teilte sich in mehrere Zweige, die alle vom Besitz des Berges profitieren wollten. Einzig ein Burgfriede aus dem Jahre 1475 regelte das Zusammenleben und garantierte, dass kein Familienangehöriger Teile der Burg verkaufen durfte. Hatten die Klingenberger noch bei der Fehde um die Herrschaft Mägdeberg auf Seiten der Herren von Friedingen gestanden, so traten Albrecht und Kaspar von Klingenberg 1483 für sechs Jahre in württembergische Dienste.

Es ist nachvollziehbar, dass die politische Stimmung zwischen Österreich und Württemberg frostig war. Zur Entspannung trug wenige Jahre später die Gründung des Schwäbischen Bundes bei. Mit dem Ziel, den Landfrieden zu sichern, hatten sich 1488 die in Schwaben ansässigen Herrschaften sowie der Großteil der schwäbischen Reichsstädte vereinigt. Graf Eberhard wurde für seinen Beitritt wenige Jahre später belohnt. Auf dem Reichstag zu Worms 1495 wurde er zum Herzog von Württemberg ernannt.[14] Es folgten nun Jahre, in denen das Verhältnis zwischen den Territorialstaaten gefestigt schien. Zunächst änderte sich dies auch unter Herzog Ulrich, Eberhards Nachfolger, nicht.[15]

Dieser wurde 1487 unter dem Namen Eitel Heinrich als Sohn des Grafen Heinrich von Württemberg im elsässischen Reichenweier geboren. Seine Mutter starb wenige Tage nach seiner Geburt, sein Vater war wegen einer angeblichen Geisteskrankheit inhaftiert. Ulrich wurde in die Obhut Graf Eberhards gegeben und zu seinem Nachfolger bestimmt. Erst bei seiner Firmung erhielt er den Namen Ulrich. Auf Betreiben von König Maximilian I. wurde Herzog Eberhard II. 1498 abgesetzt und Ulrich mit elf Jahren, quasi als Marionette, zum dritten Herzog von Württemberg ernannt. Zugleich verlobte Maximilian Ulrich mit seiner sechsjährigen Nichte Sabina

13 Dobler, Eberhard: Burg und Herrschaft Hohenkrähen im Hegau, Sigmaringen 1986, S. 113
14 Kessinger/Peter, a. a. O. 2002, S. 65, und Bumiller, Casimir: Hohentwiel, Konstanz 1990, S. 95–114
15 Ebenda

von Bayern. 1503 wurde Ulrich vorzeitig für volljährig erklärt und zeichnete sich 1504 als brillanter Heerführer im Landshuter Erbfolgekrieg aus. Im März 1511 wurde Ulrich von Kaiser Maximilian gedrängt, den Bund der Ehe mit der ungeliebten Sabina von Bayern zu schließen. Ab diesem Zeitpunkt war das Verhältnis zwischen dem Kaiser und dem jungen Herzog gestört. Bereits im Mai 1511 brachte Ulrich den Hohentwieler Herrn, Hans Heinrich von Klingenberg, dazu, sich in württembergische Dienste zu stellen und ihm ein Öffnungsrecht auf der Burg zu gewähren. 1512 trat Ulrich aus dem Schwäbischen Bund aus und versuchte stattdessen, eine fürstliche Allianz gegen diesen kaiserlichen Landfriedensbund aufzubauen.

Kriegszüge und Ulrichs aufwändiger Lebensstil verschlangen Unsummen aus der württembergischen Staatskasse, deren Defizit bereits 1514 bei 70 % lag. Die Proteste in der Bevölkerung gegen seinen rücksichtslosen Herrschaftsstil führten 1514 zum Bauernaufstand des »Armen Konrad«, den Ulrich nur mühsam mit die Hilfe der bürgerlichen Ehrbarkeit und der Vermittlung kaiserlicher Kommissare niederschlagen konnte. Kaum war diese Krise überwunden, erschlug er 1515 den Mann seiner Geliebten, Rittmeister Hans von Hutten. Ulrichs Frau Sabina floh zu ihren Angehörigen nach München. Am 11. Oktober 1516 sprach Kaiser Maximilian die Reichsacht gegen Ulrich aus.

Im Januar 1519 starb der Kaiser. Nur wenige Zeit später überfiel Ulrich die Reichsstadt Reutlingen. Damit war das Maß voll. Im Auftrag des Schwäbischen Bundes wurde er unter Führung Herzog Wilhelms von Bayern geschlagen und aus seinem Herzogtum vertrieben, Württemberg durch den neuen Kaiser Karl V. dem Haus Habsburg unterstellt. Ulrich indessen floh unter Nutzung des ihm 1511 gewährten Öffnungsrechts kurzfristig auf den Hohentwiel und von dort weiter nach Mömpelgard (heute Montbéliard, Dep. Doubs, Frankreich).

Auf dem Hohentwiel hatte sich unterdessen ein familiäres Drama abgespielt: Hans Heinrich von Klingenberg stritt schon lange mit seinem Onkel Albrecht um die Rechte am Hohentwiel.[16] Während Albrecht sich auf die Seite Österreichs stellte, sympathisierte sein Neffe Hans Heinrich mit dem württembergischen Herzog. Als Albrecht einen Öffnungsvertrag mit Österreich abschloss, hatte Hans Heinrich den entsprechenden Hebel in der Hand, den Onkel von der Burg zu verweisen, da dieser gegen den Burgfrieden von 1475 verstieß.

Wenig später machte sich Hans Heinrich daran, seinen Herrschaftsbereich durch Käufe rund um den Twiel zu vergrößern. So kaufte er im Mai 1518 von Bolli von Fulach das Dörfchen Singen für 3350 fl und 1521 von seinem Onkel Albrecht weitere Besitzungen rund um den Berg, unter anderem ein Drittel des Dorfes Hilzingen. Dieses am 7. Mai 1521 getätigte Geschäft zeigt, dass Hans Heinrich von Klingenberg ein guter Geschäftsmann war, der sich auch bewusst war, dass er mit dem Hohentwiel einen Besitz in der Hand hatte, mit dem er sowohl für Österreich als auch für Württemberg ein wichtiger Verhandlungspartner war.

16 Ebenda

Diplomatisch allerdings war er weniger geschickt. So schloss er nur wenige Tage später, am 23. Mai 1521, mit Herzog Ulrich einen Vertrag über die Nutzung des Hohentwiel ab, der ihn dem skrupellosen Herzog völlig auslieferte. Ursprünglich als Vertrag auf zwei Jahre gedacht, in welchen Ulrich versuchen wollte, sein Herzogtum zurückzuerobern, wurde dieses Nutzungsrecht der Burg zur unendlichen Geschichte. Außer einer Anzahlung über 1000 fl erhielt Hans Heinrich von Klingenberg, obwohl ihm weitere 5000 fl allein für Vorräte zugesichert waren, keine weiteren Zahlungen. Stattdessen steckte Ulrich enorme Summen, die er sich vom französischen König und der Eidgenossenschaft lieh, in den Umbau der mittelalterlichen Burg und funktionierte sie zu einer modernen Festung um.

Es zeigt sich hier, dass der Herzog mit allen paktierte, die sich gegen das Haus Habsburg stellten. Frankreich, das in den Jahren 1521–1555 fünf Kriege gegen die Habsburger führte, war ein idealer Verbündeter. Auch die Eidgenossen und die Hegauer Bauern benutzte Ulrich für seine Pläne. So unternahm er mehrere erfolglose Versuche, sein Land zurückzugewinnen. Am weitesten gelangte er 1525 im Zuge des Bauernkriegs, als er mit Hegauer Bauern und Schweizer Söldnern bis vor Stuttgart zog, aber wieder vertrieben wurde. Auch in Sachen Religion opponierte er gegen den Kaiser, indem er zum protestantischen Glauben konvertierte.

Schließlich gelang Ulrich 1534 doch die Rückkehr in sein Herzogtum mit Hilfe des hessischen Landgrafen Philipp I. Nach der siegreichen Schlacht bei Lauffen erhielt er den Besitz über Württemberg bestätigt. Umgehend führte er im ganzen Land die Reformation ein und säkularisierte Klöster und geistliche Korporationen. Weiter widmete er sich mit großem Aufwand dem Ausbau einzelner Burgen zu zeitgemäßen Festungen, worunter der Hohentwiel, Hohenasperg und Hohenneuffen die bekanntesten waren.

Es ist klar ersichtlich, dass Herzog Ulrich keinesfalls die Absicht hatte, den Hohentwiel an seinen eigentlichen Besitzer, Hans Heinrich von Klingenberg, zurückzugeben. Von Österreich, das zwar durch Spionage und Geheimdiplomatie stets versucht hatte, seine eigenen Interessen am Hohentwiel zu sichern, konnte er nicht viel erwarten, da der Kaiser seine ganzen Kräfte im Kampf um die Vormacht in Europa gegen Frankreich einsetzen musste. Solchermaßen im Stich gelassen, musste der verarmte Klingenberger nach und nach seine Besitzungen rund um den Hohentwiel veräußern. Zunächst trennte er sich von seinem Anteil am Dorf Hilzingen und an der Burg Staufen. Am 28. November 1530 stand der Verkauf von Singen an. Hans Jörg von Bodman erstand es für den Preis von 8147 rheinischen Gulden, 26 Kreuzern und 1 Heller. Er kaufte mit dem Dorf auch Remishofen, Niederhofen und die Dornermühle.

Damit war die bis dato unterschiedlichen Herrschaften gehörige Gemarkung Singen nach Jahrhunderte währender Trennung wieder vereinigt.[17] Nur das Bruderhaus – der spätere Bruderhof – und verschiedene Waldungen verblieben bei den Klingenbergern. Wenige Jahre später war Hans Heinrich gezwungen, auch den Hohentwiel

17 Miller, Max (Hg.): Hohentwiel-Lagerbuch von 1562, Stuttgart 1968, S. 128

Der württembergische Ingenieur und Hauptmann Gottfried F. Schuster zeichnete um 1730 einen perspektivischen Aufriss der Feste Hohentwiel, zu ihren Füßen liegt das Dörfchen Singen. Die Kirche mit dem spitzen Turm dürfte die Vorgängerin der 1781 gebauten heutigen Kirche St. Peter und Paul sein. (Marbach am Neckar, Schiller-Nationalmuseum)

zu veräußern. Sein Sohn, Hans Kaspar von Klingenberg, führte die Verhandlungen. Letzten Endes erwarb Herzog Ulrich 1538 die Festung für den günstigen Preis von nur 12 000 fl, ohne auf weitere ausstehende Nachforderungen von Seiten der Klingenberger einzugehen.

Vergleicht man den Preis, den das Dorf Singen um 1518 einbrachte, mit dem Preis, den Hans Jörg von Bodman zu Bodman und Blumberg zu zahlen gewillt war, fällt die enorme Preissteigerung ins Auge. Tatsächlich hatte der Klingenberger das Dorf aber so mit Schulden überlastet, dass ihm nach Abzug aller Verbindlichkeiten nur noch 1396 fl 43 x und 3 Pf übrig blieben. Für Hans Jörg von Bodman war der Erwerb eines weiteren Dorfes im Hegau wichtig. Er war bereits Pfandherr der Stadt Aach und hatte 1529 Schloss und Städtchen Blumberg erworben. Im Hegau genoss er großes Ansehen und trat mehrfach während des Bauernkrieges als Hauptmann und Unterhändler der Ritterschaft St. Jörgenschild im Ritterschaftskanton Hegau-Allgäu-Bodensee auf.

Als Ortsherr war Hans Jörg von Bodman sehr beliebt. Tatsächlich verteidigten die Bauern von Bodman und Espasingen während des Bauernkrieges 1524/25 ihren

Herrn, während sich fast alle anderen Bauern im Hegau am Bauernkrieg beteiligten. Aus Rache verwüsteten die aufständischen Bauern schließlich beide Orte. Nach Niederschlagung der Revolte zeigte sich Hans Jörg von Bodman dankbar und streckte seinen Untertanen die Entschädigungsgelder vor, die ihnen eigentlich von den Aufständischen als Wiedergutmachung hätten ausbezahlt werden müssen.[18]

Es zeigt sich, dass die Familie von Bodman eine zurückhaltende und vernünftige Wirtschaftspolitik betrieb, die ihnen ermöglichte, auch teurere Investitionen zu tätigen. Mit dem Kauf Singens erwarb sie aber eine Herrschaft, in der es zahlreiche weitere Grundeigentümer gab. Wie das Urbar von 1555 aussagt, gab es das Eigengut der Herrschaft und 25 Bauernhöfe; außerdem den in Bodman'schem Lehenbesitz befindlichen Reichenauer Kellhof. Unter diesen Bauernhöfen waren neun Eigengüter der Untertanen, elf Lehengüter der Herrschaft und fünf sogenannte Hohentwieler Pfründgüter, die zwar Eigengüter der Herrschaft waren, aber über die sie nicht verfügen konnten. Nicht alle im Urbar verzeichneten Untertanen-Erbgüter waren Eigentum der Untertanen. Sie waren vielmehr anderen Lehensherren untertan.[19]

Was Hans Jörg letztlich dazu bewog, das nicht eben reiche Dörflein am Hohentwiel zu erwerben, kann nur vermutet werden. Durchaus möglich wäre die Einschätzung, dass Singen in absehbarer Zeit zu einem begehrten Kaufobjekt werden würde. Er sollte die dahin gehende Entwicklung allerdings nicht mehr miterleben. Nach seinem Tode ging der Ort nach der Belehnung durch den Abt von St. Gallen als oberstem Lehensherren an seinen noch minderjährigen Sohn Hans Wolf von Bodman über.[20] Ein Jahr zuvor war der Hohentwiel württembergisch geworden. Allmählich setzte die Rangelei um die Herrschaftsrechte rund um den Berg ein.

Unternahm Österreich schon unerklärlicherweise kaum etwas gegen den Kauf des markanten Burgberges, so war es doch rund um den Berg präsent, hatte es doch mit dem Kauf der Landgrafschaft Nellenburg 1465 eine starke politische und wirtschaftliche Stellung im Hegau erlangt und hier und somit auch in Singen die hohe Obrigkeit inne.[21]

Württemberg seinerseits war daran interessiert, seine Besitzungen rund um den Hohentwiel zu vergrößern. Bereits 1539 traten württembergische Beamte mit dem damals noch minderjährigen Hans Wolf von Bodman in Verhandlungen, die aber zu nichts führten. Man hoffte damals, den jungen Mann mit Hans Kaspar von Klingenberg als Strohmann überlisten zu können. Aber sämtliche, auch in den Jahren 1541, 1545, 1550, 1553 und 1556 unternommenen Versuche scheiterten.[22] Gänzlich naiv war die Vorstellung der Württemberger, die Herrschaft Singen zum selben Preis er-

18 Bodman, Johann Leopold Freiherr von und zu: Geschichte der Freiherren von Bodman, Lindau 1894, S. 292, Nr. 1026

19 Danner, a. a. O. 1990

20 GLA Karlsruhe, 8/31a Nr. 1277

21 Jänichen, Hans: Gaue, Territorien, Ämter und Kreise. In: Der Landkreis Konstanz, Amtliche Kreisbeschreibung (KB KN), Band I, Konstanz 1968, S. 287–327

22 Danner, a. a. O. 1990

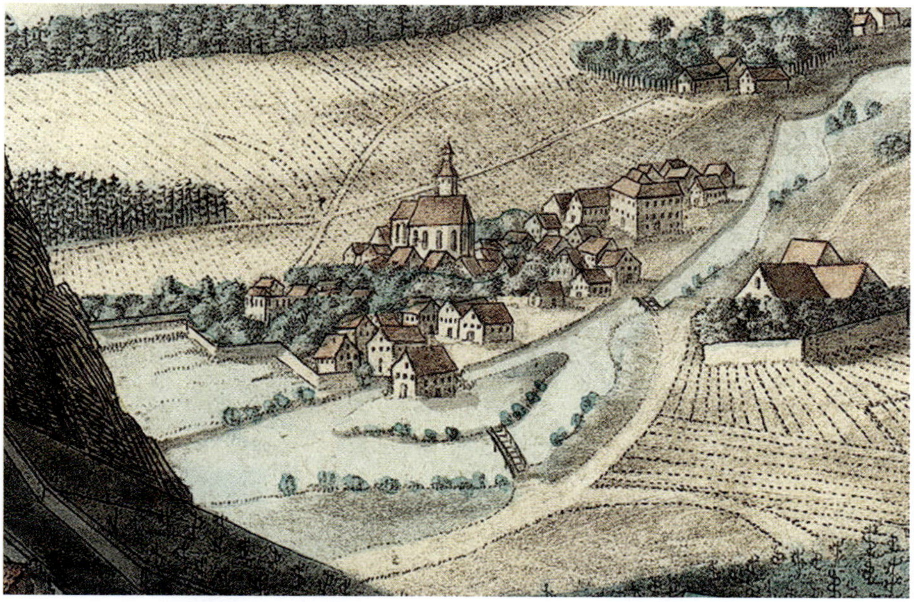

»Hohentwiel im Vertheidigungszustand«. Kolorierter Druck nach A. Weiss, um 1800, Ausschnitt (Stadtarchiv Singen)

langen zu können, zu dem sie 1530 von Hans Jörg von Bodman gekauft worden war. Sein Sohn Hans Wolf aber konnte warten und zusehen, wie sich der Preis vervielfachte.

Ab 1550 begann er, Habsburg und Württemberg gegeneinander auszuspielen. In Stuttgart regierte mittlerweile der Sohn des 1550 verstorbenen Ulrich, Herzog Christoph. Diesem bot er Singen als erstes an, außerdem forderte er als Zusicherung Schutz durch Württemberg, falls ihn der österreichische König Ferdinand zur Rechenschaft ziehen sollte. Dem konnte Christoph nicht zustimmen, da er selbst mit dem König in Verhandlungen stand wegen des schweren Landfriedensbruchs durch seinen Vater Ulrich (Felonieprozess). Hans Wolf konnte warten. Nach Abwendung des Verfahrens bot er Württemberg die Herrschaft erneut an. Mittlerweile bezifferte er ihren Preis mit 20 000 fl, ohne den Besitz zu spezifizieren.

Die württembergischen Räte wollten aber auf die Nennung des Zubehörs, der Nutzungen und Gefälle bestehen. Hans Wolf entgegnete ihnen, das habe der verstorbene Herzog Ulrich bei gleichem Preis auch nicht wissen wollen, zudem habe er im Römischen König einen weiteren Verhandlungspartner. Die Berater des Herzogs fühlten sich getäuscht und rieten Herzog Christoph nun dringend ab, auf ein so zwielichtiges Geschäft einzugehen. Singen sei »sunst auch ein zerissen Ding mit Zehnten, Pfründen u.a.«, es sei »ein arm Flecken, darin nit mehr als 56 Häuser und sonst zwei Weilerlein, da das eine (Niederhofen) 10 und das andere (Remishofen) 8 Häuser hat. Und ob Euer fürstlich Gnaden einen Untertan des Orts strafen oder etwas gebieten lassen werden, darein er vermeint beschwert zu sein, möchte er für des Königs Landgericht zu Nellenburg appellieren, das wird täglich Spann und Irrungen geben.«[23]

Bei allem Verhandlungsgeschick begab sich Hans Wolf von Bodman auf immer dünneres Eis. Nachdem am 2. Mai 1554 erneute Kaufverhandlungen über mittlerweile 24 000 fl scheiterten, wurde er am 7. Mai nach Innsbruck zitiert, wo man ihm klar machte, einen solchen Verkauf nur mit Wissen und Genehmigung des Königs tun zu können. Nun verhandelte Hans Wolf also mit dem Hause Habsburg. Sein Verkaufspoker zahlte sich am 7. November 1554 aus, als er tatsächlich 22 000 fl für Singen und die Weiler Remishofen und Niederhofen erzielte. Da er Schulden in Höhe von 18 001 fl 19 x hatte, verblieben ihm davon nur 3998 fl 41 x.[24] Außerdem erhielt Hans Wolf von Bodmans Ehegattin auf Befehl König Ferdinands am 31. Dezember 1554 eine schwere goldene Kette zu »leutkauf und vererung umb das Dorf Singen«.[25]

Tatsächlich leistete der König aber erst eine Anzahlung und wollte mit dem kostbaren Schmuckstück von seinen eigenen Schulden ablenken. Bezahlt oder nicht bezahlt, Singen war nach Inkrafttreten des Kaufvertrages zum 2. Januar 1555 ein österreichisches Dorf unter St. Gallischer Lehenshoheit geworden. Hans Wolf verblieb ein weiteres Jahr Ortsherr von Singen und erließ auf Wunsch König Ferdinands und der Singener Untertanen noch im Juni 1556 eine Dorfordnung.[26]

Indes standen bereits am 29. Juni 1555 die Chancen für einen neuerlichen Verkauf des Ortes gut. Die Augsburger Familie Fugger interessierte sich schon seit längerer Zeit für den Hegau, wo sie offensichtlich plante, eine weitere Herrschaft aufzubauen. Die Kaufverhandlungen übernahm Johann Jakob Fugger von Kirchberg und Weißenhorn.[27] Er wurde 1516 in Augsburg als Sohn des reichen Handelsherrn Raymund Fugger geboren und war lange Jahre in der Leitung des Handelshauses tätig, obwohl seine Neigungen mehr der Kunst und Wissenschaft galten. 1548 wurde er Bürgermeister von Augsburg, wo er sich sehr bemühte, in den damaligen Streitigkeiten um Religion und Politik ausgleichend zu wirken.

Die Verhandlungen über Singen begannen 1546. Damals bereits hatte König Ferdinand I. versucht, Fugger für einen Kauf zu gewinnen. Der König war finanziell schlecht ausgestattet und hatte die berechtigte Furcht, Württemberg oder die Eidgenossen könnten ihm, trotzdem er hier durch die Landgrafschaft Nellenburg die Hohe Obrigkeit inne hatte, das Dorf vor der Nase wegschnappen. Fugger zeigte sich zunächst nicht sonderlich interessiert, bis er 1555 mit Wolf von Homburg in Kaufverhandlungen um den Erwerb der Herrschaft Hohenkrähen trat. Hier hatte natürlich dessen oberster Lehensherr ein Mitspracherecht. Dieser war wiederum König Fer-

23 Stehle, Johann: Geschichte der Exklave Bruderhof und der Hohentwieler Waldungen, Singen (Hohentwiel) 1973, S. 93

24 Bodman, a. a. O. 1894, S. 310, Nr. 1091

25 Ebenda, S. 311, Nr. 1092

26 1556 VI 18, Innsbruck, GLA Karlsruhe U:A: 8/Conv. 31a, nach Berner, Herbert: Alte Siedlung – junge Stadt am Hohentwiel. In: HEGAU 19, 1965, S. 121–134, hier S. 128

27 Dobler, a. a. O. 1986, S. 296 ff.

Hohentwiel mit Singen, kolorierte Lithographie von Dargent nach einer 1799 angefertigten Zeichnung des württembergischen Lieutenants A. Weiss, Ausschnitt (Stadtarchiv Singen)

dinand I., der sofort Bedingungen für den Kauf stellte. Nach umfangreichen Gesprächen mit seinen Innsbrucker Räten kam er zu dem Schluss, die Übertragung der Burg Hohenkrähen an Fugger habe den positiven Aspekt, dass das reiche Handelshaus somit die erheblichen Kosten für deren Bauunterhalt zu übernehmen habe. Der König stellte aber noch eine weitere Bedingung an den geplanten Kauf der Herrschaft Hohenkrähen. Falls Johann Jakob Fugger diesen erwerben wolle, müsse er Singen ebenfalls kaufen.

Über die Beweggründe der Familie Fugger kann nur spekuliert werden. Möglicherweise sollten die Besitzungen im Hegau als Brückenpfeiler dienen, denn sie verfügten über umfangreichen Landbesitz im Elsass. Dort war ihnen in der Güterteilung von 1548 vor allem habsburgischer Pfandbesitz zugefallen.[28] Zum 16. Juni 1556 war man sich endlich einig. Johann Jakob war eigens nach Innsbruck gereist, wo der Kaufvertrag abgeschlossen wurde. Damit ging Singen mitsamt den Flecken Remishofen und Niederhofen an Johann Jakob Fugger und seinen Bruder Raymund über. Fugger verpflichtete sich nach der Übergabe auch, die König Ferdinand entstandenen Unkosten und Zinsen sowie die Kosten der der Gattin Hans Wolfs von Bodman geschenkten Goldkette zu übernehmen. So kamen zum Kaufpreis von 17 835 fl nochmals 4665 fl hinzu.

28 Karg, Franz: Singen und Hans Jakob Fugger. In: Berner, a. a. O. 1990, S. 192–197

Mithin blieb der Kaufpreis derselbe wie zuvor bei Hans Wolf von Bodman. Dieser schätzte sich glücklich, dass er nun endlich, nachdem ja zuvor von Seiten Habsburgs nur eine Anzahlung erfolgt war, die ganze Kaufsumme erhielt. Auch die Singener Untertanen erhielten Nachricht, dass sie erneut einen neuen Ortsherrn bekommen hatten, dem sie »den Rentzins, Gülten, Robot [Fronden] und anderen Dienstbarkeiten alles das tut, das Ihr vormals uns und anderen Inhabern getan habt«.[29] Natürlich musste auch das Kloster St. Gallen als oberster Lehensherr den Kauf absegnen. So übernahm Ambros Graf als Beauftragter das Dorf Singen im Namen von Johann Jakob Fugger. Als dessen Vertrauensmann kontrollierte er auch die Fugger'schen Besitzungen im Hegau.

Die Administration des Dorfes Singen wurde nun kurze Zeit über den Obervogt von Hohenkrähen ausgeübt. Dieser hatte sich nach den herrschaftlichen Instruktionen bezüglich Aufgaben und Geschäftsführung zu richten. Nur kurz in diesem Amt waren Jörg Aschmann, Konrad Renhart und Christoph Lienhard von Diemantstein (Herbst 1555 bis Sommer 1556). Die längste Zeit amtete Johannes Müller (1558–1565 belegt). Alle Vögte waren mit dem Aus- und Umbau der Burg Hohenkrähen befasst. Für die Maßnahme verwendete Fugger viel Geld, alleine für die Arbeiten am Wirtschaftshof der Vorburg gab er 9572 fl aus. Letzter und markantester Bau war das Haus hinter den Felsen, ein später auch »Palas« genannter Flankenbau an der Nordostseite des obersten Burgfelsens.[30] Die Bauarbeiten wurden rasch vorangetrieben. Möglicherweise beabsichtigte Johann Jakob Fugger, sich hier einmal niederzulassen. Als im Herbst 1563 eine weitere Pestwelle Augsburg heimsuchte, schrieb er an Obervogt Müller, gegebenenfalls den Hohenkrähen zu bewohnen, da die Luft im Hegau noch gut und frisch sei.[31]

Zu dieser Zeit hatte sich Johann Jakob Fuggers finanzielle Lage sehr verschlechtert. Wie bereits angeführt, war er ein schöngeistiger Mensch, der mehr Freude an Wissenschaft und Landleben hatte als an Handelsgeschäften. 1560 übernahm er widerstrebend, gemäß dem letzten Willen seines Onkels Anton, als Seniorchef die Führung des Handelshauses neben Antons ältestem Sohn Markus. Privat gab er seit jeher viel Geld für die schönen Künste aus. Er investierte in eine riesige Bibliothek, für die er unter anderem griechische Handschriften und die Bibliothek Hartmann Schedels aus Nürnberg erwarb. Auch betätigte er sich großzügig als Mäzen und förderte Gelehrte und Musiker wie den Komponisten Orlando di Lasso. Zur Ausmalung der Räume des Fuggerpalastes ließ er Tizians Schüler Antonio Pozano nach Augsburg kommen.[32]

Diese teuren Leidenschaften trieben Fugger in den Ruin, als sich die finanzielle Lage des Handelshauses verschlechterte. Johann Jakob nahm die drohende Gefahr

29 Ebenda

30 Dobler, a. a. O. 1986, S. 312 ff.

31 Ebenda, S. 296 ff.

32 Berner, Herbert: Bemerkenswertes über alte Kirchenglocken im Hegau in Sonderheit über die Singener Fugger-Glocke. In: HEGAU 41/42, 1984/85, S. 39–47

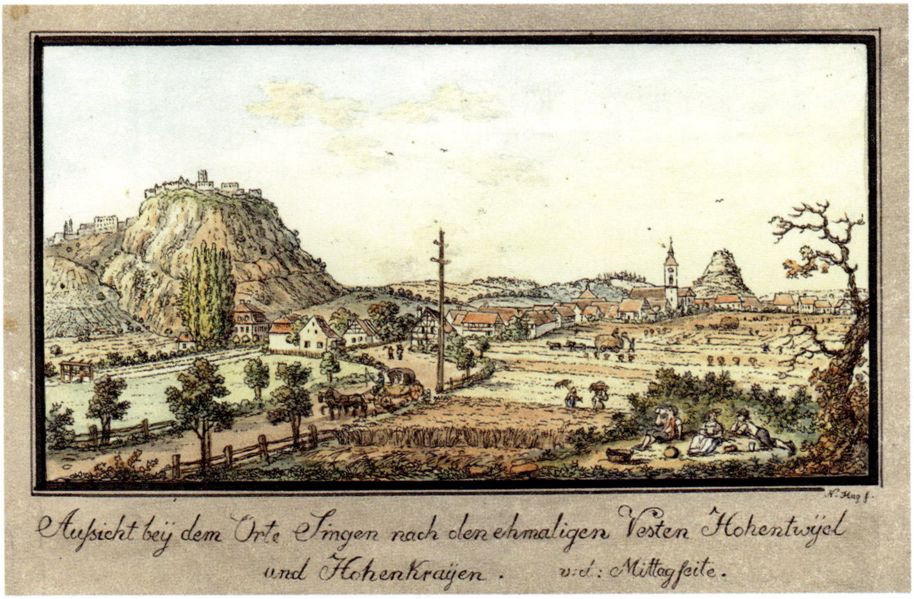

Ansicht des Dorfes Singen von Süden, links der Hohentwiel; Gouache von Nicolaus Hug, um 1820 (Stadtarchiv Singen)

auf die leichte Schulter. Darlehensforderungen, die das Handelshaus an den König von Spanien hatte, verfolgte er nicht konsequent genug. Auch die Konkurrenz der genuesischen Bankiers, die sich auf Kosten der Fugger in Spanien ausweiten konnten, unterschätzte er. Ein Abzahlungsvertrag, den er mit Philip II. schloss, erwies sich als ungünstig für das Handelshaus. 1563 standen von Seiten des spanischen Königshauses 4,44 Millionen fl aus. Privat hatte Johann Jakob Fugger damals über eine Million fl an Schulden. Die desaströse finanzielle Lage führte natürlich zu familiären Spannungen, deren letzte Konsequenz der Bruch mit der Familie und die Ablösung Johann Jakobs als Firmenchef war. Seinem Vetter Markus gelang es, das Handelshaus in der Folge zu sanieren.[33]

Bereits 1561 hatte Fugger die finanzielle Katastrophe auf sich zukommen sehen und versucht, das Dorf Singen auf Vermittlung des Grafen Jörg von Helfenstein an Herzog Christoph von Württemberg zu verkaufen. Dieser winkte ab, habe doch Fugger nur 18 000 fl bezahlt und verlange jetzt 24 000. Auch als Fugger den Preis auf 23 000 fl reduzierte, kam man sich nicht näher.[34] 1563 scheiterte ein neuerlicher Versuch, der diesmal über Hans Kaspar von Klingenberg erfolgte, der den Aacher Juden Aberlin bei Württemberg einführte.[35]

33 Dobler, a. a. O. 1986, S. 296 ff
34 Miller, a. a. O. 1968, Einleitung S. 9
35 Ebenda

Während er nach Kräften versuchte, die Herrschaft Singen wieder los zu werden, stiftete Johann Jakob Fugger der Singener Kirche St. Peter und Paul eine Glocke, die dort bis heute im Turm hängt. Die Glocke mit dem Ton »f« wiegt 820 kg und wurde 1565 in Lindau von Bartholome Prisinger gegossen. Auf ihrem Mantel befinden sich vier Relief-Ornamente: ein Kruzifixus auf der Vorder- und Rückseite sowie nebeneinander das Brustbild eines vornehm gekleideten Mannes und einer Frau, möglicherweise das Porträt des Stifterpaares. Eine Inschrift am unteren Glockenrand enthält die Namen wichtiger Singener Persönlichkeiten: Gallus Reize, Vogt zu Singen, Dias (Matthias) Reize, Michael Bushart, Hans Hopler, Jakob Huser (Hauser), »Vierer«, das heißt die vier Gerichtsleute zu Singen (siehe oben). Außerdem verewigt ist Hans Müller, Obervogt zu Krähen.[36]

1565 trat Johann Jakob Fugger in die Dienste Herzog Albrechts V. von Bayern. Von hier aus bot er seiner Familie zunächst die Herrschaft Hohenkrähen und seine Besitzungen in Augsburg an, da sie an ersteren beteiligt waren und er die letzteren gerne der Familie erhalten wollte. Nach Prüfung der Besitzwerte lehnte die Familie dieses Angebot ab, was zum endgültigen Bruch mit Johann Jakob führte. Dieser hatte aber bereits 1564 einen weiteren Lösungsweg eingefädelt, indem er vom Kloster St. Gallen die Erlaubnis erhielt, das Dorf Singen für längstens sechs Jahre zu verpfänden. So konnte er das Dorf 1566 Jakob von Ehingen zu Neudeck als Pfand geben, von ihm hatte Johann Jakob vier Jahre zuvor 2000 fl gegen 5% Zins aufgenommen. Weitere 6000 fl erhielt er 1570 von seinem Schwager Hans Ulrich von Stadion. Diesem versprach er, den Betrag vorzeitig zurückzuzahlen, falls er seine Besitzungen im Hegau verkaufen könnte, ansonsten stand Stadion die Pfändung zu.[37]

1571 gelang es ihm endlich, das Dorf Singen mit Remishofen und Niederhofen an Hans Ludwig von Bodman und dessen Vettern zu verkaufen.[38] Vom Verkauf machte Johann Jakob Fugger dem Kloster St. Gallen pflichtschuldig Mitteilung und bat um Neuverleihung des Lehens. Diese erfolgte tatsächlich am 19. September 1571 durch den St. Galler Abt Othmar an Hans Konrad von Bodman als Vormund und Vertreter des Hans Ludwig von Bodman.[39] Ebenfalls erteilte der Abt die Bewilligung, auf das Dorf 8000 fl für zehn Jahre aufzunehmen. Bereits 1573 stellte Hans Konrad das Gesuch, die Summe zu erhöhen oder das Dorf gegebenenfalls auch zu verkaufen. Auch dieses Gesuch bewilligte Abt Othmar umgehend.[40]

Tatsächlich ließ dieser Verkauf nicht lange auf sich warten. Zunächst boten die Brüder Hans Ludwig und Hans Georg von Bodman die Herrschaft 1573 zum wiederholten Male dem Herzog von Württemberg an. Dieses Amt bekleidete seit 1568 Ludwig, einziger überlebender Sohn von Herzog Christoph. Aber auch Ludwig ließ sich nicht zum Kauf überreden, nachdem er sich von seinen Räten über die Kauf-

36 Berner, a. a. O. 1984/85

37 Fuggerarchiv 5.7, nach Karg, a. a. O. 1990

38 Bodman, a. a. O. 1894, S. 324, Nr. 1150

39 Ebenda, S. 324, Nr. 1151

40 Vogler, Werner: St. Gallen und Singen oder: Der Kaiser als Vasall des St. Galler Fürstabtes. In: Berner, a. a. O. 1990, S. 149–161

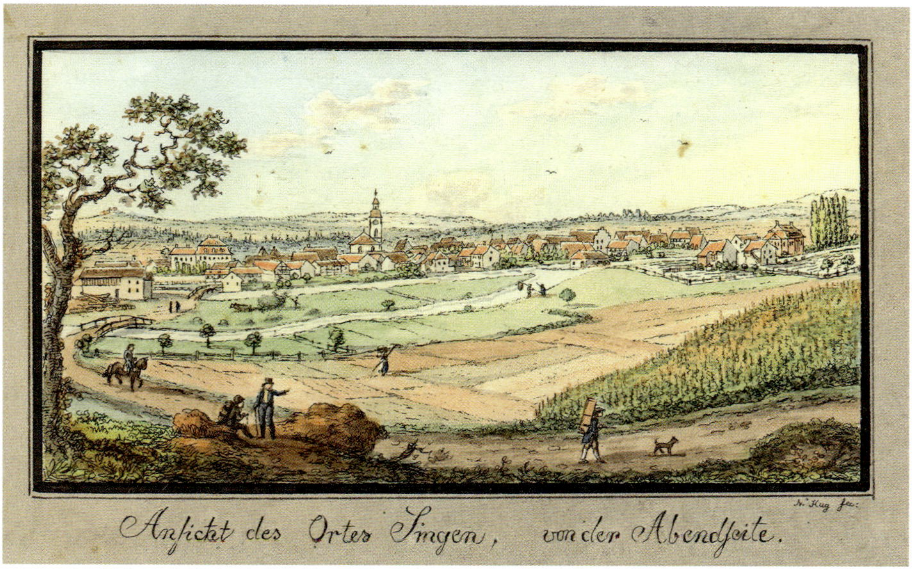

Ansicht des Dorfes Singen von Westen, Gouache von Nicolaus Hug, um 1820 (Stadtarchiv Singen)

verhandlungen von 1539 hatte unterrichten lassen. Die größte Sorge hatten die Räte wegen der »alt religion«. Das katholische Singen, das unter nellenburgischer Landeshoheit stand, konnte nicht einfach reformiert werden, weitere Streitigkeiten und Spannungen zwischen Österreich und Württemberg wären die Folge gewesen.[41]

1575 endlich entschloss sich dann Erzherzog Ferdinand zu Österreich dazu, Singen mit Remishofen und Niederhofen und allen Rechten von Hans Ludwig von Bodman und Hohenkrähen zu kaufen. Dieser ließ sich immer noch durch seinen Vormund Hans Konrad von Bodman vertreten.[42] Rechtskräftig wurde der Vertrag im Juli 1576, als Bodman das Lehen dem Kloster St. Gallen wieder zur Verfügung stellte.[43] Gerne wollte Hans Ludwig die verkaufte Herrschaft als Afterlehen zurücknehmen. Hierfür allerdings musste sich Erzherzog Ferdinand an den St. Galler Abt Othmar wenden, welcher der oberste Lehensherr von Singen war. Diese Konstellation erscheint uns sehr merkwürdig, denn in Singen wurden selbst Kaiser zu Vasallen des St. Galler Fürstabtes. Dies blieb auch so für die nächsten Jahrhunderte. Ein letztes Mal empfing Kaiser Franz II. das Lehen Singen im Jahre 1793.[44]

Natürlich gab es seitens des Klosters keinen Grund, das Lehen zu verweigern. So konnte Hans Ludwig von Bodman das Dorf Singen 1579 von Erzherzog Ferdinand

41 Miller, a. a. O. 1968, Einleitung S. 10

42 Vogler, a. a. O. 1990

43 Bodman, a. a. O. 1894, S. 326 Nr. 1166

44 Vogler, a. a. O. 1990

als After- oder Pfandlehen zurückempfangen.[45] Kaum war dies geschehen, musste Abt Joachim Opser dem Haus Österreich bereits die Bewilligung erteilen, das Dorf auf zehn Jahre um 14 000 fl zu verpfänden. Man könnte sagen, Singen war zu einem interessanten Objekt im Geschacher um Herrschaften geworden. Adlige Familien, die ihre Macht durch die sich immer mehr vergrößernden Territorialstaaten schwinden sahen, entdeckten, dass man über Kleinstherrschaften, wie Singen eine war, ungeahnte Summen erhalten konnte, indem man sie als Spielball zwischen den Mächten benutzte. Den Österreichern war darüber hinaus sehr wichtig, die Singener Besitzungen zu behalten und dem Herzogtum Württemberg außer dem Hohentwiel so wenig Land wie möglich zu lassen.

Immerhin war für die nächsten Jahre eine gewisse Stetigkeit gegeben: Hans Ludwig von Bodman verblieb Lehensherr in Singen bis zu seinem Tode im Jahre 1607. Nur einmal musste ein neuer Lehensrevers ausgestellt werden, als die vorderösterreichischen Besitzungen des verstorbenen Erzherzogs Ferdinand an Kaiser Rudolf II. übergingen. Die Verleihung wurde durch den St. Galler Abt Bernhard Müller vorgenommen. Auch Hans Ludwig von Bodman erhielt eine Urkunde.[46]

Mit dem Beginn des 17. Jahrhunderts hatte der Machtpoker um Singen zunächst ein Ende. Nach dem Tod Hans Ludwig von Bodmans wurde die Herrschaft von den Amtmännern der Landgrafschaft Nellenburg verwaltet. Singen dämmerte vor sich hin – ein Ort, den man gerne für finanzielle Transaktionen benutzte, mit dem man sich aber sonst kaum befassen wollte. So wohnten auch die Ortsherren des 16. Jahrhunderts nie hier, sondern zogen es vor, auf dem Twiel, dem Hohenkrähen oder auch am Bodensee zu wohnen. Singen blieb weiter ein Streitobjekt und wurde ab 1635 bei den Kampfhandlungen des 30-jährigen Krieges sehr in Mitleidenschaft gezogen. Erst nach dessen Ende 1648 ergaben sich stabilere Herrschaftsverhältnisse, die schließlich nach dem Sturm der napoleonischen Epoche 1796/1810 in die geordneten badischen Verhältnisse mündeten.

45 Bodman, a. a. O. 1894, S. 327, Nr. 1169
46 Ebenda, S. 336, Nr. 1210

»Nit allain der Herrschafft an irn Rechten, sonnder auch gemainem Nuzen des Fleggens«[1] – Bemerkungen zu Hegauer Dorfordnungen

Wolfgang Kramer, Konstanz und Engen

Es gibt nur wenige Dokumente aus dem hohen und späten Mittelalter, die einen intensiven und umfassenden Einblick in das tägliche Leben der damaligen Menschen gewähren. Die Dorfordnungen müssen auf alle Fälle zu diesen Quellen gerechnet werden. Sie beschreiben recht detailliert und vielseitig die Lebensbedingungen jener Zeiten. Wo kann man sonst erfahren, wie so unterschiedliche Dinge wie der Fleischverkauf oder die Besetzung der Ämter vonstatten gingen, welche Delikte mit welchen Strafen geahndet wurden, wie die Kirchenzucht oder die Aufrechterhaltung von Sitte und Ordnung gehandhabt wurden. Eine Dorfordnung ist eine hervorragende Quelle, doch sie gibt uns nur Informationen darüber, wie das Leben ablaufen sollte: Sie setzte Normen, nach denen alles hätte geschehen sollen. Doch war es wirklich so?

Dieser Beitrag kann nicht die ganze Thematik des gemeindlichen Rechts im Spannungsfeld zwischen den Untertanen und der Herrschaft darstellen. Hier ist weder der Platz, noch konnten umfassende, hegauweite Untersuchungen hierzu angestellt werden. Er will nur das Thema »anreißen« und vor allem anregen, zum einen intensiver die Quelle »Dorfordnung« auszuwerten und zum andern versuchen zu ergründen, ob sich anhand der Dorfordnungen signifikante Unterschiede in der Ausübung der Regierungsgewalt in den einzelnen ritterschaftlichen Herrschaften im Hegau feststellen lassen. Das ist kein leichtes Feld: Der Forscher muss auf viele Fragen Antworten suchen. Deshalb kann hier auf das Thema nur hingewiesen werden, in der Hoffnung, dass sich die universitären Historiker in Konstanz oder anderswo dieses für den Hegau nicht unwichtigen rechtsgeschichtlichen Gegenstands annehmen.

1 Verkürztes Zitat aus dem Vorspann der Dorfordnung von Beuren an der Aach von 1557, vgl. Müller, Anneliese: Aus der älteren Geschichte von Beuren an der Aach. Von den Anfängen bis zum Übergang an Baden (1806/10). In: Hofmann, Franz, und Kappes, Reinhild: »Zu Beurn sampt unnd sonders mit allem Vleis und Ernst«. Der Werdegang des Hegaudorfes Beuren an der Aach durch acht Jahrhunderte, Singen 2004, S. 9–24, hier S. 18, Original im Gräflich Douglas'schen Archiv Langenstein (DAL) (ohne Signatur)

Die Dorfordnungen sind wichtige, doch bisher kaum untersuchte Quellen in den Gemeindearchiven.[2] Sie sind in vielen Kommunalarchiven oder Adelsarchiven im Hegau zu finden oder lagern in den Beständen des Generallandesarchivs Karlsruhe, wohin sie nicht zuletzt durch die Einsammlungstätigkeit der Badischen Historischen Kommission am Ende des 19. und zu Beginn des 20. Jahrhunderts gekommen sind. In kaum einem Dokument lassen sich Informationen über die rechtliche Situation, die Mitwirkungsbedingungen und die Selbstverwaltung der Untertanen, über die Einrichtungen einer Gemeinde, das Funktionieren der frühen Gemeindeverwaltung und des Rechtswesens, über die Lasten und Pflichten der Untertanen, über Gewerbe und Handwerk, Sitte und Brauch umfassender und zugleich kompakter gewinnen als in diesen Dorfordnungen – und das alles für die Zeit des Spätmittelalters und der Frühen Neuzeit.

Gewiss, in vielen Ortschroniken werden sie manchmal sogar im Wortlaut veröffentlicht, aber vergleichende Studien über sie sind nur schwer zu finden. Hier ist der ansonsten wegen seiner intensiven Historiografie gerühmte Hegau keine Ausnahme, denn es gibt auch hier nur wenig Literatur über die Dorfordnungen. Selbst der Präses der Rechtsgeschichte in Süddeutschland, vor allem in der Baar und im Hegau, und Erforscher der Rolle des Dorfes in der Geschichte, Karl Siegfried Bader, und der frühere Hegauer Chefhistoriker Herbert Berner haben sich eher am Rande mit dieser Quellengattung beschäftigt.[3]

Bezeichnung und »altes Herkommen«

Schon die Bezeichnung dieser Sammlungen der gemeindlichen, aber auch herrschaftlichen Rechte und Gewohnheiten ist sehr unterschiedlich. Es existiert eine Fülle von Benennungen für diese Zusammenstellungen mit ihrem komplexen Inhalt: sehr häufig Offnung, aber auch Dorfrecht, Einung, Gerechtsame, Gerichts- oder Polizeiord-

2 In der ersten Hälfte des 20. Jahrhunderts gab es in Baden und Württemberg einige Quelleneditionen zu »ländlichen Rechtsquellen«, wo Dorf- und andere Ordnungen in dicken Bänden veröffentlicht wurden, die aber in den letzten Jahrzehnten keine oder nur eine sporadische Fortsetzung erfuhren, wie beispielsweise mit den »Hohenlohischen Dorfordnungen«; in: Württembergische Rechtsquellen 4. Band, bearbeitet von Karl und Marianne Schumm als Veröffentlichung der Kommission für geschichtliche Landeskunde in Baden-Württemberg, Reihe A Quellen, 37. Band, Stuttgart 1985. In letzter Zeit hat sich nur Peter-Johannes Schuler aus Potsdam mit solchen Rechtsquellen im Hegau in größerem Umfang beschäftigt, der das Stadtrecht der Stadt Stockach ediert hat, in: HEGAU 51/52, 1994/95, S. 7–135, siehe hierzu auch die Corrigenda von Fredy Meyer in HEGAU 53, 1996, S. 241–242

3 Hier sei hingewiesen auf Bader, Karl S.: Dorfordnungen und verwandte ländliche Rechtsquellen der Frühneuzeit. In: ders. und Dilcher, Gerhard: Deutsche Rechtsgeschichte. Land und Stadt – Bürger und Bauer im Alten Europa. Berlin, Heidelberg, New York 1999, S. 204 ff. Selbst Berner, Herbert (Hg.): Stadtgeschichte Singen, Band 2, Konstanz 1990, hier S. 211–212, hat sich eher beiläufig mit der »Singener Offnung« von 1668 (Original im Gräflich Enzenbergischen Archiv im Stadtarchiv Singen Nr. 31, auch BII/4), diesem zentralen Dokument zur frühen Singener Geschichte, befasst. Die Offnung gilt auch für den anderen Herrschaftsort Arlen. Berner stellt die einzelnen Artikel der Offnung summarisch vor und kommt bei späteren Themen und Kapiteln im Band wieder auf sie zurück. Ganz anders erst kürzlich Gschlecht, Alfred: Watterdingen und seine wechselvolle Geschichte, Tengen 2013, S. 97–103, der nahezu die ganze »Watterdinger Offnung von 1585« im Wortlaut präsentiert.

nung, Vertrag und Weistum. Offnung ist eine häufige und sehr treffende Bezeichnung, denn diese Dorfordnungen wurden bei den Jahrgerichten der versammelten Gemeinde jedes Jahr vorgelesen und somit »eröffnet«. In Gottmadingen bestand die Dorfordnung am Ende des 18. Jahrhunderts aus mehreren Dokumenten, auf die bei den recht häufigen Auseinandersetzungen mit der Ortsobrigkeit immer wieder Bezug genommen wird.

Bei der Bezeichnung Weistum kommt man unwillkürlich zu den Brüdern Grimm, die in sieben Bänden ihre gesammelten Weistümer veröffentlicht haben. In ihrem Wörterbuch[4] definieren sie den Begriff Weistum: »rechtsspruch, urteilsspruch in bäuerlichen gemeinden, der mündlich oder schriftlich weitergegeben und als gesetzliche bestimmung auch für spätere zeiten verbindlich bleibt«. Die Grimm-Brüder waren der Überzeugung, dass solche Weistümer »ihrem ganzen Wesen nach [...] nichts anderes als bezeugungen des hergebrachten rechtes und eingewurzelter wirtschaftlicher gewohnheiten« sind.

Dieser Hinweis der berühmten Brüder bringt uns zur Frage nach dem Woher. Die Ursprünge dieser wichtigsten Zusammenstellungen des Ortsrechts einer Gemeinde müssen im Mittelalter gesucht werden. Offenkundigster Hinweis auf diese zeitliche Einordnung ist die Pfundwährung, die in diesen Ordnungen fast immer durchgängig verwendet und mit der die Höhe der Strafen quantifiziert wurde. Der Übergang von der Pfund- zur Guldenwährung war ein längerer Prozess, der in Süddeutschland und Österreich im 14. und 15. Jahrhundert stattfand. Somit können wir davon ausgehen, dass diese Dorfordnungen zumindest aus dieser Zeit stammen, aber wahrscheinlich noch älter sind. Die Wissenschaft sieht im »Übergang von der alten Rechtsordnung zur neuen Ordnung von Städten und Länderorten« im 14. Jahrhundert den Anlass zur schriftlichen Fixierung der örtlichen Rechtsquellen.[5] Eine allgemein eintretende Rechtsunsicherheit habe zur »allmählichen Verschriftlichung« des alten Rechts geführt, das bis dahin nur mündlich weitergegeben worden war.

In vielen der Hegauer Dorfordnungen, die sich in den Adels- und Gemeindearchiven befinden, wird in der Tat häufig nicht auf eine geschriebene Vorgängerrechtssammlung verwiesen, sondern auf das »alte Herkommen« als Ursprung, so bei der »Hilzinger Gerichtsordnung von 1569«.[6] Dieses »alte Herkommen« von Rechten, Gebräuchen und Gewohnheiten wurde dann zu seiner Fixierung niedergeschrieben, unter Zuhilfenahme von rechtskundigen Männern, wobei deren hohes Lebensalter als Beweis für besondere Kompetenz und gute Kenntnisse im örtlichen Rechtswesen angesehen wurde. Auf dieses »alte Herkommen« wird häufig verwiesen, aber es wird nicht immer explizit ausgeführt, wie dieses »alte Herkommen« aussah und wie dieser oder jener Brauch, beispielsweise bei der Ämterbesetzung, gehandhabt wurde.

4 Deutsches Wörterbuch von Jacob und Wilhelm Grimm, Band 28, Leipzig 1955/München 1984, Sp. 1171

5 Dubler, Anne-Marie: Offnungen. www.hls-dhs-dss.ch/textes/d/D8946.php ... Aufruf vom 20.8.2013

6 Publiziert in: Müller, Anneliese: Ein Dorf – drei Herren. Skizzen zur mittelalterlichen und frühneuzeitlichen Geschichte Hilzingens. In: Kramer, Wolfgang (Hg.): Hilzingen. Geschichte und Geschichten, Hilzingen 1998, Band 1, S. 185 ff, hier: S. 235

Bei der Auswertung von Streitigkeiten zwischen Untertanen und Obrigkeit fällt auf, dass sich die Untertanen tendenziell eher auf das »alte Recht« oder das »alte Herkommen« der Regeln und Artikel in einer Dorfordnung beriefen und sich für die Wiederherstellung eines früheren Rechtszustands einsetzten. Die Untertanen sahen in den alten Rechten einen für sie besseren Rechtszustand, den sie wieder erlangen wollten – das alte war für sie das gute Recht. Neuerungen waren sie meistens abhold. Die Obrigkeit wünschte hingegen Novellierungen und Anpassungen der Regeln an die veränderten Bedingungen, sehr häufig zum Nachteil der Untertanen.

Die Mitwirkung der Untertanen

Die meisten der in den Hegauer Archiven auffindbaren Dorfordnungen sind aus der Frühen Neuzeit (1500–1800), somit eben Neufassungen. Ursache für solche »Neuauflagen« dieser bis ins Mittelalter zurückreichenden Rechtssammlungen waren fast immer Streitigkeiten zwischen Untertanen und Herrschaft über die Auslegung einzelner Punkte in einer früheren Fassung oder eine sich ergebende »grosse Unordnung« im Rechtswesen, wie sie beispielsweise in Beuren an der Aach eingetreten war.[7] Diese Unordnung bezog sich auf die unterschiedlichen Meinungen der beiden Seiten über Strafandrohungen, Vorgaben und Verpflichtungen der Untertanen, letztere vor allem auf dem Gebiet der Frondienste, wo man ausgiebig und manchmal handfest um die verschiedenen Fronarten und die Zusammensetzung der vom Fronherrn gereichten Fronermahlzeiten streiten konnte.

Diese Neufassungen sind nicht durch einen obrigkeitlichen Erlass entstanden. Oben und Unten im Dorf waren sich über verschiedene Punkte uneinig und mussten sich irgendwie zusammenfinden. Dies weist auf eine Art Mitsprache und Mitentscheidung der Untertanen zumindest bei einer Neuauflage einer Dorfordnung hin. Schon bei der Heranziehung alter rechtskundiger Dorfgenossen bei der Neufassung einer Dorfordnung haben wir ein gewisses Mitwirkungsrecht des Dorfes, um diese Zusammenstellung der alten Rechte »aus unvordenklichen Zeiten« bewerkstelligen zu können. Die subjektive Rechtsmeinung der alten Männer – von Frauen ist natürlich nie die Rede – floss da in die neue Dorfordnung unwillkürlich ein.

Sehr häufig wurden auch Schiedsleute herangezogen, um bei Streitigkeiten einen Konsens zu erreichen. Die Herrschaft berief natürlich in der Hauptsache adlige Standesgenossen aus der Nachbarschaft und die Untertanen meist angesehene Bürger und bürgerliche Beamte in höheren Positionen. Ein solches Vorgehen war auch in Beuren an der Aach der Fall, als es darum ging, die »grosse Unordnung« bei den »gerichtlichen und andern guthen landtbreuchigen Sazungen« zu beheben, weil dadurch die Untertanen in »unforchtsame, ungehorsame und aigenüzige Vorthailigkhait unbefugkhsamlich gewachssen, welchs nit allain der Herrschafft an irn Rechten und Gerechtigkhaiten, Gepoten unnd Verpoten, sonnder auch gemainem Nuzen des Fleggens Beurn zum höchsten nachtailig und schädlich« gewesen war.[8]

7 Müller, a. a. O. 2004

8 Zitiert nach Müller, a. a. O. 2004

Im Falle des Dorfes Singen waren es nicht Streit und Zwistigkeiten zwischen Unten und Oben, sondern der 30-jährige Krieg mit seinen »Empörungen und flammen, [wodurch] solche brieffliche Documenta vnd schriften sambtlich hinweeggenohmen, verderbt und verlohren worden« waren.[9] Nicht ein Buchstabe sei übrig geblieben, deshalb sei keine »Wüßenschaft« mehr über herrschaftliche Gerechtigkeiten, Gemeindegewohnheiten, Ordnungen, Sitten und Gebräuche vorhanden. Dadurch hätten sich allerhand Unordnung, Irrungen, Missbräuche und Missverständnisse eingestellt.

Dies ist ein deutlicher Hinweis darauf, welche wichtige Rolle eine solche Dorfordnung im täglichen Leben eines Dorfes spielte. Deshalb hatte sich 1668 der Ortsherr Johann Gaudenz von Rost als Herr von Mägdeberg, Singen und Arlen »an Einem« und die Vögte, Richter und Räte der Vierundzwanziger der »Dorfschaften« Singen und Arlen »am anderen Theill vollgendte gerichts Ordnung und gemeindt Offnung, Sazung aufgericht, zu allen Theillen vorgelesen, publiciert und eröfnet, auch von Inen wohlbedächtlichen und Erkantlichen acceptiert und anngenomben«. Danach haben die Singener und die Arlener den Huldigungseid gegenüber dem Ortsherrn geleistet und »versprochen, solcher Ernewerter Dorff Offnung mit wohlangesehener Pollicey ordnung gehorsam bestfleißes nach zu khomen und darwider nit zu handlen«.

Bei der Beurener Dorfoffnung von 1557 heißt es am Schluss ausdrücklich, dass der Ortsherr Christof Luz Reichlin von Meldegg und das Gericht und die ganze Gemeinde des Dorfes von Beuren die beiden Ausfertigungen des Vertrags mit ihren Siegeln besiegelt hätten. Die Gemeinde bat – wahrscheinlich in Ermangelung eines eigenen Siegels – den Stadtammann von Radolfzell, sein eigenes Siegel an diesen »Brief« (Vertrag) zu hängen. In diesem Fall können wir von zwei zumindest im formalen Sinn gleichberechtigten Partnern, und zwar der Herrschaft und den dörflichen Untertanen, ausgehen. Auch im Falle der gemeinsamen Dorfoffnung von Singen und Arlen des Jahres 1668 können wir eine Mitwirkung der Gemeinden mit ihren Organen, nämlich Vögte, Richter, Räte der Vierundzwanziger und den ganzen Gemeinden, festmachen. In Kraft gesetzt und erlassen wurde die Singener Dorfordnung jedoch vom Ortsherrn Johann Graudenz von Rost.

Im Flecken Eigeltingen des Ortsherrn Pankraz von Stoffeln war der Fall im Jahre 1543 wieder etwas anders gelagert. Dort haben zwei Vertreter des Adels allein, die zudem noch Verwandte des Ortsherrrn waren, nämlich Wolf von Homburg zu Möggingen und Jakob von Stoffeln zu Hohenstoffeln, weil sie »beeden thailen zue guethen genaigt seyen« mit »jedes thails vorwissen«, eine neue Ordnung[10] »zwischen ihnen abgeredt, auffgericht und erneweret«, die der Ortsherr Pankraz von Stoffeln und die Gemeinde »freywillig angenommen, auch die allso zuhalten, ohne einred und verwideren versprochen haben«. Diese Versicherung, die Bestimmungen der

9 Berner, a. a. O. 1990, S. 211, und vor allem im Folgenden Gräflich Enzenbergisches Archiv im Stadtarchiv Singen BII/4

10 Original im DAL (ohne Signatur)

neuen Ordnung einzuhalten, haben die beiden Seiten gleich zweimal getan. Hier kann man von einem geringeren Beteiligungsgrad der Gemeinde an der Erstellung der neuen Dorfordnung ausgehen, die Gemeinde hat ihr eigentlich »nur« zugestimmt.

Es wird anhand der Beispiele deutlich, dass bei einer Neuzusammen- oder -aufstellung einer solchen Dorfordnung zumindest in der Frühen Neuzeit die Untertanen beteiligt waren. Karl Siegfried Bader schreibt – erstaunlich zurückhaltend –, dass sich die Gemeinden »mitunter auch auf konkrete Verträge, die zwischen Herrschaft und Untertanen geschlossen wurden«,[11] berufen würden. Wir können deshalb mit aller Vorsicht das Bild vom gesetzgebenden und alleinbestimmenden Ortsherrn korrigieren, der allein und ohne Rücksicht auf seine Untertanen das Recht setzte und es auch um- und durchzusetzen versuchte. Die Untertanen hatten über ihre gemeindlichen Organe durchaus in der Frühen Neuzeit, in der viele Dorfordnungen neu aufgelegt, überarbeitet und verhandelt wurden, ein Mitwirkungsrecht. Sie waren die Vertragspartner auf der anderen Seite des Tisches.

Doch war diese Vertragspartnerschaft in allen ritterschaftlichen Herrschaften im Hegau in der gleichen Art und Weise so gegeben? Wie groß war die Mitwirkung der Gemeinde in der Herrschaft Heilsberg, die sich zu Beginn des 17. Jahrhunderts in den Händen eines recht berüchtigten Ortsherrn befand, der deshalb sogar eine wenig rühmliche Aufnahme in die Sagenwelt fand, weil er friedliche Passanten ausgeraubt haben soll, und der laut der »Finkler-Sage« [sic!] nach seiner Hinrichtung als Geist zur ewigen Strafe um seine Burg auf dem Heilsberg umgehen soll? Konrad Vintler von Plätsch war zwar kein Raubritter und auch kein Räuber, wurde auch nicht hingerichtet und er ging (und geht) deshalb auch nicht auf der Ruine Heilsberg um. Aber schon dieser »Aufstieg« in die Sagenwelt lässt auf ein wenig kooperatives Verhalten gegenüber den Untertanen und ein hartes Regiment in seiner Herrschaft schließen.[12]

In Gottmadingen wurde in der Tat heftig um das Ausmaß der Fronarbeit und der Gegenleistungen der Herrschaft für die Fronarbeit gestritten. Doch auch hier handelten beide Seiten »in Güte« und gleichzeitig zähneknirschend den sogenannten Vintlerischen Vertrag vom 29. März 1624 aus,[13] in dem sie sich einigten über die Fron, den Fronbatzen und die Fronermahlzeiten, die die frondienstpflichtigen Untertanen als Gegengabe für ihre Fronarbeit vom Fronherrn bekamen. Man ahnt die schwierigen Verhandlungen, wenn man den Vertrag liest, denn der Streit währte schon seit Jahrzehnten, und der Hinweis, dass sich die Gottmadinger gegen ihren Ortsherrn Vintler »vielfältig erclagt und beschwert« hätten, entsprach sehr wahrscheinlich der tatsächlichen Lage in der kleinen Herrschaft Heilsberg.

11 Bader, a. a. O. 1999, S. 205

12 Kramer, Wolfgang: Gottmadingen und die Herrschaft Heilsberg. In: ders. (Hg.): Gottmadingen. Vom Bauerndorf zur Industriegemeinde. Geschichte und Geschichten, Gottmadingen 1997, S. 67–112, hier: S. 79–82, und Abert, Hermann: Sagen und Erzählungen. In: ebenda, S. 427–434, hier: S. 431

13 Gemeindearchiv Gottmadingen U 3; mehr zu diesem Vintlerischen Vertrag und seinem Zustandekommen in Kramer, a. a. O. 1997, S. 102-105

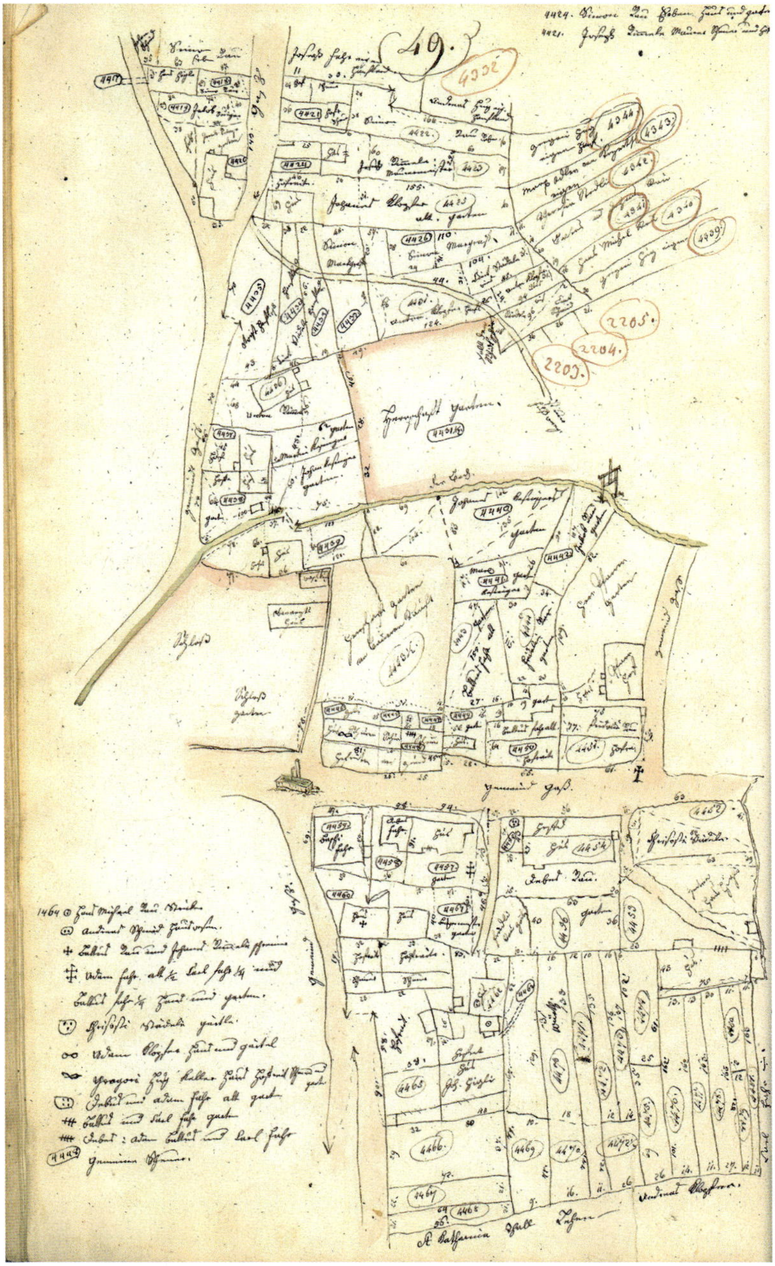

Der Ortskern von Gottmadingen im Jahre 1761: In der Bildmitte das Schloss mit Garten, rechts vom Brunnen beginnt die Kirchstraße, am rechten Bildrand der Pfarrhof, oben an der »Gemeind Gaß« (heute Hauptstraße) an der Abzweigung Steiner Weg mit Nr. 4435 das »Vogt Hus« (Gemeindearchiv Gottmadingen, Rapular)

Konrad Vintler war der Meinung, dass die Gottmadinger zu »täglicher ungemessener Fron« verpflichtet gewesen seien, was eine ungeheure Belastung für die Untertanen bedeutet hätte und im Umfang absolut unüblich gewesen wäre. Zwar wies ein Urbar von 1556 tatsächlich einen solchen Passus auf, wonach Bewohner von bestimmten Häusern und Höfen zu »täglichen Diensten verbunden« gewesen sind, doch die Gottmadinger weigerten sich beharrlich, solche »ungemessene«, d. h. in Umfang, Art und Dauer nicht fixierte Fronarbeiten zu leisten. Es ging bei diesem Streit für beide Seiten um vieles, vor allem für die Untertanen, denen jeder Einsatz für den Ortsherrn von der Arbeit auf ihren Feldern abging. Ungewöhnlich waren Fuhrfronen für die Vintler'sche Ortsherrschaft ins doch weit entfernte Diessenhofen, wo Vintler angesichts der unruhigen Kriegszeiten recht sicher und kommod in seiner Burg Unterhof residierte. Dorthin hatten die Gottmadinger Holz und für die dortige Jagd »Zeug und Fang« zu transportieren. Als puren Luxus empfanden die Gottmadinger Bauern sicherlich das Fahren des ortsherrlichen Packwagens, wenn der Ortsherr Vintler von Plätsch einer »Badenchur [...] bedürftig und von nöten« war.

Trotz dieser großen und seit vielen Jahren andauernden Gegensätze in den Standpunkten kam es zu einer Übereinkunft.[14] Am 26. März 1624 fand in der »Ratsbehausung« zu Stockach eine Verhandlung statt, wo man sich über die strittigen Punkte einigen konnte. Die Gottmadinger ließen sich durch Achilles und Hans Michael von Dankenschweil zu Worblingen und Mühlingen und der Ortsherr Vintler von dem Bräunlinger Schultheiß Ernst von Schellenberg zu Allmendshofen vertreten. Beide Seiten einigten sich unglaublich detailreich über die lästigen Fronleistungen, die die Gottmadinger Untertanen dem »strengen« Ortsherrn, wie er in dem Vertrag genannt wurde, zu leisten hatten. Der Detailreichtum der einzelnen Regelungen lässt Rückschlüsse auf die Härte der Verhandlungen zu.

Wenn sich selbst in Gottmadingen mit seinen schwierigen Verhältnissen und den vielen »unruhigen Köpfen« Verträge zwischen Unten und Oben schließen ließen, dann dürfte das auch in vielen anderen Herrschaften im Hegau der Fall gewesen sein – zumindest in der Frühen Neuzeit. Diese Verträge wurden dann jedoch von der Herrschaft »oder jedenfalls mit herrschaftlicher Genehmigung« publiziert.[15] Schon diese In-Kraft-Setzung durch die Obrigkeit zeigt, dass man nicht von zwei Partnern auf Augenhöhe ausgehen kann: Mitsprache gab es, aber keine Gleichheit.

Vom Inhalt einer Dorfordnung

Eine Dorfordnung regelte vieles, sie war die Grundlage für das tägliche Miteinander im Dorf. Die wichtigsten Bestandteile, die sich in vielen solchen Ordnungen finden lassen, waren die Regelung des Verhältnisses zwischen der niedergerichtlichen Ortsherrschaft und dem Dorf, die Schaffung eines friedlichen Zusammenlebens der Bewohner einer Gemeinde untereinander sowie die Aufgaben der Gemeinde als politische und genossenschaftliche Institution. Eine solche Ordnung ist häufig sehr

14 Und im Weiteren Kramer, a. a. O. 1997, S. 103

15 Bader, a. a. O. 1999, S. 205

umfassend und jede ist je nach Ort sehr individuell angelegt. Sie enthält Rechtstatbestände, die – mit den heutigen Begriffen – in den Bereich des Strafrechts, des Zivilrechts, des Gewerberechts, des Kommunalrechts, des Steuerrechts und des Erbrechts fallen. Sie enthält Bestimmungen für einen geregelten Ablauf des Ackerbaus im Rahmen der Dreifelderwirtschaft und des Weidegangs des Viehs. Es gibt in ihr feuerpolizeiliche Regelungen und detaillierte Verhaltensregeln beim Ausbruch eines Brandes und Löschordnungen sowie Vorgaben, die wir heute dem Bereich des Schul- und Kirchenwesens zuordnen würden.

In vielen Dorfordnungen sind ortsspezifische Regelungen enthalten, die in einem bestimmten ortsgeschichtlichen Kontext entstanden sind. So kann man das Verbot des Glockenläutens ohne Erlaubnis des Gerichtsherrn in der Hilzinger Gerichtsordnung von 1569 sicherlich auf die Vorgänge beim Bauernkrieg 1524/25 zurückführen, als mit den Glocken die aufständischen Bauern zusammengerufen wurden und Hilzingen das Hegauer Zentrum dieses Aufstandes war – ein solches sollte sich nicht wiederholen.

Die »strafrechtlichen« Tatbestände, mit denen man die Verfolgung von Freveln ahnden wollte, stehen häufig am Anfang dieser Ordnungen. Zu den Freveln zählten eine Vielzahl von Vergehen »in alter Zeit von mittlerer Schwere«,[16] wie sie das Schwäbische Wörterbuch beschreibt, für die die Rechtsprechungsorgane der Niedergerichtsherrschaft zuständig waren und die nicht in den Bereich der Hoch- oder Blutgerichtsbarkeit fielen. Die Rechtsprechung dieser niedergerichtlichen Delikte nahm das Gericht vor, das es in fast jedem Ort gab. Eine wichtige Aufgabe dieses meist aus dem hohen oder späten Mittelalter stammenden Teils der Dorfordnung ist die Schaffung und Aufrechterhaltung des Friedens in der Gemeinde als Grundlage jeden Zusammenlebens. Die hier aufgeführten Delikte oder Frevel wurden – in der Regel – mit bis zu 10 Pfund Pfennig bestraft, doch es gab auch Ausnahmen, wie wir sehen werden. Vor allem galt es, die körperliche Gewalt am Ort zu verhindern und Verstöße zu ahnden.

Die einzelnen Frevel werden in den Ordnungen sehr detailliert und variantenreich aufgeführt. Trotz der oft identischen Beschreibung der Delikte waren die Strafen in den jeweiligen Orten unterschiedlich. Hier kann die Bestrafung nur einiger der vielen Freveltaten miteinander verglichen werden.[17] Beginnen wir mit einer leichten Tätlichkeit: Wer einen anderen schlug, ohne eine Waffe einzusetzen, und es hierbei zu keiner Verletzung kam, bei der Blut floss, der wurde bestraft: in Beuren und Watterdingen mit 5 Schilling Pfennig, in Gottmadingen mit 1 Pfund Pfennig und in Singen (für eine »Maull Taschet«) mit 2 Pfund Pfennig. Floss aber bei einem solchen Streithändel Blut – was in Watterdingen als »Blutfrevel« bezeichnet wurde – dann

16 Schwäbisches Wörterbuch, bearbeitet von Hermann Fischer, Tübingen 1908, 2. Band, Sp. 1757–1758

17 Quellen hierzu: Beuren an der Aach: Dorfoffnung von 1557 (siehe Müller, a. a. O. 2004), Watterdingen: Offnung von 1585 (siehe Gschlecht, a. a. O. 2013), Eigeltingen: Eröffnung von 1543 (DAL), Mühlhausen: Offnung oder Polizey Ordnung von 1716 (Gräflich Enzenbergisches Archiv im Stadtarchiv Singen BII/6), Gottmadingen: Gerechtsame von 1730 (zitiert nach Kramer, a. a. O. 1997, S. 92–93), Singen mit Arlen: Gerichtsordnung und Dorfoffnung von 1668 (siehe Berner, a. a. O. 1990)

war natürlich die Strafe höher. Sie lag in Watterdingen bei 3 Pfund und 6 Schilling Pfennig für die Herrschaft und nochmals 3 Schilling Pfennig für den Richter, in Beuren, Eigeltingen und Gottmadingen bei 10 Pfund Pfennig. In Singen wurde bei den Folgen einer solchen Tat unterschieden zwischen »blutrissig« und »nicht verwundet«, was mit 3 Pfund Pfennig geahndet wurde. »Wann aber die selbig hardtfellig und zu mahlen blueth rießig würdt«, dann war die Strafe im Dorf Singen unterm Hohentwiel 10 Pfund Pfennig.

Bei der »bewaffneten Hand«, also wer nach einer Waffe griff – gleichsam mit ihr »zuckht« –, sie aber nicht anwendete, der wurde in Beuren mit 2 Pfund Pfennig, in Eigeltingen, Mühlhausen und Watterdingen mit 3 Pfund Pfennig, in Hilzingen mit 3 Pfund Pfennig für den Gerichtsherrn und zusätzlich für das Gericht 3 Schilling Pfennig und in Gottmadingen mit 5 Pfund Pfennig bestraft. Wer in Gottmadingen einen anderen lahm oder so schlug, dass die Wunde bis auf die Knochen ging – was als »beinschröttig« bezeichnet wird – der wurde sogar mit einer Strafe von 15 Pfund Pfennig »oder mehr nach Gestalt der Sachen« belegt.

Die Strafhöhe war schon einmal unterschiedlich, auch die Palette der Delikte war sehr verschieden. Am deutlichsten wird das im Bereich der sexuellen Verfehlungen, wozu natürlich auch der Ehebruch zählte. Während diese Frevel beispielsweise in der Beurener Ordnung gar nicht erscheinen, wurden solche Vergehen »mittlerer Schwere« in Mühlhausen hart bestraft. Die Täter – ob Mann oder Frau, ledig oder verheiratet – wurden mit Geld- oder Ehrenstrafen, schwerer Gefangenschaft oder Verweisung aus dem Ort bestraft, »je nach Schwere des Lasters«. Wer in Watterdingen einer Jungfrau die Ehe versprach und sie aber nicht zur Frau nahm oder »schwächte«, der wurde mit 10 Pfund Pfennig relativ milde bestraft, in Mühlhausen in der Herrschaft Mägdeberg waren es für das gleiche Vergehen schon 15 Pfund Heller. Wenn eine Frau in Mühlhausen vor der Hochzeit geschwängert wurde, mussten beide Personen je 20 Pfund Heller bezahlen und wurden zudem vier Wochen »mit Wasser und Brot« eingesperrt und konnten auch das Bürgerrecht verlieren.

In Gottmadingen war die Bestrafung nach der Frevelordnung jedoch noch härter und die Strafandrohung differenzierter. Unter der deutlichen Überschrift »Von Huererey« werden in der Frevelordnung viele Konstellationen solcher Vergehen aufgeführt. Auffällig ist die Bestrafung nach dem sozialen Stand der Täter bzw. der Täterin. Knechte und Mägde wurden, wenn sie »fleischlich vergnügungshalber ergriffen« worden waren, mit 8 Tagen Turm oder 10 Pfund Pfennig bestraft. Im Wiederholungsfall mit 14 Tagen Turm oder 20 Pfund Pfennig und beim dritten Mal mit 4 Wochen Turm, 30 Pfund Pfennig und der Verweisung aus der Herrschaft. Der Ehebruch bei Hintersassen – also Einwohnern ohne Bürgerrecht – wurde mit 20 Pfund Pfennig, der von Bauern und Bürgern mit 40 Pfund Pfennig und zusätzlich 14 Tagen Gefängnis geahndet, im Wiederholungsfall mit vier Wochen »bei Wasser und Brot«. Bauern und Bürgern wurde nach dreimaligem Ehebruch sogar die Todesstrafe mit dem Schwert angedroht. In Gottmadingen gab es zudem den Tatbestand eines »halben Ehebruchs«, d. h. »lediger Mann oder Gesell mit Eheweibern«. In diesem Fall »sollen dieselben Ledigen umb den dritten Theyl weniger als Eheleuth gestrafft werden«. Warum wurde nun in Gottmadingen so rigoros bei den sittlichen Verfehlungen durchgegriffen? Die durchgehende Verwendung der alten Pfundwährung weist nicht darauf hin, dass diese hohen und sehr differenzierten Strafen in diesem Bereich eine Reaktion auf eventuell massenhafte Verfehlungen der Gottmadinger in neuerer Zeit gewesen ist.

Obwohl eine solche Ordnung das grundlegende Dokument einer Gemeinde war, erscheint die Organisation der Gemeinde eher am Rande. In der Beurener Ordnung von 1557 heißt es zur Zusammensetzung des Gerichts, dass der Gerichtsherr »Macht und Gewalt irs Willens und Gefallens«, das Gericht im Ort zu besetzen und zu »endtsezen« habe. Dies sollte im Mai eines jeden Jahres geschehen. In der Watterdinger Ordnung wird nicht erwähnt, wie die Richter ins Ortsgericht berufen werden. In Hilzingen mit seinen beiden Ortsherren wurde nach der Gerichtsordnung von 1569 das Gericht nach »willen unnd gefallen baider Gerichtsherrn, wie dann das nach alter herkhommen, mit erbarn geschickhten Personnen besezt, auch den Richtern, alßbald sy erwelt, der gewonlich RichterAid vorgelesen unnd von ir jeden geschworn«.

In Singen und Arlen sollte »zu der Zeit Hylari« [13. Januar] ein Jahrgericht gehalten und »hernach das gericht daselbst nach willen und wohlgefallen der Oberkheit, wie dem sich gebüehrt und von altem alßo Herrkommen geweßen und noch ist, mit ehrsamen, geschickhten Persohnen besezt« werden. Wie nun genau diese Besetzung des Gerichts in Hilzingen und Singen ablaufen sollte, wird nicht ausgeführt. Es wird lediglich auf das alte Herkommen verwiesen. War es eine Kooptation schon gesetzter Richter oder bestimmte der Vogt allein oder gab es eine Art »Wahl« durch die Gemeinde oder einen Ausschuss?

In Gottmadingen regelte die Gerechtsame von 1730 die Wahl des Vogtes und der Richter des Gerichts.[18] Nachdem alle durch das Glöcklein zum Jahrgericht gerufen worden waren, wurde »einer nach dem anderen besonders bey ihrem ayd befragt [...], welchen sie dichtig [tüchtig] genug achten, der Herrschafft und Gemeindt als Vogt am Nutzlichsten und anständigsten zu seyn«. Wer die meisten Stimmen erhielt, der sollte es werden, sofern er »der Herrschafft und Beambten anständig« bleibt. Falls nun dieser tüchtige Gottmadinger der Herrschaft nicht als Vogt passte, konnte sie einen anderen, ihr genehmeren Gottmadinger zum Vogt berufen.

Diese Befragung der Gottmadinger bei der Besetzung des Vogtamtes wiederholte sich aber bei der Berufung der Richter nicht. Die Gerechtsame sah vor, dass nach der Ablegung seines Eides der Vogt »bey seinem Eyd anzeigen [soll], welche zu tauglichen Richteren wieder angenommen werden könten, woran aber die Herrschafft keines weegs gebunden seyn solle«. Dieser Anflug einer demokratischen Mitbestimmung bei der Besetzung des Vogtamtes gerade in Gottmadingen mit seinen schwierigen Verhältnissen überrascht. Auch das ausschließliche Recht des Vogtes, die Richter zu berufen, ist ein Gottmadinger Sonderfall. Später kommt es hierüber zum Konflikt, denn in früheren Zeiten hatte die Gemeinde ein größeres Mitspracherecht bei der Besetzung der Gemeindeämter gehabt. Die zuständige vorderösterreichische

18 Gemeindearchiv Gottmadingen A144, S. 1–2, siehe auch Kramer, a. a. O. 1997, S. 89–90

Regierung in Freiburg erinnerte 1777 den damaligen Ortsherrn von Deuring daran, die Rechte der Gemeinde bei der Besetzung der Gemeindeämter nicht zu beeinträchtigen.[19]

Natürlich enthalten die Ordnungen auch Passagen, die ganz darauf abzielen, eine Überwachung der Untertanen und der Gemeinde sicherzustellen. In diesen Ordnungen ist deshalb häufig das Gebot zu lesen, dass eine Gemeinde, also die Zusammenkunft aller Bürger, nur mit Vorwissen des (herrschaftlichen) Vogtes abgehalten werden konnte. In Gottmadingen war die Angst vor »übell gesinnten und unruhigen Köpfen« besonders groß. Ein langer Artikel in der Gottmadinger Gerechtsame von 1730 verbietet alle heimlichen Zusammenkünfte.[20] Leib- und Lebensstrafen wurden denen angedroht, die solche Zusammenkünfte zu den Reichsabschieden von 1551 und 1555 veranstalteten, in denen es um den geschäftlichen Verkehr mit Juden und um den Augsburger Religionsfrieden über die Gleichstellung von Evangelischen und Katholiken ging. Wer heimliche Zusammenkünfte zu anderen Themen einberief, der wurde mit 10 Pfund Pfennig, und wer an solchen teilnahm, mit 5 Pfund Pfennig bestraft.

In Mühlhausen waren nicht angezeigte öffentliche und heimliche Gemeindeversammlungen und andere Zusammenkünfte »aller- oder mehrentheiyles« der Bürger und Einwohner ebenfalls verboten. Alles, was bei einer Gemeinde besprochen wurde, musste zuvor dem Vogt angekündigt werden, damit er dies »nach obtragenden Pflichten der Obrigkeit gleich anzaigen« konnte. Wer sich bei einer solchen unangekündigten Zusammenkunft einfand, der wurde »ernstlich« bestraft, ganz besonders jedoch die »Rädelsführer« und der »Maister des Hauses«, worin die Zusammenkunft stattfand. Eine Strafhöhe wird in der Mühlhausener Ordnung nicht genannt.

Wer sich mit dieser interessanten Materie der Dorfordnung beschäftigt, stößt auf Artikel, die durchaus aus unserer Zeit des Umweltschutzes und der Nachhaltigkeit stammen könnten. So heißt es in der Mühlhausener Dorfordnung von 1650: Wer einen fruchtbaren Baum um- oder abhaut, er sei Fremder oder Einheimischer, der wird mit 3 Pfund Pfennig bestraft. Wer gar eine Eiche, sie sei dürr oder grün, im »Allmentshau« fällt, der wird sogar mit 10 Pfund Pfennig bestraft.[21]

Der Blick in die Gemeindeordnungen hat gezeigt, dass sie durchaus verschieden sind und die Rechtssammlungen im Laufe der Zeit auf die individuellen Verhältnisse eines Ortes zugeschnitten wurden. Sie sind nur eingeschränkt miteinander vergleichbar und können nur bedingt Hinweise auf das Verhältnis zwischen Oben und Unten in einer Herrschaft geben. Doch sie erlauben einige Rückschlüsse auf die Lebensumstände, auch wenn sie das formale Recht darstellen. Ob dieses jedoch immer und von allen so eingehalten wurde, das steht auf einem anderen Blatt.

19 Siehe Kramer, a. a. O. 1997, S. 90
20 Siehe ebenda, S. 95–97
21 Gräflich Enzenbergisches Archiv im Stadtarchiv Singen

Zur Geschichte der Adelsfamilie von Ulm

Von Helmut Fidler, Konstanz

Sie waren weder besonders mächtig noch besonders einflussreich, auch haben sie kein eigenes Herrschaftsgebiet aufbauen können, und doch ist die Geschichte der Freiherren und späteren Grafen von Ulm eng verbunden mit der Geschichte des süddeutschen Raumes. Dieser Raum ist weitgefasst, er reicht von der Donau bis an die Alpen. Ob eine Verbindung zur Reichsstadt Ulm bestand, wird noch zu erörtern sein. Erste urkundliche Erwähnungen im 12. Jahrhundert verweisen mit Zürich und Winterthur auf den eidgenössischen Raum, zwei bis drei Jahrhunderte waren sie in Konstanz ansässig, heute leben Nachfahren der Familie auf Schloss Erbach in der Nähe von Ulm. Dort befindet sich auch ein umfangreiches Familienarchiv, in das die soeben erschienenen Regesten einen hervorragenden Einblick geben.[1]

Bereits früh verzweigte sich die Familie, so dass dieser Beitrag nur schlaglichtartig die Geschichte des Adelshauses beleuchten kann. So wird ihre Rolle in Konstanz zur Zeit des Konzils beschrieben. Die Reformation zu Beginn des 16. Jahrhunderts spaltete auch die Adelsfamilie: Der katholische Teil verblieb in österreichischen Landen, hatte Pfründe im Bistum Eichstätt und half bei der Verwaltung der österreichischen Vorlande. Die Anhänger der Reformation zogen sich auf Besitzungen im Thurgau zurück, einer von ihnen ging von dort als Vogt ins markgräflich badische Rötteln. Das Erbe des Letzten dieses Familienzweiges gelangte im 18. Jahrhundert wieder an die von Ulm auf dem nördlichen Seeufer.

Herkunft des Adelshauses

Die Frage nach ihrer Herkunft hat die Adelsfamilie bereits im 16. Jahrhundert beschäftigt. Damals bemühten sich die Namensträger um eine Verbesserung ihres Standes und ihres Wappens. Eine wichtige Frage galt es dabei zu beantworten: Waren die Vorfahren aus einem Konstanzer Kaufmannengeschlecht in den Adelsstand aufgestiegen oder waren sie von »altem« Adel, dessen Vorfahren sich über Jahrhunderte zurückverfolgen ließen? Der Aufstieg zu Geld gekommener Kaufleute in den Adelsstand wurde damals sehr kritisch gesehen. Der Berner Chronist Valerius Anselm

1 Martin, Jörg (Hg., Bearb.), Franz von Ulm zu Erbach (Hg.), Wolfgang Schürle (Hg.), Heinz Seiffert (Hg.): Erbacher Urkunden: Regesten zur Geschichte der Herrschaft Erbach und zu den Urkunden im Schlossarchiv Erbach, Eggingen 2012

sprach geradezu vom Verderben des alt geborenen Adels, weil der sich »mit richer burgern und koufleuten verhurung« erhalten müsse.[2]

Der aus Diessenhofen gebürtige Benediktinermönch und Historiker Gabriel Bucelinus (1599–1681) versuchte in seiner »Germania topo-chrono-stemmatographica sacra et profana« von 1655 nachzuweisen, dass die Herren von Ulm einem alten Adelsgeschlecht aus der Grafschaft Helfenstein in der Nähe von Ulm entstammen müssten. Seine Stammtafel ist auch in die um 1800 verfasste Familienchronik eingeflossen: »Anonymus von Erbishofen, nächst Wiesensteig in der Grafschaft Helfenstein gelegen, ward, nachdem Kayser Lothar 1129 die Stadt Ulm zerstöhret, und Kayser Conrad 1140 selbige wieder erbauet, von demselben in das dortige, von ihm wieder hergestellte Stadtregiment geordnet. Anonymus von Erbishofen, der erste genannt von Ulm, verkauft sein Rittergut, Schloss und Dorf Erbishofen, die untere Foye genannt, den edlen Umgeltern, zieht nach Constanz, allda auch vermählt, und hernach nebst den seinigen der von Ulm genennt worden.«[3]

Zuletzt hat Hans Schantel (1989) diese These aufgegriffen und mit zahlreichen Argumenten zu belegen versucht.[4] Doch blieb auch er den Beweis schuldig, dass es in dem Dorf Erbishofen, in der Nähe der Stadt Ulm gelegen, tatsächlich eine Burg und ein nach dieser benanntes Adelsgeschlecht gegeben hat. Er glaubt in dem »Anonymus von Erbishofen« den 1149 in Zürich genannten Wernher von Ulm zu erkennen und schreibt ihm die Aufgabe zu, die unter Kaiser Konrad 1134 zerstörte Stadt Ulm wieder aufgebaut zu haben. Dies sei, so vermutet er, zugleich der Anlass für die Umbenennung des Adelsgeschlechtes gewesen. Dank seiner städtebaulichen Kenntnisse wiederum sei der nun »von Ulm« genannte Adelsmann von den Kyburger Grafen als Stadtbaumeister nach Zürich geholt worden. Auch das Wappen der Herren von Ulm zeuge von ihrer Tätigkeit als Städtebauer: Der fünf Mal gebrochene silberne Streifen erinnere an die Giebel entlang einer Straße.

In der Tat wird 1149 in Zürich ein Wernher de Ulmo genannt, dessen steinernes Haus von einigem Wohlstand zeugt.[5] Eine weitere Urkunde bezeichnet jedoch einen Wernher de Ulmo als »canonicus«, was nun nicht zu den Überlegungen Schantels passen würde. Auch fehlen Hinweise auf einen biografischen Zusammenhang mit der später in Konstanz ansässigen Familie von Ulm. Schantels Bemühungen, alle Namensträger »de ulmo« bzw. »von Ulm« in einen familiären Zusammenhang zu bringen, muss also entschieden widersprochen werden. Zum einen wird der Namenszusatz »de ulmo« bzw. »von Ulm« auch als Hinweis auf den Herkunftsort verwendet, zum anderen gibt es mindestens zwei, wenn nicht weitere Familien mit dem Namenszusatz »von Ulm«.

2 Bittmann, Markus: Kreditwirtschaft und Finanzierungsmethoden. Studien zu den wirtschaftlichen Verhältnissen des Adels im westlichen Bodenseeraum, 1300–1500, Stuttgart 1991, S. 241

3 Zit. nach Schantel, Hans: Die Anfänge des Hauses von Ulm im frühen und hohen Mittelalter 1139–1313, Weißenhorn 1989, S. 8

4 Ebenda

5 ZUB I Nr. 182

Der Stuttgarter Landeshistoriker Franz Quarthal (1981) hat eine ganze Reihe von Namensnennungen im süddeutschen Raum des 13. und 14. Jahrhunderts zusammengetragen.[6] Nicht nur in Konstanz und Zürich, sondern auch in zahlreichen anderen süddeutschen Orten sind Personen mit dem Nachnamen »von Ulm« zu finden, so in Augsburg, Esslingen, Schwäbisch Hall, Tübingen, Winterthur und sogar in Ulm selbst. Quarthal geht zwar wie Schantel von einem familiären Zusammenhang aus, gibt aber zu bedenken, ob sich die Familie nicht – statt nach der Reichsstadt Ulm – nach einer Burg benannt haben könnte, so z. B. der Ulmburg in der Ortenau. In der Nähe von Diessenhofen gibt es seit dem Mittelalter den Ulmerhof, und die in Winterthur ansässige Familie von Ulm führte ein eigenes Wappen ohne Helmzier, das sich deutlich von dem der Konstanzer Familie von Ulm unterscheidet. Von dieser Familie stammt auch die in Schaffhausen seit 1454 ansässige Familie von Ulm, später Ulmer genannt, ab. Da diese als Metzger und Gerber tätig waren, dürfte kein Zusammenhang mit der hier interessierenden Adelsfamilie bestanden haben.[7]

Bisher unberücksichtigt in der Forschung blieb das in der Eifel ansässige Geschlecht der Herren von Ulmen, deren Stammsitz Ulmburg direkt am Steilhang des Ulmer Maars lag. Diese Burg wird 1130 unter dem Namen »Ulmina« erstmals urkundlich erwähnt. Ein Ritter Heinrich von Ulmen diente den Stauferkaisern und zog 1204 mit dem vierten Kreuzzug ins Heilige Land, von wo er viele Reliquien mit nach Hause brachte.[8] Gerade unter den zahlreichen im 14. Jahrhundert in Italien Dienst tuenden Rittern »de ulmo« sind sowohl Vertreter der eifelschen Ritterfamilie wie vermutlich auch der konstanzischen Familie »von Ulm« zu finden.[9]

Das Führen von Nachnamen wurde erst im Laufe des 12. und 13. Jahrhunderts üblich, so dass eine korrekte Zuordnung in dieser Zeit schwer fällt. Auch waren diese Nachnamen durchaus veränderbar, wie ein Beispiel aus Augsburg zeigt. Dort soll bereits 1286 ein Otto von Ulm als Reichsvogt tätig gewesen sein, welcher 1288 zum Ritter geschlagen wurde.[10] Drei Jahre später wird ein Fernhändler Heinrich von Ulm genannt, dessen Tochter in das Augsburger Geschlecht Langenmantel eingeheiratet hat. Heinrich von Ulm war sehr wohlhabend, er beteiligte sich an einem großen Dar-

6 Quarthal, Franz: Das Steinhaus und die Nikolauskapelle des kaiserlichen Notars Marquard in der historischen Überlieferung. In: Forschungen und Berichte zur Archäologie des Mittelalters in Baden-Württemberg 7, 1981, S. 357–369

7 Ulmer, C.: Die Vorfahren des Dekans Johann Conrad von Ulm. In: Schaffhauser Beiträge zur vaterländischen Geschichte 48, 1971, S. 171–205

8 Vgl. dazu Kreutz, Bernhard: Heinrich von Ulmen (ca. 1175–1234). Ein Kreuzfahrer zwischen Eifel und Mittelmeer. In: Irsigler, Franz, und Minn, Gisela (Hg.): Portrait einer europäischen Kernregion, Trier 2005, S. 80–91

9 Schäfer, Karl Heinrich: Deutsche Ritter und Edelknechte in Italien, 3. Buch, Paderborn/München/Wien 1914, S. 140, 208 und 220; wiederholt wird von 1340–1356 ein Heinrich von Ulm im Pisaner Dienst genannt; 1369 rechnet Schäfer drei Namensträger ›de ulmo‹, die in Pisa Dienst verrichteten, dem schwäbischen Adelsgeschlecht zu.

10 RI VI,1 n. 2201, in: Regesta Imperii Online, URI: http://www.regesta-imperii.de/id/1288-12-18_1_0_6_1_0_2480_2201 (abgerufen am 23.11.2012); vgl. Iselin, J. C. et al.: Neu-vermehrtes Historisch- und Geographisches Allgemeines Lexicon, 1744, S. 932

lehen für König Albrecht.[11] Die Augsburger Edelfreien von Ulm nahmen Ende des 13. Jahrhunderts den Nachnamen »Kraft von Dellmensingen« an. Ein Sohn wiederum, der in Ulm tätig wurde, nahm dort den Namen »von Augsburg« an.[12]

Folgt man Hans Schantel in seiner Argumentation, dann wäre Otto von Ulm ein Nachfahre des Zürcher Wernher von Ulm aus dem Geschlecht derer von Erbishofen und Heinrich von Ulm ein Vorfahre des in Konstanz ansässigen Geschlechts. Nur einmal wird in der Literatur eine Beziehung zwischen den Namen »von Ulm« und Erbishofen erwähnt, doch schon die Verbindung der beiden Namen lässt vermuten, dass die hier erwähnte Überlieferung aus Stuttgart aus späterer Zeit stammt: Dort soll ein Herr von Ulm-Erbishofen 1287 durch die Leute des Grafen Eberhard im Kampf gegen Rudolf von Habsburg an einer Wegkreuzung in Stuttgart-Gablenberg getötet worden sein. »Dieser Stein wurde aber deswegen Sühnestein geheißen, weil Eberhard ausdrücklich ein solches Zeichen am Ort begehrte, damit der mächtige Reichsvogt von Ulm zu Augsburg keine Rache wegen des Todes seines Sohnes nehmen durfte, wie es die Sitten der damaligen Zeiten geboten.«[13] Doch der Entstehungszeitpunkt dieser Überlieferung ist nicht gesichert und sie erklärt nicht die Anwesenheit derer von Ulm in Konstanz.

Von den vielen Namensträgern »von Ulm« seien hier – wegen der zeitlichen Nähe zur Erstnennung in Konstanz – noch die Gebrüder Conrad und Heinrich von Ulm sowie ihr Verwandter Marquard von Ulm erwähnt. Marquard war kaiserlicher Notar und Kanzleibeamter unter den Staufern. Seine Pfründe hatte er als Pleban in Überlingen, eine Tätigkeit, die er aber nie selbst ausgeübt hat.[14] Zur Ruhe setzte sich Marquard in Ulm, wo er ein steinernes Haus besaß. Dieses Haus vererbte er 1241 den Brüdern Heinrich und Conrad von Ulm.[15]

Drei Jahre später wird in einer Urkunde Kaiser Friedrichs II. ein Heinrich von Ulm als »Reichsdiener« bezeichnet, der in einer Mission von Italien ins Reich unterwegs war.[16] War er vielleicht ein Fernhandelskaufmann und auf seinen Reisen auch in diplomatischer Mission unterwegs? Oder war er ein Mitglied der Ritterfa-

11 Nach Hans-Peter Köpf, Augsburger Stadtlexikon, geht die Augsburger Familie von Ulm in der Familie Kraft auf. Einer Überlieferung der Familie Bach zufolge ist Heinrich von Ulm identisch mit dem Stammvater Heinrich Bache (erwähnt 1304), http://bach-gisela.com/aburg2.htm (Aufruf vom 24.1.2013)

12 Ebenda; Stichwort Langenmantel II

13 Nägele, Anton: Über Kreuzsteine in Württemberg und ihre Bedeutung. In: Württembergisches Jahrbuch für Statistik 1913, S. 417 a/b

14 Quarthal, a. a. O. 1981, S. 360. Er hatte die Pfründe eines Plebans von Überlingen inne, die er jedoch nicht ausübte, sondern durch einen studierten Magister versehen ließ. Der Einnahmeüberschuss dieses geistlichen Amtes lag noch im 15. Jh. mit 1000 fl um das Fünffache höher als ein Professorengehalt; die Pfründe diente auch später dem Unterhalt kaiserlicher Notare.

15 RI V,1,2 n. 4462, in: Regesta Imperii Online, URI: http://www.regesta-imperii.de/id/1242-06-18_1_0_5_1_2_831_4462 (abgerufen am 26.7.2013)

16 Friedrich II. gebietet am 28.9.1244 der Stadt Mantua, dass sie dem Überbringer, seinem Diener Heinrich von Ulm, den er wegen wichtigen Angelegenheiten eilig nach Deutschland sendet, durch ihr Gebiet bis Verona sicheres Geleit gebe. {RI V,1,1 n #82}

milie von Ulmen, in welcher der Vorname Heinrich ebenfalls verwendet wurde?[17] Auffallend ist zumindest die zeitliche Nähe zur Namensnennung eines Conrad von Ulm in den Konstanzer Ratslisten 1261, während über die von Ulm in der Stadt Ulm keine weiteren Nachrichten vorliegen.

Patrizier in Konstanz

In Konstanz wird erstmals ein Mitglied der Familie von Ulm 1261 erwähnt: Ein »Conrad de Ulma« bezeugt am 11. November 1261 ein Grundstücksgeschäft.[18] Im selben Jahr wird »C[unradus] de Ulma« als Ratsherr genannt.[19] Gut sechzig Jahre später erwähnt das Thurgauische Urkundenbuch (Bd. IV) in der Urkunde Nr. 1396 aus dem Jahr 1327 einen Heinrich von Ulm. Er ist der älteste gesicherte Vorfahr der Patrizier- und späteren Freiherrenfamilie von Ulm.

Über die soziale Zugehörigkeit der Familie von Ulm informiert die Steuerliste von 1351. Nach den Bürgerkämpfen 1342 traten nun erstmals die führenden Geschlechter als geschlossene Gruppe in Erscheinung. Unter den dort aufgelisteten Namen werden drei Mitglieder der Familie von Ulm genannt: »H. von Ulm, der Huterinen ihr Kind«, »Hans von Ulm« und »Jacob von Ulm«, die damit zu den alten Geschlechtern zu zählen sind.[20] Ein verwandtschaftlicher Zusammenhang der drei darf angenommen werden. So könnten Heinrich, Hans und Jacob Söhne des Heinrich von Ulm sein, der vor 1363 verstarb.[21]

In diesem Jahr 1363 wurde Hans von Ulm wie sein Vater von der Abtei St. Gallen mit dem »Rittergut Lytzelstetten« belehnt.[22] Offen bleiben muss, ob dieser Hans von Ulm identisch ist mit dem im selben Jahr genannten Ritter »ans de ulmo«, der in einem Verzeichnis deutscher Ritter in Pisa (Oberitalien) erwähnt wird.[23] Sieben Jahre später unterstützte Hans von Ulm das Kloster Tänikon mit vier Pfund Heller, ob aus Sorge für sein Seelenheil oder zur Unterstützung eines vom Orden aufgenommenen weiblichen Familienmitgliedes, ließ sich nicht ermitteln.[24]

17 Paul Zinsmaier vermutet in Heinrich von Ulm einen Vorläufer der Ulmer Patrizierfamilie Schreiber. Zinsmaier, Paul: Seehasen in der Reichskanzlei des Mittelalters. In: Bodensee-Chronik. Beilage zur Deutschen Bodensee-Zeitung 23, 27.4.1934 (Nr. 8), S. 29–31

18 Beyerle, Konrad (Hg.): Die Konstanzer Grundeigentumsurkunden der Jahre 1152–1371, Heidelberg 1902

19 Beyerle, Konrad (Hg.): Die Konstanzer Ratslisten des Mittelalters, Heidelberg 1898

20 Ebenda, S. 240; Bis zum Verbot der Gesellschaft im Jahr 1549 durch Kaiser Karl V. blieben deren Nachfahren Mitglieder der Gesellschaft zur Katz.

21 1346 war Heinrich noch erwähnt worden (Konstanzer Urkunden, 2009, 20.1.1346); Ulm, Franz von: Familiengeschichte über das Geschlecht der Herren von Ulm vom 12. Jahrhundert bis zur heutigen Zeit, Erbach 1977 (masch.), S. 17

22 Süddt. Adelsheros, Bd. 1, 1839, S. 358; vgl. Maurer, Helmut (Hg.): Litzelstetten, Konstanz 1989, S. 35–43, hier S. 39

23 Schäfer, a. a. O. 1914, S. 246

24 Rahn, Johann Rudolf, und Nater, Johann: Das ehemalige Frauenkloster Tänikon im Thurgau, Zürich 1906, S. 123

Die drei genannten Brüder heirateten Frauen des regionalen Adels, der sich zumeist schon in der Stadt Konstanz niedergelassen hatte: Hans war mit Adelheid von Altikon verheiratet, Jakob mit einer geborenen von Kreuzlingen und Heinrich mit Adelheid von Tettikofen. Sie besaßen, wie für den Adel üblich, Liegenschaften, die zumeist im benachbarten Thurgau lagen. Den Nachkommen der drei Brüder lassen sich auch Handelsgeschäfte zuordnen, so dass zumindest von einem Einkommensmix aus Handels- und Liegenschaftserträgen auszugehen ist.

Nachkommen lassen sich für Heinrich von Ulm und für Jakob von Ulm nachweisen, so dass bereits für das späte 14. Jahrhundert von zwei Linien der Familie von Ulm in Konstanz auszugehen ist. Die eine Linie favorisierte künftig den Leitnamen Heinrich, in der anderen Linie wurden Hans/Johann und Jakob bevorzugt.

Hans von Ulm starb 1404 auf einer Geschäftsreise nach Frankfurt (Main). Auf dem Sterbelager diktierte er seinem Diener seinen letzten Willen, welchen dieser im Ratsbuch der Reichsstadt Konstanz niederschreiben ließ. Besorgt um sein Seelenheil, vermachte Hans von Ulm den Barfüßern in Frankfurt – sie hatten ihn in seinen letzten Lebenstagen gepflegt – neben seinem Pferd 100 fl für einen Edelstein und dem »Lesmaister« für seine Dienste 10 fl. Als Gegenleistung erwartete er, dass ein Jahr lang täglich die Messe von zwei Priestern zu seinem Gedenken gelesen, dass alljährlich auf seinem Jahrestag Messe und Vigilie begangen und dass er in die Konfraternität bzw. in das Bruderschaftsbuch »nach ordnung irs ordens« aufgenommen werde.

Dem Münster Konstanz stiftete Hans von Ulm 300 fl mit der Bedingung, dieses Geld für den Bau eines Ölbergs im Kreuzgang zu verwenden.[25] Sein Bruder Jakob hatte bereits 1401 eine Stiftung zur Umgestaltung des Innenhofes des Kreuzgangs gemacht. An Stelle der Linde sollte ein polygonaler Kapellenzentralbau zu Ehren der hl. Barbara errichtet und darüber eine Ölbergszene gestaltet werden. Noch heute ist die unterirdische Barbarakapelle teilweise erhalten, wenn auch nur schwer zugänglich, während der Ölberg verschwunden ist.[26] Die Anlage kann als Familiengrablege interpretiert werden, zu der jedes Familienmitglied beisteuerte.[27] Noch im 16. Jahrhundert ließ die Familie die Anlage wiederholt renovieren, so 1521, 1560 und 1575.[28]

25 StA Konstanz, Gmb I, 112, 363

26 Hofmann, Franz: Die ehemalige St. Barbarakapelle »sub monte oliveti« im Kreuzgang des Konstanzer Münsters. In: HEGAU 61, 2004, S. 39–54

27 Marmor, J.: Geschichtliche Topographie der Stadt Konstanz und ihrer nächsten Umgebung, Konstanz 1860, S. 327; Walther von Ulm erhielt eine theologische Ausbildung und war Canonicus und Domherr am Münster. 1445 stiftete er eine weitere Pfründe für die Barbarakapelle. Dies könnte dafür sprechen, dass er ein Bruder der beiden war. Seine Totengedenktafel hängt im Kreuzgang des Münsters.

28 Vgl. Baur, Paul: Testament und Bürgerschaft. Alltagsleben und Sachkultur im spätmittelalterlichen Konstanz, Sigmaringen 1989, S. 138, 156; vgl. Reiners, Heribert: Das Münster unserer Lieben Frau zu Konstanz, Konstanz 1955, S. 217 und 407; vgl. Rott, Hans: Quellen und Forschungen zur südwestdeutschen und schweizerischen Kunstgeschichte im XV. und XVI. Jh., Band 1, Stuttgart 1933, S. 127; Prot. Konst. Dk. 7233 (1487–94), z. 26.7.1490

Die Überreste der ehemaligen, halb unterirdisch gelegenen Barbarakapelle »sub monte oliveti« im Kreuzgang des Konstanzer Münsters (Foto: Verfasser)

Mit dem Glaubenswechsel und dem Wegzug der Familie von Ulm aus Konstanz im 16. Jahrhundert dürfte ihre Funktion als Grabkapelle in Vergessenheit geraten sein. Auch das Lesen der Messe in der Kapelle wurde im 18. Jahrhundert wegen Baufälligkeit eingestellt. Dass der Ölberg nach der Reformation nach Überlingen transferiert worden sei, ist eine nicht haltbare Überlieferung.[29]

Hans von Ulm hinterließ seinen Besitz seiner Tochter Ellin, die mit der 1412 im Kloster Töss genannten Schwester Ellsi von Ulm identisch sein könnte.[30] Sein Bruder Walther wurde Domherr am Konstanzer Münster und sorgte so für das Seelenheil der Familie. Jakob von Ulm war im Fernhandel tätig, wie aus zwei 1853 publizierten Urkunden hervorgeht. Seine Kinder Jakob, Nicolaus und Konrad sowie deren Schwestern Katharina und Walpurga ließen 1404 die Forderungen des Vaters in Avignon durch einen Bevollmächtigten liquidieren.[31] Von den Kindern tritt nur Jakob von Ulm weiterhin in Erscheinung, er dürfte Haupterbe gewesen sein. Sein Bruder Klaus war bei einem Überfall ermordet worden. Über das Schicksal der Geschwister ist weiter nichts bekannt.

29 Vgl. zur Geschichte der Ölbergdarstellungen Munk, Dieter: Die Ölberg-Darstellung in der Monumentalplastik Süddeutschlands. Untersuchung und Katalog, Erlangen 1968

30 Konstanzer Urkunden, 2009, #248D: Nr. 104

31 Zeitschrift für die Geschichte des Oberrheins (ZGO) 1853, 1. Heft, S. 46–47

Jakob von Ulm erwarb 1409 die am Untersee gelegene Burg Marbach mit Wangen, sein Cousin Heinrich zwei Jahre später die gegenüberliegende Feste Neuburg mit dem Dorf Mammern. 30 Jahre zuvor waren von dort aus noch Konstanzer Kaufleute überfallen worden, nun sicherten sie den Handelsweg. Mit der Übernahme dieser Herrschaften unterstrich die Familie ihre Zugehörigkeit zum Adel, obwohl oder gerade weil die Familie auch an bürgerlichen Handelsgeschäften beteiligt war. In den 1420er Jahren war Jakob einer der reichsten Konstanzer Bürger und übernahm eine führende Rolle im Streit der Geschlechter mit den Zünften.[32]

Heinrich von Ulm engagierte sich im Rat der Stadt und ließ sich 1409 erstmals zum Bürgermeister wählen. Als er Ostern 1414 erneut dieses Amt übernahm, war die Entscheidung für Konstanz als Konzilsort bereits gefallen. Als einer der vornehmsten Bürger der Stadt gehörte Heinrich zu den vier Baldachinträgern, die Papst Johannes XXIII. am 23. Oktober 1414 in die Stadt geleiteten. Der Chronist Ulrich von Richental berichtet, dass es um das weiße Pferd, auf dem der Papst in die Stadt geritten war, einen Streit unter seinen Knechten gab, den schließlich die Söhne des Heinrich von Ulm für sich entscheiden konnten. Sie »sprachent, es gehorte in zu, wann ir vatter burgermaister wär. Und das belaib in och und fürten es haim.«[33] Am vierten Tag nach der Papstankunft begrüßte die Bürgerschaft den Papst mit Geschenken, die Heinrich von Ulm übergab. Zum Dank erhielt der Bürgermeister vom Papst »ain swartzen sidin rock« geschenkt. Vielleicht hatten die Geschenke den Bürgermeister beeindruckt, jedenfalls war er es, der Jan Hus an der Flucht hinderte.

Zum Dank für seine Unterstützung zum Gelingen des Konzils und nicht zuletzt für seine zuverlässigen Weinlieferungen und Gelddarlehen schlug König Sigismund Heinrich von Ulm 1418 im Beisein des neu gewählten Papstes Martin V. zum Ritter. Es ist kaum anzunehmen, dass Heinrich in voller Rüstung für seinen König in den Kampf gezogen ist, auch das Turnierreiten wird der mindestens 40-Jährige seinen Söhnen überlassen haben. Es war eine Ehrenbezeugung, die er sich nicht zuletzt durch seine Weinlieferungen verdient hatte, deren Bezahlung der König schuldig geblieben war. In einer Urkunde des Königs vom 27. Mai 1417 wird der Bürgermeister als »Heinrich Ulmer, Bürger« bezeichnet, womöglich ein Hinweis, dass die Familie doch nicht von adliger Herkunft war?[34] So ließe sich der Ritterschlag auch als Beispiel für den in der Stadt weit verbreiteten sozialen Ehrgeiz und als Aufmerksamkeit des Kaisers für potentielle bürgerliche Verbündete deuten.[35] Der Weinhan-

32 So zumindest Maurer, Helmut: Konstanz im Mittelalter. Geschichte der Stadt Konstanz, Band 1 und 2, Konstanz 1989

33 Buck, Martin Thomas: Chronik des Konstanzer Konzils 1414–1418 von Ulrich Richenthal, Ostfildern 2010, S. 15

34 Regesta imperii XI: Die Urkunden Kaiser Sigmunds. 1410/11–1437, S. 163. Am 27. Mai 1417 befahl König Sigmund dem Konrad v. Weinsberg, »an Heinrich Ulmer, Bürger zu Konstanz, für Wein 1000 rheinische Gulden« zu zahlen. Ob Weinsberg bezahlte, ist nicht belegt. Im Jahr darauf jedenfalls erhielt Heinrich von Ulm als Sicherheit für seine Forderungen die Reichssteuer von Wangen verpfändet.

35 Wacker, Gisela: Ulrich Richentals Chronik des Konstanzer Konzils und ihre Funktionalisierung im 15. und 16. Jahrhundert, Diss. Tübingen 2002, S. 180

Die Feste Neuburg bei Mammern, im Hintergrund die Höri mit Wangen. Federzeichnung von Meiss, 1730 (Zentralbibliothek Zürich)

König Sigismund schlägt Heinrich von Ulm während des Konstanzer Konzils zum Ritter. Holzschnitt aus der 1536 in Augsburg gedruckten Richental-Chronik

del, den Heinrich von Ulm hier ausübte, entsprach einer durchaus bürgerlichen Betätigung.

Heinrich von Ulm gab sich nicht mit der Ehrenbezeugung zufrieden, sondern drängte auf Sicherheiten für seine Forderungen, die er im Unterschied zu den Mitgliedern der städtischen Zünfte auch bekam. Der König verpfändete ihm als Sicherheit die Reichssteuer von Wangen.[36] Darüber hinaus versprach Sigismund am 23. März 1418 dem Ritter Heinrich von Ulm für ihm gelieferte 18 Fuder Wein 470 rheinische Gulden bis zum 15. Mai zu bezahlen.[37] Ob Sigmund tatsächlich bezahlt hat? Die Pfandschaft über die Reichssteuer von Wangen, welche jährlich etwa 100 Pfund Heller (lb hlr) einbrachte und demnach mit 5 % per annum verzinst wurde, besaßen die Nachfahren Heinrichs noch zu Beginn des 16. Jahrhunderts.[38]

Dass die Konzilszeit für Heinrich von Ulm wirtschaftlich dennoch nicht von Nachteil gewesen war, zeigt die Entwicklung seines Vermögens. 1418 war er mit einem Vermögen von 19 100 lb hlr zum zweitgrößten Steuerzahler der Stadt Konstanz geworden, nur übertroffen von Luitfrid Muntprat (45 000 lb hlr, zusammen mit sei-

36 RI XI,1 n. 2835, in: Regesta Imperii Online, URI: http://www.regesta-imperii.de/id/1418-01-21_1_0_11_1_0_3230_2835 (abgerufen am 23.11.2012)

37 RI XI,1 n. 3068, in: Regesta Imperii Online, URI: http://www.regesta-imperii.de/id/1418-03-23_1_0_11_1_0_3482_3068 (abgerufen am 23.11.2012)

38 Kramml, Peter F.: Kaiser Friedrich III. und die Reichsstadt Konstanz (1440–1493). Die Bodenseemetropole am Ausgang des Mittelalters, Sigmaringen, 1985 S. 69

nem Bruder), welcher bis 1430 zum reichsten Bürger Süddeutschlands aufstieg.[39] Heinrichs Cousin Jakob rangierte noch an 21. Stelle mit einem Vermögen von 8500 lb hlr.[40] Im Durchschnitt betrug das Vermögen der 137 reichsten Konstanzer Steuerzahler – mit einem Vermögen von mehr als 2000 lb hlr – damals 5413 lb hlr. Sie stellten 8,9 % der Bevölkerung, besaßen aber 67,1 % des Vermögens.[41] In den kommenden Jahren konnte Jakob von Ulm im Gegensatz zu Heinrich sein Vermögen deutlich steigern: Zahlte er 1418 nur 12 Pfund 6 Schilling an Steuern, so waren es 1425 bereits 42 Pfund 2 Schilling. Er war damit hinter Luitfrid Muntprat (145 lb 12) und Conrad Stickel (48 lb) drittgrößter Steuerzahler in Konstanz geworden.

Der Aufstand der Bürger

Bis 1433 waren sowohl die Zahl der reichen Steuerzahler wie auch ihre durchschnittlichen Steuern gestiegen, obwohl das Gesamtsteueraufkommen in Konstanz um ca. 10 % rückläufig war. Dem vierjährigen Wirtschaftswachstum zu Zeiten des Konzils folgte eine Wirtschaftskrise, die insbesondere die unteren Gesellschaftsschichten traf. In der Folge dieser Krise war es bereits 1420 in Konstanz zu Unruhen gekommen, die sich 1428/29 erneut entluden.[42] Hatte 1420 der Rat noch die wohlhabendsten Bürger zum Verbleib in der Stadt bewegen können, eskalierte acht Jahre später der Streit. Diesmal verließen auch die Mitglieder der Familie von Ulm die Stadt und beantragten – wie der Bischof und die anderen Geschlechter – die Aufnahme in das Bürgerrecht von Schaffhausen.[43]

Jakob von Ulm zog sich auf seine Burg Marbach zurück, wo er sich sicher glaubte. Doch die Chronisten berichten übereinstimmend von einem Kriegszug der Konstanzer Bürger, welcher mit der Einnahme der Burg und der Gefangennahme Jakobs und eines seiner Söhne endete. Jakob soll die Bürger des Dorfes Wangen bedrückt haben, lautete der Vorwand, und da unter ihnen »Ußburger« der Stadt Konstanz waren, nahm dies der neu konstituierte Rat zum Anlass, gegen den Patrizier vorzugehen:[44] »so fürten sy den selben von / vlm vnd sinen sun gefang[en] / [g]en costentz vnd laitend / sy vff das tor Vnd Be- / satzten die von Costentz / Marppach vnd ward der / selb Jacob von vlm gröslich / geschädiget vff die selben / nacht an ochsen, schwinen, / falisch, win vn[d] and[er]n sachen.«[45]

39 1422 versteuerte er noch 16.100 Pfund Heller und rangierte an 4. Stelle. Ulm, a. a. O. 1977, S. 22; Stadtarchiv Konstanz: Die Steuerbücher der Stadt Konstanz; Bd. 1: 1418–1460, Konstanz 1958

40 Nuglisch, Adolf: Die wirtschaftliche Leistungsfähigkeit deutscher Städte im Mittelalter. In: Zeitschrift für Sozialwissenschaft 9, 1906, S. 365–374

41 Ebenda, S. 481

42 1418 versteuerten 14 Bürger mehr als 18 lb, insgesamt 460 lb, 15 Jahre später waren es 17 Bürger und 624 lb.

43 Vgl. Maurer, a. a. O. 1989, Bd. 2, S. 48 ff.

44 Feger, Otto: Geschichte des Bodenseeraumes, Bd. 3, Konstanz/Lindau/Stuttgart 1963, S. 209, bezeichnet Jacob von Ulm als »Führer der Patrizier«, wofür ich aber keinen Beleg finden konnte.

45 Wolff, Sandra: Die »Konstanzer Chronik« Gebhart Dachers. »By des Byschoffs zyten volgiengen disz nachgeschriben ding vnd sachen« – Codex Sangallensis 646: Edition und Kommentar, Ostfildern 2008, S. 481–482

König Sigismund sah sich schließlich zum Eingreifen gezwungen, reiste 1430 nach Überlingen und Konstanz und verordnete der Stadt nicht nur eine neue Zunftordnung, sondern auch ein Friedensfest im neu errichteten Festsaal des Zunfthauses Zur Katz – welches an der Stelle des bis 1423 dem Jakob von Ulm gehörenden Hauses erbaut worden war. Oswald von Wolkenstein besang dort den Konstanzern ihre Stadt als »wonnigliches Paradeis«, dem die zünftischen Festteilnehmer wohl nur mit der Faust in der Tasche zugehört haben werden. Jakob von Ulm erhielt für den Schaden an seiner Burg Marbach eine Entschädigung von 1200 fl zugesprochen, doch kehrte er nicht wie die anderen Geschlechter in die Stadt zurück. Er öffnete seine Burg den Herren von Klingenberg, und 1440 finden wir ihn als Bürger von Diessenhofen. Erst sein Sohn Hans und dessen Gattin Dorothea Muntprat von Spiegelberg sind ab 1454 wieder in den Steuerlisten der Stadt Konstanz nachweisbar.

Von der Stadt aufs Land

An die wirtschaftlichen Erfolge ihrer Eltern Heinrich und Jakob konnten die Nachfahren der beiden Cousins vorerst nicht wieder anknüpfen. Erbteilung hatte die Vermögen geschmälert, Heinrichs Nachfahren verkauften die Feste Neuburg mit der Herrschaft Mammern wieder und blieben in Konstanz wohnen, während die Nachfahren Jakobs am Besitz der Burg Marbach und der Herrschaft Wangen festhielten. Nachdem auch sie in die Stadt zurückgekehrt waren, verwahrloste die Burg jedoch und brannte 1461 ab.

Jakobs Sohn Hans von Ulm hinterließ seiner Frau ein Vermögen von nur noch gut 8000 lb hlr. Es gelang der Witwe, das Vermögen zusammenzuhalten. Von ihren sechs Kindern schickte sie die beiden Töchter ins Kloster Katharinenthal, zwei Söhne wurden Chorherren in Kreuzlingen. Die Brüder Konrad und Luitfried teilten sich das Erbe, Konrad wurde Gerichtsherr zu Wangen und Luitfried übernahm die Burg Marbach, womit vorübergehend die Marbacher Linie geteilt war. Beide waren Bürger zu Konstanz, waren im Handel tätig und steuerten in der Stadt.

Konrad bemühte sich durch Übernahme von Pfandschaften in Wagenhausen, den Landbesitz der Familie zu vergrößern, vielleicht sogar ein Herrschaftsgebiet aufzubauen, stieß dabei jedoch in Stein am Rhein auf Widerstand. Vom Rat der Stadt Konstanz hatte sich Konrad schriftlich zusagen lassen, dass er dem Schwäbischen Bund, dem auch Konstanz nicht angehören wollte, ebenfalls nicht beitreten müsse. 1498 richtete er eine Fährverbindung nach Mammern ein, unter Protest der Feldbacher Nonnen, die ihre Einnahmen aus der Fährverbindung Feldbach–Hemmenhofen in Gefahr sahen.

Konrad und Luitfried von Ulm beteiligten sich Ende des 15. Jahrhunderts ebenso wie ihr Konstanzer Vetter Hans von Ulm an der Ravensburger Handelsgesellschaft. Diese Beteiligung ermöglichte deren Söhnen eine Ausbildungs- sowie eine Beschäftigungsmöglichkeit. 1507 werden in Mailand die Lehrknaben Luitfried[46] und

46 Er war später Vogt zu Ochsenhausen. In seinem Testament von 1582 hat er eine genaue Beschreibung des Familienbesitzes hinterlassen; Konstanzer Urkunden 2009 #254: Nr. 768

Heinrich von Ulm genannt. Heinrich war 1510 in Flandern tätig und ab 1515 saß er, zurückgekehrt nach Konstanz, dort im Großen Rat.

Caspar, Sohn des Konrad von Ulm zu Marbach, begann 1514 als Geselle bei der Handelsgesellschaft und weilte vom 2. September 1516 bis 26. Juni 1517 in der Niederlassung in Saragossa. Von dort bezog die Gesellschaft vor allem Safran. Die Vertreteraufgabe in Saragossa war schwierig, Caspar von Ulm verbrauchte wie sein Vorgänger zuviel Geld für Kleidung und Nahrung, auch fehlte Ware im Lager, wofür man aber seinen Vorgänger Ulrich Ehinger verantwortlich machte. So erhielt Kaspar von Ulm für seine Tätigkeit eine Ehrung in Höhe von 60 fl zugeschrieben.[47]

Die in Konstanz verbliebene Linie der Nachfahren Heinrichs von Ulm engagierte sich Ende des 15. Jahrhunderts ebenfalls im Handel und in der Politik. Enkel Hans von Ulm wurde Stadtammann, er steigerte sein Vermögen bis zu seinem Tode 1513 auf 26 600 lb hlr und war damit reichster Bürger und größter Steuerzahler seiner Stadt. Am Schweizer Krieg 1499 muss Hans teilgenommen haben, denn am 6. November des Jahres beschuldigte ihn Georg von Braittenstein, ihm eine mit Marderpelz schwarz gefütterte Schaube (weiter, vorn geöffneter Überrock) gestohlen zu haben. Der ehemalige Besitzer forderte Rat und Bürgermeister der Stadt auf, ihren Ammann zur Rückgabe der Kriegsbeute zu bewegen.[48]

Die Bereitschaft des Konstanzer Rates, die Reformation in der Stadt einzuführen, führte zu einer Trennung der seit dem 14. Jahrhundert in der Stadt ansässigen Linie der Heinriche von Ulm und der Nachfahren Jakobs von Ulm. Während sich die Nachfahren Heinrichs aktiv an der Reformation beteiligten – waren sie doch Nachbarn der Blarer gewesen und hatten zumindest zeitweise gemeinsam studiert –, so hielten die Nachfahren Jakobs am katholischen Glauben fest und dienten weiterhin dem Bischof von Konstanz. Die Stadt verlassen haben bis zur Mitte des 16. Jahrhunderts beide Familienlinien, wenn auch aus unterschiedlichen Motiven. Betrachten wir zunächst die nun reformierte Linie der Heinriche von Ulm.

Die reformierte Linie der Familie von Ulm

1523 gehörte Heinrich von Ulm einer Delegation des Rates an, die dem Bischof mitteilte, dass nicht durch ihn, sondern nur durch den Rat kaiserliche Mandate in der Stadt anzuschlagen seien.[49] Seit 1481 hatte er im Großen Rat gesessen, seit 1494 im Kleinen Rat und ab 1504 bis zu seinem Tod 1526 war er sogenannter Heimlicher. Er war Mitglied der Ravensburger Handelsgesellschaft und ermöglichte so seinem Sohn dort eine Ausbildung.[50] Dieser Sohn korrespondierte mit Ambrosius Blarer (1492–1564) und heiratete dessen Schwester Barbara.

47 Schulte, Aloys: Geschichte der großen Ravensburger Handelsgesellschaft. 1380–1530. 3 Bände, Stuttgart 1923, Bd. 1, S. 204–205, 245 und 315

48 Konstanzer Urkunden. III. 1460–1489, Konstanz 2009, Nr. 272

49 Vögeli, Jörg: Schriften zur Reformation in Konstanz 1519–1538. 2. Halbband, 1. Teil, Beilagen. 2 Bände, Tübingen 1973, Bd. 1, S. 91

50 Schulte a. a. O. 1923, Bd. 1, S. 245

Auch die Nachkommen des Stadtammanns Hans von Ulm († 1513) aus der Linie der Heinriche – Heinrich war in dieser Linie der bevorzugte Name für den Erstgeborenen – nahmen den neuen Glauben an und unterstützten den Reformator Ambrosius Blarer. Doch hielt es sie nicht in der nun reformierten Stadt, sie drängten hinaus aufs Land. Hans Jakob von Ulm († 1528) erhielt 1519 durch Heirat die zu Zürich gehörende Gerichtsherrschaft Teufen, Heinrich von Ulm († 1546) erwarb 1529 im Thurgau Burg und Herrschaft Griesenberg.

Pfarrkirche Ermatingen (Thurgau), Grabstein des Ludwig von Ulm († 1551) (Foto: Verfasser)

Gregor von Ulm (1516–1576) heiratete die Tochter des Ravensburger Bürgermeisters Konrad Gäldrich und zog 1530 zuerst nach Ravensburg, wohl um in der dortigen Handelsgesellschaft tätig zu werden. 1537 übernahm er von seinem Schwager Mötteli von Rappenstein die thurgauische Gerichtsherrschaft Wellenberg und Hüttlingen, als dieser in finanzielle Schwierigkeiten geraten war.[51] 1542 gab er sein Bürgerrecht in Ravensburg wieder auf, da er schon seit längerem auf seinen Thurgauer Besitzungen wohnte.[52]

Erwähnt sei noch dessen Vetter Ludwig von Ulm († 1551), der Konstanz nicht ganz freiwillig verließ. Er hatte sich in den 1520er Jahren als Söldnerführer betätigt.[53] Als solchen duldete der Rat ihn jedoch nicht in der Stadt. In den Steuerbüchern der Stadt ist er erst wieder kurz vor seinem Tode zu finden, 1540 versteuerte er ein Vermögen von 16 177 lb hlr. Da er dank seiner Frau im Besitz der Burg Salenstein war, ist sein Grabstein in der Kirche von Ermatingen zu finden.

51 Pupikofer, Johann Adam: Geschichte des Thurgaus: 1499–1829. Zweite Hälfte 1499 bis 1829, mit Urkunden und Regesten, Zürich 1830, S. 39: »Der reiche Mötteli von Pfyn z. B. trieb sich mit Hans von Landenberg, dem Vogt von Tipperswyl, und mit anderen seiner Standesgenossen so unabläßlich vor den eidgenössischen Gerichten herum, daß er, durch seine Sitten sonst achtungswerth, zuletzt Mangel leiden mußte.« Nach Pupikofer erfolgte der Kauf bereits 1535.

52 Dreher, Alfons: Das Patriziat der Reichsstadt Ravensburg. Von den Anfängen bis zum Beginn des 19. Jahrhunderts, Stuttgart 1966, S. 277; auch in Wellenberg konvertierte der Enkel des Gregorius seiner Frau zuliebe 1669 zum katholischen Glauben. Franz Christoph von Ulm verkaufte 1669 die Herrschaft Wellenberg an Zürich und wurde Obervogt zu Schopfheim.

53 Heiermann, Christoph: Die Gesellschaft »Zur Katz« in Konstanz. Ein Beitrag zur Geschichte der Geschlechtergesellschaften in Spätmittelalter und früher Neuzeit, Stuttgart 1999, S. 155

Heinrich von Ulm führte in seiner Gerichtsherrschaft Griesenberg umgehend die Reformation ein, doch mochten die Bauern nicht einsehen, dass das, was in der Stadt galt, für sie nicht gelten sollte. Mit der Reformation waren die Vigilien und Totenmessen abgesetzt worden, und das Konstanzer Bürgertum, darunter auch Caspar von Ulm als (männlicher) Vertreter der Kathrin Blarer, verlangte sein Stiftungsgeld zurück, was auch bewilligt wurde. Als jedoch die Bauern in der Herrschaft Griesenberg ihre Abgaben für Jahrzeitmessen und dergleichen nicht mehr zahlen wollten, da ja auch keine Messen mehr gelesen wurden, ging der Streit vor den Rat der Stadt Zürich. Dieser entschied, die Einnahmen seien weiter zu zahlen, das Geld aber für die Armen zu verwenden und Heinrich von Ulm habe den Kelch und die Messgewänder wieder herauszugeben.[54]

1530 wurde erneut verhandelt. Vor dem Zürcher Rat erschien Heinrich von Ulm, der ausdrücklich als Konstanzer Bürger bezeichnet wurde, mit seinen Beiständen und Schwägern Thomas Blarer und Joachim von Rappenstein, genannt Mötteli zu Wellenberg: »Die Unterthanen behaupten nämlich, es sollte diese Pfründe mit ihren Nutzungen und Gefällen an die Armen verwendet werden, weil es sich in der Schrift erfunden, daß die Messe eitel und ein Greuel vor Gott sei. Dagegen wendet der Gerichtsherr ein, er habe die Pfründe mit der Herrschaft kaufweise an sich gebracht und könne damit schalten und handeln, wie er es vor Gott und der Welt zu verantworten hoffe.« Der Zürcher Rat entschied, dass Heinrich von Ulm »die Caplanei künftig mit einem Prädicanten zu versehen habe, der als fähig, den b. Leuten das göttliche Wort zu verkünden, von gelehrten Leuten zuvor erkannt worden sei, und daß er demselben die ganze Nutzung der Pfründe verabfolgen solle«.[55]

1548, nach der Eroberung der Stadt durch die Habsburger, fanden der aus Konstanz geflohene Ambrosius Blarer und sein Bruder Thomas in Leutmerken eine erste Zufluchtsstätte. Doch die von Heinrichs Witwe ihrem Bruder Ambrosius angebotene Pfarrstelle sagte diesem nicht zu. Er zog eine Pfarrstelle in Biel vor.[56] Knapp zwanzig Jahre später wirkte in Leutmerken ein Neffe des Reformators. Der Sohn von Thomas Blarer hatte zunächst Medizin studiert, war dann Professor in Heidelberg gewesen.[57] Die Pfarrstelle in Leutmerken sicherte nun seinen Lebensunterhalt.

Angesichts solch enger Verbindungen zum reformierten Glauben überrascht das Verhalten des Enkels von Heinrich von Ulm. Marx von Ulm (1580–1655) nahm, beeinflusst von seiner aus dem katholischen Wil gebürtigen Gattin, den katholischen Glauben an und ließ in Leutmerken wieder einen Altar errichten. »Seine evangelischen Lehensleute nötigte er, entweder das evangelische Glaubensbekenntnis aufzugeben oder die Lehenshöfe zu verlassen, und in die durch die Pest verödeten Häuser setzte er katholische Einwohner. Dieses Benehmen des Herrn von Ulm

54 Amtliche Sammlung der älteren eidgenössischen Abschiede 1876, Nr. 462–463

55 Amtliche Sammlung der älteren eidgenössischen Abschiede 1876, Nr. 528–529

56 Baumer-Müller, Verena: Ambrosius Blarer. In: Historisches Lexikon der Schweiz, http://www.hls-dhs-dss.ch/textes/d/D15167.php, Aufruf vom 15.2.2013

57 Staerkle, Paul: Zur Familiengeschichte der Blarer, (Fortsetzung und Schluss). In: Zeitschrift für schweizerische Kirchengeschichte 43, 1949, S. 203–224, hier S. 222

Schloss Griesenberg im Thurgau, Kupferstich von David Herrliberger, 1754

befremdete die Zürcher sehr, und sie befürchteten, es möchten auf diese Weise alle ihre Glaubensverwandten im Thurgau durch die Gerichtsherren verleitet werden, den katholischen Gottesdienst zu besuchen.«

In der Folge versuchte Zürich mit dem Kauf der Herrschaften Weinfelden und Pfyn ein Standbein im Thurgau zu bekommen, was auf Seiten der katholischen Orte einen scharfen Protest auslöste. Sie drohten damit, die gemeinsame Verwaltung des Thurgau aufzukündigen.[58] Als 1750 die Gerichtsherrschaft Griesenberg zum Verkauf stand, war es Ziel der katholischen Orte, einen Verkauf an einen evangelischen Gerichtsherren zu verhindern, wie es 1669 mit der benachbarten Herrschaft Wellenberg geschehen war. Auch dort hatte ein von Ulm seiner Frau zuliebe die Religion gewechselt, die Herrschaft an Zürich verkauft und danach das Amt eines Obervogtes in Schopfheim übernommen. Zürich hatte darauf der Familie das Bürgerrecht aufgekündigt, »was wiederum die Stadt Luzern veranlasste, der Familie sofort das Bürgerrecht zu verleihen«.[59] Schließlich erwarb 1759 die Stadt Luzern die Gerichtsherrschaft. Die katholischen Orte dankten es dem Baron von Ulm, nicht an einen Protestanten verkauft zu haben, und setzten sich für eine »Minderung des Abzuges«

58 Pupikofer, a. a. O. 1830, S. 161

59 Martin/Ulm zu Erbach/Schürle/Seiffert, a. a. O. 2012, S. 765

ein, »welchen Baron von Ulm, Verburgeter von Lucern, für den Verkauf der Herrschaft Griesenberg zu bezahlen« hatte.[60]

Der Enkel des Marx von Ulm, Marx Anton (1647–1704), war durch Heirat mit Franziska von Bodman in den Besitz des Lehens Langenrain gelangt. Dessen jüngster Sohn Franz Werner hatte Griesenberg und Langenrain an seinen Neffen Johann Franz Freiherr von Ulm vererbt, der es vorzog, auf Schloss Langenrain zu wohnen und daher Griesenberg verkaufen wollte. Der Landvogt im Thurgau erhob nun Anspruch auf die Abzugssteuer, wogegen die hegauische Ritterschaft protestierte. Johann Franz von Ulm sei schon seit 1705 mit dieser Herrschaft belehnt gewesen und dürfe daher nicht als Fremder angesehen werden.

Von Seiten der Ritterschaft wies man auf die Vorteile hin, »welche dem Thurgau in Beziehung auf die freie Ausfuhr der Früchte aus dem Umstande zu Theil werde, daß die Ritterschaft bloß dem Kaiser unterwürfig, durch die Reichsconcluse nicht gebunden sei«.[61] Die Eidgenossen zeigten sich wenig einsichtig, wollten aber den Hinweis auf die freie Einfuhr bedenken und vertagten die Verhandlungen, die sich noch Jahre hinzogen. Nach dem Aussterben der Langenrainer Linie 1815 fiel das Lehen Langenrain zurück an das Haus Bodman. Noch heute erinnern auf dem Langenrainer Friedhof Grabmale an die dort ansässig gewesene Linie der Familie von Ulm.

Die katholisch gebliebene Marbacher Linie

Die Nachfahren des Jakobs von Ulm waren zwar im 15. Jahrhundert von ihrer Burg Marbach aus wieder zurück nach Konstanz gezogen, hatten aber immer an diesem Familienbesitz festgehalten. Wirtschaftlich ging es der Familie nicht besonders gut. Die Teilung des Besitzes unter den Brüdern Konrad und Luitfried im 15. Jahrhundert hatte zum Bau einer weiteren Burganlage im Dorf Wangen geführt. Noch heute hat sich im Unterdorf der Flurname »Schlösslegarten« erhalten, erst Mitte des 19. Jahrhunderts wurden die Gebäude abgerissen. Während das »Schlössle« im Besitz der Familie von Ulm verblieb, wurde die Burg Marbach 1552 an den Augsburger Patrizier Konrad Peuttinger verkauft, sehr zum Ärger des jungen Hans Caspar von Ulm, der es sich zur Lebensaufgabe machte, den Familienbesitz wieder in seiner Hand zu vereinigen.

1510 wird in den Steuerbüchern ein Jacob von Ulm im Konstanzer Rat erwähnt. Sein Sohn Caspar († 1553), der bereits genannte Vertreter der Ravensburger Handelsgesellschaft in Saragossa, war 1519 Mitglied im Großen Rat, ab 1520 saß er im täglichen Rat. 1529 ist sein Name durchgestrichen, 1528 hatte er dem Rat mitgeteilt,

60 Amtliche Sammlung der älteren Eidgenössischen Abschiede 1867, Bd. 7 Abt. s Nr. 689–690

61 Amtliche Sammlung der älteren Eidgenössischen Abschiede 1860, Bd. 7 Abt. 1 Nr. 754 »Nachdem man vernommen, daß von Joh. Franz von Ulm 4000 Gld. den Geschwistern aushin gegeben worden seien, wird beschlossen, da dieselbe erbsweise, nicht kaufsweise an ihn gekommen sei, nichts davon außer Landes komme und der Erbe sie selbst behalten wolle und nicht als Ausländer anzusehen sei, daß alles jedoch ohne Consequenz. Uebrigens bleibt es bei dem Beschlusse von 1470. Was in Betreff der freien Zufuhr der Früchte vorgestellt worden, wird den gn. Herren und Obern hinterbracht. Absch. 480, § 19«

Lage des ehemaligen »Schlössle« der Familie von Ulm in Wangen. Urbar von 1759/61 (Öhningen, Gemeindearchiv Wangen), mit Einzeichnungen des Verfassers

»der bischoff [habe] nach im geschickt, das er sin vogt zu Merspurg biß sant Jergen tag sin sollt und habe er im nit zugemutet, ainen aid ze sweren, der wider die statt syg. So habe er vil kind, die er gern versehen welte, und bitte darumb, das man in biß Jeory zulaß, das er den dienst versehen moge und nichtdeminder burger sin und sin husfrowen hie haben moge.« Der Rat aber hielt das für »ain unzimliches begeren«.[62]

Nach Einführung der Reformation in Konstanz hatte die Familie zwar noch versucht, in der Stadt zu bleiben, doch war das auf Dauer nicht möglich. Caspar von Ulm musste mit seinen Angehörigen die Stadt verlassen und suchte Zuflucht im katholisch gebliebenen Radolfzell, wie andere Parteigänger des Bischofs auch. Während der Bauernunruhen war an einen Aufenthalt auf der Höri nicht zu denken.[63] In Radolfzell war sein Sohn Hans Caspar von Ulm noch 1568 ansässig und handelte, ganz untypisch für einen Adligen, mit »Korn und Wein«.[64] 1551 hatte er zusammen mit seinem Vetter Conrad am Reichstag in Augsburg teilgenommen, wo sie eine Aufnahme in den Reichsadel und eine Verbesserung ihres Wappens erreichen konnten. Dort mag Conrad auch den Käufer für die Burg Marbach kennengelernt haben. Da er das Amt des Landvogts im badischen Rötteln übernehmen konnte, hatte er das Interesse an dem alten Familiensitz verloren.

Caspars Sohn Hans Caspar von Ulm († 1610) setzte sich zum Ziel, den Familienbesitz wieder zusammenzuführen, was ihm mit Hilfe seines Sohnes Hans Ludwig auch gelang. Hans Caspar war Vogt im Gaienhofener Schloss, wo er auch seinen Wohnsitz nahm. Des Weiteren stand er als Oberamtmann in Zeil und Marstetten im Dienst der Truchsessen von Waldburg. Als Vertreter seines Dienstherren durfte er 1589 in Schloss Sigmaringen an der Hochzeit des Marx Fugger Freiherr zu Kirchberg und Weißenhorn, und der Anna Maria Gräfin von Hohenzollern-Sigmaringen teilnehmen, da der Truchsess sich »wegen Bodengrans [Gicht] und anderer Leibschwachheiten« entschuldigen ließ.[65] Dort könnte er auch Jakob Fugger begegnet sein, dem er zehn Jahre später beim Rückkauf von Schloss Marbach zuvorkommen konnte.

Hans Caspar hatte fünf Söhne, denen er eine fundierte Ausbildung finanzierte. Luitfried und Johann Konrad verfügten über Kenntnisse in Wissenschaften und Sprachen, wandten sich dann aber der Kriegskunst zu, der sie 1596 zum Opfer fielen – beide starben in den Türkenkriegen. Heinrich von Ulm (1558–1616) studierte an der ersten Jesuiten-Universität auf deutschem Boden im schwäbischen Dillingen. Auf Empfehlung seines Rektors und mit Unterstützung seines Bruders Hans Ludwig stieg er 1608 zum Fürstabt von Kempten auf, wohl auch um einen wittelsbachischen Prin-

62 RB 1528, Bl. 452b vom 5. Oktober, zit. nach Vögeli a. a. O. 1973, Bd. 2, S. 1131

63 Caspar von Ulm ist ab 1519 in Radolfzell als Hausbesitzer erwähnt. 1540 erscheint Kaspars zweite Frau als Hausbesitzerin. Das Satzbürgerrecht ist erst ab 9.2.1568 dokumentiert; vgl. End, Gotthard: Die Burgen der Höri, Schaffhausen 1940, S. 89

64 So Rummel, Anton: Hans Ludwig, Freiherr von Ulm, Kaiserlicher Geheimer Rat und Reichsvizekanzler, Herr zu Mittelbiberach, 1567–1627. In: Zeit und Heimat, Beilage des Anzeigers vom Oberland 8. Jg., 1931, Nr. 2 und 3, 7–12

65 Beck, Alois: Eine zollerische Hochzeit Anno 1589. In: Hohenzollersche Heimat 15 (1), 1965, S. 25 ff.

Pfarrkirche Wangen, Epitaph für Hans Caspar von Ulm († 1610) von Hans Morinck (Foto: Franz Hofmann)

zen in diesem Amt zu verhindern. Sein Bruder Christobal Hannibal († 1607) folgte ihm nach Kempten.

Der bereits erwähnte Hans Ludwig (1567–1627) wurde 1567 im Wangener Schlössle geboren. Der 18-Jährige studierte u. a. an der Universität Freiburg Jura und beherrschte Italienisch und Französisch fließend. 23-jährig wurde er an das Reichskammergericht in Speyer berufen, berufliche Reisen führten ihn nach Italien und Frankreich. Bereits drei Jahre später erhielt er seine Versetzung an den Reichshofrat, den höchsten Verwaltungs- und Gerichtshof im Reich. In der Hofratsliste von 1594 ist er zusammen mit seinem Studienkollegen und späteren Schwager Dr. Heinrich von Neuhausen bezeichnenderweise zwischen den Adligen und den Gelehrten platziert und damit beiden zugeordnet.[66]

Im selben Jahr verfasste Hans Ludwig von Ulm das Protokoll über die Verhandlungen des Fürstenrates auf dem Regensburger Reichstag. 1599 vertrat er die Interessen des Kaisers bei der Kurfürstenwahl und als »kaiserlicher Reichstagskommissar« hatte er Verhandlungen mit den führenden Adligen des Reiches zu führen. 1603 wurde er zum Geheimen Rat ernannt, vielleicht auch auf Druck des Erzher-

66 Koenig von und zu Warthausen, Wilhelm Freiherr: Die Reichsvizekanzlerschaft Hans Ludwigs von Ulm, 1612–1627, Diss. 1935, S. 12

zogs Matthias. Kaiser Rudolf II. schenkte ihm 1603 in Anerkennung »seiner elfjährigen Dienste als Reichshofrat und wegen der ihm übertragenen Kommissionen in Angelegenheiten des Reichs 8000 rhin. Gulden als Gnadengeld. [...] Als Abschlag soll er die Hälfte der an das Reich zurückgefallenen Lehen von Hans Ulrich Haas von Lauffen zusammen mit dem Bleihof in Straßburg erhalten.«[67] Der Restbetrag war mit 5 % zu verzinsen.

1607 zog sich Hans Ludwig von Ulm aus Prag zurück. Seine Verdienste bis zu diesem Zeitpunkt werden im Freiherrendiplom von 1622 gerühmt, sein Verhalten als kaiserlicher Rat als »eifrig, geschickt und richtig« bezeichnet. In den folgenden fünf Jahren zog er sich auf seine Güter zurück und begann seine persönlichen Verhältnisse zu regeln. »Wie seine Zeitgenossen verstand es auch von Ulm, seine dienstlichen Geschäfte für die Interessen seiner Familie zu nutzen.«[68] Hans Ludwig hatte binnen weniger Jahre einen Aufstieg in die höchsten Regierungskreise des Reiches erreicht, doch war die Bezahlung oft genug ausgeblieben.

So ist es auch zu verstehen, dass er 1598 den Kaiser bewegen konnte, per Befehl den Verkauf des Schlosses Marbach aus dem Besitz des verschuldeten Anton Fugger zu Hainhofen und Aystetten an den Konstanzer Domherr Jakob Fugger Freiherr zu Kirchberg und Weißenhorn zu untersagen, eine Gefälligkeit, die den Kaiser nichts kostete, aber den Interessen und Wünschen seines hohen Beamten entgegenkam. Der 1598 ausgestellte kaiserliche Befehl zwang den Fugger'schen Insolvenzverwalter Ilsung, den bereits ausgehandelten Verkaufsvertrag zu widerrufen und Schloss und Gut Marbach an Hans Ludwig von Ulm und seinen Vater zu übergeben. Ilsung konnte immerhin durchsetzen, dass die beiden den gleichen »so hoch gebrachten« Kaufpreis zahlen mussten, den Fugger angeboten hatte.[69] Zu dem alten Familienbesitz, den Vater und Sohn aus der Schuldmasse des Anton Fugger zurückerwarben, gehörte auch ein Hof in Honisheim sowie ein Gut in Weiler, »das aber schon von den Peuttingern als Vorbesitzer der Fugger nicht ermittelt werden konnte. Sollte über das Gut Näheres in Erfahrung gebracht werden, erhalten es die von Ulm auch als Lehen.«[70]

Den Grundstock zum späteren Vermögen der Familie von Ulm legte jedoch nicht das väterliche Erbe, sondern die Heirat mit der reichsten Erbtochter Oberschwabens, Euphrosina Schad von Mittelbiberach. Es war eine Doppelhochzeit, die 1603 in Mittelbiberach gefeiert wurde. Aus der Ehe des Bernhard Schad waren zwei Töchter hervorgegangen, Euphrosina und ihre Schwester Dorothea, welche Hans Ludwigs Freund und Studienkollegen Heinrich von Neuhausen heiratete. Das Erbgut der beiden Töchter wurde zusammen verwaltet, auch nach der Erbteilung von 1608.

67 Martin/Ulm zu Erbach/Schürle/Seiffert, a. a. O. 2012, Nr. 718 vom 12.12.1603

68 Ebenda, 2012, S. 766

69 Ebenda, 2012, Nr. 713; nach End, a. a. O. 1940, betrug der Kaufpreis 33 000 fl, allerdings entspricht seine Darstellung des Verkaufs nicht der genannten Urkunde.

70 Martin/Ulm zu Erbach/Schürle/Seiffert, a. a. O. 2012, Nr. 717 vom 16.10.1603

Reichsvizekanzler Hans Ludwig von Ulm (1567–1627), Ölporträt (Schloss Erbach, Foto: Oleg Kuchar)

Heinrich von Ulm (1558–1616), Fürstabt von Kempten, Ölporträt, 1596, Ausschnitt (Schloss Erbach, Foto: Oleg Kuchar)

Da die beiden Söhne Neuhausens bereits vor 1639 starben, fiel das gesamte Erbe an die Familie von Ulm. Es bestand neben der Reichsvogtei Mittelbiberach und dem Reichslehen Obersulmettingen aus Besitzungen und Häusern in Mittelbiberach, in der Reichsstadt Biberach, dem Schloss Hohenfreiberg bei Kempten und Liegenschaften in der vorderösterreichischen Herrschaft Warthausen. Hinzu kamen Forderungen in Höhe von 121 000 fl, eine damals gewaltige Summe. Das Ulm'sche Familienerbe war demgegenüber etwa die Hälfte wert. Bei der Teilung 1612 erhielt Hans Ludwig das Stammgut Schloss Marbach im Wert von 42 000 fl, sein Bruder Hannibal etwa 10 000 fl, wovon 6000 fl als Erbe an Hans Ludwig zurückfielen. Der Kemptener Fürstabt Heinrich von Ulm hätte 15 000 fl bekommen sollen, doch dank der Geschäftstüchtigkeit des Hans Ludwig von Ulm und dank seiner Protektion durch den Kaiser erreichte er, dass nach dem frühen Tod des Fürstabtes 5000 fl vom Reichsstift an ihn zurückgezahlt wurden.[71]

Der 1612 zum Kaiser gewählte Matthias erinnerte sich der herausragenden diplomatischen Fähigkeiten des Hans Ludwig von Ulm und holte ihn als Reichsvizekanzler in die Regierung des Reiches zurück. Sein Nachfolger Ferdinand II. bestätigte Hans Ludwig im Amt, welches er 1623 wegen zunehmender Gicht aufgeben musste. Die Bezahlung kann es nicht gewesen sein, was Hans Ludwig zur Übernahme des Amtes bewogen hatte. Das jährliche Gehalt war recht bescheiden und betrug nur 2000 fl. Angesichts der Schuldenlast des Reiches, der Verhärtung der Fronten zwischen der protestantischen Liga und der katholischen Union und des Zustands

71 Warthausen, a. a. O. 1935, S. 9 ff.

der kaiserlichen Kanzlei waren die Vergünstigungen, die Hans Ludwig vom Kaiser erhielt, nur ein kleiner Trost. Drei Monate zögerte er den Amtsantritt hinaus und wollte sich zunächst nur für ein Jahr verpflichten lassen.[72] Ein halbes Jahr später schrieb ein Zeitgenosse: »Der von Ulm klage sich für den elendigsten Menschen auf der Welt; trachtet stark um Erlassung seines Amtes.«[73]

Überzeugt hatte Kaiser Matthias seinen Vizekanzler durch die Erhebung zum Hofpfalzgrafen[74] und die Verleihung zahlreicher Privilegien und Herrschaftsrechte. Von Ulm und seine Untertanen waren vor fremden Gerichten einschließlich dem Hofgericht Rottweil befreit. Klagen gegen die von Ulm waren ab sofort nur vor dem Kaiser oder dessen Kammergericht zulässig, gegen die Untertanen nur vor den Gerichten, zu denen sie gehörten. Zu diesen Privilegien gehörte auch die Erlaubnis, dass Juden mit der Familie von Ulm und ihren Untertanen zu bestimmten Bedingungen Handel treiben, so »mit Dingen des täglichen Gebrauchs und auf Messen und Jahrmärkten Geschäfte abschließen« durften.[75] Für seinen Sohn Luitfrid erhielt er noch zwei Dompfründe.[76] Im Gegenzug lieh von Ulm dem Kaiser 80 000 fl aus seinem Privatvermögen, nicht ohne sich als Pfand die 1620 frei gewordene Herrschaft Erbach zu sichern. Dieses Schloss wählte er zum Hauptsitz seiner Familie, verstarb aber 1627 in Schloss Marbach.

Die Amtszeit Hans Ludwig von Ulms fiel in die Jahre vor dem 30-jährigen Krieg. Während er noch in diplomatischen Missionen unterwegs war, schrieb ihm seine Gattin, dass sie um ihre Sicherheit auf Schloss Marbach fürchte und dass sie »das Silbergeschirr, die Zinsbriefe und alles was gut ist« nach Mittelbiberach in das Gewölbe verbringen lasse. »Ich habe einen großen Kummer mit meinen zwei großen Truhen, so noch zu bergen sind; darin sind die besten Sachen, darin habe ich mein Halsband, meine Ringe, meine Kleinodien, und all mein Schatz a[us] Gold; es ist nicht wenig daran gelegen; ich fürchte nur, man gehe mir darüber, den Böhmen ist nicht zu trauen.«[77]

Doch auch im Schloss Mittelbiberach war Euphrosina nicht sicher. 1620 bezogen von Bayern geworbene Truppen das Schloss als Quartier. So wundert es nicht, dass Hans Ludwig am 5. Dezember 1623 sein Amt als Reichsvizekanzler aufgab – er leide so sehr an der Gicht, dass er schon seit 13 Wochen sich ohne Krücken nicht zu bewegen vermöge, gab er als Begründung an – und sich auf Schloss Marbach zurückzog, wo er am 16. Juli 1627 verstarb, wenige Wochen, bevor dort wieder einmal die Pest ausbrach. Diese verschonte auch die Bediensteten derer von Ulm nicht, ebenso wenig wie der Krieg.

Kriegshandlungen erreichten die Höri erst im folgenden Jahr, das Kirchenbuch von Wangen vermerkt zum Jahr 1628: »In diesem Jahr sind die Soldaten im land ge-

72 Ebenda, S. 27
73 End, a. a. O. 1940, S. 99
74 Evt. schon durch Kaiser Rudolf II., vgl. Martin/Ulm zu Erbach/Schürle/Seiffert, a. a. O. 2012, Nr. 754
75 Ebenda, Nr. 725 vom 2.9.1613
76 Vgl. dazu den von Ulm'schen Domherrenhof in Eichstätt
77 Zit. nach End, a. a. O. 1940, S. 100

Verbessertes Wappen der Familie von Ulm auf einer Urkunde vom 2. Juli 1663 (Erbach, Archiv Ulm-Erbach P 28)

wesen und haben die gemeind alhie über 3000 [?] geraubt.« Wann genau das Schloss von den Hamilton'schen Reitern geplündert und verwüstet wurde, ist nicht bekannt. Der Zürcher Abgeordnete Heinrich Grebel berichtete am 29. April 1632 brieflich nach Hause, er habe im Kloster Feldbach zwei Söhne des Reichsvizekanzlers angetroffen, die dort seit längerer Zeit Zuflucht gesucht hätten, wie viele andere Bewohner des nördlichen Bodenseeraumes auch.[78]

Euphrosina von Schad hielt Zeit ihres Lebens mit Hilfe des Freiherrn Hans Adam von Stein das Vermögen, welches ja in erster Linie ihr Erbe war, zusammen. Nach ihrem Tode wurde 1643 der reiche Besitz unter den fünf Söhnen Hans Ludwigs aufgeteilt, wobei die Familiengüter um Schloss Marbach an Paul Matthias von Ulm fielen. Zum Streit kam es unter den Brüdern um die Bewertung der Herrschaft Erbach. Ihr Besitzer Luitfried hätte seinen Brüdern 32 000 fl Ausgleich zahlen sollen, was die finanzielle Leistungskraft der Herrschaft überstieg und zu einem jahrelangen Erbschaftsstreit führte. Zugleich mit der Erbteilung war in einem Fideikommis ein Vorkaufsrecht für Familienmitglieder und ein Erbgang nur in männlicher Linie vereinbart worden. Da Luitfried nur eine Tochter hatte und der Bruder Heinrich Bernhard kinderlos starb, wurde deren Erbe 1675 neu verteilt. Die Linie Marbach erhielt dabei die Herrschaft Mittelbiberach zugesprochen, welche nun Familiensitz wurde. Die Besitzungen am Untersee wurden von einem Vogt verwaltet.

Euphrosinas Sohn Gall von Ulm (1610–1687) hatte in spanischen Diensten Karriere gemacht und war dann in der Verwaltung des Bistums Eichstätt tätig gewor-

78 Ebenda, S. 101

den. Dies ermöglichte weiteren Familienmitgliedern die Übernahme von Aufgaben im Bistum. Ins Bistum Augsburg bestanden bereits Beziehungen, noch heute zeugen von der Familie von Ulm errichtete große Domherrenhöfe in beiden Städten von ihrem Einfluss. Darüber hinaus erlangten Familienmitglieder Zugang zum Basler Domkapitel.[79]

Dass die Familie sich weiter verzweigte, sei hier nur erwähnt, aber nicht weiter ausgeführt.[80] Franz Anton von Ulm (1647–1721), Sohn von Gall, erlangte das Amt des Burgauer Landvogtes, welches in der Folgezeit fünf weitere Familienmitglieder ausübten. Zu erwähnen ist noch Franz Antons Bruder Johann Ludwig Konstantin von Ulm. Er verkaufte in erheblichem Umfang Familienbesitz, nur um den österreichischen Kaiser mit dem ungeheuren Darlehen von 400 000 fl beeindrucken zu können, welches ihm im Gegenzug diverse Pfandschaften sowie das erbliche Amt des Landvogts in Hohenberg einbrachte. Mit seinem Ziel, wie sein Großvater Hans Ludwig von Ulm dank der kaiserlichen Gunst bedeutende Güter dauerhaft zu erwerben, scheiterte er jedoch. Besonders wertvolle Pfandschaften löste die habsburgische Verwaltung wieder aus.

Franz Antons Enkel Ferdinand Carl von Ulm (1725–1781) verdient eine ausführlichere Erwähnung. Er hat wie sein Vorfahr, der Fürstabt Heinrich von Ulm, an der katholischen Universität in Dillingen studiert, war Domkapitular in Augsburg und hätte 1748 Canonicus in Eichstätt werden können. Stattdessen absolvierte er die damals übliche Kavalierstour durch Europa und erreichte in Wien die Ernennung zum kaiserlichen Kämmerer. Auf eine Beamtenstelle musste er trotz der hohen Gönnerschaft lange warten. »In erstaunlich hartnäckiger Weise hatte er sich auf die Stelle eines Landvogts in Günzburg als Idealstellung versteift, da sie bereits sein Vater innehatte und der Amtssitz in der Nähe seiner eigenen Güter lag.«[81]

1753 wurde er Supernumerari-Repräsentationsrat ohne Besoldung in Konstanz, doch da ihm das Klima nicht behagte, blieb er nach Möglichkeit auf seinen Gütern in Erbach wohnen. Erst zehn Jahre später gelang es ihm nach ständigen Bemühungen, das Amt des Landvogts in der Markgrafschaft Burgau zu erhalten. 1768 bewarb er sich auf die freigewordene Stelle des vorderösterreichischen Regierungspräsidenten und wurde am 7. Januar 1769 in Wien vereidigt. Zum Leidwesen Ferdinands bestand die Reichsverwaltung auf einem Dienstsitz in Freiburg, was Ferdinand mit dem Hinweis auf seine große Familie – er hatte 13 Kinder – zu verhindern versucht hatte.

In Freiburg war Ferdinand Carl von Ulm ein »fleißiger Arbeiter«, jedoch »kein brillanter Kopf«. Personelle Probleme und widersprüchliche Anweisungen aus Wien erschwerten die Arbeit. »Ulms Stärke lag in der höfischen Repräsentation, im Fest, wie ja seine ganze Karriere viel stärker eine barocke Hofkarriere als ein Aufstieg im

79 Martin/Ulm zu Erbach/Schürle/Seiffert, a. a. O. 2012, S. 774, auch für die folgenden Angaben

80 Dazu ausführlich Martin/Ulm zu Erbach/Schürle/Seiffert, a. a. O. 2012, und Quarthal, Franz: Die vier vorderösterreichischen Regierungspräsidenten in der zweiten Hälfte des 18. Jahrhunderts. In: Durian-Ress, Saskia, und Smolinsky, Heribert (Hg.): Habsburg und der Oberrhein. Gesellschaftlicher Wandel in einem historischen Raum. Waldkirch 2002, S. 101–214

81 Quarthal, a. a. O. 2002, S. 136

Schloss Marbach bei Wangen am Untersee (Foto: Franz Hofmann)

rationalen Rahmen einer absolutistischen Verwaltung war. In der Begrüßung und Feier der durchziehenden Kaisertochter Marie-Antoinette konnte Freiburg unter Ulms Leitung für zwei Tage und die gigantische Summe von 200 000 fl den höfischen Glanz entfalten, der ihm so lange fehlte.«[82]

Auch privat gelang es ihm nicht, mit dem Geld zu haushalten. So klagte er der Kaiserin in einem Memorandum seine finanzielle Misere, die hauptsächlich durch seine Aufwendungen als Regierungspräsident verursacht sei, da sie mehr Geld erforderten als seine Besoldung einbrachte. »Es bewundert die ganze Welt, dass ich solchem in Zeit vor 7 Jahren noch nicht habe unterliegen müssen, da mir jedermann das Zeugnis geben muss, dass ich das ganze Jahr von Morgen bis Abend ohne Luftschöpfung, ohne Bewegung an dem Ruder size, welches sammt meiner ehemaligen elenden Wohnung mich voriges Jahr schon nahe an den Randt des Grabes geführt hat.«[83]

Ganz anderer Art war die Beurteilung durch Kaiser Joseph II. Er besuchte im Juli 1777 Freiburg und zeigte sich wenig begeistert: »Die Stadt ist weder schön noch glanzvoll; sie gleicht einem großen Marktflecken [...]. Zwanzig Regierungsräte kos-

82 Ebenda, S. 152
83 Archiv Erbach F 309, zit. nach Quarthal, a. a. O. 2002, S. 155–156

ten mit ihren Untergebenen 140 000 Gulden in einem Land, das insgesamt nur 300 000 Gulden bringt. Doch jeder macht etwas, sie untersuchen, erfinden, fragen und schreiben und verdrießen alle Untertanen. Ein Präsident (Carl von Ulm), der seine Leute nicht im Griff hat, mit seinem Geld nicht auskommt und der sich undurchsichtiger Mittel bedient, um seine Ausgaben zu verschleiern, macht schlechtes Blut. Und die Universität ist auch nicht besser, scheint nicht wert zu sein, was sie kostet.«[84]

1781 starb Ferdinand Carl von Ulm in Erbach. Sein Dienst für das Haus Habsburg hatte ihm keinen finanziellen Gewinn gebracht. Sein aufwändiger Lebensstil, gemäß den Vorstellungen des Adels im Barock, brachte ihn und seine Familie an den Rand des Ruins. Sein Epitaph ist in der Erbacher Kirche zu finden: »Widmete sich ganz dem Dienst des Staates und seiner Beherrscherin. Vom Eifer für beide aufgezehrt starb er in Freiburg.«

Der 1643 eingerichtete Fideikommis und die Verfügung von 1798, dass nur noch der Erstgeborene in männlicher Linie erbberechtigt sei, führte dazu, dass Anfang des 19. Jahrhunderts der Familienbesitz wieder in einer Hand vereinigt werden konnte. Nach dem Aussterben der Marbacher Linie 1814 fiel deren Besitz mit Mittelbiberach und Marbach zurück an die Linie Erbach.[85] Die napoleonische Umbruchszeit hatte dazu geführt, dass die Besitzungen der Familie nun in unterschiedlichen Staaten lagen, dem Großherzogtum Baden, dem Königreich Württemberg und den Fürstentümern Hohenzollern.

Die Ursachen der zu Beginn des 19. Jahrhunderts immer deutlicher hervortretenden finanziellen Probleme der Familie sind jedoch weniger in der Zersplitterung der Besitzungen als in einer wenig glücklichen Bewirtschaftung der Güter zu suchen, vor allem durch Max Gebhard von Ulm (1778–1825). Wegen hoher Schulden war sein Sohn Maximilian Marquard von Ulm 1829 gezwungen, unter anderem die Grundherrschaft Marbach mit den Besitzungen in Wangen zu verkaufen. Damit endete die Geschichte der Herren von Ulm im Hegau, während Nachfahren der Familie noch heute auf Schloss Erbach ansässig sind.

84 Ritter von Arneth, Alfred: Maria Theresia und Joseph II, Ihre Correspondenz, Wien 1867; Quarthal, a. a. O. 2002

85 Martin/Ulm zu Erbach/Schürle/Seiffert, a. a. O. 2012, S. 770 ff.

»Wenn man sye beide mit Decke beschlagt« – Der Heiratsvertrag zwischen Balthasar von Hornstein und Cleopha von Stoffeln (1567)

Von Sibylle Probst-Lunitz, Radolfzell

Balthasar von Hornstein zu Grüningen (1540–1620) hatte eine »gute Partie gemacht«, als er 1567 Cleopha von Stoffeln († 1601) heiratete, da diese Heirat es ihm ermöglichte, einen Großteil der Herrschaft Hohenstoffeln in seinen Besitz zu bringen und damit die Linie Hornstein-Hohenstoffeln im Hegau zu begründen.

Balthasar entstammte der Grüninger Linie der weit verzweigten Adelsfamilie von Hornstein, deren Stammsitz die Burg Hornstein bei Bingen, unweit von Sigmaringen, war und die zahlreiche Besitzungen an der Donau und in Oberschwaben hatte. Sein Vater, Jakob Ernst von Hornstein zu Grüningen, war Inhaber des Lehens Grüningen bei Riedlingen mit Schloss und Zubehör und durch sein väterliches Erbe in große finanzielle Schwierigkeiten geraten. Eine standesgemäße Heirat mit der wohlhabenden Felizitas Renner zu Granheim 1539 verbesserte seine Situation, so dass er seinen Besitz durch mehrere Käufe vergrößern konnte und seinen Kindern neben Grundbesitz auch Kapitalvermögen hinterließ.[1]

Balthasar, geboren 1540, war der älteste Sohn von Jakob Ernst und Felizitas, die neben drei Söhnen noch eine Tochter hatten. Er wuchs bei Truchsess Wilhelm von Waldburg zu Scheer auf, der ihm zusammen mit Sigismund von Hornstein 1564 eine Stelle in Dillingen bei seinem Bruder Otto, dem Kardinalbischof von Augsburg, verschaffen wollte. Offenbar war eine Anstellung in bischöflichen Diensten bei den jungen Adligen sehr begehrt, denn es gab mehr Bewerber als Stellen, wie der Kardinalbischof seinem Bruder mitteilte, »und obwohl wir diesmal mit Hofdienern von Adel zum Überfluß versehen und dergl. Begehren anderen vielen vom Adel abgeschlagen«, wollte er doch der Familie von Hornstein einen Freundschaftsdienst erweisen und Balthasar zusammen mit einem Diener und zwei Pferden aufnehmen.[2]

Balthasar von Hornstein muss eine gute Ausbildung erhalten haben, denn 1571 wurde er Hofmarschall des Kardinalbischofs in Dillingen. 1576 folgte ein weiterer Schritt auf der Karriereleiter, als er Pfleger in Füssen wurde und in dieser Funktion

1 Hornstein, Edward von: Die von Hornstein und von Hertenstein. Erlebnisse aus 700 Jahren, Konstanz 1911, S. 228

2 Hornstein, a. a. O. 1911, S. 260

immer wieder Gesandtschaften übernahm. Ein Pfleger war ursprünglich für die Verwaltung und Verteidigung einer Burg zuständig, später hatte er neben den administrativen auch juristische Aufgaben zu erfüllen. Balthasar hatte die Stadt und das Schloss Füssen zu schützen und zu verwalten, dafür standen ihm jährliche Einkünfte in Naturalien und in Geld zu, außerdem verfügte er über einen großen Jagdbezirk.

Cleopha von Stoffeln, deren Geburtsdatum nicht bekannt ist, war die Tochter von Jakob von Stoffeln und Anna von Ehingen. Das Ehepaar hatte sieben Töchter, ein Sohn starb im Kindesalter. Da der Bruder von Jakob, Pankraz von Stoffeln zu Eigeltingen, kinderlos war, war damit zu rechnen, dass beim Tod von Jakob von Stoffeln der Teil seines Besitzes, der Reichslehen war, vom Kaiser wieder eingezogen wurde. Deshalb bat er Kaiser Ferdinand I. 1566 um die Erlaubnis, zwei oder drei seiner Töchter beziehungsweise ihren Söhnen das Reichslehen zu überlassen, gegen Auftragung seiner Burg Mittelstoffeln. Zu dem Besitz gehörten die Burgen Mittelstoffeln und Hinterstoffeln, Mittelstoffeln war bisher Eigentum von Jakob, Hinterstoffeln ein Reichslehen. Die Burg Vorderstoffeln besaß Bilgeri von Reischach. Zu den drei Burgen gehörten die Orte Weiterdingen, Binningen, Bietingen, der Burgstall Homboll, zahlreiche Rechte und Zehnten sowie mehr als 1000 Leibeigene.[3]

1566 waren zwei Töchter von Jakob bereits kinderlos verstorben, eine Tochter war Nonne in Katharinental, drei waren verheiratet, nur Cleopha wartete noch auf den richtigen Ehemann. Dieser schien Balthasar von Hornstein zu sein. Man weiß nicht, ob sich die beiden jungen Leute vor ihrer Heirat persönlich gekannt hatten. Der Bräutigam war zur Zeit der Eheschließung in Dillingen in Diensten des Kardinalbischofs oder hielt sich sonst im heimatlichen Grüningen bei Riedlingen auf. Cleopha lebte entweder auf den Burgen Mittel- oder Hinterstoffeln. Wurde die Ehe also von den Familien arrangiert, wie es damals Usus war? Davon ist auszugehen, denn die beiden Adelsfamilien haben sich gekannt und freundschaftliche Beziehungen unterhalten, waren sie doch beide Mitglied in der Rittergesellschaft St. Jörgenschild, deren regelmäßige Zusammenkünfte den männlichen Mitgliedern der Adelsfamilien unter anderem die Gelegenheit zum Austausch und zum Anbahnen mancher Geschäfte und Ehen boten.

Eheverträge, zeitgenössisch als Heiratsbrief oder Heiratsabrede bezeichnet, waren seit dem Mittelalter vor allem beim Adel und beim Bürgertum üblich, später finden sie sich auch bei der nichtadligen Bevölkerung. Sie hielten den Konsens zwischen den beiden Familien und den Brautleuten schriftlich fest und waren im Prinzip das »schriftlich festgesetzte Eheversprechen«.[4]

Die Verträge waren Urkunden und hatten fast immer einen ähnlichen Aufbau. Nach der religiösen Eingangsformel, der Invocatio, werden die Aussteller genannt, in der Regel an erster Stelle der Vater des Bräutigams, der für seinen Sohn handelt, dann der Vater der Braut, daran schließt sich die Nennung der Zeugen an. In der so-

3 Hornstein, a. a. O. 1911, S. 256

4 Westphal, Siegrid, et al: Venus und Vulcanus. Ehen und ihre Konflikte in der frühen Neuzeit, München 2011, S. 50 ff.

genannten Arenga werden die Beweggründe und Ziele der Eheschließung genannt – beim Adel die Mehrung der verwandtschaftlichen und freundschaftlichen Bande sowie die Erhaltung und Sicherung des Geschlechts. Die anschließende Verlobungsformel drückt den Konsens der Brautleute aus, der Voraussetzung für alle weiteren finanziellen und sonstigen Abmachungen ist.

Am 22. Mai 1567 wurde der Heiratsvertrag für Cleopha und Balthasar unterzeichnet. Die Braut war nicht anwesend, sie wurde durch ihren Vater Jakob von Stoffeln vertreten. Pankraz von Stoffeln, Albrecht von Breitenlandenberg zu Bürglen und Reinhard von Neuneck zu Kattenhorn fungierten als dessen »Beistände«.[5] Neben dem Bräutigam Balthasar waren sein Vater, Jakob Ernst von Hornstein, Sigismund von Hornstein, Balthasar von Hornstein und Hans Reinhard Speth zu Schülzburg anwesend.[6]

Der Heiratsvertrag beginnt mit der bereits erwähnten Invocatio, der Anrufung der Dreifaltigkeit: »In dem Namen der hailligen untailten dreivaltigkait, gott des vatters, Gott des sons und gott des hailligen Gaists. Amen«. Mit diesem Brief »seye khundt und Zuwissen«, dass Balthasar von Hornstein und die Jungfrau Cleopha von Stoffeln die Ehe eingehen werden, zur Mehrung der Christenheit und zur Pflanzung guter Freundschaft, wie es in dem Text heißt. Im Beisein der oben genannten Beistände wurde von allen Beteiligten Folgendes bewilligt und vereinbart: Braut und Bräutigam sollen das heilige Sakrament der Ehe, wie es die römisch-katholische Kirche festgesetzt hatte, feierlich begehen und sich in ehelicher Pflicht, Treue und Liebe halten und beweisen, wie es frommen Eheleuten von Adel geziemt und ansteht.

Nach diesen eher allgemein gehaltenen Ausführungen geht der Heiratsvertrag nun detailliert auf die finanziellen Regelungen ein. Cleopha erhält von ihrem Vater zur »rechten Ehe- und Heimsteuer« den Betrag von 2000 fl von dem Tag ihres ehelichen »beyschlaffs« an, allerdings wird der Betrag in mehreren Raten innerhalb eines Jahres ausbezahlt. Sie erhält von 20 fl jährlich 1 fl Zins, also 5 %, von dem Zeitpunkt an, »wenn man sye beide mit Decke beschlagt«. Am Abend der Eheschließung oder auch direkt nach dem kirchlichen Segen wurde das junge Paar zum meist festlich hergerichteten Ehebett geleitet, in das es sich bekleidet hineinlegte, manchmal auch nur setzte. Dann wurde unter Zeugen eine Decke über sie »beschlagen«. Damit war der Beginn des ehelichen Güterrechts symbolisiert, der Vorgang hatte Rechtskraft und musste deshalb in Anwesenheit von Zeugen stattfinden.

Die »Ehe- oder Heimsteuer« ging normalerweise vom Vater der Braut direkt an den künftigen Ehemann, die Ehefrau hatte kein Verfügungsrecht darüber. Sie diente der Finanzierung des gemeinsamen Haushalts, ihre Ausbezahlung erfolgte nicht immer sofort bei der Hochzeit, sondern erst im folgenden Jahr und in Raten, wie im

5 Beistände waren im eigentlichen Sinn des Wortes Personen, die daneben- oder dabeistanden, um zu helfen und zu unterstützen. Bei der Ausfertigung von Heiratsverträgen hatten sie vor allem auch die Funktion eines Zeugen.

6 Die Urkunde mit den fast vollständig erhaltenen Siegeln der acht Unterzeichner befindet sich als U 15 im Archiv der Freiherren von Hornstein-Bietingen im Gemeindearchiv Gottmadingen

Fall von Cleopha. Diese Praxis ist auch als Hinweis auf finanzielle Probleme zu sehen, denn nicht jede Familie war in der Lage, ihren Töchtern gleich zu Beginn der Ehe die »Heimsteuer« zu zahlen, hatten sie doch ihren Töchtern zusätzlich noch eine Aussteuer zu finanzieren.

Jakob von Stoffeln stattete seine Tochter standesgemäß aus. Sie erhielt neben dem Geld Kleider und »Kleinode«, nämlich Schmuck, und anderes, was einer »Junkfrauen vom Adel gepürt«. Die Aussteuer einer adligen Braut bestand immer in Kleidung und Schmuck und blieb ihr Eigentum. Der Vater des Bräutigams hatte die Braut mit 2000 fl zu widerlegen und zu verwidmen und ihr 400 fl als Morgengabe zu zahlen. Die Widerlage war die eigentliche Gegenleistung des Bräutigams für die »Ehe- oder Heimsteuer« und wurde oft in derselben Höhe gegeben. Während das Heiratsgut für den neugegründeten Hausstand vorgesehen war, diente die Widerlage zur Absicherung und Versorgung der Ehefrau beim Tod ihres Ehemanns.

Die Morgengabe war ein Geschenk des Bräutigams an seine Braut, die sie in der Regel am Morgen nach der Hochzeitsnacht erhielt, gewissermaßen als Dank für ihre Jungfräulichkeit. Die Frau konnte über die Morgengabe frei verfügen, Cleopha wird in dem Heiratsbrief ausdrücklich dieses Recht zugestanden. Balthasar von Hornstein wird verpflichtet, Heiratsgut, Widerlage, Morgengabe sowie alles, was Cleopha erben sollte, auf sein Hab und Gut mit Urkunde und »Bürgen vom Adel« zu versorgen und versichern. Ihm wurde im Januar 1568 bewilligt, insgesamt 4420 fl, das waren Heiratsgut, Widerlage und Morgengabe sowie 20 fl für Holz auf das elterliche Lehen Grüningen zu versichern, was im Mai 1568 geschah, ein Jahr nach Aufsetzung des Heiratsvertrages.

Heiratsverträge enthielten auch erbvertragliche Regelungen für den Todesfall eines Ehegatten. Nachdem die Fragen der Mitgift und Aussteuer geregelt waren, folgten die entsprechenden Vereinbarungen. Der Besitz Cleophas, ihr Heiratsgut und was sie geerbt hat, gehen an ihren Ehemann Balthasar, wenn sie vor ihm stirbt und wenn sie beide eheliche Kinder haben. »Wenn aber nit ehliche Kinder von ir beder Leiben geboren«, dann erhält er das Heiratsgut in Höhe von 2000 fl zur Nutznießung, nach seinem Tod fällt es an die nächsten Erben Cleophas.

»Würde sich aber der fall nach schickung Gott des Herrn begeben«, dass »er vor Ir mit todt verschidt« und sie beide Kinder haben, dann kommt sein Hab und Gut in den Besitz von Cleopha, ausgenommen verbriefte Schulden, Pfandschaften, Barvermögen, »raissige Hab«, das ist die militärische Ausrüstung, und was zur Wehr eines Schlosses gehört, sowie seine Kleider und die »Clainoteren«. Die Witwe übernimmt die Verwaltung des Besitzes und hat jedes Jahr eine Aufstellung der Ausgaben und Einnahmen zu machen. Mit dem »Beistand« von je zwei Verwandten der Familien von Hornstein und von Stoffeln hat sie die Kinder zu erziehen.

Wenn Cleopha aber ihren Witwenstand beendet, also wieder heiratet, oder nicht mehr bei ihren Kindern bleiben will, so sollen ihr Heiratsgut, Widerlage, Morgengabe, ihr Erbe sowie der dritte Teil der sogenannten fahrenden Habe und 100 fl zugutekommen, die Verwaltung des Besitzes muss sie aber abgeben. Solange sie Witwe ist und nicht bei ihren Kindern wohnt, bekommt sie jährlich 20 fl für Wohnung

Der Heiratsvertrag zwischen Balthasar von Hornstein und Cleopha von Stoffeln vom 22. Mai 1567 (Gemeindearchiv Gottmadingen, Archiv der Freiherren von Hornstein-Bietingen, U 15, Fotos: Franz Hofmann)

und Holz, im Fall ihrer Wiederverheiratung endet diese Zahlung. Wenn aus der Ehe keine Kinder hervorgehen, so fällt die Widerlage nach dem Tod der Witwe an die nächsten Erben von Balthasar von Hornstein zurück.

Der Brautvater Jakob von Stoffeln war 1567 sicher schon im fortgeschrittenen Alter, dennoch hatte er offenbar die Hoffnung auf einen Sohn und Erben noch nicht aufgegeben, denn es heißt in dem Heiratsbrief: »wenn Jakob von Stoffeln [...] ainen ehelichen mennlichen leibß Erben gebären und überkommen würde«. In diesem Fall erhält seine Tochter zusätzlich zu ihrem Heiratsgut in Höhe von 2000 fl noch einmal 1500 fl. Wären es gar zwei oder drei Söhne, erhielte sie nur 1000 fl, Cleopha müsste dann aber vor dem Hof- und Landgericht auf ihr väterliches und mütterliches Erbe verzichten. Der Erbverzicht zum Zeitpunkt der Heirat war bei Töchtern aus adligen Familien üblich, wenn es männliche Nachkommen gab. Die Töchter erhielten Heiratsgut und Aussteuer, waren dann aber nicht mehr erbberechtigt. Sollte Brautvater Jakob keinen Sohn mehr bekommen, dann wäre sie neben ihren Schwestern »in allen vätterlichen und muterlichen Erb die gleiche Erb Dochter«.

Auch für den schlimmsten Fall wurde Vorkehrung getroffen. Wenn einer der Brautleute, was jedoch Gott in seiner Gnade und Güte verhüten möge, »vor dem Beyschlaff« stirbt, wird dieser Heiratsbrief für nichtig erklärt.

Neben den beiden Vätern der Brautleute waren bei der Ausfertigung der Heiratsurkunde die nächsten Verwandten und Familienangehörigen anwesend. Pankraz von Stoffeln zu Eigeltingen, der Bruder von Jakob von Stoffeln, wurde bereits erwähnt, Albrecht zu Breitenlandenberg zu Bürglen war ein Schwiegersohn, verheiratet mit Veronika von Stoffeln. Reinhard von Neuneck zu Kattenhorn, ebenfalls ein Schwiegersohn, war mit Siguna von Stoffeln verheiratet. Sigismund von Hornstein, Deutschordenskomtur und Komtur zu Altshausen, war, ebenso wie Balthasar von Hornstein, Hofmeister des fürstlichen Stiftes Buchau, ein Onkel des Bräutigams. Hans Reinhard Speth zu Schülzburg[7] war ein Vetter oder Schwager von Jakob Ernst von Hornstein.

Die Hochzeit der beiden Brautleute muss einige Zeit nach der Vertragsunterzeichnung stattgefunden haben, denn am 28. September 1567 schrieb Balthasar von Hornstein einen Brief an seinen künftigen Schwager Bilgeri von Reischach, in dem unter anderem zu lesen ist: »Der Jungfrau Cleophe, meiner künftigen Hausfrau, magst du mein Dienst und alle Ehr, Liebs und Guts ausrichten und um den ›Krom‹ [Jahrmarkt-Geschenk], so mir in dem Schreiben zukommen, freundlich danken.«[8]

Man kann sich nun fragen, warum er seiner Braut nicht in einem persönlichen Brief dankt, die Zeit dafür hatte er und offenbar plagte ihn etwas die Langeweile. Er war in Dillingen krank geworden und um seine Krankheit auszukurieren, war er auf das elterliche Schloss nach Grüningen zurückgekehrt. Er bat Bilgeri, ihn zu besuchen: Wenn »du vielleicht nit viel auf Stoffeln zu thun hast, könntest du einen Spazierritt hierher machen«. Kosten würden Bilgeri bei dieser Kurzreise nicht entste-

7 Die Schülzburg ist eine abgegangene Burg bei Anhausen (Stadt Hayingen)

8 Hornstein, a. a. O. 1911, S. 261

hen, nach einer Übernachtung im Kloster Wald könnte er in sechs Stunden Grüningen erreichen. Um vom Hohenstoffeln nach Grüningen bei Riedlingen mit dem Pferd zu reiten, benötigte man demnach knapp zwei Tage.

Pfarrkirche Weiterdingen, Chor-Nordwand, Detail aus dem Epitaph für Balthasar von Hornstein (1540–1620), angefertigt von Jörg Zürn um 1625 (Foto: Franz Hofmann)

Und schließlich hatte Balthasar sogar noch ein Geschenk für die »Hausfrau« von Bilgeri, eine Schwester seiner Braut Cleopha, nämlich einen »samtenen Vorschutz«, eine Schürze aus Samt, von dem Schneider zu Riedlingen. Die Braut selbst ging anscheinend leer aus, denn ein Geschenk für sie erwähnt der Bräutigam in seinem Brief nicht. Es war ihm aber offensichtlich sehr an einem guten Verhältnis zu der neuen Verwandtschaft gelegen.

Über die Ehe von Cleopha und Balthasar ist so gut wie nichts bekannt. Wie bereits erwähnt, übte Balthasar ab 1571 das Amt des Hofmarschalls bei dem Kardinalbischof in Dillingen aus, ab 1576 das des Pflegers in Füssen, dieses Amt bekleidete er fast 30 Jahre. Sehr wahrscheinlich begleitete Cleopha ihren Mann nach Dillingen und anschließend nach Füssen, wo sie im Schloss wohnten. Das Ehepaar hatte sieben Kinder, einen Sohn, Hans Erhard (geboren 1578) und sechs Töchter: Anna, Sibylla, Kunigunde, Felicitas, Maria Cleopha und Margaretha.[9] Hornstein (1921) bewertet die Ehe zwischen Balthasar und Cleopha als glücklich: »Die Ehe ist gewiß eine glückliche gewesen, das beweist schon das völlige Schweigen der Akten über Kleopha.«[10] Es sei dahin gestellt, ob allein die Tatsache, dass nichts über Cleopha schriftlich festgehalten wurde, ein Hinweis auf eine harmonische Ehe ist!

Im Jahr 1602 begann Balthasar die hintere Burg Stoffeln neu erbauen zu lassen, vielleicht gab er zu diesem Zeitpunkt sein Amt in Füssen auf und lebte nun auf dem Stoffeln.[11] Seine Frau war bereits am 12. Mai 1601 verstorben, entweder auf der hinteren oder mittleren Burg des Hohenstoffeln und mit ihr eine der letzten Nachkom-

9 Nach Hornstein, a. a. O. 1911, hatte das Ehepaar sieben Töchter und einen Sohn; vgl. auch Kindler von Knobloch, Julius: Oberbadisches Geschlechterbuch, Bd. 2, Heidelberg 1905, Blatt 130, dort werden nur sechs Töchter und ein Sohn aufgeführt.

10 Hornstein, Karl von: Zur Geschichte der Burgen zu Stoffeln und ihrer letzten Bewohner. In: SVGB 49, 1921, S. 83–98, hier S. 89

11 Ebenda, S. 88–89

men des alten Geschlechts von Stoffeln.[12] 1616 zog Balthasar auf das Schloss seiner Eltern in Grüningen, das er inzwischen geerbt hatte. Dort starb er 1620 im Alter von 80 Jahren, er fand seine letzte Ruhestätte an der Seite seiner Frau in der Kirche von Weiterdingen.[13]

Balthasar von Hornstein hatte durch die Heirat mit Cleopha von Stoffeln in der Tat eine gute Partie gemacht. 2000 fl Mitgift waren zu dieser Zeit eine ansehnliche Summe. Für einen Hektar Ackerland musste man zu dieser Zeit die Summe von 150 fl zahlen. Die Schwiegermutter von Cleopha, Felizitas Renner, die als wohlhabend galt, brachte bei ihrer Hochzeit mit Jakob Ernst von Hornstein ebenfalls ein Heiratsgut in Höhe von 2000 fl mit, doch von ihrem zu dieser Zeit nicht besonders vermögenden Bräutigam bekam sie nur 200 fl Morgengabe. Aber es war nicht die Mitgift, sondern das Erbe seiner Frau und die sich daraus ergebenden günstigen Umstände, die Balthasar die Chance boten, bedeutende Besitzungen im Hegau zu erwerben. Dies setzte wiederum voraus, dass auch er über ausreichende finanzielle Mittel verfügte.

1579 starb der Brautvater Jakob von Stoffeln. Dessen Hoffnungen auf einen männlichen Erben hatten sich nicht mehr erfüllt, damit waren seine Töchter erbberechtigt. 1583 begann die Erbteilung, die Schwiegersöhne wollten weder einen gemeinschaftlichen Besitz noch eine Güterteilung, so dass nur noch die Möglichkeit der Auszahlung blieb. Bilgeri von Reischach, der mit Vorderstoffeln bereits ein Drittel der Herrschaft innehatte, sollte seine Schwäger auslösen, aber als die Kaufverträge nach langwierigen Verhandlungen endlich unterschrieben waren, besann er sich anders und man musste von Neuem verhandeln. Bilgeri, der als sehr launisch, unberechenbar und gewalttätig galt, zettelte bei der Zusammenkunft in der Ratsstube von Engen sogar eine Schlägerei an, als die Verhandlungen nicht nach seinen Vorstellungen verliefen.

1586 kaufte Balthasar von Hornstein schließlich von seinen angeheirateten Neffen Hans Ulrich von Breitenlandenberg sowie Wolf Dietrich und Wolf Friedrich von Neuneck deren Anteile an dem Erbe für die Summe von 38 000 fl,[14] damit war die Hälfte der Herrschaft in seinem Besitz. Mit Bilgeri von Reischach konnte er sich erst 1591 einigen, nun gingen Hinter- und Mittelstoffeln an Balthasar. Mit dem Tod des letzten Nachkommen von Bilgeri von Reischach 1623 kam schließlich auch jener Teil der Herrschaft Stoffeln an das Haus Hornstein, der bisher zu Reischach gehörte. Der Sohn von Cleopha und Balthasar, Hans Erhard, führte von nun an den Namen »von Hornstein zu den drei hohen Stoffeln, Grüningen und Homboll«.

12 Hornstein, a. a. O. 1911, gibt das Jahr 1601 als das Todesdatum von Cleopha an, Hornstein, a. a. O. 1921, das Jahr 1611.

13 Vgl. den Beitrag von Franz Hofmann in diesem Jahrbuch

14 Hornstein, a. a. O. 1911, S. 263

»Cuius anima Deo vivat« – Adlige Grabdenkmale in der Pfarrkirche St. Mauritius zu Weiterdingen

Von Franz Hofmann, Konstanz

Der parkähnliche Friedhof, wie wir ihn heute kennen, mit übersichtlichen Grabreihen und einem regelmäßigen Wegenetz, ist erst eine Idee des 19. Jahrhunderts. Vor allem seit den 1840er Jahren, in den großen Städten mit ihrer dichten Bebauung allerdings auch schon wesentlich früher,[1] wurden die alten Begräbnisplätze bei den Kirchen aufgegeben und neue Friedhöfe außerhalb der Orte angelegt. Hauptgründe dafür waren die äußerst beengten Verhältnisse auf den alten Kirchhöfen, wo ja auf kleinem Raum über Jahrhunderte die Toten begraben wurden, und die damit einhergehenden untragbaren hygienischen Zustände.

Jeder christliche Friedhof hatte eine Kirche oder Kapelle als Zentrum und Bezugspunkt, die Toten wurden bei den Gotteshäusern in geweihter Erde bestattet. So war auch jede Kirche oder Kapelle selbst Begräbnisplatz, hier wurde nur graduell unterschieden: Ein Begräbnis in der Kirche war den bedeutenderen und wohlhabenderen Mitgliedern der Gemeinde vorbehalten. Um es etwas vereinfacht auszudrücken: Je näher das Grab an der Kirche lag, umso besser; Priestergräber finden sich oft an Kirchenaußenwänden; in der Kirche war wiederum besser als außerhalb; innerhalb des Kirchenraums waren die besten Begräbnisplätze vor Altären und natürlich im Chorraum beim Hauptaltar – solche Plätze waren der Ortsherrschaft oder vergleichbaren Personen vorbehalten.

Die aufgelassenen Kirchhöfe wurden später fast alle komplett abgeräumt, nur ganz vereinzelt sind Grabsteine an Mauern oder Kirchenaußenwänden erhalten. Wie sich eine Kirche und ihre nächste Umgebung auch heute präsentiert: Um sie herum liegen noch immer Hunderte von Gräbern. Sie sind noch da, auch wenn die Grabkreuze und Grabsteine längst verschwunden sind. Nur ganz wenige der Kirchhöfe im Hegau konnten im 19. Jahrhundert ausgeweitet und so bis heute weiter genutzt werden – etwa in Horn, Dingelsdorf oder Binningen. Oft bedeckt heute Rasen oder

1 Der Konstanzer Schottenfriedhof vor der Stadtmauer wurde bereits 1541 angelegt. Ab 1775 durften die Toten nur noch dort begraben werden, die alten Kirchhöfe in der Stadt wurden geschlossen. 1840 wurde der Schottenfriedhof mit regelmäßigem Wegenetz neu angelegt. Die Schaffhauser verlegten den Friedhof ebenfalls 1541 vom Kirchhof bei St. Johann in den Garten des aufgehobenen Klosters Allerheiligen. In Überlingen wurde der Friedhof 1530 an die heutige Stelle vor der Stadt verlegt, in Meersburg 1682.

parkähnlicher Bewuchs den Ort der alten Kirchhöfe. Das ist noch der pietätvollste Umgang mit alten Gräbern, ansonsten ist es oft erschreckend, wie die Christen mit den Gräbern ihrer Vorfahren umgingen und bis heute umgehen. Noch in jüngster Zeit wurde beispielsweise der alte Friedhof von Engen, der um die 1871 abgebrochene Kirche St. Martin im Altdorf lag, mit einem Supermarkt überbaut – ungeachtet dessen, dass dort die Engener Toten vieler Jahrhunderte liegen.

Jede Kirche war auch innen »gepflastert« mit Gräbern und Grabplatten. Es wurde unterschieden zwischen Bodenplatten über den Gräbern, die bewusst – als Symbol der Vergänglichkeit – im Lauf der Zeit vom Darüberlaufen abgenutzt werden. Zum anderen gab es die Grabdenkmale oder Epitaphien an den Wänden, die die Bedeutung und die Verdienste der Verstorbenen priesen – oft von ihnen selbst noch zu Lebzeiten in Auftrag gegeben. Diese Epitaphien sollten die Zeit überdauern und noch in ferner Zukunft an die Verstorbenen erinnern. Grabplatten in Kirchen sind weitgehend verschwunden, allenfalls die »wertvollsten« wurden erhalten und an einer Wand aufgestellt. Aber auch die Grabdenkmale an den Wänden wurden fast alle entfernt, nur sehr wenige blieben erhalten, oft aus purem Zufall.

Vor diesem Hintergrund erschließt sich die Besonderheit der Pfarrkirche St. Mauritius zu Weiterdingen hinsichtlich der dortigen Grabdenkmale. Im Inneren der Kirche sind 14 Grabplatten und Epitaphien erhalten, der älteste Stein aus dem Jahr 1568. Dazu kommt noch die 1664 angelegte Hornstein-Gruft unter dem Chorraum. Dies sind weitaus mehr erhaltene Grabsteine und Epitaphien als in jeder anderen Dorfkirche im Hegau.

Die Weiterdinger Pfarrkirche ist eine der ältesten im Hegau, urkundlich erwähnt erstmals 1275.[2] Ursprünglich handelte es sich um einen befestigten Kirchenbezirk mit Mauern, wehrhafter Toranlage und einem in der Art eines Bergfrieds ausgebauten Kirchturm. Vom Bau des 13. Jahrhunderts ist der Turm erhalten, der Chorraum und das Langhaus wurden um 1485 spätgotisch ausgebaut. Im 18. Jahrhundert erhielt die Kirche eine barocke Ausstattung. 1882–1887 wurde das Langhaus durch einen großen Anbau nach Westen vergrößert, der Innenraum wurde neogotisch ausgemalt und ausgestattet. Diese schöne historistische Ausstattung wurde wiederum bei einer »purifizierenden« Innenrenovierung 1965/66 komplett entfernt. Die Wände sind heute weiß getüncht, der Steinfußboden ist modern.

Einige der Grabdenkmale im Kircheninneren befinden sich wohl noch am ursprünglichen Ort. Die Westwand entstand erst 1882–1887, die dortigen fünf Steine wurden also nachträglich hierher versetzt. Mehrere der in die Wände eingelassenen Steine waren offenbar ursprünglich Bodenplatten. Dass in der Pfarrkirche Weiterdingen so viele, darunter auch sehr qualitätvolle Grabdenkmale erhalten sind, liegt an ihrer Bedeutung als adlige Grablege der Inhaber der Herrschaft Hohenstof-

2 Zur Pfarrkirche Weiterdingen vgl. Schmidt-Hofmann, Sabine, und Hofmann, Franz: Die Bau- und Kunstdenkmäler in Hilzingen, Riedheim, Schlatt am Randen, Binningen, Weiterdingen und Duchtlingen. In: Kramer, Wolfgang (Hg.): Hilzingen – Geschichte und Geschichten, Band I, Konstanz und Hilzingen 1998, S. 53–126, insbesondere S. 93–104, die Grabdenkmäler S. 95–99

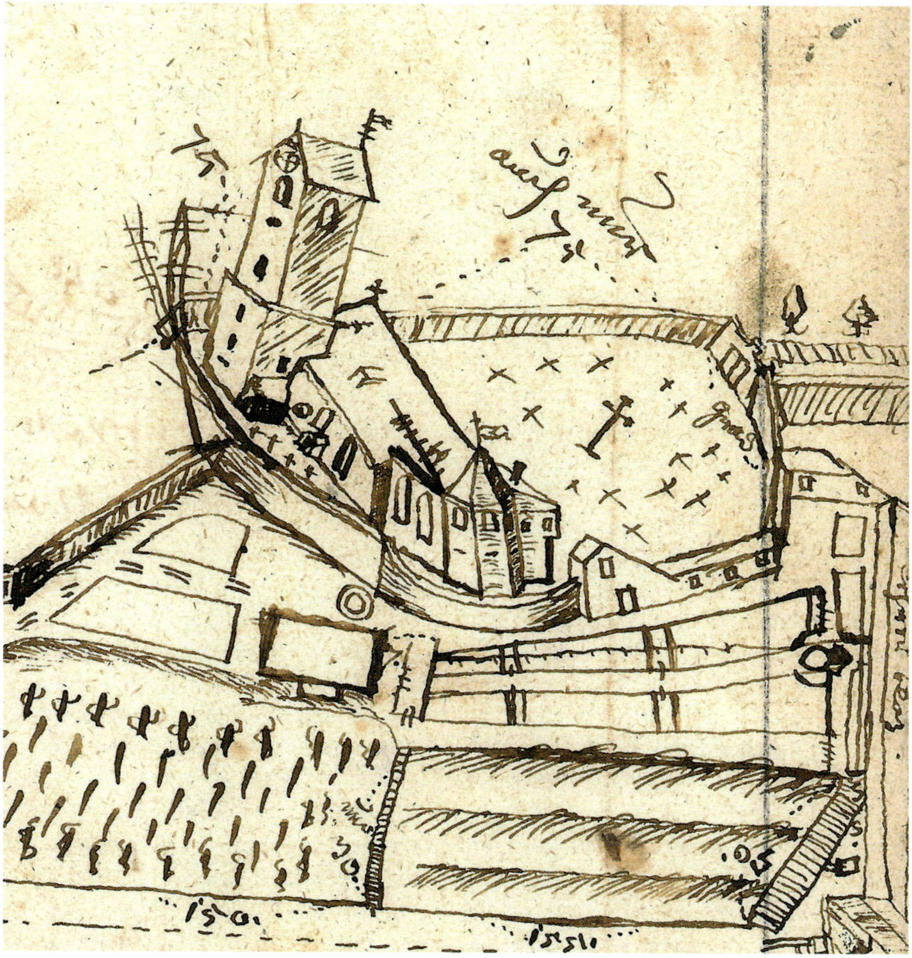

Weiterdingen, Kirche und Kirchhof in einem Urbar der Herrschaft Hohenstoffeln von 1759 – deutlich sind die Grabkreuze um die Kirche zu sehen (Hilzingen, Gemeindearchiv Weiterdingen)

feln.[3] Seit dem Spätmittelalter waren dies die Herren von Stoffeln (bis 1579), die Herren von Reischach-Stoffeln (bis 1623) und vor allem die Herren von Hornstein-Weiterdingen (bis 1805).

3 Zur Herrschaft Stoffeln vgl. Hornstein, Karl von: Zur Geschichte der Burgen zu Stoffeln und ihrer letzten Bewohner. In: SVGB 49, 1921, S. 83–98; derselbe: Zur Geschichte der Burgen zu Stoffeln. In: HEGAU 7, 1959, S. 5–9; Losse, Michael: Die Herrschaft Stoffeln – ihre Burgen und Schlösser und ihre Dörfer Weiterdingen und Binningen. In: Kramer, Wolfgang (Hg.): Hilzingen – Geschichte und Geschichten, Band III, Konstanz und Hilzingen 2005, S. 51–88, dort auch eine ausführliche Auflistung der Literatur zur Herrschaft Stoffeln mit den drei Burgen und zu den Inhabern der Herrschaft.

Deckplatte über der Grablege der Herren von Stoffeln, gestiftet 1568 von Jakob von Stoffeln († 1579) und seiner Ehefrau Anna, geborene von Ehingen

An der Langhaus-Südwand befindet sich die ehemalige Deckplatte über der Grablege der Herren von Stoffeln. Sie war ursprünglich im Boden vor dem heute nicht mehr vorhandenen Altar des hl. Gangolf eingelassen. Das Relief zeigt groß ein Doppelwappen, eingerahmt von vier kleineren Wappen, die untere Hälfte besteht aus einer Inschrift. Die Oberfläche der Platte ist abgenutzt, wie es für eine Bodenplatte zu erwarten ist. Die angeschrägten, breiten Kanten, die die Platte rahmen, lassen allerdings darauf schließen, dass sie etwas aus dem Bodenniveau herausragte.

Die Inschrift der rahmenden Kanten ist leider bis auf vereinzelte Buchstaben nicht mehr lesbar, zumal die untere Kante heute unter dem Fußbodenniveau der Kirche liegt. Auch die eigentliche Inschrift der Platte ist ziemlich verwittert (hier modernisiert): »Anno Domini 1568 Jahr ist dieser Stein erneuert worden durch den edlen und festen Jacoben von Stoffeln zu den [...] Hohenstoffeln und der edlen tugendsamen Frau Anna von Stoffeln, so es dieser [...]«.

Die Platte wurde demnach 1568 gestiftet von Jakob von Stoffeln († 1579) und seiner Ehefrau Anna, geborene von Ehingen.[4] Er saß auf der Burg Mittelstoffeln, sein Bruder Pankraz auf der Burg Hinterstoffeln. Als Pankraz 1570 kinderlos starb, erhielt Jakob dessen Erbteil dazu. Jakob von Stoffeln war seit 1533 mit Anna von Ehingen verheiratet, beide hatten sieben Töchter und einen Sohn, der jedoch 1551 als Kind verstarb. Jakob von Stoffeln war also der letzte männliche Vertreter seiner Familie. Die neue Deckplatte der Familiengrablege in der Weiterdinger Kirche hat er 1568 bereits im Bewusstsein des Aussterbens seiner Familie gestiftet.

Das Wappenfeld der Platte zeigt groß das Doppelwappen des Stifterpaares, Stoffeln links und Ehingen rechts, sowie vier Ahnenwappen des Jakob von Stoffeln: von Stoffeln (unten rechts), von Bodman (unten links, die Mutter), Randegg (oben rechts, die Großmutter väterlicherseits) und Truchsess von Diessenhofen (oben links, die Urgroßmutter väterlicherseits). Bemerkenswert ist, dass Jakob von Stoffeln selbst (nach Losse 2005) gar nicht in Weiterdingen, sondern im Kloster St. Katharinental beigesetzt wurde, wo seine jüngste Tochter Nonne war.

Epitaph für Bilgeri von Reischach-Stoffeln († 1596) und seine Ehefrau Katharina, geborene von Stoffeln († 1597)

Seit 1403 saß eine Linie der Herren von Reischach auf der Burg Vorderstoffeln. Bilgeri von Reischach-Stoffeln († 1596) heiratete 1562 Katharina von Stoffeln († 1597), eine der Erbtöchter des Jakob von Stoffeln, und gelangte so nach dessen Tod 1579

4 Zu Jakob von Stoffeln und den niederadligen Herren von Stoffeln auf dem Hohenstoffeln vgl. Hornstein, a. a. O. 1921, S. 87; Hornstein, a. a. O. 1959, S. 8–9; Losse, a. a. O. 2005, S. 55–57

Pfarrkirche Weiterdingen, Langhaus-Nordwand, Epitaph für Bilgeri von Reischach-Stoffeln († 1596) und seine Ehefrau Katharina, geborene von Stoffeln († 1597) (Foto: Verfasser)

Pfarrkirche Weiterdingen, Langhaus-Südwand, Deckplatte über der Grablege der Herren von Stoffeln, gestiftet 1568 von Jakob von Stoffeln († 1579) und seiner Ehefrau Anna, geborene von Ehingen (Foto: Verfasser)

in den Besitz der halben Herrschaft Stoffeln.[5] Das Epitaph von Bilgeri und Katharina von Reischach ist in die Langhaus-Nordwand der Weiterdinger Kirche eingelassen. Das ist aber noch kein sicherer Hinweis darauf, dass beide auch dort begraben wurden. Das Bildfeld des Epitaphs ist sehr gut erhalten. Es zeigt als schönes Relief den gekreuzigten Christus, dessen Blut in vier Kelchen aufgefangen wird. Beidseitig des Gekreuzigten knien die beiden Verstorbenen, links Bilgeri von Reischach in wehrhafter Rüstung, rechts seine Ehefrau Katharina in einem eher schlichten Gewand, jeweils zu identifizieren durch ein prächtiges Wappen. Es ist davon auszugehen, dass zumindest das Relief farbig gefasst war. Das zugehörige Inschriftfeld unter dem Relief ist ganz verloren. 1887 war ein kleiner Teil der Inschrift noch lesbar: »vff zinstag den 20. Aug. Anno 96 † [...] Reyschag [...]«.[6]

5 Zur Bilgeri von Reischach-Stoffeln und den Herren von Reischach auf dem Hohenstoffeln vgl. Kindler von Knobloch, Julius: Oberbadisches Geschlechterbuch, Band 3, Heidelberg 1919, S. 477–479; Losse, a. a. O. 2005, S. 57–59

6 Kraus, Franz Xaver: Die Kunstdenkmäler des Kreises Konstanz, Freiburg 1887, S. 52, Nr. 8

Epitaph für Jakob Bilgeri von Reischach († 1568, nach der Geburt) und Karl von Reischach († 1589, 19-jährig)

Bilgeri und Katharina von Reischach-Stoffeln hatten neun Kinder, davon drei Söhne. Doch starben zwei der Söhne früh: Der am 1. Februar 1568 geborene Jakob Bilgeri von Reischach starb bereits nach einem Tag, der 1570 geborene Karl von Reischach starb am 31. Oktober 1589 im Alter von 19 Jahren.[7] Die Eltern errichteten beiden Söhnen ein gemeinsames Grabdenkmal, das also erst 1589 entstand. Auch hier ist nicht eindeutig, ob es sich um einen Grabstein oder ein reines Grabdenkmal handelt, also ob die beiden Brüder überhaupt in der Nähe des Steins beigesetzt wurden.

Der Stein ist beeindruckend groß und besteht aus drei Teilen: unten ein großes Inschriftfeld, das seitlich von je einem stehenden Engel gerahmt wird; darüber großes Bildfeld mit schönem Relief einer Kreuzigung Christi, ganz oben ein weiteres Relief von Gottvater, flankiert von je einem Engel mit den Arma Christi (Kreuz und Geißelsäule). Im Hauptbild der Kreuzigung fangen drei Engel in Kelchen das Blut Jesu auf. Am Fuß des Kreuzes knien zwei männliche Personen: links ein junger Mann, Karl von Reischach, rechts ein Knabe, der eigentlich als Neugeborener verstorbene Jakob Bilgeri von Reischach. Zu beiden Seiten des Bildfeldes findet sich jeweils ein Wappen, links das Reischach-Wappen des Vaters, rechts das Stoffeln-Wappen der Mutter.

Der Stein ist insgesamt recht gut erhalten, die Inschrift noch weitgehend lesbar (hier modernisiert): »Anno 1568 den 2. Februar starb der edle, edle Jüngling Jacob Bilgeri von Reischach zu beiden Hohenstoffeln, seines Alters ein Tag. Anno 1589 an Allerheiligen Abend starb der edle und veste Carolus von Reischach zu beiden Hohenstoffeln, Alter 19 Jahre. [...] beide des edlen und vesten Bilgeris von Reischach und der edlen und tugendreichen Frauen Catharina von Reischach, geborene von und zu den Hohenstoffeln, eheliche Söhne. [...]nderen beiden der allmächtige Gott gnädig sei. Amen«.

Der älteste Sohn von Bilgeri und Katharina von Reischach-Stoffeln, also der ältere Bruder der beiden verstorbenen Jakob Bilgeri und Karl von Reischach, Hans Werner von Reischach-Stoffeln (1560–1623), führte die Familienlinie weiter. Bekannt ist sein sehr qualitätvolles Epitaph, angefertigt 1610 von Jörg Zürn, das sich in der Reischach'schen Familienkapelle in der Klosterkirche Petershausen befand und vor deren Abbruch 1831 in die Eingangshalle von Schloss Schlatt unter Krähen versetzt wurde.[8] Da auch Hans Werner von Reischach-Stoffeln 1623 kinderlos blieb, starb dieser Zweig der Familie mit ihm im Mannesstamm aus.

7 Zur Jakob Bilgeri und Karl von Reischach-Stoffeln vgl. Kindler von Knobloch, a. a. O. 1919, S. 479

8 Hofmann, Franz: Schloss Schlatt unter Krähen. Geschichte und Kunstgeschichte. In: HEGAU 53, 1996, S. 53–90 (Teil 1), und HEGAU 54/55, 1997/98, S. 55–99 (Teil 2), insbesondere Teil 2, S. 84–89; Zoege von Manteuffel, Claus: Die Bildhauerfamilie Zürn 1606–1666, 2 Bände, Weißenhorn 1969, insbesondere Band 2, S. 364–366, Kat. J 2

Pfarrkirche Weiterdingen, Langhaus-Nordwand, Epitaph für Jakob Bilgeri und Karl von Reischach-Stoffeln († 1568 und 1589) (Foto: Verfasser)

Pfarrkirche Weiterdingen, Westwand, Grabstein für Balthasar von Hornstein (1540–1620) und seine Ehefrau Maria Cleopha, geborene von Stoffeln († 1601) (Foto: Verfasser)

Grabstein für Balthasar von Hornstein (1540–1620) und seine Ehefrau Maria Cleopha, geborene von Stoffeln († 1601)

Balthasar von Hornstein (1540–1620) aus der Linie Grüningen (bei Riedlingen an der Donau) heiratete 1567 Maria Cleopha von Stoffeln, die zweitjüngste Tochter des Jakob von Stoffeln († 1579). Nach dem Tod seines Schwiegervaters brachte er – teils als Erbe, teils durch Auszahlung von Miterben – die Hälfte der Herrschaft Stoffeln an sich und begründete damit die Linie Hornstein-Hohenstoffeln.[9]

An der Westwand, links des Eingangs in der Ecke, findet sich ein eher schlichter Reliefstein, bestehend aus einem Inschriftfeld unten und darüber einem reichen Dop-

9 Zu Balthasar von Hornstein vgl. vor allem Hornstein, Edward von: Die von Hornstein und von Hertenstein. Erlebnisse aus 700 Jahren, Konstanz 1911, S. 255–271, Nr. 263; ferner Hornstein, a. a. O. 1921, S. 87–89; Losse, a. a. O. 2005, S. 62–64; vgl. auch den Beitrag von Sibylle Probst-Lunitz in diesem Jahrbuch

pelwappen als Hochrelief in rundem Reliefrahmen. Die Inschrift besagt (modernisiert): »Anno 1620, den 14. Januar, erstarben der reichshochwohlgeborene Balthasar von Hornstein zu 3 Hohenstoffeln, Homboll, Grüningen und Weiterdingen, hochfürstlich augsburgischer Geheimer Rat und Pfleger zu Füssen, und 1601, den 17. Mai, die reichshochwohlgeborene Maria Cleophe von Hornstein, geborene von Stoffeln, so die letzte ihres Stammes und Namens gewesen«. Entsprechend ist oben das Doppelwappen Hornstein (links) und Stoffeln (rechts) zu sehen.

Der Stein ist nicht am originalen Platz, da die Westwand erst 1887 hier errichtet wurde. Schon die auffällige Schlichtheit mag als Hinweis darauf gelten, dass es sich hierbei nicht um ein Epitaph, sondern um den Grabstein oder die Grabplatte der beiden Verstorbenen handelt. Gegen eine Grabplatte spricht, dass der Stein so auffällig in Schrift- und Wappenfeld zweigeteilt ist und dass die Oberfläche recht gut erhalten ist. Eher war der Stein wohl in unmittelbarer Nähe des Bestattungsortes in die Wand eingelassen. Wo in der Kirche Balthasar und Cleopha von Hornstein bestattet wurden, ist nicht gesichert.

Epitaph für Balthasar von Hornstein (1540–1620) von Jörg Zürn, um 1625

Von Balthasar von Hornstein-Hohenstoffeln (1540–1620) gibt es in der Weiterdinger Kirche nicht nur den besagten Stein an der Westwand, sondern auch ein etwa 4 m hohes und überaus aufwändiges und qualitätvolles Epitaph an der Chor-Nordwand. Grab und Epitaph lagen oft räumlich voneinander entfernt, so dass keine direkten Rückschlüsse vom Epitaph auf den Begräbnisort möglich sind. Natürlich wäre für Balthasar von Hornstein – seiner Bedeutung entsprechend – ein Grab im Chor der Kirche angemessen, aber dazu ist zu bedenken, dass schon Jahrhunderte lang in der Kirche bestattet wurde, der Chorraum also bereits belegt gewesen sein könnte. Nicht ohne Grund lag das Familienbegräbnis der Herren von Stoffeln im Langhaus, auch die Herren von Reischach-Stoffeln sind wohl im Langhaus bestattet worden (siehe oben). Doch könnte die Epitaph-Inschrift seines Sohnes Johann Erhard (siehe unten) dahingehend interpretiert werden, dass Balthasar und seine Gemahlin Cleopha tatsächlich im Chorraum bestattet wurden.

Grund für die Anbringung des prächtigen Epitaphs für Balthasar von Hornstein – wie auch desjenigen seines Sohnes – an der Chor-Nordwand dürfte die räumliche Verbindung zum Oratorium der Herrschaft unmittelbar darüber gewesen sein. Diese Herrschafts-Empore über der Sakristei wurde bereits um 1485 an den Chor angebaut. Seit dem 17. Jahrhundert »Hornstein-Oratorium« genannt, sollte 1864 der nicht mehr genutzte Anbau abgebrochen werden, was aber am Einspruch der Familie Hornstein scheiterte. Dass das Oratorium bis heute erhalten geblieben ist, zeigt also, wie wichtig es der Familie noch in späteren Zeiten war.

Balthasar von Hornstein begründete nach dem Erwerb der halben Herrschaft Stoffeln 1579 die Linie Hornstein-Hohenstoffeln. Dennoch saß er weiterhin in Schloss Grüningen, wo er auch 1620 starb. Das entspricht ganz der Tendenz schon seit dem frühen 16. Jahrhundert, nicht mehr auf den unwirtlichen, abgelegenen Höhenburgen zu wohnen, sondern in bequemen und viel repräsentativeren Schlössern.

Die Burgen blieben aber dennoch das Zentrum der jeweiligen Herrschaft. Daher legte Balthasar von Hornstein am 22. April 1602 den Grundstein für einen Wiederaufbau der Burg Hinterstoffeln, die offenbar Jahrzehnte ungenutzt und deshalb baufällig geworden war.

Die lateinische Inschrift in Majuskeln lautet übersetzt: »Im Jahr des Herrn 1620, am 11. Januar um Mitternacht, starb in der Burg Grüningen der edle und feste Mann, Herr Balthasar von Hornstein, Hohenstoffeln und Grüningen, hochverdienstvoller geheimer Rat des Römisch-Augsburgischen Bischofs und – etwa 30 Jahre lang – dessen hochverdienter Präfekt zu Füssen, hochberühmt im kaufmännischen Recht und in den Finanzen, er war erster Besitzer [der Burg Hohenstoffeln] aus dem altehrwürdigen Geschlecht derer von Hornstein und legte im Jahr 1602, am 22. April, den Grundstein zur vorher erwähnten, völlig verfallenen Burg Stoffeln und ließ die genannte Burg auf seine Kosten mit Ausnahme der Befestigungsanlagen instand setzen und ausbauen.«[10]

Das Epitaph für Balthasar von Hornstein wurde erst nach dessen Tod von seinem Sohn Johann Erhard in Auftrag gegeben, und zwar bei keinem Geringeren als dem berühmten Überlinger Bildhauer Jörg Zürn (um 1583–1635/38) und dessen Werkstatt.[11] 1626 wurden Zürn von den ihm für das Epitaph noch zustehenden 100 fl 12 fl ausbezahlt, am 16. Februar und 28. März 1627 weitere 8 fl und 10 fl. Johann Erhard von Hornstein brachte 1623 die Familie in den Besitz der gesamten Herrschaft Stoffeln und ließ 1624 den Chorraum der Weiterdinger Kirche neu wölben (siehe unten). In diesem Zusammenhang ist das Epitaph für seinen Vater an dieser sehr prominenten Stelle zu sehen. Es ist demnach wohl 1624 oder spätestens 1625 entstanden. Der unerwartete frühe Tod Johann Erhards 1625 dürfte die Zahlungen an Zürn verzögert haben.

Das Epitaph besteht aus drei Teilen: unten als Sockel ein großes Inschriftfeld, eingerahmt von Löwenköpfen; darüber ein großes, von monumentalen Renaissancesäulen eingerahmtes Bildfeld; oben ein mächtiges, aufgebrochenes Gesims mit reichem Wappen, in dem in quadriertem Schild die Wappen Hornstein und Stoffeln vereinigt sind. Das Bildfeld zeigt in sehr plastisch ausgearbeitetem Relief den Verstorbenen. Fast in Lebensgröße kniet Balthasar von Hornstein vor dem gekreuzigten Christus. Er trägt einen prunkvollen Harnisch, sein Helm liegt vor ihm auf der Erde. Beeindruckend sind die physische Präsenz Balthasars und die sehr individuell gestalteten Gesichtszüge. Überhaupt ist die Oberfläche des Reliefs äußerst fein und mit vielen Details ausgearbeitet.

Im Hintergrund sind in leichtem Relief Gebäude angedeutet, die immer wieder – wie auch beim oben genannten Epitaph für Hans Werner von Reischach – als die Burgen auf dem Hohenstoffeln interpretiert werden. Für das Reischach-Epitaph mag

10 Für die wesentliche Mithilfe bei den Übersetzungen aus dem Lateinischen danke ich dem Altphilologen Josef Amon, HGV-Mitglied in Würzburg, und Hans-Dieter Kuhn, Konstanz, ganz herzlich.

11 Dazu vor allem: Zoege von Manteuffel, a. a. O. 1969, insbesondere Band 2, S. 381–382, Kat. J 18, mit ausführlicher Literaturliste und allen Quellen

das zutreffen, hier aber nicht: Die Phantasiegebäude sollen Jerusalem symbolisieren, mehr nicht. Oben links in der Ecke des Bildfeldes ist Gottvater zu sehen, mit einem Spruchband »Miserere mei deus Psalm 50«. Gemeint ist Psalm 51: »Miserere mei Deus secundum magnam misericordiam tuam« – »Gott, sei mir gnädig nach deiner Huld.«

Direktes künstlerisches Vorbild war eben jenes oben genannte, von Jörg Zürn 1610 geschaffene Epitaph für Hans Werner von Reischach-Stoffeln für die Familienkapelle in der Klosterkirche Petershausen (jetzt in Schloss Schlatt unter Krähen). Dabei wird immer darauf abgehoben, dass das Reischach-Epitaph ein sehr gutes, eigenhändiges Werk sei, dem Überlinger Betz-Altar nahe verwandt. Dagegen meint Zoege von Manteuffel (1969) zum etwa 15 Jahre später entstandenen Epitaph des Balthasar von Hornstein: »Der einzige künstlerisch bedeutendere Teil des Grabreliefs ist der Kruzifixus. Wir können annehmen, daß Jörg Zürn den Grabstein im Wesentlichen von seinen Gesellen nach dem Vorbild des Reischach-Grabsteins hat anfertigen lassen. Lediglich für das Kruzifixus hat wohl eine eigenhändiges Modell von Jörg Zürn vorgelegen. Womöglich hat er ihn selbst geschaffen.«[12]

Ganz wird dieses Urteil dem Epitaph nicht gerecht. Es mag nicht ganz an das künstlerische Niveau des Vorbilds heranreichen, »künstlerisch bedeutend« ist es meines Erachtens dennoch, erst recht im Vergleich mit anderen erhaltenen Grabdenkmalen in Dorfkirchen des Hegau.

Epitaph für Johann Erhard von Hornstein (1582–1625) von Jörg Zürn, um 1627

Johann Erhard von Hornstein (1582–1625) war der einzige Sohn des Balthasar von Hornstein und der Cleopha, geborene von Stoffeln (siehe oben).[13] Er trat 1620 die Nachfolge seines Vaters an und lebte auf der renovierten Burg Hinterstoffeln, nicht mehr in Grüningen. 1623 konnte er nach dem Tod des Hans Werner von Reischach den Reischachischen Teil der Herrschaft mit der Burg Vorderstoffeln an sich bringen. Nun waren die Hornstein erstmals im Besitz der gesamten Herrschaft Stoffeln mit allen drei Burgen – »zu den 3 Hohenstoffeln« wird daher auch in den Grabinschriften immer betont. Doch schon bald darauf, 1625, starb Johann Erhard von Hornstein überraschend im Alter von erst 43 Jahren. Er wurde im Chor der Weiterdinger Pfarrkirche beigesetzt.

Sein Epitaph ist unmittelbar rechts neben demjenigen seines Vaters an der Nordwand des Chorraums angebracht – es steht also ebenfalls in direktem Bezug zum darüber liegenden Hornstein-Oratorium. Außerdem gleicht es dem anderen Epitaph nicht nur formal – es ist gleich groß und ebenfalls dreigeteilt in Sockel mit Inschriftfeld unten, großem Bildfeld als Relief und Gesimsbekrönung mit großem Wappen. Es wurde auch von demselben Bildhauer geschaffen, nämlich von Jörg Zürn in Überlingen oder zumindest in dessen Werkstatt. Jörg Zürn erhielt im Februar und April

12 Zoege von Manteuffel, a. a. O. 1969, S. 382

13 Zu Johann Erhard von Hornstein vgl. vor allem Hornstein, a. a. O. 1911, S. 303–312, Nr. 279; ferner Hornstein, a. a. O. 1921, S. 89–90; Losse, a. a. O. 2005, S. 64

Pfarrkirche Weiterdingen, Chor-Nordwand, Epitaphien für Balthasar von Hornstein (1540–1620) und Johann Erhard von Hornstein (1582–1625), angefertigt von Jörg Zürn um 1625 und um 1627 (Foto: Verfasser)

Pfarrkirche Weiterdingen, Chor-Nordwand, Epitaph für Johann Erhard von Hornstein (1582–1625). Ausschnitt: Benigna, Anna Kunigunde, Balthasar Ferdinand von Hornstein (Foto: Verfasser)

1628 nach Aufrichtung des Epitaphs zu den vorherigen Zahlungen noch 62 fl dazu.[14]

Das Epitaph für Johann Erhard von Hornstein ist also erst nach dessen Tod und damit etwa zwei Jahre später als dasjenige für seinen Vater entstanden. Dennoch gehören beide offensichtlich aufs Engste zusammen. Es ist anzunehmen, dass Johann Erhard selbst nicht nur den Stein für seinen Vater, sondern auch seinen eigenen bei Zürn in Auftrag gab. Er hatte 1624 den Chorraum neu wölben und dabei wohl neu gestalten lassen, möglicherweise auch das Hornstein-Oratorium. Johann Erhard setzte damit ein Zeichen, da die Familie nun die ganze Herrschaft Stoffeln besaß. Mit der Wahl Zürns, der sehr angesehen und sehr teuer war, zeigte er seinen gesellschaftlichen Aufstieg.

Die – wie im Epitaph des Vaters – lateinische Inschrift in Majuskeln besagt übersetzt: »Im 1625. Jahr seit der jungfräulichen Geburt am vierten November, ganz nah an der gehörten zwölften Stunde Mittags [dem Mittagsläuten] hat der hochedle und mächtige Mann, Johannes Erhard von Hornstein, Herr auf der dreifachen Burg Stoffeln, Grüningen und Homboll, auf der hinteren Burg Stoffeln seinen letzten Tag auf sehr fromme Weise vollendet; dieser Edle hat für das Lob und die Ehre des Herrn und ebenso für seiner hier in Christus entschlafenen Eltern, wie auch für seiner eigenen Seelen Heil dafür gesorgt [nachdem vorher aufgrund seiner Finanzierung ein Jahr zuvor dieser Chor gewölbt worden war], dass hier in einer Art Gewölbe begraben und bestattet wird. Seine Seele möge leben in Gott. Amen.«

Das große Bildfeld zeigt, wieder in sehr plastischem Relief, den Verstorbenen fast lebensgroß als Ritter in prunkvoller Rüstung mit vor ihm abgelegtem Helm. Die Szene ist ansonsten aber ganz anders gestaltet als in den Epitaphien für Balthasar von Hornstein und Hans Werner von Reischach. Johann Erhard kniet hier vor Maria, die als gekrönte Jungfrau vor ihm steht, ihn also deutlich überragt. Vor ihm knien klein zwei prächtig gekleidete Damen und ein ebenso reich gekleideter Jüngling – seine Gattin Benigna, geborene von Muggenthal († 1634) und die beiden gemeinsa-

14 Dazu vor allem: Zoege von Manteuffel, a. a. O. 1969, insbesondere Band 2, S. 382–383, Kat. J 19, mit ausführlicher Literaturliste und allen Quellen

men Kinder Anna Kunigunde († 1669) und Balthasar Ferdinand (1614–1685), die zum Zeitpunkt des Todes Johann Erhards noch unmündig waren, also deutlich jünger als hier dargestellt.

Maria legt in der Art einer Schutzmantelmadonna den rechten Arm um den knienden Ritter, mit der Linken weist sie auf die drei kleinen Knienden zu ihren Füßen. Oben links erscheint wieder Gottvater mit Weltkugel und Spruchband, darauf zu lesen: »S. MARIA ORA PRO NOBIS«. Das Gesimsfeld wird wieder von einem reichen Wappen bekrönt, in dem in quadriertem Schild die Wappen Hornstein und Muggenthal vereinigt sind. Links liegt ein Engel auf dem geschwungenen Gesims, dem sicher rechts ein gleichartiges Pendant entsprochen hat.

Zur künstlerischen Qualität des Epitaphs meint Zoege von Manteuffel (1969): »Die höhere Qualität dieses Grabsteins gegenüber dem des Balthasar von Hornstein ist sicher darauf zurückzuführen, daß dieser neu zu konzipieren war. Vermutlich entwarf ihn Jörg Zürn bzw. stellte ein Modell dafür her. Die persönliche Handschrift Jörg Zürns läßt sich nicht mit Sicherheit an ihm erkennen.«[15] Meines Erachtens ist es aber müßig und führt außerdem nicht sehr weit, lediglich aufgrund stilistischer oder formaler Vergleiche die Hand des Meisters Zürn von der Werkstatt zu scheiden. Beide Hornstein-Epitaphien in Weiterdingen sind – mehr oder weniger eigenhändige – Werke Jörg Zürns. Nicht nur deshalb gehören sie zu den qualitätvollsten Bildwerken im Hegau überhaupt.

Grabstein für Johann Erhard von Hornstein (1582–1625) und seine Ehefrau Benigna, geborene von Muggenthal († 1634)

Wie für Balthasar von Hornstein und seine Ehefrau (siehe oben) gibt es auch für Johann Erhard von Hornstein (1582–1625) außer dem großen, repräsentativen Zürn-Epitaph an der Chorwand noch einen schlichteren, kleineren Stein für ihn und seine Ehefrau Benigna, geborene von Muggenthal († 1634). Er befindet sich an der inneren nördlichen Chorbogenlaibung und entspricht formal dem Stein Balthasars und seiner Ehefrau Maria Cleopha. Das untere Drittel besteht aus einer Inschrift und zeigt darüber in einem Bogenfeld als Relief zwei reich verzierte Wappen, links Hornstein, rechts Muggenthal.

Die Inschrift besagt (modernisiert): »Anno 1625, den 4. November, erstarben der reichshochwohlgeborene Herr Johann Ehrhard von Hornstein, Herr zu 3 Hohenstoffeln, Homboll, Grüningen und Weiterdingen, des Kanton Hegau Ritterrat und Ausschuss. Und 1634 die reichshochwohlgeborene Frau Benigna von Hornstein, geborene von Muggenthal, in der Zeit einer Seuche zu Sall bei Regensburg in der Pfarrkirche bei dem Hochaltar begraben. Deren Gott gnädig sein wolle.«

Der schlichte Stein befindet sich möglicherweise noch am originalen Ort. Wahrscheinlich ist es der Grabstein des Johann Erhard, der in dem von ihm kurz vor seinem Tod neu gewölbten Chorraum bestattet wurde. Gegen eine Grabplatte im Boden spricht die sehr gut erhaltene Oberfläche und dass der Stein so auffällig in

15 Zoege von Manteuffel, a. a. O. 1969, S. 383

Schrift- und Wappenfeld zweigeteilt ist. Eher war der Stein wohl in unmittelbarer Nähe des Bestattungsortes in die Wand eingelassen.

Benigna von Hornstein ist nicht in Weiterdingen bestattet.[16] Sie war, Hornstein (1911) zufolge, »eine gewalttätige und herrschsüchtige Frau«, die die Familie fast finanziell ruinierte. Nach dem Tod Johann Erhards 1625 kamen die beiden minderjährigen Kinder unter Vormundschaft, gegen die die Witwe prozessierte. »Durch ihr verderbliches Hauswesen machte sie der Vormundschaft viele Sorgen, besonders schadete sie ihrem Sohne Balthasar Ferdinand durch Vertreibung des erfahrenen, getreuen Obervogtes Melchior Veser. Die Vormünder gaben sich alle Mühe, die Witwe von Hohenstoffeln wegzubringen, aber erst nach vielen Verhandlungen und nachdem man ihr 2000 fl Deputat zugesagt, leistete sie Folge.«

Benigna stammte aus der Nähe von Regensburg, 1634 floh sie vor der Pest nach Schloss Winza bei Regensburg, wo sie alsbald starb und in der Pfarrkirche Sall vor dem Hochaltar begraben wurde. »Kein Denkstein oder Inschrift hat je ihre Grabstätte geziert«, schreibt Hornstein (1911) nicht ohne eine gewisse Genugtuung. Vor diesem Hintergrund erscheint es in einem anderen Licht, dass die Witwe im Bildrelief des Zürn-Epitaphs für ihren verstorbenen Gatten auch selbst mit dargestellt ist.

Epitaph oder Grabstein für Balthasar Ferdinand von Hornstein (1614–1685) und seine Ehefrau Maria Elisabetha Claudia, geborene von Welden († 1691)

Balthasar Ferdinand von Hornstein (1614–1685) war der einzige Sohn und Erbe des Johann Erhard von Hornstein (1582–1625).[17] Auf dem Zürn-Epitaph für seinen Vater (siehe oben) ist er, vor der Gottesmutter kniend, als 11-Jähriger dargestellt. Seine Startbedingungen waren äußerst schwierig: Der Vater starb früh, die Mutter ruinierte fast den Familienbesitz und zum Zeitpunkt seiner Volljährigkeit tobte bereits der 30-jährige Krieg. Ab 1632 zogen schwedische Kriegsheere durch den Hegau und verwüsteten die Herrschaft, 1633 wurden die drei Burgen auf dem Hohenstoffeln zerstört und die Herrschaft konfisziert, es folgten Pest und Seuchen. Balthasar Ferdinand musste mit seiner Familie fast mittellos umherziehen. Erst 1649 erhielt er den Hohenstoffeln und die Herrschaftsrechte zurück, aber 1650 brannte Widerholt, der berüchtigte Kommandant auf dem Hohentwiel, Weiterdingen nochmals nieder.

1657 kehrte Balthasar Ferdinand von Hornstein nach Weiterdingen zurück, wohnte aber zunächst noch viele Jahre in einem Bauernhaus. Erst 1683 konnte er den Bau des Schlosses in Weiterdingen beginnen, das er als »Notbau« bezeichnete. Vor diesem Hintergrund ist verständlich, dass kein mit den beiden Zürn-Epitaphien vergleichbares Grabdenkmal für Balthasar Ferdinand von Hornstein existiert.

Der Stein ist ganz schlicht: Ein Relief zeigt das Doppelwappen Hornstein-Hohenstoffeln (links) und Welden zu Laupheim (rechts), darüber steht die Sterbein-

16 Zu Benigna von Hornstein, geb. von Muggental vgl. Hornstein, a. a. O. 1911, S. 305–306, zitiert ebenda; dort auch ein Porträt der Dame

17 Zu Balthasar Ferdinand von Hornstein vgl. vor allem Hornstein, a. a. O. 1911, S. 339–380, Nr. 307; ferner Losse, a. a. O. 2005, S. 65–67, mit Porträt-Kupferstich Balthasar Ferdinands.

Pfarrkirche Weiterdingen, nördliche Chorbogenlaibung, Grabstein für Johann Erhard von Hornstein (1582–1625) und seine Ehefrau Benigna, geborene von Muggenthal († 1634) (Foto: Verfasser)

Pfarrkirche Weiterdingen, südliche Chorbogenlaibung, Grabstein für Balthasar Ferdinand von Hornstein (1614–1685) und seine Ehefrau Maria Elisabeth, geborene von Welden († 1691) (Foto: Verfasser)

schrift für Balthasar Ferdinand, darunter diejenige für seine Ehefrau (hier modernisiert): »Balthasar Ferdinand von Hornstein, des Heiligen Römischen Reichs Freiherr zu 3 Hohenstoffeln, Herr zu Grüningen und Homboll, der Römischen Kaiserlichen Majestät und Erzherzog Innsbruckischer Rat und Kammerherr, auch der Löblichen Ritterschaft Direktor, ist gestorben Anno 1685, den 15. September, zwischen 1 und 2 Uhr vormittags.« Und: »Maria Elisabetha Claudia von Hornstein, Freifrau zu Hohenstoffeln, geborene Freiin von Welden zu Laupheim und Hochaltingen, ist gestorben Anno 1691, den 29. August, zwischen 4 und 5 Uhr morgens.«

Der Stein sieht in jeder Hinsicht wie eine Bodenplatte über dem eigentlichen Grab aus: Das Relief ist ganz flach, die beiden Inschriften sind äußerst knapp und alles andere als repräsentativ gehalten. So meint auch Hornstein (1911). »Ein großer Stein [...] deckt das gemeinsame Grab in der Ortskirche.« Dennoch kann es keine Grabplatte im eigentlichen Sinne sein, denn 1664 hat Balthasar Ferdinand unter dem Chorraum eine Familiengruft einrichten lassen, in der er auch begraben ist (siehe unten); ebenso auch seine Ehefrau Maria Elisabetha Claudia von Hornstein.[18]

Lateinische Inschrift, gestiftet von Karl Balthasar von Hornstein (1649–1723) im Jahr 1688

An der Nordwand des Chorraums, über der Tür zur Sakristei, ist eine schlichte lateinische Inschrifttafel angebracht, die 1688 von Karl Balthasar von Hornstein (1649–1723) im Namen seines Vaters Balthasar Ferdinand von Hornstein (1614–1685) als Ermahnung an seine Söhne und Nachkommen gestiftet wurde. Die Tafel steht wohl in engem Bezug zum Hornstein-Oratorium, das sich direkt darüber befindet und durch die Sakristei zugänglich war.

In deutscher Übersetzung lautet die Inschrift: »Erbliche Ermahnungen an meine sehr geliebten Söhne und Nachkommen: Sei Gott treu, sprich häufig Gebete, hüte dich zu sündigen, sei demütig, wähle den Frieden, meide Großes, höre viel, sprich wenig, verschweige Verborgenes, wisse den Geringeren zu schonen, dem Höherstehenden zu weichen, den Gleichwertigen zu dulden, tue das Deine, verschiebe keine Arbeit, sei gerecht gegen die Armen und Bedürftigen, schütze die Kinder, lerne zu erdulden, denke daran, dass du sterblich bist, nimm einen Rat an, und halte in Ehren den Namen deiner Eltern, bemühe dich, ein Österreicher und zugleich des Kaisers zu sein. Balthasar Ferdinand von Hornstein, des Heiligen Römischen Reiches Freiherr auf dem dreifachen Hohenstoffeln, Herr in Grüningen, Homboll und Weiterdingen, der Heiligen Kaiserlichen Majestät Rat und Pfalzgraf und des weitberühmten Ritterordens im Hegau, Allgäu und Bodensee im Jahre 1670 Direktor, sowie ich, Carl Balthasar von Hornstein, des Heiligen Römischen Reiches Freiherr auf dem dreifachen Hohenstoffeln, in Homboll und Grüningen, Herr in Weiterdingen, der Heiligen Kaiserlichen Majestät Rat, und Ihrer Majestät der Königin von Polen und Herzogin von Lothringen wirklicher Kammerherr sowie des weitberühmten Ritterordens im Kanton Hegau, Allgäu und Bodensee Direktor, habe die oben genannten väterlichen Ermahnungen ergeben und in äußerstem Gehorsam zu beachten mich bemüht. So empfehle ich jene [Ermahnungen] väterlich auch meinen Söhnen und Nachkommen zur fruchtbringenden und ehrerbietigen Beachtung. Im Jahr 1688.«

Dieselben lateinischen »Ermahnungen« finden sich nochmals in der Gruft (siehe unten), daher sei die Tafel, obwohl kein Grabdenkmal im engeren Sinne, mit aufgeführt.[19]

18 Zu Maria Elisabetha Claudia von Hornstein vgl. auch Enzberg, Horst-Dieter Freiherr von: Lebenswege adliger Frauen in der frühen Neuzeit – Zehn Porträts aus der Familie von Hornstein. In: HEGAU 66, 2009, S. 45–58, insbesondere S. 49–50, mit Öl-Porträt

19 Hornstein, a. a. O. 1911, S. 361, gibt von den ersten Zeilen der Ermahnungen eine schöne Übersetzung in Versform. Kraus, a. a. O. 1887, S. 51, Nr. 7, sieht in der Tafel falsch eine Grabinschrift für »Balthasar Ferdinand von Hornstein, gest. 1688«

Epitaph für Karl Balthasar von Hornstein (1649–1723) und seine Ehefrau Maria Barbara, geborene Grandmont († 1730)

Karl Balthasar von Hornstein (1649–1723) war der dritte Sohn von Balthasar Ferdinand von Hornstein (1614–1685).[20] Er begründete die Weiterdinger Linie der Familie, vollendete bis 1693 das Schloss in Weiterdingen und erbaute an der Straße nach Hilzingen ab 1694 eine Loreto-Kapelle, die spätere Heilig-Grab-Kapelle.[21] Außerdem ließ er 1715 die von seinem Vater angelegte Familiengruft unter dem Chor der Weiterdinger Pfarrkirche erweitern (siehe unten). Ein Stein für Karl Balthasar von Hornstein und seine Ehefrau Maria Barbara, geborene von Grandmont († 1730), befindet sich an der Westwand, links des Eingangs. Formal ähnelt er sehr dem Stein für seinen Vater Balthasar Ferdinand (siehe oben): eine Platte mit einem flachen Relief in der Mitte, das ein prächtiges Doppelwappen zeigt, hier Hornstein-Hohenstoffeln (links) und Grandmont-Randegg (rechts).

Über dem Wappen ist die Inschrift für Karl Balthasar, unten diejenige für seine Ehefrau zu lesen (hier modernisiert): »Carl Balthasar Johann Freiherr von Hornstein zu 3 Hohenstoffeln, Homboll und Grüningen, Herr zu Weiterdingen, der römisch-kaiserlich und königlich katholischen Majestät Rat, ihro königlicher Majestät aus Polen und verwitweter Herzogin zu Lothringen Kammerherr, der freien Reichsritterschaft des Kantons Hegau, Allgäu und Bodensee Direktor. Ist gestorben im Jahr 1723, den 17. März« Und: »Maria Barbara Eusebia Freifrau von Hornstein zu 3 Hohenstoffeln, geborene Freiin von Grandmont, ist in Konstanz Anno 1730, den 29. Mai, verblichen [und] zu Randegg in der Hl. Dreifaltigkeitskirche bei ihrer Frau Mutter begraben worden. Deren Gott [der] Allmächtige wolle gnädig und barmherzig sein.«

Auch hier stellt sich die Frage, welche Funktion der Stein hatte, der eigentlich wie eine Grabplatte aussieht. Karl Balthasar von Hornstein wollte zunächst in der Kapuzinerkirche Radolfzell begraben werden, wo er dafür 1711 eine Kapelle mit Gruft anbauen ließ; sie ist nicht mehr erhalten. Warum er es sich dann doch anders überlegte und 1715 die noch kaum belegte Weiterdinger Familiengruft erweiterte, ist nicht überliefert. Jedenfalls wurde er dort dann auch bestattet. Auch der Leichnam seiner Ehefrau lag nie unter dieser Steinplatte, denn sie starb in Konstanz und wurde in Randegg, von wo sie stammte, in der im 19. Jahrhundert abgebrochenen Dreifaltigkeitskirche neben ihrer Mutter bestattet.[22]

20 Zu Karl Balthasar von Hornstein vgl. Hornstein, a. a. O. 1911, S. 427–443, Nr. 340

21 Zu Schloss Weiterdingen vgl. Schmidt-Hofmann/Hofmann, a. a. O. 1998, S. 104–106; zur Heilig-Grab-Kapelle vgl. ebenda, S. 108–112, und Hofmann, Franz: Loreto-Kapellen im Hegau. In: HEGAU 67, 2010, S. 81–98, insbesondere S. 88–92

22 Laut Hornstein, a. a. O. 1911, S. 431–433, hatte Karl Balthasar von Hornstein einen schwierigen Charakter, war starrsinnig und, herrschsüchtig. Ein unnötiger Erbstreit mit seinen Brüdern hatte schlimme Folgen für die Familie. Mit seiner Ehefrau überwarf er sich, weil sie – eigentlich in seinem Sinne – einen Prozess gegen ihren Bruder um das Randegger Erbe führte, den sie letztlich gewann. Sie zog deshalb 1708 zurück nach Randegg, Karl Balthasar lehnte eine Versöhnung stets ab.

Der Stein kann also keine Grabplatte im eigentlichen Sinn sein. Vielleicht war er an einer Wand im Chorraum angebracht, vielleicht doch im Boden über der Gruft. Jedenfalls ist der heutige Anbringungsort nicht original.

Epitaph für Ferdinand Maria von Hornstein (1680–1749) und seine drei Ehefrauen (nicht erhalten)

Das Epitaph für den Sohn und Erben Karl Balthasars, Ferdinand Maria von Hornstein (1680–1749), das sich an der Südwand des Langhauses befand, ist verschwunden.[23] Kraus (1887) beschreibt es so: »An der Südseite, halb zerstört: kniende Herrengestalt mit Hornsteinischem Wappen.« Genauer Hornstein (1911): »Sein [Ferdinand Maria] und seiner drei Frauen Epitaphium aus Stein zeigte deren Wappen, Namen und Sterbetage. Es befand sich [...] an der rechten Seitenwand des Schiffes der Kirche zu Weiterdingen [...].« Der Stein wurde offenbar nach erfolgtem Umbau 1887 im Zuge der neogotischen Ausmalung des Innenraums entfernt. Damit ist die ansonsten durchgängige Reihe der Grabdenkmale seit dem 16. Jahrhundert bedauerlicherweise unterbrochen.

Ferdinand Maria von Hornstein ist in der Familiengruft unter dem Chorraum bestattet, ebenso mindestens zwei seiner drei Frauen (siehe unten). Diese sind: Maria Rosina, geborene Schenk von Stauffenberg (1683–1717), Maria Kreszentia, geborene von Altensumerau und Praßberg (1694–1726) und Maria Theresia, geborene von Liebenfels (1703–1784).[24] Besagtes Grabdenkmal im Langhaus war also eindeutig ein reines Epitaph zur Erinnerung an die vier Verstorbenen, ohne direkten örtlichen Bezug zur eigentlichen Begräbnisstätte.

Epitaph für Johann Maria Franz Josef von Hornstein († 1709, knapp einjährig)

Erhalten geblieben ist, wenn auch beschädigt, ein unscheinbarer Stein mit Hornstein-Wappen und lateinischer Grabinschrift, heute eingelassen in die Westwand unter der Emporentreppe. Er erinnert an den 1709 im Alter von 9 Monaten verstorbenen Knaben Johann Maria Franz Josef von Hornstein,[25] einen Sohn von Ferdinand Maria von Hornstein (1680–1749) und seiner ersten Frau Maria Rosina, geborene Schenk von Stauffenberg (1683–1717). Auch dieser Knabe wurde in der Gruft bestattet (siehe unten), der Stein ist also ein Epitaph zu seinem Gedächtnis. Wo er ursprünglich angebracht war, lässt sich heute nicht mehr feststellen. Die lateinische Inschrift besagt (übersetzt): »Johann Maria Franz Anton Josef Balthasar Valentin, Freiherr von Hornstein in Weiterdingen, der kaum das Licht der Welt erblickte, ihr wiederum Lebewohl gesagt hat am 26. Oktober 1709. Sein kleines unschuldiges Herz und seine [ohnehin unschuldige] Seele mögen zum Himmel [auffahren].«

23 Zu Johann Ferdinand Maria von Hornstein vgl. Hornstein, a. a. O. 1911, S. 512–529, Nr. 363 (in der Überschrift als Druckfehler: »263«); zum verlorenen Epitaph zitiert: Kraus, a. a. O. 1887, S. 52, Nr. 10, und Hornstein, a. a. O. 1911, S. 517 (mit offensichtlich falscher Jahreszahl »1980«)

24 Zu den drei Ehefrauen des Ferdinand Maria von Hornstein vgl. Hornstein, a. a. O. 1911, S. 513–515, und vor allem Enzberg, a. a. O. 2009, S. 49–51, jeweils mit Öl-Porträt

25 Vgl. Hornstein, a. a. O. 1911, S. 587, Nr. 394

Pfarrkirche Weiterdingen, Westwand, Epitaph für Karl Balthasar von Hornstein (1649–1723) und seine Ehefrau Maria Barbara, geborene Grandmont († 1730) (Foto: Verfasser)

Pfarrkirche Weiterdingen, Westwand, unter der Emporentreppe, Epitaph für Johann Maria Franz Anton Josef von Hornstein († 1709, knapp einjährig) (Foto: Verfasser)

Epitaph für Theresia von Hornstein, geborene von Liebenfels (1703–1784)

Erhalten geblieben ist das Epitaph für Maria Theresia von Hornstein, geborene von Liebenfels (1703–1784),[26] der dritten Ehefrau des genannten Ferdinand Maria von Hornstein (1680–1749). Es wurde gestiftet von ihrem Sohn August Johann Nepomuk Fidelis von Hornstein (1730–1805, siehe unten). Das Epitaph befindet sich an der südlichen Innenseite des Chorbogens, was durchaus der originale Anbringungsort sein kann. Der Aufbau des Steins ist von einer auffälligen formalen Strenge. Die untere Hälfte besteht aus einem schlichten Inschriftfeld, das wie eine aufgesetzte Steinplatte wirken soll. Die obere Hälfte ziert ein kleines Inschriftfeld, das wie eine aufgesetzte Bronzetafel aussieht, aber aus Holz ist. Zwei breite Zierbänder rahmen den Stein an den Seiten.

26 Zu Maria Theresia von Hornstein vgl. Hornstein, a. a. O. 1911, S. 514–515, und vor allem Enzberg, a. a. O. 2009, S. 49 und 51, mit Öl-Porträt

Die lateinische Inschrift unten besagt übersetzt: »Sieh, Wanderer, [dieses] Denkmal der Dankbarkeit, welches eben hier errichtete der Sohn für die Mutter, [...] August Freiherr von Hornstein, Bischof von Epiphania und ebenso Propst des Konstanzer Bischofsstuhls. Dieser bittet dich, dass du nicht von diesem Ort weichen mögest, bis du der Seele dieser Verstorbenen in deinen Gebeten fromm gedacht hast. Auch mögest du sagen: Gott gebe jener die ewige Ruhe. Amen.« Die ebenfalls lateinische Inschrift der oberen kleinen Tafel lautet übersetzt: »Theresia von Hornstein, Tochter von Liebenfels, ist am 3. Mai in Bietingen ihres 81. Jahres als würdige Greisin fromm dahingegangen. Sie ruhe in heiligem Frieden.« Einzelne Buchstaben sind als römische Zahlen hervorgehoben, sie ergeben zusammengezählt das Sterbejahr 1784.

Epitaph für August Johann Nepomuk Fidelis von Hornstein (1730–1805)

Als Pendant zu Vorigem kann das Epitaph für August Johann Nepomuk Fidelis von Hornstein (1730–1805)[27] an der nördlichen Innenseite des Chorbogens gesehen werden. August Johann Nepomuk war auch der Stifter des Epitaphs für seine Mutter Maria Theresia, geborene von Liebenfels (1703–1784), beide Steine waren offenbar als zusammengehörig gedacht. Auch in der Inschrift des Steins für die Mutter werden vor allem die Ämter des Sohnes genannt.

Der Vater, Ferdinand Maria von Hornstein (1680–1749), hatte mit drei Ehefrauen insgesamt 20 Kinder, 12 Söhne und 8 Töchter. Dennoch ist die Familie schon in der Folgegeneration in der männlichen Linie ausgestorben: »Teils starben die Söhne jung, teils wurden sie geistlich, und die in der Welt blieben, hinterließen keine männlichen Nachkommen.«[28] Zunächst hatte Franz Leopold Thaddä von Hornstein (1725–1792) aus zweiter Ehe das Erbe angetreten, doch war dessen einziger Sohn Karl Josef 1774 im Alter von 20 Jahren gestorben. 1793 kam das Erbe deshalb an den der dritten Ehe entstammenden Sohn Ferdinand Marias, August Johann Nepomuk von Hornstein. Dieser war jedoch geistlichen Standes, Weihbischof und Domherr, später Dompropst in Konstanz, außerdem Bischof von Epiphania, einem Titularbistum in Syrien, das auf den Bischofssitz Hama in der römischen Provinz Syria zurückgeht.

In seinem eigenen Epitaph, das er zweifellos noch zu Lebzeiten selbst anfertigen ließ, werden ausführlich alle seine Ämter aufgezählt (hier modernisiert): »August Johan Nepomuk Fidelis Maria Anton Freiherr und Edler Panier von Hornstein zu drei Hohenstoffeln, Homboll, Bietingen und Weiterdingen etc., geboren den 19. Juni 1730. Domherr zu Konstanz den 26. September 1744, ward Suffraganeus und als Bischof von Epiphania konsekriert den 29. Juni 1768, auch [zum] Dompropst zu Konstanz erwählt den 18. Januar 1776, Seiner Königlichen Hoheit und Kurfürstlichen Durchlaucht zu Trier wirklicher geheimer Rat 1777 und auch den 1. Mai 1785 Kur-

27 Zu August Johann Nepomuk Fidelis von Hornstein vgl. Hornstein, a. a. O. 1911, S. 606–613, Nr. 408, mit Kupferstich-Porträt

28 Ebenda, S. 514

Pfarrkirche Weiterdingen, nördliche Chorbogen-Innenseite, Epitaph für August Johann Nepomuk Fidelis von Hornstein (1730–1805) (Foto: Verfasser)

Pfarrkirche Weiterdingen, südliche Chorbogen-Innenseite, Epitaph für Theresia von Hornstein, geborene von Liebenfels (1703–1784) (Foto: Verfasser)

pfälzisch-bayerischer wirklicher geheimer [Rat] und des Kurpfälzischen Löwenordens Ritter, dann den 10. September 1793 wirklich regierender Herr der Herrschaft zu drei Hohenstoffeln, Homboll, Weiterdingen und Bietingen etc., starb den 16. November 1805.«

August Johann Nepomuk von Hornstein lebte und starb in Konstanz, wurde aber in der Familiengruft in Weiterdingen bestattet. Da er als Geistlicher kinderlos und sein ebenfalls kinderloser jüngerer Bruder schon 1804 gestorben war, war er der letzte männliche Vertreter der Linie Hornstein-Weiterdingen.

Grabstein für Joseph Anton von Hornstein (1746–1837)

Joseph Anton von Hornstein (1746–1837) erbte nach dem Tod von August Johann Nepomuk von Hornstein (1730–1805) zusammen mit seinem Vetter den Weiterdinger Familienbesitz. Er war der Sohn von Joseph Anton von Hornstein-Binningen (1708–1786), stand im Dienst des Fürstbischofs von Konstanz und hielt sich auch längere

Zeit am Wiener Hof auf, wo er einen sehr guten Ruf genoss und Karriere machte. Schon 1778 hatte er die väterlichen Güter in Binningen übernommen und lebte in Schloss Binningen. In den Wirren der Napoleonischen Kriege und des Umbruchs blieb er stets österreichisch-kaisertreu, über ein Jahr war er württembergischer Gefangener auf dem Hohenasperg.[29]

Sein Grabstein ist in die Westwand eingelassen. Als er 1837 im Alter von 91 Jahren starb, durfte er aufgrund eines gesetzlichen Verbots nicht mehr in der Familiengruft bestattet werden, nicht einmal in der Kirche. So lag sein Grab samt Grabstein außen neben dem Westportal. Es mag Ironie des Schicksals sein, dass das Grab mit der Verlängerung des Langhauses 1887 schließlich doch innerhalb der Kirche lag, der Grabstein wurde an die neue Westwand ins Innere versetzt. Dass er zuvor außen angebracht war, ist an dem schützenden Giebeldach als oberer Abschluss ersichtlich.

Die Grabinschrift (hier modernisiert) betont den Hohenstoffeln noch vor Binningen, doch war Joseph Anton von Hornstein nicht mehr Ortsherr, sondern »nur noch« Grundherr: »Dem Andenken unseres unvergesslichen Gatten und Vaters Joseph Anton Edler Panier und Freiherr von Hornstein zu den drei Hohenstoffeln, Grundherr zu Weiterdingen, Binningen, Hofwiesen und Storzeln, Kaiserlich Königlich Österreichisch Fürstbischöflich Meersburgischer wirklicher geheimer Rat, des Großherzoglich Badischen Ordens vom Zähringer Löwen Kommandeur, Ritter des St. Johanniterordens, auch letzter Ritterrat der vormaligen reichsunmittelbaren Kantone Hegau, Allgäu und Bodensee. Geboren den 12. August 1746; gestorben den 28. August 1837 / R. I. P.«

Hornstein (1911) charakterisiert Joseph Anton von Hornstein ganz eindrücklich: »Unter einem weniger energischen und geschäftskundigen Manne als Joseph Anton wäre Weiterdingen oder Bietingen, wenn nicht beide, für die Familie verloren gegangen. [...] In Joseph Anton hat die Familie eines ihre tüchtigsten Glieder zu verzeichnen. Er war eine ausgesprochene Persönlichkeit. Ein Edelmann vom Kopf bis zu den Füßen und gleichwohl ein äußerst gewandter Geschäftsmann, wie sie nicht oft in adeligen Kreisen zu finden sind.«

Die Hornstein-Gruft unter dem Chorraum der Weiterdinger Kirche

Balthasar Ferdinand von Hornstein (1614–1685) hat 1664 unter dem Chorraum der Weiterdinger Pfarrkirche eine Familiengruft anlegen lassen.[30] Zur Erinnerung: Zu dieser Zeit hatte er große wirtschaftliche Schwierigkeiten und nicht einmal ein angemessenes Wohnhaus. Die Burgen waren zerstört, das Dorf war 1650 niedergebrannt worden, erst 1683 konnte Balthasar Ferdinand den »Notbau« des Schlosses beginnen. Vor diesem Hintergrund ist es eher unerklärlich, warum ihm der Einbau einer Gruft so dringlich erschien und er dafür sicher nicht unerhebliche finanzielle

29 Zu Joseph Anton von Hornstein vgl. Hornstein, a. a. O. 1911, S. 658–673, Nr. 436, mit Kupferstich-Porträt, zitiert S. 662–663

30 Hornstein-Archiv Binningen, 401; vgl. auch Hornstein, a. a. O. 1911, S. 441

Mittel investierte. Im Zusammenhang mit der Wiederherstellung der Kirche nach dem 30-jährigen Krieg kann der Gruftbau nicht stehen, denn die Neuweihe war bereits 1653 erfolgt.

Nach dem Akkord vom 12. Oktober 1664 hatte der Gewölberaum Platz für 12 Särge, je drei übereinander gestellt. Zur Gruft führte eine Steintreppe hinunter, sie war also gut zugänglich. Der Pfarrer war verpflichtet, dort jedes Vierteljahr eine Messe zu lesen. Balthasar Ferdinand und seine Ehefrau Maria Elisabetha Claudia, geborene von Welden († 1691), wurden als Erste in der Gruft bestattet.

Karl Balthasar von Hornstein (1649–1723) ließ die Gruft 1715 erweitern. Auch das ist auf den ersten Blick rätselhaft, denn sie war ja noch kaum belegt, Platz war also genug. Er war der Begründer der Weiterdinger Familienlinie, möglicherweise wollte er mit der Erweiterung einer Familiengrablege in diesem Sinne ein deutliches Zeichen setzen.

Pfarrkirche Weiterdingen, Westwand, Epitaph für Joseph Anton von Hornstein (1746–1837) (Foto: Verfasser)

Die beiden Steinplatten an der Ostwand der Gruft tragen die Stifterinschriften Karl Balthasars. Auf dem linken Stein, datiert 30. Juni 1715, ist ein lateinischer Text zu lesen, der dem ersten Teil des Textes auf der Tafel von 1688 über der Sakristeitür an der Chor-Nordwand entspricht (siehe oben). Aufgeführt werden »Admonitiones« (Ermahnungen) des Vaters Balthasar Ferdinand, die Karl Balthasar (»Carolus de Hornstein«) an seine Nachkommen weitergibt.

Die Inschrift auf dem rechten Stein ist in deutscher Sprache (hier modernisiert): »Anno 1715, den 30. Juni. Alle diese Gruften habe ich, Carl, Frei- und edler Herr von Hornstein zu drei Hohenstoffeln, Homboll und Grüningen, Herr in Weiterdingen, bei Ihrer Majestät, [der] verwitweten Königin in Polen und vermählten Herzogin in Lotheringen und [...] wirklich gewesener Kammerherr, jetzt Ihrer Römisch katholischer Majestät Rat, [...] freien Reichsritterschaft in Schwaben, der [...] St. Georgenschild [des] Kantons Hegau, Allgäu und Bodensee [...] Direktor, machen lassen.«

Karl Balthasar schreibt also voller Selbstbewusstsein, er habe »alle diese Gruften [...] machen lassen«. Was ist damit gemeint? Zuvor bestand die Gruft wohl nur aus einem schlichten, tonnengewölbten Raum, dem jetzigen Ostteil der Gruft. Die Särge sollten entlang den Seitenwänden aufgestellt werden, je zwei hintereinander und drei übereinander. Karl Balthasar ließ den Raum nun nach Westen erweitern und dort Grabnischen einbauen, in die die Särge hineingeschoben und die zugemauert oder mit Steinplatten verschlossen werden konnten. Eine der Nischen ist noch offen. So ist zu sehen, dass die Tiefe nicht für einen Sarg ausreichen würde. Anscheinend wurden die Nischen erst bei Bedarf in der nötigen Tiefe fertiggestellt.

An jeder Seitenwand gibt es vier Nischen, je zwei übereinander. Drei der Nischen sind mit originalen Steinplatten verschlossen, hier ist eindeutig, wer dahinter begraben liegt. Andere Nischen und die Westwand tragen dagegen moderne Aufschriften, die zum Teil sicher nach Befund ergänzt wurden, zum Teil aber ganz modern sind.

Den modernen Aufschriften an der Westwand zufolge sind dort bestattet die genannten Balthasar Ferdinand und Maria Elisabetha Claudia von Hornstein († 1685 und 1691, Epitaph in der Kirche) sowie der letzte männliche Vertreter der Familie, August Johann Nepomuk von Hornstein (1730–1805, Epitaph in der Kirche). Ob sie hinter der Wand, vor der Wand im Boden oder vielleicht sogar an ganz anderer Stelle in der Gruft bestattet wurden, ist nicht überliefert. Vielleicht gehen die modernen Aufschriften auf Reste originaler Namenszüge an der Wand zurück.

In der rechten oberen Nische der Nordwand ist bestattet Maria Rosina Theresia von Hornstein, geborene Schenk von Stauffenberg (1683–1717), die erste Ehefrau von Ferdinand Maria von Hornstein (1680–1749), dessen Epitaph in der Kirche zerstört wurde. Ihre Nische ist mit einer Steinplatte verschlossen, die die Inschrift trägt (modernisiert): »Anno 1717, den 12. Dezember, ist im 34. Jahr ihres Alters in dem Herrn entschlafen die Frei-Reichs-Hochwohlgeborene Frau, Frau Maria Rosina Theresia Freifrau von Hornstein zu 3 Hohenstoffeln und Homboll, geborene Schenkin von Stauffenberg. Deren Gott und allen Abgestorbenen gnädig und barmherzig sei«.[31]

Die linke obere Nische der Nordwand trägt die Aufschrift »L. TH. V. HST. 1792«. Hier ist bestattet Franz Leopold Thaddä von Hornstein (1725–1792), Sohn und Erbe von Ferdinand Maria von Hornstein (1680–1749). Von ihm gibt es eigenartigerweise kein Grabdenkmal in der Kirche. In der Nische darunter ist dessen Ehefrau bestattet, Marianna von Hornstein, geborene von Welsperg (1722–1785). Der noch originale Stein trägt die Inschrift (modernisiert): »Maria Anna Freifrau von Hornstein, geborene Gräfin von Welsperg zu Langenstein, geboren den 15. Juni 1722, gestorben den 10. Juni 1785. Requiescat in Pace.«[32]

Gegenüber an der Südwand, in der linken oberen Nische, sind zwei jung verstorbene Kinder der beiden Vorgenannten bestattet: Maria Walburga von Hornstein (1753–1768) starb 15-jährig, Karl Joseph von Hornstein (1754–1774) starb 20-jährig.[33] Er war der einzige Sohn (siehe oben). Die Nische ist mit dem originalen Inschriftstein verschlossen. Die hervorgehobenen römischen Ziffern ergeben die Jahreszahl 1774. In der rechten unteren Nische der Südwand wurde Maria Franziska

31 Zu Maria Rosina von Hornstein, geb. Schenk von Stauffenberg vgl. Hornstein, a. a. O. 1911, S. 513–514, und vor allem Enzberg, a. a. O. 2009, S. 49–51, mit Öl-Porträt

32 Zu Leopold Thaddä und Marianna von Hornstein vgl. Hornstein, a. a. O. 1911, S. 594–605, Nr. 405

33 Zu Maria Walburga und Karl Joseph von Hornstein vgl. Hornstein, a. a. O. 1911, S. 677, Nr. 439 und 440

Pfarrkirche Weiterdingen, Hornstein-Gruft, Blick nach Osten, mutmaßlicher ehemaliger Eingang mit Stiftertafeln des Karl Balthasar von Hornstein von 1715 (Foto: Verfasser)

Pfarrkirche Weiterdingen, Hornstein-Gruft, Blick nach Westen mit Grabnischen (Foto: Verfasser)

von Hornstein (1737–1800) bestattet. Sie war eine Tochter von Ferdinand Maria von Hornstein (1680–1749) aus dritter Ehe und damit Schwester von August Johann Nepomuk von Hornstein (1730–1805), lebte ledig in Schloss Weiterdingen und starb dort 63-jährig.[34]

Die beiden linken Nischen der Südwand tragen lediglich moderne Namensaufschriften: oben Ferdinand Maria von Hornstein (1680–1749), seine zweite Ehefrau Maria Kreszentia von Hornstein, geborene von Altensummerau und Praßberg (1694–1726), und die 1724 als Säugling verstorbene Maria Amalie von Hornstein, eines der Kinder der beiden, sowie unten der 1721 ebenfalls als Säugling verstorbene Johann Franz von Hornstein, ein weiteres Kind der beiden.[35] Gerade hier zeigt es sich, dass den modernen Namensaufschriften nicht blind vertraut werden darf, denn es ist sehr unwahrscheinlich, dass in der oberen Nische zwei Erwachsene und ein Kind liegen, in der unteren Nische nur ein Säugling. Übrigens sind die Nummerierungen bei den Namen ebenfalls nicht authentisch, sondern bezeichnen die Nummer in Hornstein (1911), wobei sogar Druckfehler übernommen wurden: Bei Ferdinand Maria von Hornstein muss es 363 statt 263 heißen.

Zwei an die Seitenwände gestellte Steinplatten schließlich sollten anscheinend der Auflistung von verstorbenen Kindern dienen, die zum Teil keine eigene Grabplatte hatten. In einer schmalen linken Spalte, überschrieben mit »GEBORN«, war Platz für das Geburtsdatum, in der breiten Mittelspalte war Platz für die Namen, in die rechte Spalte, überschrieben mit »STARBN«, wurde das Todesdatum eingetragen. Einer der beiden Steine ist allerdings noch ganz ungenutzt, der andere zeigt lediglich drei »Einträge«: für Johann Maria Franz von Hornstein, gestorben 1709 mit 9 Monaten (sein Epitaph in der Kirche, siehe oben), August Fidelis von Hornstein, gestorben 1715 bald nach der Geburt, und Julius Franz von Hornstein (1714–1716).[36] Alle drei sind Söhne des Ferdinand Maria von Hornstein (1680–1749) und seiner ersten Ehefrau Maria Rosina, geborene Schenk von Stauffenberg (1683–1717), die beide ebenfalls in der Gruft bestattet sind.

Die Gruft wurde im 19. Jahrhundert geschlossen, wahrscheinlich zugemauert, vielleicht auch zum Teil zugeschüttet. August Johann Nepomuk von Hornstein wurde 1805 als Letzter, Joseph Anton von Hornstein 1837 nicht mehr hier bestattet. Erst 1964 (Datum an der inneren Ostwand) wurde die Gruft wieder entdeckt und freigelegt. Das heutige Erscheinungsbild geht wohl im Wesentlichen auf Pfarrer Karl Christian Sachs (in Weiterdingen 1970–1978) zurück, der sich ausführlich mit der Geschichte der Familie Hornstein befasste. Dabei wurden der Boden und das Gewölbe über dem Altar erneuert, modern ist auch der Zugang vom Heizungskeller aus.

34 Zu Maria Franziska von Hornstein vgl. Hornstein, a. a. O. 1911, S. 613–614, Nr. 411

35 Zu Maria Kreszentia von Hornstein vgl. Hornstein, a. a. O. 1911, S. 514, und vor allem Enzberg, a. a. O. 2009, S. 49 und 51, mit Öl-Porträt; zu Johann Franz und Maria Amalie von Hornstein vgl. Hornstein, a. a. O. 1911, S. 592, Nr. 401, und S. 594, Nr. 404

36 Zu den drei Knaben vgl. Hornstein, a. a. O. 1911, S. 587, Nr. 394, und S. 591, Nr. 398 und 399

Pfarrkirche Weiterdingen, Hornstein-Gruft, Platte für Maria Rosina Theresia von Hornstein, geb. Schenk von Stauffenberg (1680–1749) (Foto: Verfasser)

Pfarrkirche Weiterdingen, Hornstein-Gruft, Platte für Marianna von Hornstein, geb. von Welsperg (1722–1785) (Foto: Verfasser)

Auch die ganze »Inszenierung« des Raumes hinter den Stiftertafeln von 1715 ist wohl neu, samt dem historischen Sarg, der vom Stifter von 1715, Karl Balthasar von Hornstein, stammen soll. Es ist die Frage, ob der Sarg Karl Balthasars wirklich dort stand. Ich würde das bezweifeln, denn dort wäre eigentlich der Außenzugang zur Gruft zu vermuten. Der Treppenzugang müsste am ehesten von der alten Sakristei aus erfolgt sein, wo sich auch das Hornstein-Oratorium befand. Die beiden Stiftertafeln samt »Ermahnungen« hätten demnach passenderweise den Zugang eingerahmt. Andererseits: Wo war dann Karl Balthasar bestattet, auf dessen Grab es in der Gruft keinen direkten Hinweis gibt?

Auch andere wichtige Fragen bleiben unbeantwortet: Was ist 1664 und 1715 mit den zuvor unter dem Chorraum Bestatteten geschehen, darunter die Gebeine von Balthasar und Johann Erhard von Hornstein? Es fehlen auch Familienmitglieder, die seit der Einrichtung der Gruft hier bestattet sein müssten. Wurden vorgefundene Särge entfernt? Möglicherweise befinden sich hinter den Wänden mehr Gräber als die Namensaufschriften vermuten lassen. Leider ist der 1964 vorgefundene Zustand nicht dokumentiert worden. So ist es schwierig, fast unmöglich, die originalen Verhältnisse zu rekonstruieren.

Ehemaliger Kirchhof, Ölbergkapelle und Grabsteine an der Kirchenaußenwand

Bis 1840 – also wohl über 1000 Jahre – wurde auf dem alten Kirchhof in Weiterdingen bestattet. Das bedeutet mehrere Tausend Tote auf dem doch recht beengten Areal um die Kirche. So gab es auch hier wie andernorts große Platzprobleme, Gräber wurden mehrfach übereinander belegt, die Gräber lagen kreuz und quer nebeneinander, und insbesondere zu Kriegs- und Seuchenzeiten reichte der Platz sicher nicht mehr aus. Eine Notlösung war, die Gebeine der Toten auszugraben und in dafür errichteten Beinhäusern zu stapeln, so dass auf dem Gottesacker wieder Platz für neue

Bestattungen war. So auch in Weiterdingen: Das Beinhaus befand sich dort, wo seit 1892 die neogotische Ölbergkapelle steht. Es war noch bis 1840 in Funktion.

1840 wurde der neue, heute noch genutzte Friedhof angelegt.[37] Spätestens mit dem neogotischen Umbau der Kirche 1882–1887 dürfte der alte Kirchhof abgeräumt worden sein, fast alle Grabkreuze und Grabsteine sind verschwunden. Doch immerhin blieben an der Kirchenaußenwand noch neun Grabsteine erhalten, das ist mehr als an jeder anderen Kirche im Hegau. Da es sich hierbei aber nicht um Adlige handelt, seien diese Steine hier nur aufgezählt; an der Nordwand: 1. Anton Greuter (1752–1832) und Maria Ursula Schoch; 2. Johann Baptist Butsch (1766–1815); 3. Fidel Keiser (1750/51–1829); 4. Maria Anna Buhri (1812–1839); 5. Die Kinder Friedrich von Belli (1803) und Maria Anna Rosalia von Belli (1801–1804); an der Südwand: 1. Rosina Seiterle; 2. Andreas Geiser (Gaißer), Pfarrer in Weiterdingen 1764–1778; 3. Ferdinand Müller, Pfarrer in Weiterdingen 1817–1824; 4. Joachim Seiterle (1766–1814), Pfarrer in Weiterdingen 1805–1814.

Abschließend sei erwähnt, dass vor der neogotischen Ölbergkapelle noch nach 1840 drei Personen bestattet wurden, deren drei Grabplatten – wenngleich verwittert – erhalten sind.[38] Dies war zunächst die Stifterin des Ölbergs, Emilie Freifrau von Hornstein, geborene Wolfskeel von Reichenberg (1811–1891), die dafür ihren gesamten Nachlass von 2500 Mark der Pfarrei vermachte. Sie hatte nach dem Tod ihres Ehemanns Ignaz Karl von Hornstein (1789–1851) unter anderem im nicht vom Pfarrer bewohnten Pfarrhaus gelebt. Die beiden anderen schlichten Platten bedecken die Gräber von Ferdinand Freiherr von Hornstein (1865–1951) und seiner Ehefrau Gutta Elisabeth, geborene von Bornstaedt (1892–1972). Ferdinand von Hornstein, der Sohn des Komponisten Robert von Hornstein, lebte als Schriftsteller in München. Nachdem das Ehepaar im Zweiten Weltkrieg ausgebombt wurde, zogen beide nach Weiterdingen und lebten auf dem Sennhof.

Natürlich ließe sich über die vielen genannten Verstorbenen, deren Grabdenkmale in der und um die Pfarrkirche Weiterdingen erhalten geblieben sind, noch viel mehr erzählen. Doch mögen diese Ausführungen hier genügen um zu zeigen, wie wertvoll solche Steine als Kulturdenkmale, aber auch als historische Quellen und zum Teil auch als Kunstwerke sind. Die Grabdenkmale gehören zum besonderen Schatz der Weiterdinger Kirche, der unbedingt gewahrt bleiben sollte. Umso schwerer wiegt der Verlust der vielen Grabdenkmale in anderen Kirchen, die radikalen Modernisierungen, aber oft auch dem Desinteresse und der schlichten Gedankenlosigkeit der Nachgeborenen zum Opfer fielen.

37 Gemeindearchiv Hilzingen, Ortsarchiv Weiterdingen, 700: Die Herstellung und Unterhaltung des Friedhofs, 1840–1856

38 Sachs, Karl Christian: Die Stimme vom Hegaukreuz. Pfarrbriefe Weiterdingen, Dez. 1970–Mai 1978, als Kopie vervielfältigt in zwei Bänden, hier Nr. 255–265: Drei Gräber vor der Ölbergkapelle auf dem Kirchenbuck

»Dem gnädigen Herrn ein Paar neue Stiefel gemacht« – Der Hof als Wirtschaftsfaktor: Wechselwirkung zwischen Dorf und Schloss am Beispiel Weiterdingen

Von Hildegard Bibby, Konstanz

Sebastian Heizmann kann zufrieden sein, auch in diesem Jahr hat er einen guten Verdienst. Nachdem der Maurermeister und Hausmeister auf Georgi 1786 seine letzte Rechnung eingereicht hat, zieht er Bilanz: Er kann als Bediensteter der Freiherrlich von Hornstein'schen Herrschaft in Weiterdingen zum einen auf sein Grundgehalt von 30 fl jährlich plus Naturalleistungen rechnen, zum anderen bringen ihm die laufenden Hausmeister- und Maurerarbeiten ein zusätzliches, nicht unbeträchtliches Einkommen. Allerdings hat er, wie alle Weiterdinger Untertanen, seine Abgaben und Fronen, die Zinsen und den Zehnten zu entrichten.[1]

Die Weiterdinger waren bis Anfang des 19. Jahrhunderts im Allgemeinen Leibeigene der Ortsherrschaft. Zur Herrschaft Weiterdingen gehörten im 18. Jahrhundert die Ruine Vorderstoffeln und der halbe Stoffler Berg mit einem Sennhof, Schloss und Dorf Weiterdingen mit dem Binninger See, Schloss und Dorf Bietingen, das Gut Homboll, der Stoffler Hof zu Ehingen und die Zehnten bzw. Zehntanteile zu Weiterdingen, Welschingen, Duchtlingen, Worblingen, Singen, Rielasingen und Hausen an der Aach sowie die sogenannte Leichselring'sche Gült von der Dietfurtmühle bei Mühlhausen.

Leopold Thaddä von Hornstein war von 1749 bis zu seinem Tod 1792 Orts- und Schlossherr von Bietingen und Weiterdingen. Ende des 18. Jahrhunderts lebten bei einer Haushaltsgröße von 4,5 bis 5 Personen rund 500 Einwohner in Weiterdingen. Im Urbar von 1792 sind 110 »steuerbare Güter« (ohne Gemeinde und Herrschaft) verzeichnet, es werden 96 Wohngebäude gezählt. Der Eigenbesitz der Einwohner war nicht beträchtlich und bestand vor allem in Reben; hingegen waren Äcker und

1 Diese Arbeit fußt auf den Freiherrlich von Hornstein'schen Amtsrechnungen für den Zeitraum zwischen 1780 und 1791, die im Gemeindearchiv Gottmadingen, Archiv der Freiherren Hornstein-Bietingen, aufbewahrt werden. Rechnungsbücher: B 15, 15a, 15b, 15 b1, 15c, 15d, 16, 16a, 16b,17; Beilagen: B 24d, 24e, 24f, 25, 25a, 26, 27, 28, 28a, 28b, 28c. Die Rechnungsbücher setzen 1780/81 ein, die Beilagen 1781/82. Vgl. auch Bibby, Hildegard: »Alle Sorten Zuker, feine Gewürtz« – Ein Blick in die Küche der Familie Hornstein auf Schloss Weiterdingen. In: HEGAU 65, 2008, S. 59–80

Wiesen in der Regel Lehengut. Die Weiterdinger waren überwiegend in der Landwirtschaft sowie als Handwerker beschäftigt.[2]

Sebastian Heizmann, der aus Immendingen stammt, wird am 2. Januar 1782 für 20 fl Bürgergeld als Bürger in Weiterdingen aufgenommen. Wenige Tage später, am 10. Januar 1782, erfolgt die Heiratsabrede zwischen ihm und Maria Brütschin. Zunächst wohnt das Paar in der von der Herrschaft zur Verfügung gestellten »Hausmeister-Behausung«, die im Rechnungsjahr 1780/81 hergerichtet wird. Später kauft Maurermeister Heizmann ein eigenes Anwesen, das im Urbar von 1792 mit 24 Ruten Haus und Garten sowie 118 Ruten Reben als Eigengut nachgewiesen ist.

Kutscher, Küchenmagd und Secretbutzer

In der Auflistung der »Domestiquen Allhier« findet sich zwischen 1781 und 1791 an erster Stelle Sebastian Heizmann mit der Bezeichnung »Hausmeister«. Ihm folgen der Jäger, Gärtner, Kutscher, Vorreiter und Rebmann, die fünf Zehntknechte, die Beschließerin, das Stubenmädchen und die Kammerjungfer (ab 1786), Köchin und Unterköchin, die Küchen-, die Vieh- und die Hühnermagd, der Senn und Sennerei-Hirte auf dem Gut Homboll, die Stierknechte und Stierbuben, der Kaminfeger und der »Secret-Butzer«. Diese Tätigkeit verrichtet Ferdinand Haga.

Bis zu seinem Tod 1785 arbeitet Wunibald Reyhing als herrschaftlicher Gärtner auf Schloss Weiterdingen. Danach übernimmt seine Witwe Elisabeth diese Tätigkeit, sie quittiert den Empfang ihrer Jahresbesoldungen von je 30 fl, die im Übrigen der ihres verstorbenen Mannes entsprechen, mit ihrem Namen und der Bezeichnung »Gärtnerin«. 1790 übernimmt Sohn Mathias die Aufgaben als herrschaftlicher Gärtner, auch er bezieht ein Jahresgehalt von 30 fl. Die Heirat vom 20. Mai 1790 zwischen Mathias Reyhing und Barbara Dreherin von Pfaffwiesen kostet den Gärtner 15 fl 15 x an die Herrschaft und 8 fl 54 x an die Kanzlei.

Auch beim Kutscher gibt es einen Wechsel. Nachdem Alt-Kutscher Philipp Schumacher Ende 1781 (?) gestorben ist, übernimmt Johann Malzacher fortan diese Tätigkeit. Leopold Thaddä von Hornstein bestätigt im Februar 1782, dass Philipp Schumachers Witwe künftig die jährliche Pension ihres verstorbenen Mannes zu beziehen hat, das sind vier Viertel Kernen, zwei Malter Mühlfrucht und 6 fl.

Über die Funktion von Heinrich Hipp und ab 1785/86 Johannes Zimmermann lassen uns die Rechnungsbücher im Stich – waren die beiden vielleicht als herrschaftliche Hausdiener angestellt? Immerhin bekommen sie je 24 fl Jahresbesoldung, es muss sich also um eine gehobenere Position gehandelt haben. Diese Besoldung erhält auch der Jäger. Der Kutscher, der Rebmann, die Kammerjungfer und die Beschließerin beziehen dieselbe Besoldung wie Hausmeister Sebastian Heizmann, der Vorreiter Fidelis Kees hingegen mit 20 fl weniger.

2 Gemeindearchiv Weiterdingen C I 1788, Urbar. Beschreibung der steuerbaren Güter in dem collectablen Ritterort Weiterdingen, 1792; Der Landkreis Konstanz (KB KN), Band III, Sigmaringen 1979, S. 266–269; Bilger, Otmar: Bietingen. Geschichte eines Hegaudorfes, Singen 1992, S. 27; Götz, Franz: Weiterdingen 779–1979. 1200 Jahre überlieferte Geschichte, Singen 1979; Hornstein, Edward von: Die von Hornstein und von Hertenstein, Erlebnisse aus 700 Jahren, Konstanz 1911, S. 594–600

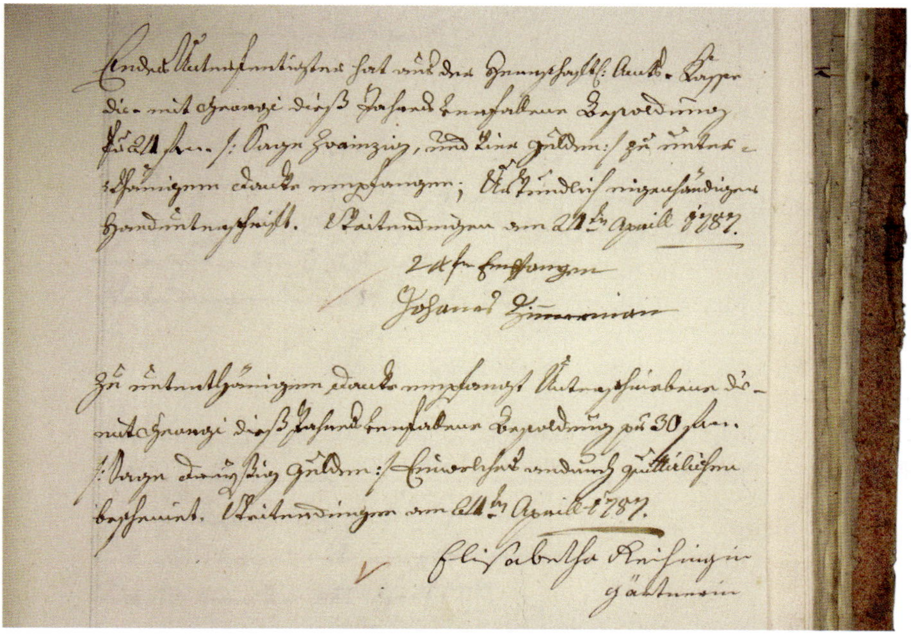

Mit ihrer Unterschrift quittiert die Gärtnerin Elisabetha Reihingin ihr Gehalt. Beilagen zur Amtsrechnung 1787 (Gemeindearchiv Gottmadingen, Archiv der Freiherren von Hornstein-Bietingen)

Bei Heizmann wird getrennt zwischen seiner Funktion als Hausmeister und seiner Arbeit als Maurer; seine Tätigkeit als Hausmeister umfasst auch Verwaltungsaufgaben, so unterschreibt er z. B. bei den Getreideabrechnungen Einnahme, Ausgabe, Verkauf und bestätigt die Richtigkeit. Neben der Jahresbesoldung erhalten die Domestiken zusätzliche Bezahlung in Getreide, Gesinde- und Fronbrot sowie Wein in unterschiedlichen Anteilen und Zusammensetzungen.

Schermauser und Brunnentobelwässerer

Nicht alle Frauen und Männer, die für den Hof arbeiten, haben eine feste Besoldung. Eine Reihe von ihnen bekommt regelmäßig Arbeit als Handlanger, Boten oder im Taglohn, andere nur sporadisch. Der Brunnentobelwässerer, der Schermauser und der Fischer am See werden gesondert unter »Competenz und Besoldungen« und »Appanage und Besoldungen« geführt und haben konstante Einnahmen. Die Fischenz im Binninger See wird regelmäßig vergeben, 1785/86 an Franz Hensler. Im Rechnungsjahr 1789/90 bekommt Hans Jörg Huber, Brunnentobelwässerer, für 10 Taglöhne à 12 x in der Brunnentobelwiese 2 fl, für mehrmaliges Graben öffnen über 6 fl, für Schermäuse fangen im Brunnentobel 1 fl. Auch die Stierhüter und Schweinehirten können mit bescheidener, aber regelmäßiger Bezahlung rechnen.

Ferdinand Haga hat zwar auch eine feste Jahresbesoldung, kann jedoch nicht davon leben, dass er für 3 fl 36 x jährlich die herrschaftlichen Toiletten sauber hält. Um diesen mageren Verdienst aufzubessern, arbeitet er als Kuhhirt, wird für das Leeren des Güllenlochs bezahlt und hilft schon mal im Taglohn bei Gartenarbeiten.

Viele eher unbemittelte Weiterdinger bestreiten mit diversen Handlangertätigkeiten am Hornstein'schen Hof ihren Lebensunterhalt. Zu ihnen gehört Paul Rist, der außer einem steuerbaren Haus mit Garten von 17 Ruten keinen Besitz hat, nicht einmal ein paar Reben. Paul Rist wird für das Hüten von »Kabisland« und Nachtwachen im Schloss und Dorf bezahlt, ist als Bote in der Umgebung bis Konstanz und Schaffhausen unterwegs und verdingt sich ansonsten als Taglöhner bei der Herrschaft. Männer wie Paul Rist übernehmen Reparaturen an der Most- und Windmühle, Fuhren mit Material und »Baggage«, sie erledigen Besorgungen, erhalten »Zehrung« und Botenlöhne sowie die Auslagen für Porto, wie der Krämer am See »in Abwesenheit hoher Herrschaft für allda abgelegte Briefe«. Sie besorgen die Tag- und Nachtwachen, putzen den Grünhaag auf dem Gut Homboll, transportieren Säcke mit Rüben, mähen Rindstreu, flicken Fruchtsäcke, setzen die Zehnt-Markensteine, schneiden Rohr, helfen die »Frucht« zu stürzen und sie hüten die »Früchte« – wenn es sein muss, sechs Nächte lang, wie Anton Leu, der im Rechnungsjahr 1790/91 dafür 1 fl 30 x erhält. Anton Leu ist 1786 als Zehntknecht angestellt, er bekommt als einer von fünf Zehntknechten jährlich 5 fl Besoldung.

Johannes Helmlinger wird für die Viehfütterung über Winter und Sommer bezahlt. Im Winter, von Martini bis Lichtmess, bekommt er 14 fl 24 x, im Sommer 7 fl. Seine Frau, »die Helmlingerin«, hilft im Schloss aus, sie erhält für Bettenmachen und Einfeuern einmal 48 x, ein zweites Mal 36 x. Andere Weiterdinger Frauen finden als Botinnen einen kleinen Zusatzverdienst. Zu ihnen gehören Joseph Häuslers Witwe, Ursula Fischerin und Joseph Britschen Witwe. Vor allem die Witwen sind froh, am Hof ein Zubrot verdienen zu können.

Im Glashaus die Fenster geflickt

Sebastian Heizmann hat im Winter 1785/86 alle Hände voll zu tun. Der Maurermeister ist zum einen mit laufenden Hausmeistertätigkeiten beschäftigt, zum anderen ist er als Handwerker gefragt. Er hat unter anderem das (Schloss-)Dach in Stand gesetzt und am Ende des Winters von Eis und Schnee befreit, den mittleren Hausgang und den Backofen innen und außen ausgebessert, an der Gartenmauer alle Stiegen repariert, auf dem Glashaus im Dezember das Dach wieder zugedeckt. Seine Arbeit als Hausmeister und Maurer läuft das ganze Jahr über, am und im Schloss, im Schlossgarten, an den Ökonomiegebäuden, im und am Amtshaus. Sebastian Heizmann ist sicher der wichtigste und unentbehrlichste Handwerker vor Ort – der Mann für alles.

Seit Weiterdingen Sitz einer Herrschaft ist, findet man hier ein spezialisiertes Handwerk. Im Jahr 1720 werden acht Weber, je zwei Schmiede, Metzger, Schneider, Schuhmacher, Maurer, Küfer, Zimmerleute, Seiler und je ein Sattler, Müller und Bäcker genannt, ab 1763 arbeitet auch ein Barbier in Weiterdingen. Im Urbar von 1792 werden folgende Handwerker in Weiterdingen genannt: je drei Weber, Schneider und Schuster, je zwei Müller, Stricker und Schmiede, je ein Chirurg, Bäcker, Wagner,

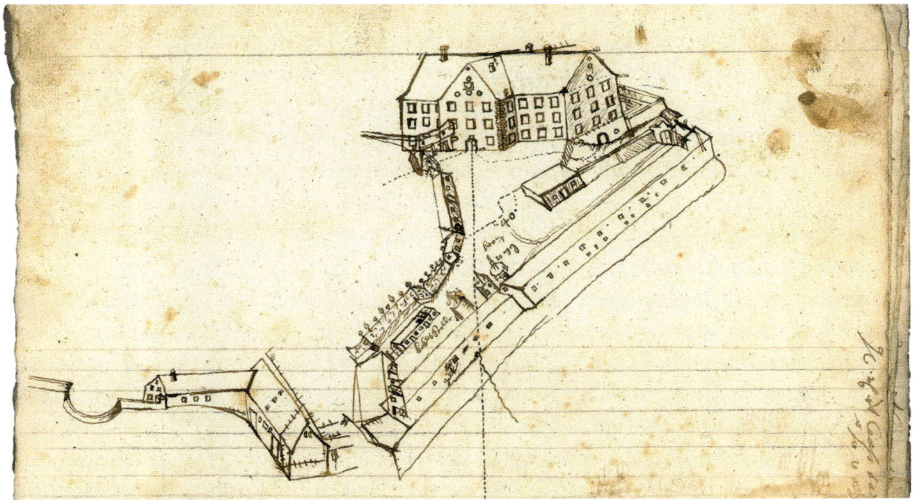

Schloss Weiterdingen und die herrschaftlichen Bauten im Urbar von 1759 (Hilzingen, Gemeindearchiv Weiterdingen)

Wirt, Schreiner, Küfer, Glaser und Zimmermann. Nicht erwähnt werden je ein Gabelmacher und Maurer, Franz Brändle und Sebastian Heizmann. Die Weber und Stricker arbeiten offenbar nicht für die Herrschaft, d.h. es gibt keine Belege dafür.

Sebastian Heizmann mag der wichtigste Handwerker am Hof in Weiterdingen sein, aber er ist nicht der mit dem größten Verdienst. Das sind zunächst die Schmiede, gefolgt vom Küfer. Zwischen 1781 und 1791 sind in Weiterdingen drei Schmiede tätig. Johannes Schneider, Johannes Müller und Martin Mohr. Letzterer scheint keine bedeutenden Aufträge von der Hornstein'schen Herrschaft zu bekommen, die beiden anderen haben aufgrund von Rechnungsstellungen ein ähnliches regelmäßiges Einkommen. Die Jahresrechnungen – aufgeteilt in vier Quartalsrechnungen zu Georgi, Jakobi, Martini und Lichtmess – von Johannes Müller liegen bei etwa 130 bis 140 fl, die von Johannes Schneider zwischen 150 und 170 fl.

Neben Schmiedearbeiten im Allgemeinen, immer wiederkehrenden Reparaturen an und in den herrschaftlichen Gebäuden sowie Materialbeschaffung wie Nägel und Schrauben übernimmt Schneider auch Schweißarbeiten und sorgt dafür, dass die Schlossküche gut ausgestattet ist: Im Rechnungsjahr 1786/87 liefert er »vier Dreifüße«, einen »Kuchelspieß«, ein »Schäufele«, ein »Knöpfle Messer«, einen »Glutzieher« und eine »große runde Schaufel«. Johannes Schneider und Johannes Müller sind beide für den Hufschlag der herrschaftlichen Pferde zuständig, sie scheinen sich diese Aufgabe zu teilen. Dafür erhalten sie jährlich je 4 fl und zwei Malter Mühlfrucht »akkordiert«. Johannes Schneider, der 1783 Rosa Beschlin heiratet, ist kein armer Mann. Der Schmied hat 1 Vierling 20 Ruten Haus und Garten, dazu »Kabes- und Hanfland«, ein zweites Haus mit »Gärtle«, ein weiteres »Gärtle« sowie 100 Ruten Reben als Eigengut.

Über den Winter 1785/86 hat der Küfer Johannes Schoch mehrfach das »Gesindefass« geputzt und geflickt, das Fass des gnädigen Herrn gereinigt und gefüllt, an zwei »Gelten« neun Reifen gelegt, Wein zur Taverne getragen, aus altem Holz eine »Wassergelten« gemacht, den »Wacholder aufgefüllt« und eine »Gelte« aus Eiche gefertigt. Für diese ausführlich formulierte Rechnung verlangt er 75 fl 7 x. Johannes Schoch – seit 1783 mit Maria Rieglin von Bittelbrunn verheiratet – stellt ab 1781 regelmäßige Quartalsrechnungen und kommt auf einen durchschnittlichen Rechnungsbetrag von 90–100 fl jährlich. Der Küfer Johannes Schoch hat 24 Ruten Haus und Garten sowie 21 Ruten Hanfland als Eigengut.

Die beiden Zimmermeister Jakob Schilling und Franz Horni gehören ebenfalls zu den gut verdienenden Handwerkern in Weiterdingen, ihre Jahresrechnungen liegen durchschnittlich bei etwa 100 fl. Der Wagner Johannes Handloser gehört zu den Handwerkern mit mittlerem Verdienst, das, was er der Herrschaft in Rechnung stellt, liegt in etwa bei 70 fl jährlich.

Auch Ignaz Schilling hat ständig für die Herrschaft zu tun. Der Glaser setzt im Tafelzimmer, im oberen »Gang«, in der Kanzlei und bei der gnädigen Frau sowie in der Gesindestube helle Scheiben ein und bessert im Stierstall ein Fenster aus. Er hat im Glashaus die Fenster geflickt, abgenommen und neu gerichtet, im Winterhaus vier Scheiben eingesetzt, in der »Schloss Kuchel« und dem roten Zimmer ebenfalls Scheiben eingesetzt, im Schlossaufgang bei dem Tafelzimmer in einem Flügel neue Rahmenschenkel eingezogen und dort eine helle Scheibe eingesetzt, im Kuhstall ein Fenster und im Schloss zwei Laternen ausgebessert, in einem Schlafzimmer im Schloss drei Fensterflügel ausgebessert und in Bietingen im Pfarrhaus zwei neue Kreuzstock-Fenster gemacht. Diese Auflistung ließe sich beliebig erweitern, jedes Jahr müssen im Schloss, am Glashaus und den anderen Gebäuden Scheiben ersetzt werden, Schilling ist sicher ständig am Hof zugange. Dennoch ist sein Verdienst aus der Tätigkeit für den Freiherrn von Hornstein nicht üppig, seine Rechnungen belaufen sich durchschnittlich und jährlich auf etwa 40 fl. Aber Ignaz Schilling kann nicht unvermögend gewesen sein, kauft er doch im März 1784 für 330 fl das Haus des Schusters Johann Mohr.

Dessen Bruder Anton ist nicht vermögend, er hat lediglich ein Haus mit »Gärtle« von 6 Ruten und Kabesland von 9 Ruten als Eigengut. Er ist Schreiner und am Weiterdinger Hof für Ausbesserungsarbeiten an Möbeln und Einrichtungen zuständig. Anton Mohr hat unter anderem für die Schule zwei neue Stühle gemacht, die Bretter dafür stellt er mit 48 x in Rechnung. Davon wird man nicht reich, seine durchschnittlichen Rechnungen pro Jahr belaufen sich auf knapp 20 fl. Dass Anton Mohr zu den ärmeren Handwerkern gehört, zeigt das »Ganturteil« vom März 1784, demnach muss er zahlungsunfähig gewesen sein. Immerhin können sich die beiden Brüder Anton und Johann Mohr im September 1784 wieder ein Haus kaufen. Im Urbar von 1792 haben beide ein steuerbares Gut.

Die Einkünfte der beiden Sattler Roman Kellmayer und Johann Frey am Hof sind ebenfalls sehr bescheiden. Obwohl ihnen die Reparatur des herrschaftlichen Pferde- und Ochsengeschirrs anvertraut ist, können beide nur für etwa 10 fl jährlich Aufträ-

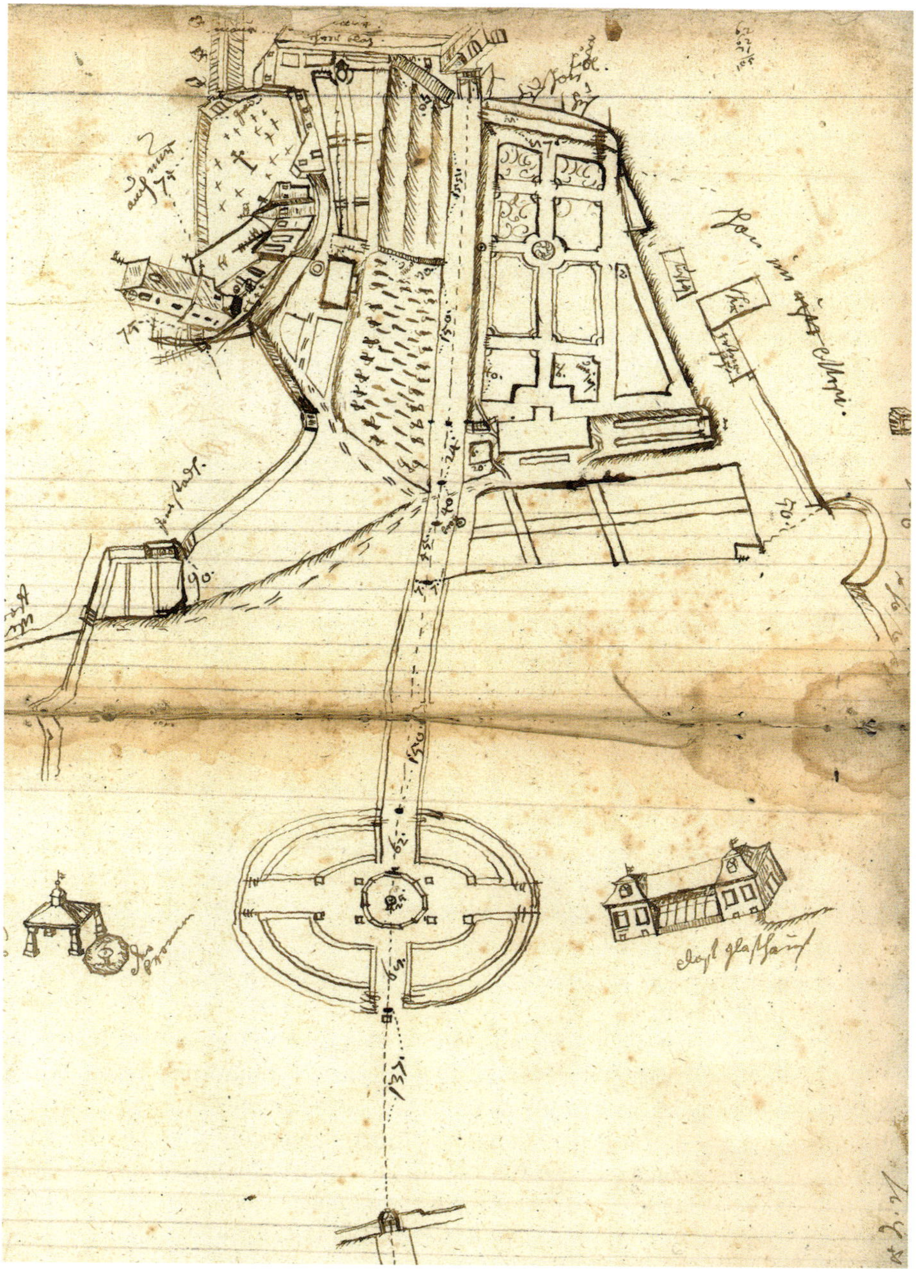

Der Schlossgarten von Weiterdingen im Urbar von 1759; hier gab es immer etwas zu tun: Im Glashaus (unten rechts) wurden jedes Jahr die Fenster abgenommen, geflickt und gerichtet, an das Teehaus (unten links), einem Pavillon mit Brunnen, wurde später das sogenannte »Beyle« angebaut. (Hilzingen, Gemeindearchiv Weiterdingen)

ge von der Herrschaft bekommen. Kellmayer betreibt zusätzlich Landwirtschaft, Frey hat 1792 kein steuerbares Gut.

Schuhmacher Hans Jerg (Georg) Erne hat 1786 ein paar neue Pantoffeln für den gnädigen Herrn sowie neue Stiefel für den »Becken« und den Gärtner gemacht, beides »auf befel«. Die neuen Stiefel kosten pro Paar 5 fl, die Pantoffeln 1 fl 40 x. Zum gleichen Preis fertigt Erne 1787/88 »ein bar neue Schue« für den Freiherrn. Er übernimmt auch Flickarbeiten an Schuhen und Stiefeln, fertigt Galoschen und sohlt »Santali«. Im Rechnungsjahr 1781/82 hat der Schuster »ein bar neue Stiffel gemacht vor den gnetigen Herren«; sie kosten ihn 6 fl, sind also qualitätsvoller als die Stiefel für den Bäcker und den Gärtner.

Joseph Gori, Bürgermeister und ebenfalls Schuhmachermeister, stellt für Schusterarbeiten 1786 insgesamt 13 fl in Rechnung: fünf Paar neue Schuhe für den gnädigen Herrn à 1 fl 36 x und ein paar neue Stiefel für den Vorreiter, die er mit 5 fl ansetzt. Hinzu kommt der Handwerkerlohn. Gori fertigt Schuhe und Stiefel zum gleichen Preis wie Erne, beide bekommen in etwa ähnliche Aufträge, haben ähnlichen Verdienst aus ihrer Arbeit für den Hof, haben identische Rechnungsbeträge. Joseph Gori und Hans Jerg (Georg) Erne werden als »herrschaftliche Schuster« bezeichnet, doch trotz des stolzen Namens liegt ihr beider Verdienst am Hof mit etwa 10 bis 12 fl pro Rechnungsjahr an der unteren Grenze. Gori und Erne können offensichtlich vom Handwerk nicht leben, beide betreiben zusätzlich noch Landwirtschaft. Der dritte Schuster, Johann Mohr, scheint nicht für den Hof zu arbeiten.

Schneidermeister Beat Brändle hat dem »gnetigen Herren ein schlapf rock und ein bar hosen gefligt«, dem Jäger »ein Camisol mit borten gemacht«, das mit Material 56 x kostet, dem gnädigen Herrn eine Hose geändert, mehrere Hosen geflickt, dem Johannes Reitinger für 22 x »ein gantz Kleit gemacht« und dem Johannes Müller für 10 x ein »Kummete Kleit gemacht«. Beat Brändle kann wie die beiden Schuster nur kleine Beträge in Rechnung stellen. Ähnlich verhält es sich mit dem zweiten Weiterdinger Schneidermeister, Anton Müller. »Was von Antoni Müller Schneidermeister bei der hiesigen Gnädigen Herrschaft durch Arbeit und Zugehörde ist verdient worden«, wie es in einer seiner Rechnungen heißt, reicht nicht über wenige Gulden hinaus. Die beiden Schneider müssen wie die Schuster in der Landwirtschaft ihr Einkommen sichern.

Handwerker wie Brändle, Erne und Gori stellen auch für andere am Hof, z. B. den Kutscher, Schulmeister, Vorreiter etc. Kleidung bzw. Schuhwerk her oder flicken solches. Mit Flicken ist auch Franz Brändle, Gabelmacher, viel beschäftigt für wenig Verdienst. Er ist die Jahre über damit beauftragt, Rechen und Gabeln zu flicken. Seine Rechnungen belaufen sich auf 5–7 fl jährlich. Franz Brändle ist ebenfalls Landwirt, er hat Reben als Eigen- und Ackerfeld als Lehengut.

Einen außergewöhnlichen Beruf hat Mauritius Bucher, er nennt sich »Chirurgus« und ist für das »Barbieren die Wochen 3 Mahl« von Leopold Thaddä von Hornstein zuständig. Daneben liefert er Medizin für das Vieh, wie Wacholderöl, sowie Rhabarbertinktur und Pflaster für die gnädige Frau. Der Chirurgus kann einen Verband anlegen, besorgt eine Brust-Mixtur und kennt sich wohl mit Heilkräutern aus. Er kommt

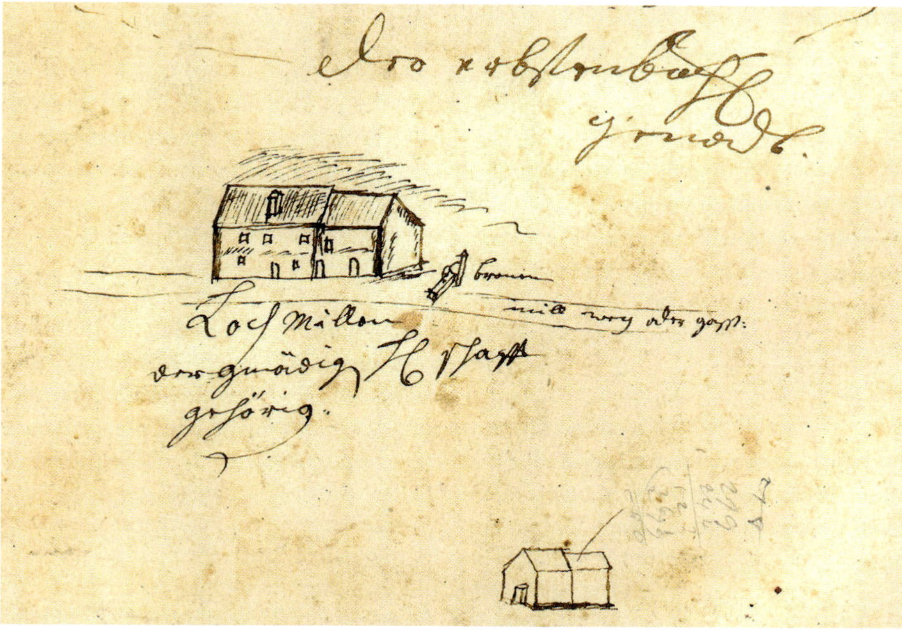

Die Lochmühle gehörte zur Herrschaft Weiterdingen, wie auf dieser Abbildung aus dem Urbar von 1759 vermerkt wird. (Hilzingen, Gemeindearchiv Weiterdingen)

auf einen geschätzten Verdienst von etwa 15 fl jährlich. Mauritius Bucher hat nur Haus und Garten sowie ein paar Reben als Eigengut.

Im Gegensatz zu den eben genannten Handwerkern können der Wirt und die beiden Weiterdinger Müller gut von der Herrschaft am Ort leben. Joseph Buhri ist Müller der Lochmühle und Johannes Buhri der Seemüller in Weiterdingen. Die Weiterdinger Taverne ist an Wunibald Müller verpfändet, der Wirt muss den herrschaftlichen Wein »nach dem Anschlage« ausschenken. Wenn er das tut, hat er kein weiteres »Tavern- oder Umgeld« zu entrichten. Von dem zur Wirtschaft gehörenden »Kabisland« hingegen ist er jährlich 1 fl 30 x extra »zu tilgen schuldig«. Das im April 1790 anlässlich seines Todes erstellte Inventarium zeigt, dass Wunibald Müller ein reicher Mann war: Die Erben sollen von 15 067 fl 46 x eine steuerliche Abgabe in Höhe von 161 fl und 1 fl 30 x Siegelgeld vom Teilzettel an die Herrschaft bezahlen. An die Kanzlei gehen weitere Gebühren in Höhe von 37 fl.

Bleibt noch der Bäcker, der »Beck« Anton Erne. Ob sein Verdienst am Hof überhaupt nennenswert ist, muss offen bleiben. Ab und zu bekommt er Backlohn, es sind aber jeweils nur wenige Gulden. Er bewirtschaftet weder Äcker noch Wiesen, das Urbar von 1792 weist ihn mit Haus und »Gärtle«, etwas »Kabesland« und ein paar Reben aus. Hat er als Bäcker auch im Dorf Einkünfte?

Noch ist der Winter nicht zu Ende, da geht für Sebastian Heizmann die Arbeit weiter. Schon vor Frühlingsanfang 1786 arbeitet er an der Gartenmauer, um sie zu unterfangen. Außerdem gräbt er das Fundament zu dem neuen »Beyle« aus, welches an das Teehaus angebaut worden ist. Das Teehaus ist wohl der Pavillon, der als Zeichnung auf dem Urbar von 1759 erscheint, das »Beyle« könnte ein Anbau mit Glasfronten sein, vielleicht eine Art Wintergarten?[3] Die meisten Arbeiten verrichtet der Maurermeister mit den Gesellen Johann Baptist Heizmann und Mathias Schroff sowie einem Lehrjungen; die drei haben Sebastian Heizmann auch dabei geholfen, die Fundamente auszumauern.

Später bessert Heizmann in den zwei oberen Hausgängen im Schloss die Böden aus, dann wird am »Beyle« weiter gemauert, im Garten werden alle Stiegen renoviert und Ausbesserungen am Winterhaus, dem Pferdestall und dem Wirtshaus vorgenommen. Danach stehen Dacharbeiten am sogenannten neuen Bau an, im Amtshaus »belegt« Heizmann den »Feuerherd« frisch und macht einen »Kunstofen«. Der Bogen am Portal im großen Garten wird abgebrochen und »zu einem frischen wieder zugerichtet«, wie Sebastian Heizmann formuliert, das Portal wird neu gemauert und angestrichen. Später, Ende Juli, nachdem er den »Feuerherd« im Schloss ausgebessert hat, arbeitet Heizmann an dem »Beyle« weiter und fängt an, es anzustreichen und das Dach auf dem Teehaus frisch »umzuschlagen«. Im August bessert er an der großen Scheuer ein Stück Dach aus, in der »Most-Trott« gräbt und mauert er die Fundamente zu dem »Trott-Bett« und hilft den Zimmerleuten aufzurichten.

Im September geht die Arbeit im neuen »Beyle« weiter, Heizmann setzt das Ofenloch ein, mauert den Ofenfuß und dann um den Ofen herum zu und weißelt das »Stüble« aus. Auch das Teehaus bekommt ein Ofenloch. »Beyle« und Teehaus sind nun beheizbar. Nachdem das Dach auf dem sogenannten Neubau »ober der Schitte« ausgebessert worden ist, wird er dem Zimmermeister Jakob Schilling auf dem Amtshaus »die Kener helfen hinaufthun«. Im November 1786 schließlich hat der Maurermeister unter anderem im Billardzimmer den Kamin ausgebessert und stellt nun seine Rechnung über die hier in Auszügen beschriebenen Tätigkeiten in Höhe von 136 fl 26 x, es ist eine seiner höheren. Im Durchschnitt belaufen sich seine Rechnungen als Maurermeister ab 1782 auf rund 75 fl, er gehört also zu den besser verdienenden Handwerkern in Weiterdingen.

3 Zum Verständnis des Begriffs »Beyle«: Badisches Wörterbuch. Bearbeitet von Ernst Ochs. Lahr (Baden), 1928. Lieferung 2, S. 109: Baie: Fenster am Kirchturm, obere Luke, durch die man die Glocken sieht; Baije: Schallloch des Kirchturms; Beije: Jalousieladen bei den Glocken. Vgl. Fischer, Hermann: Schwäbisches Wörterbuch, Tübingen 1904, Band I, S. 576–577; Bai: Fensteröffnung, (große) Fenster (an Palästen und vornehmen Häusern); Baile: Öffnung von der Stube zur Küche, um die Speisen zu bieten. Bay window (englisch): große erkerartige Fensterfront. Baie (frz): Wand-, Maueröffnung, breites Fenster. Baie (rumänisch) vom lateinischen balneum kann auch Badezimmer oder Badewanne heißen. Da das Beyle einen Ofen und ein Stüble hat, käme auch eine Badstube, ein Badehaus in Frage. Das scheint aber nicht logisch, wenn das Beyle an das Teehaus angebaut ist. Es kommt eher ein Glasvorbau, der beheizt werden kann, in Betracht. Zum Teehaus: Gemeindearchiv Weiterdingen C I 1783 Rapular über das hochfreyherrl. an die Ritter Caßa collectable Weiterdingen, 1759. Zum Schlossgarten vgl. auch Enzberg, Horst-Dieter von: Die Gärten bei den Hornsteinischen Schlössern Weiterdingen, Binningen und Bietingen. In: HEGAU 65, 2008, S. 31–58

In der Hofküche das Kupfergeschirr wieder verzinnt

Der Weiterdinger Schreiner Anton Mohr ist nur für das »Grobe« zuständig, für anspruchsvollere Schreinerarbeit holt sich die von Hornstein'sche Herrschaft einen Handwerker von auswärts. Es ist Ignatius Schäfle, Schreinermeister von Balgheim (Landkreis Tuttlingen), der im Rechnungsjahr 1786/87 für die Herrschaft einen Kasten aus Nussbaumholz für 48 und einen Schreibtisch für 20 fl fertigt, in einer anderen Rechnung nennt er zwei »Kommotkästen« für 68 fl. Zum einen arbeiten spezialisierte Handwerker wie der Schreinermeister aus Balgheim für den Hof, zum anderen sind es Handwerker, die vor Ort nicht vertreten sind. Buchbinder Johann Baptist Jäger aus Engen wird mit dem Einbinden der jährlichen Rechnungsbücher samt Beilagen betraut, er rechnet Handwerkszeug und Papier sowie die Herstellung der Register ab.

Weitere Handwerker aus Engen sind der Rotgerber Johann Baptist Mayer, Seiler Johannes Steinhofer, Schlosser Rack/Rach, Feilenmeister Johannes Steinhofer, Nagelschmiedemeister Jakob Betting (?), Büchsenmacher Hans Jerg Faller, Apotheker Kaspar Deicher/Deucher und Kupferschmied Joseph Antoni Ott. Im Rechnungsjahr 1788/89 hat Ott in der Hofküche das Kupfergeschirr wieder verzinnt, repariert und gelötet »nebst einem neyen hand hebel zu einer bratt pfannen«. Ferner hat er eine Kasserolle verzinnt und geflickt, ein kupfernes Brennrohr gelötet, eine neue kupferne Schneckenpfanne mit »füessel und handhabe« sowie einen neuen »türckhischen Bund« (im Sinne von »Knoten«?) und eine kupferne »wasser schapfen« gemacht.[4]

Schlossermeister Sebastian Thurner aus Aach hat das in der Obervogtei abgebrochene Haustürschloss durch ein neues ersetzt nebst »Schlissel« und auch für die Kanzlei hat er einen Schlüssel gemacht. Eine weitere Rechnung Thurners nennt verschiedene Reparaturen, so waren im »Biliar«-Zimmer und am Küchenkasten die Schlösser abgebrochen.

Handwerker aus Stein am Rhein sind Steinhauer und Maurermeister Johannes Böschenstein, Zeugmeister Johannes Etzweiler und Hafnermeister Max Büehl/Bühl, der den beschädigten Teil des Feuer-Ofens in »dero Gnädigen Frowen Zimer« repariert und in beiden oberen »Böden« (Stockwerken) die Stuben-Öfen ausgestrichen und renoviert hat.

Weitere Handwerker, die in den Rechnungsbüchern genannt werden, kommen aus folgenden Orten der Umgebung: Diessenhofen, Duchtlingen, Ehingen, Eigeltingen, Gottmadingen, Hilzingen, Konstanz, Mühlhausen, Radolfzell, Schaffhausen, Schlatt, Singen, Thayngen, Volkertshausen, Welschingen und Zizenhausen. Sie sind Nagler, Zimmermann, Schlosser, Küfer, Schmied und Nagelschmied, Schirrmeister, Seiler, Maurer und Hammerschmied, Maler, Korbmacher, Kaminkehrer, Ziegler, Hafner, Spengler, Färber und Bleicher, Büchsenmacher, Müller, Zinngießer und Architekt. Im Rechnungsjahr 1784/85 wird Architekt Bickel von Konstanz zur Ausbesse-

4 Zu den Handwerkern in Engen siehe auch Brosig, Reinhard: Engen in der Frühen Neuzeit: Bevölkerung und Geschichte. Singen 2012, S. 325–329

rung des Doppeldachs auf der Obervogtei und wegen des Kirchenbaus in Singen mit Aufträgen versehen.

Handwerker, die aus weiterer Entfernung für den Hof in Weiterdingen arbeiten, sind der schon erwähnte Schreinermeister Schäfle aus Balgheim, der Sägenfeiler und Bohrermacher Andreas Herr von Rottweil und Johann Raupmann aus Göggingen, der Schreibfedern, Bleistifte und Papier in Rechnung stellt. Neben den Handwerkern von außerhalb finden wir auch Dienstleister wie den Spezereiwarenhändler Macario Mandelli aus Stockach und Kaufleute aus Schaffhausen, die den Hof beliefern.

Zwei Tage dafür zugebracht

Sebastian Heizmann, so haben wir schon vernommen, verdient nicht schlecht. In einer Rechnung über 138 fl 45 x des Rechnungsjahres 1787/88 nennt der Maurermeister seinen Tagesverdienst. Er hat unter anderem auf dem Kirchengang ein Stück Dach »abgehebt« und »enger gelattet dasselbe wider eingedeckt, auch durchaus das dach ausgebessert und hab ich zugebracht 1 tag à 26 x«. In einer anderen Rechnung vom Dezember 1785 verlangt er für Johannes Vogel, »ein Maurer«, 30 x und für sich ebenfalls einen Tagesverdienst von 30 x.

Der Unterschied zwischen 26 und 30 x kommt offensichtlich so zustande, dass die Handwerker wahlweise mit und ohne »Spesen« abrechnen, was aus einer Rechnung des Schreiners Schäfle deutlich wird. Der Schreinermeister aus Balgheim hat für die gnädige Herrschaft 168 Tage à 24 x »nebst Kost« gearbeitet, das macht insgesamt 67 fl 12 x. Anton Mohr, der Weiterdinger Schreiner, geht dem Schreiner aus Balgheim zur Hand und hilft ihm, Bretter zu hobeln. Er arbeitet fünf Tage und verdient 2 fl 30 x, kommt also auf einen Tageslohn von 30 x, der »Bueb« mit 2 fl auf 24 x. Es ist davon auszugehen, dass Mohr und der Lehrjunge keine Kost in Anspruch genommen haben.

Schreiner Grossmann aus Bietingen und der Weiterdinger Küfer Johannes Schoch arbeiten ebenfalls für 30 x pro Tag. In der Rechnung Schochs über 144 fl 2 x wird dies festgehalten. Der Küfermeister hat unter anderem »der Jungfer Josepha ihr fessle ausgewaschen und gefillt«, den Kapuzinern ein Fass geputzt und mit Wein gefüllt, Wein an die Taverne geliefert, weitere Fässer gewaschen und wieder gefüllt, das Gesindefass geputzt, an eine eichene »Gelten« einen neuen Boden angebracht, in der unteren Trotte »die Stantten aus und ein getan« und dafür zwei Tage zugebracht. Die zwei Tage kosten die Herrschaft 1 fl, Schoch berechnet 30 x Tageslohn für sich. Der »Knecht« von Schoch bekommt 26 x.

Der Maurergeselle Johann Baptist Heizmann, der mit Sebastian Heizmann zusammen arbeitet, erhält 26 x Tagesverdienst, der Lehrjunge wird mit 24 x veranschlagt. Ein anderer Lehrjunge, der mit Sebastian Heizmann arbeitet, Antony Britsch, wird mit 22 x täglich, ein weiterer »Lehrjung« mit nur 18 x berechnet – vielleicht ist er im ersten Lehrjahr?

Im Rechnungsjahr 1788/89 hat der Zimmermann Franz Horni für verschiedene Arbeiten insgesamt 170 fl 38 x in Rechnung gestellt: mit einem Gesellen den neuen

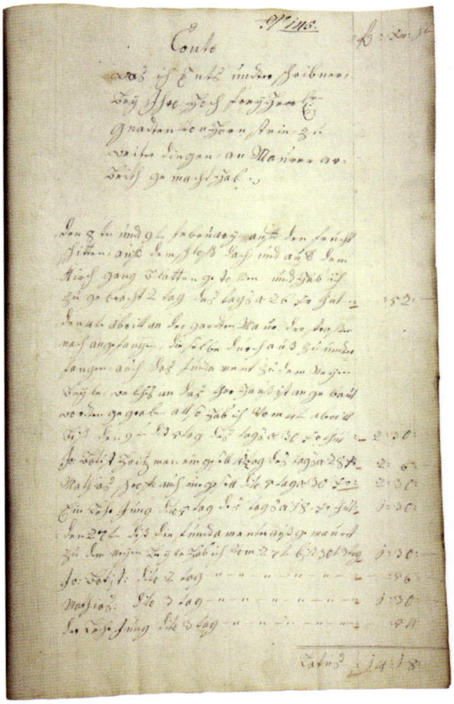

Der Maurermeister Sebastian Heizmann stellte detaillierte Rechnungen aus. Beilagen zur Amtsrechnung 1787 (Gemeindearchiv Gottmadingen, Archiv der Freiherren von Hornstein-Bietingen)

Die Freiherrlich von Hornstein'schen Amtsrechnungen hat Buchbinder Johann Baptist Jäger aus Engen eingebunden (Gemeindearchiv Gottmadingen, Archiv der Freiherren von Hornstein-Bietingen)

Schweinestall auf dem Gut Homboll und eine neue »Stiegen« in den Keller gemacht, mit drei Gesellen und einem Lehrjungen bei der Trotte das Holz »beschlagen« und auf dem Sennhof die »Güllengrube« gebaut, später das Zimmer in der Trotte und das Tor gerichtet, den Kreuzstock, die Pfosten unter der Decke und den Unterzug, die Schiebriegel und Schieber und das Tor in der oberen Trotte gebaut, schließlich »nach Galli« das Scheuertor und den Schweinestall geflickt. Den Meisterlohn setzt er mit 28 x, den Gesellenlohn mit 26 x an.

Die Obergrenze für Meister und Gesellen liegt demnach bei 30 x, die Arbeit eines Lehrjungen ist mindestens 18 x wert. Hinzu kommen Spesen in Form von Kost, was bei den Rechnungen jedoch nicht immer vermerkt wird. Leider enthalten viele Handwerkerrechnungen keine Löhne, so z. B. die der Weiterdinger Schuster und Schneider. Es kann aber davon ausgegangen werden, dass sie nicht über einen Tagesverdienst von 24 x (ohne Kost) hinaus kommen. Dafür könnten sie sich eine Gans leisten, die 1789 zwischen 20 und 24 x kostet, der Meister hingegen könnte von seinem Tagesverdienst einen Hasen kaufen, der ihn zwischen 30 und 45 x kosten würde, er müsste also unter Umständen noch etwas drauflegen.

Wenn Sebastian Heizmann durchschnittlich 70 fl als Handwerker verdient und eine Jahresbesoldung von 30 fl plus Naturalleistungen bezieht, kommt er auf über 100 fl jährlich. Der Gärtner bzw. die Gärtnerin, die Köchin, die Beschließerin, der Kutscher und der Rebmann, sie alle verdienen 30 fl plus Naturalleistungen. Es muss offen bleiben, ob solch ein Jahresverdienst (mit Kost und Logis) zum Überleben ausreicht. Im Vergleich dazu bezieht der Weiterdinger Obervogt Vogel eine jährliche Besoldung von 200 fl und erhält dazu Naturalleistungen.

Drei weiße »Kleidle«

Einen zusätzlichen Verdienst haben die Weiterdinger und auswärtigen Handwerker im Jahr 1785, bedingt durch den Tod von Marianna von Hornstein, geborene Gräfin von Welsperg, im Juni und die Wiederverheiratung Leopold Thaddäs mit Maria Josepha von Königsegg-Rothenfels im Dezember 1785. Vor allem das zweite Ereignis lässt sich in den Rechnungen dokumentieren. So hat der dritte Weiterdinger Schneider, Franz Anton Kees, im November 1785 drei weiße »Kleidle« genäht, die er mit grünen »Schetter-Bändelen garniert« hat. Er rechnet »Haften« und Knöpfe ab sowie grünen Taft für »Kräglein« und »Aufschläge«. Der Schuster Johann Georg Erne bekommt den Auftrag, Stiefel zu flicken sowie neue Stiefel, Galoschen und Schuhe zu fertigen. Alle Bediensteten sollen für die Festlichkeiten gut gekleidet sein. Der Schneider Beat Brändle näht dem Kutscher und Vorreiter Hosen und rechnet zwei Kleider mit Borten und 44 Kragen und Aufschläge »auf die Röcke« ab, seine Rechnung beläuft sich auf insgesamt 10 fl 55 x.

Das ganze Schloss wird herausgeputzt. In der Bibliothek werden neue Gemälde (?) in Auftrag gegeben. Johann Anton Engesser, Maler aus Engen, hat für 18 fl »die 8 Stuckh zu der Bibliothec mit Öhlfarbe gemahlt sambt dem Holzwerkh«. Das Canapée im Kabinett wird mit 16 ½ Ellen »gestreiftem Zeug« für 8 fl 48 x neu bezogen und für das Festessen eine »Extra Starke Casserol ohne Eysen« für 3 fl 42 x in Schaffhausen gekauft. Die Rechnung des Kupferschmieds stammt vom 5. Dezember 1785. Auch der Rotgerber Johann Baptist Mayer aus Engen erhält einen größeren Auftrag, er liefert unter anderem vier »Stück schwarze Häute, die 80 Pfund wiegen à 9 x Gerberlohn thut an Geld 12 fl«, eine »weiße ungarische Haut« für 2 fl, ein Kalbfell und ein »weißthrunken Häutli« für 2 fl 12 x.

Es muss vieles organisiert und vorbereitet werden, die Frauen und Männer, die für den Weiterdinger Hof Botendienste übernehmen, sind zusätzlich unterwegs. Fidelis Haga und Meinrad Martin werden für Besorgungen nach Konstanz geschickt, Meinrad Martin soll am 27. Oktober dort Öllampen abholen. Schließlich reisen die Hochzeitsgäste an, ein Bote von Engen ist am 4. Dezember 1785 mit dem »Bagage-Wagen anhero gekommen«, er erhält dafür 30 x Botenlohn.

Man plant wohl etwas Besonderes, die Hochzeitsgesellschaft soll sich über Essen, Trinken, Tanzen und Kartenspiel hinaus – bei Mandelli in Stockach sind im Dezember extra Spielkarten und »4 Spiele Tarock« besorgt worden – amüsieren. Dafür hat Johann Anton Engesser, der Maler von Engen, im November 1785 ein »Theatrum von Wasserfarb gemacht und darbey Täg zugebracht 17 Täg, des Tags à 30 x 7 h«.

Das Dorf Weiterdingen im Urbar von 1759; Schloss und Kirche sind nicht eingezeichnet, oben = Westen (Hilzingen, Gemeindearchiv Weiterdingen)

Der Junge (Lehrjunge?) hat vier Tage zugebracht, indem er Farbe »gerieben« und nach Weiterdingen gebracht hat. Auch Engesser hat »aigene Farb hergeschafft zum Theater Mahlen«. Es gibt also eine Theateraufführung, das wird auch aus den »32 ½ Ellen Camelot zu Komedien Kleider« für 8 fl 8 x ersichtlich.[5]

Im Heuet, Öhmd und bei der Ernte verdingt

Paul Rist kann ab und zu für die Herrschaft arbeiten, er ist ein Taglöhner, der in der Landwirtschaft und dem Weinbau sein karges Einkommen verdient. Immer wieder erscheint er auf Namenslisten, so im Rechnungsjahr 1785/86. Hier wird der Verdienst der Taglöhner während Heuet, Öhmd und Ernte festgehalten. Die Weiterdinger Taglöhner und Drescher, die für die Herrschaft die 21 Mannsmahd Wiesen im Heuet und 12 Mannsmahd in der Ernte schneiden, mähen und dreschen, bekommen den »gesetzten« Lohn, das sind 1785/86 pro Person 1 fl 40 x und ein paar Hel-

5 Beim Camelot/Camelott handelt es sich um eine Stoffart aus Ziegenhaaren, die mit Wolle und Seide gemischt ist.

ler. Um eine Mannsmahd Wiesen zu mähen, gibt es 20 x, eine Mahd zu öhmden ebenfalls 20 x, um einen Jauchert Wintergetreide zu ernten 1 fl, für einen Jauchert Gerste 40 x und einen Jauchert Hafer 32 x.

Der Taglohn reicht von 12 bis 18 x, ist also im Vergleich zu den Handwerkerlöhnen, die sich in der Regel zwischen 22 und 30 x bewegen, um einiges niedriger. Joseph Wieders Witwe aus Bietingen erhält im Rechnungsjahr 1789/90 für einen halben Taglohn 8 x, ihr Taglohn liegt also bei 16 x. Michael Wixler, ebenfalls aus Bietingen, erhält für 2 ½ Taglohn à 18 x insgesamt 45 x. Der Taglohn für Männer ist 1789/90 auf 18 x festgelegt, der für Frauen auf 16. Nun ist es aber nicht so, dass die Weiterdinger Taglöhnerinnen durchgehend weniger verdienen als ihre männlichen Kollegen, denn der Brunnentobelwässerer Hans Jörg Huber bekommt nur 12 x Taglohn. Als herrschaftlicher Bediensteter hat er allerdings noch Naturalbezüge.

Nicht nur Paul Rist ist gezwungen, als Taglöhner zu arbeiten. Auch die Handwerker, die wenig Verdienst aus ihrer Tätigkeit haben, finden sich auf den Abrechnungslisten für den Taglohnverdienst, so z.B. der Wagner Johann Greutter. Auffallend ist, dass die Weiterdinger Witwen offensichtlich auf den Zusatzverdienst aus Taglohnarbeit angewiesen sind. Eine von ihnen ist die schon genannte Witwe des Joseph Häusler, die lediglich ein Haus und »Gärtle« von fünf Ruten eigen hat. Sie findet Verdienst in den Reben und beim »Säcke machen«.

Auch Anton Küblers Witwe und Joseph Britschen Witwe arbeiten in den Weinbergen, Letztere erhält für Dungtragen in die Reben Naturalleistungen in Form von Getreide. Wer im Extra-Taglohn in den Reben arbeitet, erhält 20 x Taglohn, das gilt auch für die Frauen. Anton Küblers Witwe hat einen Tag lang für 20 x in den Reben gehackt. Obwohl in den Rechnungsbüchern immer wieder Personengruppen auftauchen, die sich im Taglohn bei der Herrschaft verdingen, lässt sich nicht genau sagen, wie viele Weiterdinger Frauen und Männer zwischen 1780 und 1791 als Taglöhnerinnen und Taglöhner gearbeitet haben.

Mit der gewöhnlichen Leibstrafe belegt

Nun müsste man annehmen, dass es den Weiterdingern in dieser Zeit ganz gut geht. Alle haben Arbeit, die einen mehr, die anderen weniger. Niemand scheint zu hungern, für die »Hausarmen« sorgt die Herrschaft. Es wird geheiratet und gestorben, man liebt und streitet sich. Doch all ihr Tun und Treiben wird von der herrschaftlichen Obrigkeit kontrolliert und die Untertanen haben dafür zu bezahlen – egal, ob sie heiraten, sich von der Leibeigenschaft befreien wollen oder ein Haus zu kaufen beabsichtigen.

Die Rechnungsbücher und darin die Auszüge aus den Amtsprotokollbüchern liefern den Beweis. In der Abteilung »Geld-Einnahmen« werden unter der Rubrik »Von Straffen« die Personen aufgelistet, die eine Strafe gewärtigen mussten. So wird der uns schon bekannte Paul Rist am 22. Dezember 1781 zu drei Pfund Pfennig Strafe verurteilt, das sind immerhin 3 fl 26 x 4 h, viel Geld für einen Taglöhner. Was hat er verbrochen? Er hat sich mit dem Juden Abraham Daniel aus Gailingen geprügelt. Vielleicht ging es um einen Rosskauf bzw. -tausch. Die jüdischen Pferdehändler aus

Gailingen, Randegg und Worblingen haben immer wieder in Weiterdingen zu tun und manchmal bleibt eine Rechnung offen.

Die Schlägerei des Wirtes Wunibald Müller mit dem Bäcker Anton Erne im März 1781 kostet den Wirt zwei Pfund Pfennig Strafe, das sind 2 fl 17 x. Anton Erne bleibt in diesem Fall ungeschoren, dafür wird er wenige Tage später, am 8. April 1781 »wegen Prophanierung des Ostermontags auf einen Tag lang zum Holzsägen condemniert«. Noch viel schlimmer ergeht es 1786 Matthias Zolk aus Bietingen. Er wird wegen Entheiligung des Maria-Empfängnis-Festes am 8. Dezember und des darauf folgenden Sonntages mit dem »spanischen Mantel« gestraft. Der »Spanische Mantel«, ein Schandmantel oder eine Schandtonne aus Holz, wird dem Bestraften umgelegt und der Delinquent kann, wehrlos wie er ist, beschimpft und geohrfeigt oder mit Unrat beworfen werden.

Die Strafen treffen Männer wie Frauen. Im Streitfall Anna Maria Boshartin von Hilzingen »contra« Veit Beschle »puncto deflorationis und alimentationis« wird im Oktober 1786 so geurteilt: Die »Boshartin wird mit der gewöhnlichen Leibstrafe und der Deflorator in 10 Pfund Pfennig verfällt«. Vorehelicher oder außerehelicher Geschlechtsverkehr wird nicht geduldet, das muss auch Anna Maria Zollingerin auf drastische Art erfahren. Sie wird »puncto fornicationis unter dem Trommelschlag mit aufhabendem Strohkranz durch den Förster im Dorfe herumgeführt«. Es sollte ihr eine Lehre sein.

Da empfiehlt es sich gleich zu heiraten, nachdem man schon von den verbotenen Früchten genascht hat: Konrad Schoch und Maria Mayerin von Riedheim werden am 26. März 1784 »pcto Fornication mit der gewöhnlichen Leibstrafe belegt«, am 16. April 1784 erfolgt die Heiratsabrede zwischen den beiden sowie der bürgerliche Einzug der Braut. Heiraten kostet aber, es werden Gebühren (»Taxation«) an die Herrschaft und solche an die Kanzlei fällig. Auch die Aufnahme als Bürger muss bezahlt werden. Eine Scheidung kommt Ende des 18. Jahrhunderts nicht in Frage. Wer sich dennoch trennt, muss dies bezahlen. Die Trennung der Eheleute Anton Schoch und Maria Jägerin »quoad Thorum et Mensam« im Juni 1790 kostet die beiden 15 x an die Herrschaft und 24 x an die Kanzlei.

Sind sie also keine guten Untertanen, die Weiterdinger des ausgehenden 18. Jahrhunderts, gehen sie nicht brav ihrer täglichen Arbeit nach, leisten sie nicht unhinterfragt ihre Abgaben? Es scheint so. Denn im Gegensatz zu den Bietinger Untertanen verweigerten die Weiterdinger Baron Leopold Thaddä von Hornstein die Huldigung bis 1761, taten dies also erst 11 Jahre nach Herrschaftsübernahme, nachdem einige ihrer Forderungen erfüllt worden waren. Es bleibt in den folgenden Jahren beim gespannten Verhältnis zwischen der Herrschaft und ihren Untertanen. Immer wieder versuchen die Weiterdinger, die Fronleistungen zu verringern – letztendlich will man die vollständige Abschaffung der Feudallasten.

Wegen nicht verrichteter Frondienste werden im Rechnungsjahr 1785/86 zehn Weiterdinger Männer gestraft, unter ihnen der Glaser Ignaz Schilling, der Schreiner Anton Mohr und der Schneider Anton Müller, alle Handwerker, die für den Hof arbeiten. Die ersten drei Personen auf der Liste müssen 34 x zahlen, die anderen 1 fl

8 x 4 h. Die erwähnten Handwerker gehören nicht zu den ersten drei. Müssen sie um ihre Aufträge als Handwerker fürchten, wenn sie Ungehorsam leisten oder bisweilen über die Stränge schlagen und dadurch ein Strafregister haben? Dafür liefern die Rechnungsbücher für den Zeitraum zwischen 1781 und 1791 keinen Beweis.

In diese Zeit fällt jedoch der Prozess der Untertanen zu Weiterdingen und Binningen wegen Fronverweigerung, den sie trotz Audienzen bei den Kaisern Joseph II. und Leopold II. in Wien verlieren. Immerhin tritt nach dem Tod Leopold Thaddäs, der 1792 stirbt, eine Fronaufhebung durch August von Hornstein ein, und zwar »zu seinen Lebzeiten« mit dem Inhalt, dass die im Fronvertrag vom 8. Dezember 1683 festgelegten Fronen nun, 1795, in Geld abgelöst werden und Bau-Frondienste nur noch bei »Hauptreparaturen« und bei der Errichtung neuer Gebäude geleistet werden sollten. Die letztendliche Ablösung der feudalen Abgaben aller Art erfolgt im 19. Jahrhundert.[6]

Halten wir fest: Im 18. Jahrhundert gab es in Weiterdingen bei einer Bevölkerungszahl von rund 500 Personen ein breit gefächertes und spezialisiertes Handwerk. Der Hof machte sich als Wirtschaftsfaktor deutlich bemerkbar. Die Unterhaltung des Schlosses mit dem großen Schlossgarten und der sonstigen Gebäude sowie die Neu- und Umbauten brachten den Handwerkern vor Ort Beschäftigung. Der Schmied, der Küfer und der Zimmermann hatten durch die Aufträge vom Hof ein regelmäßiges Einkommen. Handwerker wie der Schuster und der Schneider hingegen mussten sich zusätzlich durch Landwirtschaft oder Taglohn ernähren. Der Taglohn war, wie in anderen Hegau-Gemeinden, zum Überleben zu gering, so dass davon ausgegangen werden kann, dass diese Frauen und Männer am Rande der Existenzgrundlage lebten.

Die besser verdienenden Handwerker konnten von ihrem Handwerk gut leben. Sie arbeiteten für den Hof und nahmen Aufträge aus dem Dorf und der Umgebung an. Die weniger gut verdienenden Handwerker betrieben zusätzlich Landwirtschaft, auch sie hatten ihre Kundschaft am Hof und im Dorf. Ein Teil der Weiterdinger Bevölkerung fand als Beschäftigte am Hof sein Einkommen und die Taglöhner konnten durch zusätzliche Arbeiten am Hof ihr kärgliches Einkommen aufbessern.

Wie das Verhältnis der Handwerker und Taglöhner zur Herrschaft war, wissen wir nicht, darüber geben die Rechnungsbücher keine Aufschlüsse. Es ist jedoch zu berücksichtigen, dass sie als leibeigene Untertanen in einer mehrfachen Abhängigkeit zu ihrem Ortsherrn standen. Die Herrschaft Weiterdingen blühte unter Leopold Thaddä zwischen 1749 und 1792 noch einmal auf, mit seinem Tod sollte diese wirtschaftliche Blüte zu Ende gehen. Es kann davon ausgegangen werden, dass dies unmittelbare Folgen für die Weiterdinger Handwerker hatte. Um fundiertere Aussagen zum Hof als Wirtschaftsfaktor für einen »Residenzort« machen zu können, müssten allerdings Vergleiche mit anderen Dörfern des Hegau, die von der Anwesenheit einer Ortsherrschaft profitierten, gezogen werden.

6 Vgl. dazu Hornstein-Grüningen, a. a. O. 1911, S. 601–603; Kramer, Wolfgang (Hg.): Hilzingen. Geschichte und Geschichten, Band III. Hilzingen 2005, S. 84

Die Stadt Radolfzell – ein Zentrum des Hegauer Adels?

Von Christof Stadler, Radolfzell

Mit dem Sitz der Reichsritterschaft St. Jörgenschild, sichtbar im heute noch erhaltenen Ritterschaftshaus in Radolfzell und dem markanten Österreichischen Schlösschen mitten im Stadtbild, entstand schon früh die Vorstellung, dass die Stadt am Untersee in vergangenen Zeiten ein Zentrum des Hegauer Adels gewesen sein muss. Zudem suggerierte die über zehnwöchige Belagerung im Bauernkrieg 1525 das Bild einer vom Adel stark dominierten Stadt. Traf dies aber wirklich zu? Welche Rolle spielte der Adel in der Stadt? Vieles ist bislang unerforscht, dieser Beitrag kann deshalb nur eine erste Spurensuche präsentieren.

Erste Adelsspuren in Radolfzell

Auch wenn Stadtgründer Bischof Radolt von Verona hochadliger Abstammung war, so gründete er aufgrund seiner geistlichen Laufbahn an seinem Altersruhesitz 826 die »Cella Radolti«, den Vorläufer des späteren Chorherrenstiftes, und keinen Adelssitz. Die Siedlung des 9. Jahrhunderts bestand aus zwei gesonderten Bereichen: dem Reichenauer Kellhof und einer daneben sich erstreckenden kleinen Hörigen-Siedlung (Fischer- und Bauerndorf) sowie der Cella. Mit der Verleihung des Marktrechtes im Jahr 1100 wurde ein dritter Bereich abgesondert, der sich an die Cella angliederte und den Aufschwung erst ermöglichte.

Die Urkunde – genauer gesagt, deren kopiale Abschrift[1] – erwähnt erstmals die Anwesenheit von Adligen: »Kund und zu wissen sei allen Gläubigen jetzt und hin künftig, dass ich Ulrich, von Gottes Gnaden Abt des Gotteshauses von [Reichen-] Au, und Lambert von Radolfzell, rechtmäßiger Vogt, in Übereinstimmung mit Burkhard, dem Meier, und den Kanonikern von ebendemselben Zell, nämlich mit Adelhelm, dem Leutpriester, Gerung und den andern allda Gott Dienenden [Kanonikern] sowie den daselbst wohnenden Laien, hohen und niederen, durch Ermächtigung und Verordnung Kaiser Heinrichs III. in dem Weiler Radolfs einen Markt errichtet haben nach folgender Anordnung [...].«

1 Pfarrarchiv Münster ULF Radolfzell, Kopialbuch A. Übersetzung der lateinischen Urkunde nach Albert, Peter: Geschichte der Stadt Radolfzell, Radolfzell 1896, S. 39–40; vgl. auch Beyerle, Konrad: Das Radolfzeller Marktrecht vom Jahr 1100 und seine Bedeutung für den Ursprung der deutschen Städte. In: SVGB 30, 1901, S. 21

Um wen es sich bei den »hohen Laien« handelt, geht nicht hervor. Erstmals bestand aber die Möglichkeit, Gelände zu erwerben und frei zu Eigen zu haben. Einen großen Zuzug von Adligen darf man indes nicht erwarten, eher dürften es adlige Personen gewesen sein, die versuchten, in den Dunstkreis der Abtei Reichenau zu gelangen und sich deren weltliche Ämter und Beziehungen zu sichern. Dieser Prozess dürfte schon im 12. Jahrhundert mit dem Niedergang der Abtei Reichenau begonnen haben. Einflussreich hierbei waren die Herren von Friedingen, die um 1209 die Vogteirechte erwarben[2] und ihre Position kontinuierlich ausbauten, so dass sie schließlich über den Marktbezirk und den Reichenauer Kellhof bestimmten. Mit der Vereinigung von Vogtei- und Meieramt legten die Herren von Friedingen den Grundstein für eine Herrschaft über Radolfzell.

Sichtbarer Ausdruck ist die Reichenauer Burg in der östlichen Altstadt auf jenem Areal, welches irreführender Weise seit dem Ende des 19. Jahrhunderts als »hinter der Burg« bezeichnet wird. Beim Abbruch der »Lesehalle« 1989 fanden sich Überreste von sogenannten Erdkellern,[3] die zum Reichenauer Kellhof gehört haben müssen. Direkt daneben steht die ehemalige Frauenarbeitsschule, zuletzt als Musikschule genutzt (Anwesen Hinter der Burg Nr. 3). Bislang datierte man sie aufgrund ihres äußeren Erscheinungsbildes ins 19. Jahrhundert. Nach Abschlagen des Putzes konnte der Autor 1991 jedoch an den Ecken stauferzeitliche Buckelquader entdecken sowie einen erhöhten Eingang an der Südfassade und Überreste eines Erkers (15./16. Jh.) an der Westseite im zweiten Obergeschoss dokumentieren.[4] Die Öffnungen im Erdgeschoss wurden erst im 19. Jahrhundert hineingebrochen. Darüber hinaus stößt die Stadtmauer (um 1267) stumpf an das Gebäude an, bzw. die alte Ostmauer des Bauwerkes ragt noch immer um einige Zentimeter über die spätere mittelalterliche Stadtmauerlinie hinaus.

Die Baubefunde lassen auf eine stauferzeitliche Turmburg schließen, die wohl um 1200 errichtet wurde. Im Kontext der Herrschaftsgeschichte Radolfzells ergibt sich damit ein neuer Blickwinkel.[5] Als Bauherrn dieser Turmburg dürfen wir nicht die Abtei Reichenau, sondern vielmehr die Herren von Friedingen identifizieren. Standesgemäß errichteten die Herren von Friedingen inmitten der eher niedrig gebauten Siedlung Radolfzell eine Turmburg, eine Art Bergfried, wie er auf den Bergen des Hegau üblich gewesen war. Und man darf wohl auch nicht fehl gehen in der Annahme, dass die Bauleute gleichfalls noch an anderen Burgen in der Region beschäftigt

2 Beyerle, Konrad: Die Marktgründungen der Reichenauer Äbte und die Entstehung der Gemeinde Reichenau. In: derselbe: Die Kultur der Abtei Reichenau, München 1925, Band I, S. 520

3 Der Autor half damals bei den Grabungen mit. Leider wurden die Funde nie veröffentlicht und sind anscheinend in Freiburg nicht mehr auffindbar.

4 Stadler, Christof: Die Radolfzeller Burg, unveröffentlichtes Manuskript, Radolfzell 1991. Die Ergebnisse flossen lediglich in eine Haustafel ein, die fortan von Reiseführern und Burgführern »abgeschrieben« werden.

5 Ich danke an dieser Stelle Kreisarchivar Wolfgang Kramer, der mir mit der Beauftragung zu diesem Beitrag indirekt zu diesem neuen Blickwinkel verhalf.

Burg Radolfzell, Hinter der Burg Nr. 3, Baubefund Westfassade (links) und Südfassade (rechts). Neben den mittelalterlichen Buckelquadern kamen an der Südseite ein erhöhter Eingang und an der Westseite im 2.OG Reste eines spätgotischen Erkers zum Vorschein. (Zeichnung: Verfasser, 1991)

waren. Da es vermutlich noch keinen vollständig ummauerten Schutzring um die Stadt gab, war das Sicherheitsbedürfnis der Herren von Friedingen in Form eines Bergfrieds mit dem erhöhten Eingang am besten erfüllt, vielleicht noch ergänzt durch eine kleine Mauer-Wall-Grabenanlage um das frühere Kellhofareal.

Mit dieser neuen Erkenntnis müsste man eher von einer »Friedinger Burg« statt von einer »Reichenauer Burg« sprechen. Doch die geschichtliche Entwicklung verlief überraschenderweise anders als erwartet. In einem außerordentlichen Kraftakt gelang es dem Reichenauer Abt Albrecht von Ramstein, die indirekte Inbesitznahme Radolfzells durch die Herren von Friedingen zu verhindern. Freilich ließen sich diese den »Verzicht« gut bezahlen und investierten das Geld offenbar in ihren Stammsitz, dem heutigen Friedinger Schlösschen, welches – Ironie der Geschichte – seit 1539 der Stadt Radolfzell gehört.

Der enorme Reichenauer Aufwand findet sogar in der Stadtrechtsurkunde von 1267 ihren Niederschlag: »Deshalb nun hat der in Christus ehrwürdige Herr Albrecht, von Gottes Gnaden Abt des Klosters [Reichen-]Au, die Stadt Radolfzell [...] nicht ohne großen Aufwand in seine rechtmäßige Gewalt zurückgebracht, indem der Ritter Heinrich Vogt von Friedingen und seine Söhne Rudolf und Konrad vor dem genannten Herrn, dem Abt, zu Gunsten des [Reichen-]Auer Klosters sich ganz und gar aller Rechte begaben, die ihnen auf Grund der Vogtei des Meieramtes, von Eigen- und Besitztum irgendwelcher Art in Stadt und Hof nebst dem genannten Zubehör zustanden oder zuzustehen schienen, und für diese Verzichtleistung und Übergabe von dem Herrn, dem Abt, namens seines Klosters eine hinreichende Entschädigung in Geld sowohl in Besitzungen unbeweglicher Güter empfingen.«[6]

In der Urkunde werden als Zeugen auch einige Adlige benannt, doch lässt sich eine Zuordnung auf Radolfzell nur schwerlich vornehmen. Allenfalls mag dies für die in der Urkunde letztgenannten Ritter Friedrich und Konrad von Stoffeln, Brüder, sowie H(einrich) von Badewegen und Heinrich genannt Tranger zutreffen. Das Stadtrecht von 1267 brachte die Vereinigung aller drei Siedlungsgebiete in rechtlicher und baulicher Hinsicht durch den Schutz des teilweise heute noch erhaltenen Stadtmauerrings.

Gerade einmal 30 Jahre später, um 1298, musste die verschuldete Abtei Reichenau die Vogteirechte an Radolfzell sowie den drei Dörfern Böhringen, Reute und Überlingen am Ried an das aufstrebende Haus Habsburg veräußern. Dem Kloster verblieben lediglich die Burg sowie das Münz- und Zollrecht.[7] Von nun an begann aber eine unglückselige Verpfändungsserie der Vogteirechte an adlige Herrschaften, darunter die Herren von Klingenberg und die Herren von Homburg.[8] Erst viel später, als die Stadt 1462 selbst das Pfand erwarb, gelang es ihr, sich davon frei zu machen. Die Burg blieb jedoch bewohnt. Einer der Burgbewohner, Hans Jacob von Bodman, anerkannte in einem Revers vom 19. April 1490 die Gerichtsbarkeit der Stadt Radolfzell für die Dauer seines Sitzes auf der Burg daselbst an.

Adliges Memorial

Wichtige Informationen zum Anteil des Adels in Radolfzell in jener Zeit liefert das Anniversar oder Jahrzeitenbuch des Radolfzeller Münsters.[9] Darin werden rund 1300 Namen genannt. In seiner heutigen Fassung entstand es gegen Ende des 14. Jahrhunderts und wurde bis Mitte des 16. Jahrhunderts verwendet, wie die Eintragungen zu den Jahrzeiten verraten. Die gleichmäßigen ersten Eintragungen lassen aber den Schluss zu, dass es viel weiter zurückreicht, wohl in seinen Anfängen bis zur Mitte des 13. Jahrhunderts. Offenbar hatte man die Eintragungen eines Vorgängerbuches abgeschrieben. Anlass hierfür könnten die Schlachten bei Sempach (1386), bzw. bei Näfels (Glarus) 1388 gewesen sein, bei der 29 Radolfzeller Bürgersöhne ihr Leben für das Haus Habsburg im Kampf gegen die Eidgenossen ließen. Eine Tragödie für eine Kleinstadt, die kaum 800 Einwohner zu jener Zeit gezählt haben dürfte.

Von den rund 1300 Namen im Anniversar lassen rund 10 Prozent auf einen adligen Hintergrund schließen, wobei auch unsichere Zuordnungen in die »Adelsliste« aufgenommen wurden. Dies betrifft insbesondere den Zusatz »de« bei einigen wenigen Namen der älteren Überlieferungsschicht. Bei späteren Eintragungen folgt

6 Übersetzung nach Albert, a. a. O. 1896, S. 54 ff., und Götz, Franz: Geschichte der Stadt Radolfzell, Radolfzell 1967, S. 54

7 Beyerle, a. a. O. 1925, S. 172

8 Vgl. auch Albert, a. a. O. 1896, S. 97–98, und Götz, a. a. O. 1967, S. 73

9 Das Radolfzeller Jahrzeitenbuch, Pfarrarchiv Münster ULF Radolfzell

immer der Nachname und der Zusatz »de« für den Herkunftsort, diese wurden nicht berücksichtigt. Von den rund 125 Adels-Nennungen dürften weniger als die Hälfte der Adligen in Radolfzell sesshaft gewesen sein, da die gestifteten Jahrtage sich auf die Region verteilen. Geht man noch von einer rund 300-jährigen Verwendung des Buches aus, so zeigt sich, dass der Anteil von Adligen in der Stadt Radolfzell, selbst unter Hinzuziehung von Personen, die sich nicht im Anniversar verewigen ließen, höchstens bei 5 % gelegen haben dürfte.

Bronzeepitaph des Ritters Wolf von Homburg im Münster ULF Radolfzell, 1566/67 (Foto: G. Moriell)

Interessanterweise gibt das Anniversar Aufschlüsse zum regionalen Adel, vor allem zu Adelsfamilien, deren Geschlecht im späten Mittelalter erloschen ist. Mit die häufigsten Nennungen erfolgen zur Familie von Rickelshausen (14x), der Herren von Marbach auf der Höri (10x), von Homburg und von Hornstein (je 6x), von Blumberg und von Jungingen (je 5x), von Bodman und von Friedingen (je 4x). Alle übrigen werden weniger, also ein bis drei Mal genannt. Man vermisst Adelsgeschlechter wie die Herren von Schienen (nur eine Nennung), von Ulm oder von Schellenberg, letztere vermachten doch der Reichsritterschaft ihr wertvolles Anwesen gegenüber dem Münster. Warum fehlen diese? Vermutlich, weil sie Jahrtagsstiftungen an ihren Stammsitzen getätigt haben, an den Orten ihrer Grablegen. Dieses Fehlen dürfte wiederum auch ein Beleg dafür sein, dass sie in den seltensten Fällen hier wohnten und begraben wurden. Ein seltenes Beispiel hierfür bietet das künstlerisch wertvolle Epitaph des »letzten Ritters« Wolf von Homburg, der am 22. Oktober 1566 in Radolfzell verschied und hier begraben wurde.

»Adelsübersicht« im Anniversar des Münsters ULF, Mitte 13. bis Mitte 16. Jahrhundert

Name	Anmerkung 2013	Ergänzung	Vorname	Jahrtag	Datierung
Ahe, de	Aach?		Mehth(ild)	6.7.	vor 1400
Badwegen, de			Albertus	9.2.	vor 1400
Badwegen, de			Joh(ann)es	17.12.	vor 1400
Beringer	Böhringen	Armiger	Burkardus	28.3.	15. Jh.
Beringer	Böhringen	Armiger	Burk(ardus)	13.7.	vor 1400
Beringer	Böhringen	Armiger	Burkardus	14.11.	1431

Name	Anmerkung 2013	Ergänzung	Vorname	Jahrtag	Datierung
Plumberg, de	Blumberg		Adelhaid	13.6.	vor 1400
Bluomberg, de	Blumberg	uxor hainrici de fridingen militis	Adelhaid	31.1.	15. Jh.
Bluomberg, de	Blumberg	Armiger	Ruodolfus	9.9.	vor 1400
Bluomberg, de	Blumberg		Anastasia	8.10.	vor 1400
Bodman, de	Bodman	Dominus, Miles	Joh(ann)es	13.9.	vor 1400
Bodman, von		Ritter	Hans Jacob der Jüngeren	24.4.	1514
Bodman, von		Edler und Frau Anna von Klosen	Hansen	24.4.	1514
Bodman, von		Domherr zu Kostentz	Hannsen Gabriel	30.7.	1542
Buech, de			Anna	26.3.	15. Jh.
Engen, de			Adelh(aid)	12.3.	vor 1400
Engen, de			Gerdrut	29.3.	vor 1400
Erchingen, de	Erzingen?		A.	13.8.	vor 1400
Fridingen, de	Friedingen	Miles	Heinricus	10.3.	vor 1400
Fridingen, de	Friedingen		H.	31.7.	vor 1400
Fridingen, de	Friedingen	Miles	H.	28.8.	vor 1400
Fridingen, de	Friedingen		H.	15.11.	vor 1400
Geroltzegg, von		Junker	Hannsen	10.11.	15. Jh.
Glarus, de			Mehth(ild)	1.3.	vor 1400
Grünenberg		Dominus	Ulricus	1.10.	15. Jh.
Haffnerin		de Starringen famula domine Halwil	Adelhaid	16.3.	um 1400
Haggelbach, de	Heggelbach?		Elisabeth	20.9.	15. Jh.
Haierloch, von	Haigerloch?		Joh(ann)es	15.4.	1529
Halwil, de	Hallweil?	uxor hainricus de honburg, armiger	Soffiga		vor 1400
Halwil, de		Miles	Turing	9.7.	vor 1400
Hapsberg, de		Ritter, Vogt zu Laufenburg	Ulrich	11.3.	1520
Hegckelbach	Heggelbach?	Juncker	Urba(n)	27.11.	1519
Hekelbach	Heggelbach?	Juncker	Caspar der elter	10.4.	1524
Hodorff, von	Heudorf?	Junckher	Albrecht	8.11.	15. Jh.
Hohenueltz, de	Hohenfels	Armiger	Goelwin	9.3.	vor 1400
Honburg, de	Homburg	Miles	Burk(ard)	16.6.	vor 1400
Honburg, de	Homburg	et Elisabeth uxor, nata de Bodmen	Hainrich	16.8.	16. Jh.
Honburg, de			Judenta	1.10.	vor 1400
Honburg, de	Homburg	Armiger	H.	4.11.	vor 1400
Honburg, de	Homburg	Fro (!)	Ursella	1.12.	vor 1400
Honburg, von	Homburg	Junkfrow Elsi, Junker Hainr. Dochter	Elsi	28.6.	15. Jh.
Hornstain	Hornstein	Frow	Mvg (Myg?)	8.5.	15. Jh.

Name	Anmerkung 2013	Ergänzung	Vorname	Jahrtag	Datierung
Hornstain	Hornstein	uxor dm. Cunradi de Oberriedern, miles	Lugga (Ludgardis)	22.5.	15. Jh.
Hornstain, de	Hornstein	et uxor Anna	S.? Cuonradus	24.6.	15. Jh.
Hornstain, de	Hornstein	miles, dominus	H.	25.7.	vor 1400
Hornstain, de	Hornstein	uxor Friderici de Ebingen	Clara	18.8.	15. Jh.?
Hornstain, de	Hornstein	uxor dominus H. de Hornstain	Elisabet	21.11.	vor 1400
Hüssen, de	Hausen?	Nobilis	Echardus	1.8.	16. Jh.?
Jungingen		ancilla domine	Adelh(aid)	2.11.	vor 1400
Jungingen, de		Deutschordens-Hochmeister	Cuonradus	30.3.	1407
Jungingen, de			Burkardus	18.5.	vor 1400
Jungingen, de		Deutschordens-Hochmeister	Cuonradus u. Ulricus	16.7.	15. Jh.
Jungingen, de		Domina	Margaretha	7.9.	15. Jh.
Jungingen, de	Jungingen	ancilla	Elisabet	17.12.	15. Jh.
Jungingen?		ancilla domine	Greta	2.11.	vor 1400
Knöringen, von		letzter Abt der Reichenau	Markus	26.10.	1542
Kraegen, de	Hohenkrähen	Menna h. d. Kraegen, nob.	Mehth(ild)	24.3.	vor 1400
Kuengsegg, de	Königsegg (Reichenau)	uxor dni. Ulrich d. Kuenigsegg	Kat(her)ina	24.3.	vor 1400
Kuengsegg, de	Königsegg	Miles	Hans	26.4.	vor 1400
Kungholtz		Armiger	Burkardus	9.11.	15. Jh.
Kungsegg, de	Königsegg	Armiger	Anshelmus	25.1.	vor 1400
Landau, von		Kanoniker	Eberhardi	30.4.	16. Jh.
Marpach, de	Marbach	Miles	Albertus	4.3.	vor 1400
Marpach, de	Marbach	Miles	Albrehtus(!)	11.3.	vor 1400
Marpach, de	Marbach	Nobilis	Albertus	13.3.	vor 1400
Marpach, de	Marbach		Cuonradus	4.7.	vor 1400
Marpach, de	Marbach	uxor dni Diethalmus d. M., Miles	Amilya?	9.8.	vor 1400
Marpach, de	Marbach	filia R.	Adelh(aid)	24.9.	vor 1400
Marpach, de	Marbach	Miles	Diethalm	16.10.	vor 1400
Marpach, de	Marbach		Kat(er)ina	14.11.	vor 1400
Marpach, de	Marbach	et Lutfridus de Berdorf	Kat(er)ina	11.12.	vor 1400
Marpach, de	Marbach		R.	27.12.	vor 1400
Mehringen, von	Möhringen		Stoffel u. Ursel	6.1.	16. Jh.
Mekingen, de	Möggingen	Armiger	Petrus	8.1.	vor 1400
Mekingen, de	Möggingen		Waltherus	30.1.	15. Jh.
Mekingen, de	Möggingen		Wilhelm	17.2.	vor 1400
Meringen, de			Stoffel	12.11.	15. Jh.
Meringen, de	Möhringen?		Christoforus	30.11.	1480/1490
Mowenhain, de	Mauenheim?		H.	3.1.	vor 1400
Nentzingen, de	Nenzingen		Jacobus	25.3.	vor 1400
N.N.		Dominus, Miles	B(er)toldus	12.9.	vor 1400

Name	Anmerkung 2013	Ergänzung	Vorname	Jahrtag	Datierung
Nussdenbentz?, de		Armiger	M.	2.9.	15. Jh.?
Orzenhusen, de			B.	27.1.	vor 1400
Plaurer	Blarrer?	Junkher und Frau Anna		5.7.	16. Jh.
Richishausen, de	Rickelshausen		Abellin	7.5.	vor 1400
Richishusen	Rickelshauser	uxor H. de. R.	Adelh(aid)	18.5.	vor 1400
Richishusen, de	Rickelshausen	uxor alb(er)t(us)	Adelhait	29.1.	vor 1400
Richishusen, de	Rickelshausen		Albertus	9.2.	vor 1400
Richishusen, de	Rickelshausen		H.	17.2.	vor 1400
Richishusen, de	Rickelshausen		Johannes	3.3.	vor 1400
Richishusen, de	Rickelshausen		Burkardus	5.4.	vor 1400
Richishusen, de	Rickelshausen		Burkardus	9.11.	vor 1400
Richishusen, de	Rickelshausen	uxor	Hermanni	13.11.	vor 1400
Richishusen, de	Rickelshausen	uxor B. de R.	Mehth(ild)	3.12.	vor 1400
Richishusen, de	Rickelshausen		Ratoldus	17.12.	vor 1400
Richishusen, de	Rickelshausen	uxor Joh(ann)is	Elisabet	20.12.	vor 1400
Richishusen, von	Rickelshausen		Adelhaid	27.1.	15. Jh.
Richishusen, von	Rickelshausen		Elsi	2.10.	15. Jh.
Romar (!)		Armiger	Johannes	2.8.	vor 1400
Ruti, de	Reute?		B.	2.10.	vor 1400
Ruti, de	Reute?		B.	14.10.	vor 1400
Schaumberg, von		Juncker	Melchior	12.7.	16. Jh.
Schinen, von	Schienen	Junckfrow	Barbara	23.9.	1520
Schwandorff, von			Hans	6.9.	vor 1400
Sibelingen, de	Siblingen (SH), Sipplingen (D)?		Dominus	6.2.	vor 1400
Stain, de	Stein		H.	4.1.	
Stain, de	Stein	filia H. de Stain	Adelh(aid)	27.3.	vor 1400
Stain, de	Stein		H.	16.9.	vor 1400
Stoffeln, von	Hohenstoffeln		Pangratzen	24.4.	1514
Stoffeln, von	Hohenstoffeln	Miles	Waltherus	15.10.	vor 1400
Strata, de			Waltherus	25.3.	vor 1400
Swandorf, de	Schwandorf		Ursella	3.4.	vor 1400
Tengen, de		quondam minister	Johannes	9.6.	15. Jh.
Tübingen, von		miner frowe von geroltzeg muoter	Fro Margareth	24.12.	vor 1400
Tutlingen, de	Tuttlingen		Albertus	16.6.	vor 1400
Tutlingen, de	Tuttlingen	dominus sacerdos	B.	24.8.	vor 1400

Name	Anmerkung 2013	Ergänzung	Vorname	Jahrtag	Datierung
Überlingen,von	Überlingen am Ried?		Hans	29.3.	1413?
Ulmer		Junker	Alexander	27.2.	1520
Urach, de	Urach?	nobil.	Ruodolfus	4.8.	vor 1400
Urach, de	Urach?	dicta de Urach nobil.		6.8.	vor 1400
Vogt		Juncker	Marquart	20.6.	1515/17
Vogt		Junckher	Gerolt	3.8.	1515
Walperg, de		uxor waltheri de Mekingen	Guta	21.43	15. Jh.
Werdenberg		Edlen und vesten	Felix der Eltere	15.6.	1521
Winkelsheim, von		letzter Abt von St. Georgen zu Stein	David	2.11.	1532
Wolffurt, de	Wolfurt	Dominica	Katharina	20.2.	1414

Adelstopografie im Stadtbild

Leider gibt es für die Zeit vor 1786 kein Häuserverzeichnis von Radolfzell, so dass eine frühere Zuordnung nur in seltenen Fällen gelingen kann. Nur drei Häuser sind erhalten, die aufgrund von Wappen und Bezeichnungen eindeutig auf ehemals adlige Besitzer schließen lassen. Zu den noch am besten dokumentierten Gebäuden gehört die »Untere Hölle« (Höllstraße 17) in der Nordostecke der Altstadt. Beim Bau der »Höllturmpassage« 1983 wurde leider unverständlicherweise das intakte Wohnhaus »Obere Hölle« (früher Höllstraße 19) abgebrochen, das mit seinem eindrücklichen Gewölbekeller bis ins 14. Jahrhundert zurückreichte. Ein Doppelwappen über dem ehemaligen südlichen Hauseingang der »Unteren Hölle« verrät die früheren Besitzer und einen grundlegenden Umbau von 1663. Links ist das Wappen von Graf Franz Christoph von Fürstenberg zu sehen, ein nach links blickender roter Adler auf gelbem/goldenen Hintergrund, und rechts das Wappen seiner Gemahlin Maria Theresia, geborene von Aremberg, mit goldenen Blüten im roten Feld. Hinzu gefügt sind noch die Initialen »AF«.

Die erste Erwähnung – vermutlich der »Oberen Hölle« – stammt aus dem Jahr 1389. Albrecht und Heinrich von Homburg verkaufen an den Bürger Hans Moser um 310 Pfund Pfennig das Haus zur »Hölle«,[10] was sie 1390 nochmals bestätigen. Ein Teil des Areals scheint aber noch in Händen derer von Homburg geblieben zu sein, denn 1462 veräußern Burkhard und Willhelm von Homburg an Hans Moser, vermutlich ein Nachkomme des Vorgenannten, ein Haus und Gärtlein zu Radolfzell neben der »Hölle«. Möglicherweise handelt es sich dabei um die »Untere Hölle«.[11] Am 16. Mai 1474 verkaufen die Nachfahren Hensli Moser und seine Schwester Katharina das nunmehr als »Vorderes und hinteres Haus zur Hölle« bezeichnete Anwesen an die Abtei Reichenau.

10 GLA Karlsruhe, 5/470, Urkunden vom 25.5.1389 und 15.7.1390
11 GLA Karlsruhe, 5/470

Ein Teil des Areals, die »clain held«, angrenzend an die »held« der Abtei, gehört 1492 Margareth Vogt. Gerolt Vogt verkauft dieses wohl am 19. April 1540 an den Grafen Friedrich II. von Fürstenberg um 700 fl, dessen Sohn Heinrich VIII. veräußert es bereits 1566 für 1000 fl. Knapp hundert Jahre später erwirbt es 1663 Graf Franz Christoph von Fürstenberg von seinem Rat und Vogt Christoph Stilzer für 2650 fl, um es 1680 durch Ankauf des daran stoßenden Ziegler'schen Hauses nebst Stallungen zu erweitern.

Der habgierige letzte Abt der Reichenau, Markus von Knöringen, sicherte sich nach dem »Verkauf« (Inkorporation) der Abtei an den Bischof von Konstanz 1540 das reichenauische Haus (»Obere Hölle«), in dem bislang der reichenauische Sigillarius, Hieronymus Mahler, wohnte. Markus von Knöringen zog sich nach Radolfzell zurück und starb noch im gleichen Jahr. Seine Schwester, Corona von Knöringen, kaufte daraufhin mit ihrem Mann, Obervogt Burkhard von Dankenschweil, die »Obere Hölle«.

Schräg gegenüber der »Unteren Hölle« steht das »Hohe Haus«, der Fürstenberger Torkel. Durch einen Anbau des Kaufhauses Kratt 1965 ist heute nur noch der nördliche Straßengiebel von der Höllstraße aus zu sehen. Vier Vollgeschosse aus Stein und zwei Dachgeschosse, versehen mit Staffelgiebeln, lassen einen reichen Besitzer schon erahnen. Ein großes Rundbogenportal im Erdgeschoss und ein Aufzugstor im Giebel, dazu mittig je ein weiteres großes Fenster und ergänzend jeweils noch seitlich kleinere Belüftungsfenster, verraten außerdem die Nutzung als Wirtschaftsgebäude und nicht als Wohnhaus. Jedes Geschoss besaß nur einen Raum, eine Art Halle (16 x 8 m), in der die Güter gelagert wurden. In jedem Vollgeschoss befindet sich ein mittiger Unterzug (16 m lang), der von vier mächtigen, profilierten Eichenpfosten getragen wird. Zumindest zeitweise gab es auch im Innern eine Öffnung über drei Geschosse hinweg, damit die Waren mittels eines inneren Aufzugs trocken versetzt werden konnten, ähnlich den mittelalterlichen Handelshäusern. Im Erdgeschoss soll darüber hinaus noch ein Torkel gestanden haben.

Früher wurde dem Haus oft ein hohes Alter (13. Jh.) bescheinigt,[12] was aber nur dem urtümlichen Aussehen geschuldet sein dürfte.[13] Das Baumaterial ist Bruchstein, und es spricht alles dafür, dass das »Hohe Haus« – wie ein inzwischen leicht verblasster Wappenstein am Nordgiebel im zweiten Obergeschoss verkündet – 1602 von den Grafen von Fürstenberg-Werdenberg-Heiligenberg vollständig neu errichtet wurde. Ob wirklich noch ältere Teile integriert wurden, lässt sich wohl erst bei einer genauen Bauuntersuchung feststellen. Alle drei Gebäude – »Untere und Obere Hölle« und »Hohes Haus« – sowie weitere Ökonomiegebäude im Hof zum Höllturm hin bildeten einen wichtigen Stützpunkt der Fürstenberger am westlichen Bodensee.

12 Unter anderem vertrat der frühere, historisch sehr interessierte Besitzer, Winfried Kübler, anlässlich des Verkaufs 1937 an Kaufmann August Kratt, die Meinung, das Haus sei um 1250 entstanden, vgl. Kübler, Winfried: Das Hohe Haus in Radolfzell. In: Deutsche Bodenseezeitung, 10. März 1937. Vgl. auch Zimmermann, Josef: Das Hohe Haus in der kleinen Stadt am Untersee. In: Südkurier Radolfzell, Freitag 21. Januar 1966

13 Stadler, Christof: Das Hohe Haus wird 400 Jahre alt. In: Südkurier Radolfzell vom 31.12.2002

Haus »Obere Hölle«, ein mittelalterlicher Bau mit einer Erweiterung zur Straße (17. Jh.), 1983 abgebrochen; im Hintergrund das Haus »Untere Hölle«, Höllstraße 17 (Foto: Stadt Radolfzell)

»Hohes Haus«, Höllstraße 12, erbaut 1602, Ansicht von Osten, vor 1965, heute durch einen Anbau des Kaufhauses Kratt so nicht mehr sichtbar (Foto: Richard Leibbach)

Adelshäuser am Marktplatz

Zwei weitere Adelshäuser lassen sich am heutigen Marktplatz auf dem Platz zwischen Kaufhaus Kratt und Österreichischem Schlösschen lokalisieren, die in der ersten Hälfte des 18. Jahrhunderts abgebrochen wurden. Ihre Kellerfundamente wurden 2012 beim Erweiterungsbau für die Stadtbibliothek entdeckt, wobei der nordöstliche der beiden Keller vom Autor schon 1989 bei der Marktplatzsanierung dokumentiert wurde. Freigelegt wurde 2012 unmittelbar an der Nordfassade des Österreichischen Schlösschens ein größerer Keller mit einem verzogenen Grundriss und einer breiten Kellertreppe aus Sandsteinquadern an der Westseite, gegenüber dem Marktplatzbrunnen, und einem sorgfältigen Wackenpflaster[14] – Indiz dafür, dass der Keller wirtschaftlich (Weinlagerung) genutzt wurde. Unterstützt wird dies durch archäologische Funde: Reste eines Sandstein-Säulenschaftes mit Kanneluren, Glas- und Keramikfragmente (17./18. Jh.) und anderes Material, das beim Abbruch der Gebäude (1. Viertel 18. Jh.) in die Aufschüttung geriet. Dazu zählt auch ein sitzender Hase, Teil einer Renaissance-Ofenbekrönung, der bereits als »Seehase« Bekanntheit errang.

Aufgrund der Auswertung der Ratsprotokolle von 1617–19 durch Franz Götz bzw. durch den Autor auch für die späteren Jahre, lassen sich die beiden Objekte den Herren von Ulm bzw. den Herren von Schienen zuweisen. 1617 erwarb die Stadt zwei Chorherrenhäuser, um ein neues Rathaus (heute Österreichisches Schlösschen) zu erstellen. Dies ärgerte den Nachbarn, Vizekanzler Ludwig von Ulm, da er diese Häuser ebenso gerne zur Erweiterung seines Hauses erworben hätte. Die Stadt bot ihm dafür die Möglichkeit, das benachbarte Haus der Herren von Schienen zu erwerben, wozu es offenbar gekommen ist, denn 1621 heißt es in einer Verkaufsurkunde für die Herberge zur Krone (heute Kaufhaus Kratt), dass sie zwischen dem Schulhaus (Magister Thomas Ringler) und der von Ulm Häuser gelegen sei.[15]

Bereits 1546 hatte Jörg Knöringer ein Haus und Hofraite zwischen der »Krone« und dem Haus der Jungfrau Barbara von Ulm erworben.[16] Auch nach dem Abbruch der Ulm'schen Häuser blieb das Grundstück unter dem Namen seiner Vorbesitzer erhalten. 1781 werden zwei Hofstätten (von Ulm und von Schönau) zwischen der »Krone« und dem Rathaus an den Meersburgischen Pfleger Nepomuk Keller verkauft.[17] Lienhard Lor, Bürger und Rat, verkaufte 1579 sein Haus zu Radolfzell an Junker Hans Konrad von Ulm, sesshaft zu Radolfzell,[18] wobei unklar bleibt, ob es

14 Bleckmann, Caroline, und Jenisch, Bertram: Keller auf dem Marktplatz. In: Archäologische Ausgrabungen aus Baden-Württemberg 2012. Für die Überlassung des archäologischen Plans und Fundberichts sowie die gute Kooperation während der Grabung, sei an dieser Stelle Dr. B. Jenisch und C. Bleckmann herzlich gedankt.

15 GLA Karlsruhe, Urkunde vom 28.9.1621, UA 5/467

16 GLA Karlsruhe, Urkunde vom 28.1.1546

17 Stadtarchiv Radolfzell, IV 3/253

18 GLA Karlsruhe, Urkunde vom 18.6.1579. UA 5a/16

Bei einer archäologischen Grabung 2012 freigelegter ehemaliger Gewölbekeller des im 18. Jh. abgebrochenen Hauses der Herren von Ulm auf dem Marktplatz, unmittelbar nördlich des Österreichischen Schlösschens (Foto: Verfasser)

Grabungsplan der ehemaligen Häuser der Herren von Ulm und von Schienen auf dem Marktplatz (Regierungspräsidium Freiburg, Abteilung Archäologie des Mittelalters, Zeichnung: C. Bleckmann und B. Jenisch)

sich um das spätere Ulm'sche Haus handelt. An das Adelsgeschlecht derer von Ulm erinnert heute nur noch ein Epitaph im Radolfzeller Münster ULF.

Herzog Sigmund ernannte 1467 Werner von Schienen zu seinem Hauptmann auf Lebzeiten, mit der Verpflichtung, persönlich »zu Zell am Undersee häuslich zu sitzen«.[19] Damit muss er ein Haus erworben oder gebaut haben, vermutlich zentral gelegen, zwischen Hof (Marktplatz) und der Burg. Es könnte also identisch mit dem 1619 erwähnten Haus der Herren von Schienen sein. Eventuell dasselbe oder ein zweites Haus der Herren von Schienen wird 1559 erwähnt:[20] Hans Konrad von Schienen wird mit Haus und Hof zu Radolfzell durch den Konstanzer Bischof Christoph belehnt. Vermutlich gehörte dieses zuvor Christoph von Schienen, dessen Witwe nämlich kurz danach einen Jahrtag stiftet.[21] Am westlichen Marktplatzrand schließ-

19 Schadelbauer, Karl: Seit wann wohnte Werner von Schienen in Radolfzell? In: HEGAU 31/1974, im Original im Landesfürstlichen Kopialbuch EF No 1, Blatt IIv-IIIr (Innsbruck)

20 GLA Karlsruhe, Urkunde vom 5.11.1559, UA. 5/473

21 GLA Karlsruhe, Urkunde vom 14.12.1559, UA 5/474. Der Jahrtag ist bereits nicht mehr im Anniversar erhalten, er stand vermutlich in einem verschollenen, jüngeren Jahrzeitenbuch.

lich, hinter dem städtischen Rat- und Kornhaus, verkaufte 1485 Michael von Reischach die spätere alte Dompropstei (heute Kaufhausstraße 1).

Das Ritterschaftshaus und bislang nicht sicher lokalisierbare Häuser

1418 verkaufen Heinrich von Randegg, Turing von Halwil, Conrad von Schellenberg und Lienhard von Jungingen an Hans Ulmer von Radolfzell ein Haus samt Hofraite um 200 Pfund Pfennig.[22] 1538 veräußert Hans Blarer, Vogt zu Radolfzell, an Adam von Homburg für 40 fl ein Anwesen. Als Satzbürger lassen sich einige Adelsfamilien nachweisen, insbesondere nach dem Bauernkrieg 1525. Es waren dies überwiegend Angehörige der Familien von Bodman, von Homburg, von Hornstein, von Reischach, von Schienen und von Ulm.

In prominenter Lage, gegenüber dem Münster und an das Rathaus angrenzend, befindet sich das heute noch als Ritterschaftshaus bezeichnete Anwesen.[23] Das heute sich einheitlich im Renaissancestil präsentierende Gebäude war bis 1806 Sitz der Reichsritterschaft zum St. Jörgenschild, Kanton Hegau, Allgäu und Bodensee. Über dem Portal prangt das Wappen der Reichsritterschaft mit Doppeladler, Fisch und Falken sowie dem Kreuz, Schwert und Zepter jeweils als Zeichen der Reichsunmittelbarkeit.[24] Der Bau beherbergte neben einer Kapelle und Bibliothek auch Räume für ein Archiv und die Kanzlei, einen Sitzungssaal nebst den Stuben für den Advokaten, den Syndikus (Rechner) und andere sowie die notwendigen Stallungen im Hof.

Den Grundstock für das 1658/60 aus mehreren, z. T. älteren Teilen zusammengefügte Ensemble samt großem Treppenturm bildete das Stadthaus des Junkers Hans von Schellenberg († 1609), der es der Ritterschaft vermachte. Nach der Auflösung der Reichsritterschaft diente das Haus zunächst als Kaserne, von 1810 bis 1872 war es Sitz des Bezirksamtes Radolfzell und beherbergt heute das Amts- und Arbeitsgericht Radolfzell. Die bei Grabungsarbeiten 1964 im Hof von Bruno Janzer entdeckten archäologischen Funde wurden durch den Förderverein Museum und Stadtgeschichte restauriert und sind im Stadtmuseum ausgestellt.

Adel in der frühen Neuzeit

Einen sichereren Blick auf die Adelstopografie der Stadt gewährt das Jahr 1786. In diesem Jahr wurde ein Haus- und Familienbogen angelegt mit dem Ziel, die wehrtüchtige Bevölkerung zu erfassen. Dabei wurden alle Bewohner, einschließlich der Kinder, erfasst. Von den rund 200 Häusern waren nur zwei in adligem Besitz und nur in einem Gebäude wohnte eine Adlige. Das heutige Haus »Zum Goldenen Engel« in der Poststraße gehörte Baron von Lassolai. Der Freiherr befand sich – wie

22 GLA Karlsruhe, 5.3.1418, UA 4/287 Häuserstand

23 Vgl. dazu den Beitrag von Wolfram Janzer im diesem Jahrbuch

24 Der Wappenstein wurde bei einer Sanierung vor 1891 durch Bürgermeister Noppel gesichert, später dem Heimatmuseum übergeben und schließlich, 1955 über dem Eingang angebracht (heute als Kopie, das Original befindet sich in der Eingangshalle).

ein Zusatz vermerkt – zu dieser Zeit zusammen mit seiner Frau Maria und Tochter Josepha in Wien. In dem großen Gebäude lebte seit 1785 eine Schwester des Freiherrn, Anna von Lassolai. Hinzu kamen Bedienstete, darunter die Köchin Rosalia Saurin von Frohnstetten, der ledige Diener Georg Renz (34 Jahre alt, aus Schreckingen), der ledige Kutscher Valentin Heis (30 Jahre, aus Weiler, ausgetreten 1787), der Reitknecht Joseph Prager (16 Jahre, aus Biesingen, ausgetreten 1788), das »Stubenmädl« Maria Anna Reisin (aus Rothenfels bei Baden-Baden, ausgetreten 1787).

Epitaph für Maria Ursula von Ulm in Erbach, geborene von Reinach († 1699), im Chor des Münsters ULF Radolfzell. Das farbige Epitaph mit Ahnenwappen hing ursprünglich wohl im südlichen Seitenschiff in der Kapelle der Herren von Ulm. (Foto: Verfasser)

Die bereits erwähnte »Untere Hölle« (Höllstraße 17) wird 1786 als »fürstlich-fürstenbergisch gehöriges« Pflegehaus bezeichnet und von einem Bürger mit seiner Frau und einer Dienstmagd bewohnt. Wohl um 1800 erwarben Baron Friedrich von Kraft von Ebing und seine Frau Fridolina von Ebing das Anwesen Marktplatz 10. Sie lebten hier zusammen mit ihren Kindern, dem Sohn Friedrich und der Tochter Josepha Anna, nur für wenige Jahre. Am 5. März 1808 verstarb der Baron und das Haus kam an Kaufmann Dominikus Noppel, der 1802 Maria Rosa Ebing von Waldkirch geheiratet hatte.

Der erste Blick auf die »Adelstopografie« von Radolfzell zeigt, dass der Adel nur in geringem Maße Besitz in Radolfzell aufwies. Radolfzell war zwar durchaus attraktiv für den Adel und dieser dürfte auch – wie das Ritterschaftshaus beweist – durchaus bei politischen und gesellschaftlichen Anlässen präsent gewesen sein, doch führte dies nicht zu einer gezielten Ansiedlung von Adligen in der Stadt. Eine überproportionale Präsenz von Geistlichen und Adligen hätte auch zu einer Schwächung der Stadt geführt, sei es durch mangelnde Steuern oder andere fehlende Bürgerdienste. Daran hatte die Stadt kein Interesse. Deshalb scheint es ein städtisches »Verkaufsverbot« von Häusern an Adlige gegeben zu haben, denn als Balthasar von Hornstein 1615 Besitz in Radolfzell erwerben möchte, gelingt ihm dies erst nach einer Intervention beim Kaiser.[25]

25 Hornstein, Edward Freiherr von: Die von Hornstein und von Hertenstein, Erlebnisse aus 700 Jahren, Konstanz 1911, S. 258

Nur vereinzelt lassen sich Adelshäuser in Radolfzell nachweisen. Erkennbar ist dabei, dass diese überwiegend auf gutem Baugrund und in guten Lagen der Altstadt errichtet wurden. Dies trifft für den Markplatz und seine nähere Umgebung sowie die Randbereiche der ehemaligen Burg zu, außerdem sind die erhaltenen Adelsbauten aus Stein, bzw. eine Kombination aus Stein und Zierfachwerk.

Die bei Albert und bei Götz aufgeführte »Liste« von 45 urkundlichen adligen Nennungen erweckt den Eindruck, als ob der Adel sich in Radolfzell bevorzugt niederließ.[26] Dies täuscht durch Mehrfachnennungen – z. B. wird Hans Konrad von Bodman im Zeitraum 1560–72 fünf Mal erwähnt – oder auch Überschneidungen, denn als die Herren von Homburg aussterben, gelangt der Besitz an die Herren von Bodman. Berücksichtigt man noch dazu, dass diese »Liste« für mehr als 450 Jahre gilt, dann wird wiederum deutlich, dass der Adel in Radolfzell eher unterrepräsentiert war. Dies spiegelt sich ebenso im Münster wider: An adligen Epitaphien finden sich lediglich die bereits erwähnten von Homburg und von Ulm, sowie jeweils ein einziges von Weinzierl, von Neuenstein und von Greuth.

Ein ähnliches Bild vermittelt das Taufbuch von 1597 bis 1657: Gerade einmal fünf Eintragungen (von Bintzheim, von Kreuth, Hornstein, von Schliesacker, von Wartenberg) gehören dem Adel an. Dies gilt auch für die nachfolgenden Taufbücher. In der Regel sind es fast nur »Konsulenten«, die im Ritterschaftshaus wohnten, darunter in der zweiten Hälfte des 18. Jahrhunderts die Familie von Speth mit sieben Taufen, sowie vereinzelte Namen, die auf Durchreisende und Militärs schließen lassen. Auch das Totenbuch nennt zwischen 1691 und 1763 nur wenige Adlige: Burz von Seethal, von Greuth (1735–53), von Liebenfels (1705–20) und mit nur je einer Erwähnung Petrus von Buclan, K. u. K. Oberstleutnant (1721), Maria Anna von Dankertsweil (1721), Johanna Franziska von Neuenstein (1732, Epitaph), ritterschaftlicher Syndikus Johann Sigismund von Senger (1714), von Sobaudin (1736), Maria Ursula von Ulm, geborene von Reinach (1699, Epitaph), Anna Catharina von Werneck (1753) und Johanna von Widerhold (1743). Einzig die Familie Burz von Seethal kommt über einen längeren Zeitraum vor, da Gervasius († 1695) und Franz Anton († 1761) Reichsvögte in Radolfzell waren.

Das Ergebnis zum eher unterrepräsentierten Adel in Radolfzell mag überraschen, wird jedoch bei näherer Betrachtung verständlich. Bis ins späte Mittelalter hinein residierten die Adligen an ihren Herrschaftssitzen und nutzen die Stadt als Wirtschafts- und Kommunikationsraum. Allenfalls im 16. Jahrhundert ist mit einer höheren Anzahl von Adligen infolge der unsicheren politischen Lage, z. B. während des Bauernkriegs, zu rechnen. Diese Entwicklung beendete die Stadt offenbar durch ein Erwerbsverbot von Grundstücken für Adlige und geistliche Gemeinschaften. In der frühen Neuzeit sind die Adligen oft nur für wenige Jahre in Radolfzell anwesend und stehen meist im Zusammenhang mit der Reichsritterschaft. Vielleicht gelingt es in den kommenden Jahren diese »Adels-Stadttopografie« durch weitere Nachforschungen zu präzisieren.

26 Götz, a. a. O. 1967, S. 149, und Albert, a. a. O. 1896, S. 258

Das Schellenberg'sche oder Ritterschaftshaus zu Radolfzell

Von Wolfram Janzer, Stuttgart[1]

Der Hauptsitz des Kantons Hegau, Allgäu und Bodensee der Freien Reichsritterschaft war Radolfzell. Der vorliegende Beitrag versucht, die Geschichte der Radolfzeller Ritterkanzlei, des heutigen Gerichtsgebäudes (Seetorstraße 5), zu klären.

Auf dem Altarbild des Hausherrenaltars von Franz Joseph Spiegler (1754) im Radolfzeller Münster ULF beherrscht die Kanzlei der Hegauritterschaft mit ihren zwei aufragenden Staffelgiebeln und dem achteckigen Turmaufsatz das Stadtbild vom See her. Das Gebäude steht dort südlich des 1421 erbauten gotischen Rat- und Kornhauses (heute Rathaus) und westlich gegenüber vom Münster (1436) mit dem Gottesacker und den Chorherrenhäusern in der Kirchgasse, am früheren Markt beim Röhrbrunnen (heute Seetorstraße). Rückseitig stößt es an die ehemalige Konstanzer Dompropstei aus dem 15. Jahrhundert (heute Kaufhausstraße 1), seewärts steht es in unmittelbarer Nachbarschaft zum Seetor (abgebrochen) und zum Pellerin'schen Haus, dem Vorgänger der alten Stadtapotheke. Vom Untertor her wurden durch die unterhalb der Kanzlei liegende Seestraße Getreide und andere Wirtschaftsgüter des Hegau zum nahen Hafen gebracht.

Das nach dem Liebfrauenmünster größte Gebäude der Altstadt mit seinem heute zum See abgewalmten Barockdach schiebt sich prominent in den Kirchberg. Bis in die 1950er Jahre war das ehemalige Stadthaus der St. Georgsritterschaft großflächig mit Girlanden, Wappen und Darstellungen des Junkers Hans von Schellenberg dem Gelehrten in Sgrafitto-Technik des Karlsruher Historienmalers Ernst Schurth (1848–1910) überzogen. Im Hochparterre und im 1. Obergeschoss fanden sich verschiedenartig ausgebildete Fenster mit Mittelsäulen, verwitterten Sandsteingewänden mit Kerbschnitt-Trommeln und Verstabungen, im 2. Obergeschoss dagegen nur einfache Sandsteingewände ohne Mittelsäulen und die Jahreszahl 1660 sowie dicht oberhalb der Fenstergewände des 1. Obergeschosses ein zonendes horizontales Gesims.[2] Alle alten Fenster im Haus waren feinprofilig mit barocken Beschlägen,[3] meist mit Kreuzstock, Holzklappläden und Vorfenstern für den Winter versehen.

1 Meinem Vater Bruno Janzer (1912–2002) gewidmet

2 Beim Konstanzer »Haus zur Katz« (1424), beim Überlinger und beim Rottweiler Rathaus (1521) liegen horizontale Gesimse dicht unterhalb der Fensterbank.

3 Originale im Stadtmuseum Radolfzell

Als Tribut an die Nachkriegs-Leichtigkeit wurde der dem Landesfiskus gehörende Bau 1953 saniert und Teile der historischen Substanz ohne weitere Bauuntersuchungen beseitigt. Spätgotische Fenstergewände wurden in Kunststein nachempfunden und über die gesamte Fassade blattgoldverziert verteilt, weshalb der Bau heute als mächtiges Stadtpalais der Spätgotik bzw. Frührenaissance aus einem Guss erscheint. Die steinerne Brüstung der barocken Außentreppe wurde durch ein leichtes schmiedeeisernes Geländer ersetzt und das Wappen der Reichsritterschaft neu abgegossen und über dem Barockportal angebracht – das Original hängt heute in der unteren Eingangshalle.

Eigentlich ist das langrechteckige Haus eine Symbiose zwischen Außenmauern des 16. Jahrhunderts und Veränderungen nach dem 30-jährigen Krieg. Parallel zur Seestraße sind vier tonnengewölbte Keller in den ansteigenden Kirchberg eingegraben, ein weiterer, kleinerer Keller ist Nord–Süd orientiert. Der von der Seestraße ebenerdig erschlossene, rußgeschwärzte gewölbte Raum dürfte zum ältesten Hausteil gehören: Reste eines großen offenen Kamins, mit einem wohl originalen Schüttstein und einem kreuzgewölbten Raum an der Südostecke und quadratischen Bodenfliesen. Zu Schellenbergs Zeiten war dieser Raum im Hausinnern nur über eine Falltür mit dem Saal im Erdgeschoss verbunden. Der dritte Keller an der Seetorstraße könnte ebenfalls von einem älteren Haus stammen – in der Außenwand fanden sich bei der Renovierung 1953 Reste scharfgeschnittener spätgotischer Fenster- und Torprofile.[4] Der heutige Kellerabgang quält sich am Treppenturm und dem westlich an der Seestraße anschließenden Nebenhaus vorbei hinab in den zweiten, über die gesamte Hausbreite gehenden Keller. Er war früher nicht mit dem Seestraßenkeller verbunden.

Die ehemalige Raumaufteilung ist durch um 1660/65 gezeichnete Grundrisspläne in den Bauakten (siehe unten) überliefert.[5] Im Hochparterre, früher »unteres Contingent« genannt, befand sich ein langer Ost–West gerichteter Saal, die sogenannte »Laube« (Halle), mit beidseitiger Zimmerflucht und der »alten Canzley-« und »Eggstube«. Westlich schloss das sogenannte »alte Haus, wo der Jergle wohnet«, an. Zum Rathaus hin gab es eine lange Durchfahrt, die bis 1707 der einzige Zugang zum Hof war. Im 1. Obergeschoss, »mittleres Contingent« genannt, lag ebenfalls ein zentraler, saalartiger Gang, an den zur Seetorstraße hin die große »Convent Stube« anschloss. Im 2. Obergeschoss, dem »obersten Contingent« befand sich seeseitig ein ursprünglich den gesamten Südteil umfassender, quadratischer Saal. Der größtenteils noch originale Stuck lässt die alte Raumkonzeption der Zeit nach 1680 erahnen.

Auf den Plänen von um 1665 war in allen Stockwerken an der Seestraßenecke zum Nebenhaus eine Wendeltreppe eingezeichnet, von der heute keine baulichen Spuren mehr zu finden sind. Das früher zwischen zwei Staffelgiebeln eingespannte Satteldach birgt drei verschiedene Tragsysteme: ein über die halbe Hauslänge gehen-

4 Fotografie Wilhelm Erhardt 1954, Zeichnungen A. Pfannendörfer 1954 und Christof Stadler 1986
5 Generallandesarchiv (GLA) Karlsruhe 219 Nr. 311

Radolfzell vom See her mit dem staffelgiebligen Ritterschaftshaus, Ausschnitt aus dem Altarbild des Radolfzeller Hausherrenaltars, 1754 (Foto: Verfasser)

Reste eines gotischen Gewändes rechts neben der Freitreppe Seetorstraße, Aufnahme Wilhelm Ehrhardt, 1953 (Archiv Bruno Janzer)

Ritterschaftsgebäude Radolfzell, Postkarte um 1900 (Sammlung Clemens Schäfle, Radolfzell)

des Sprengwerk von 1664/65 im nördlichen Bereich,[6] an dem durch das »oberste Contingent« hindurch die Decke der »Convent Stube« hing, über dem großen quadratischen Saal ein »hangender« Dachstuhl von 1659 – die Deckenbalken hängen an je zwei verblatteten Hängestäben. 1749 schlug Johann Caspar Bagnato vor, im Dach sieben neue liegende Stühle einzuziehen, die alte Saaldecke über einen an vier Zugbalken hängenden Rost hochzuziehen und gleichzeitig im zweiten und dritten »Contingent« übereinander liegende Riegelwände einzuziehen.

Auffallend sind die unterschiedlich gestalteten Fassaden. Zur Seestraße und zum See hin dominiert heute ein behäbiges Walmdach, das 1760 den ursprünglichen Staffelgiebel ersetzte. Über die Fassade sind unregelmäßig spätgotische Fenster verteilt, nach Westen schließt das Nebenhaus an. Das Seestraßen-Portal mit sich durchdringenden Verstabungen und Kerbschnitt-Trommeln entspricht formal dem vordersten Nordportal des Münsters und ist spätestens 1475, der Weihe des Schuhmacher-Altars am Wendelstein, zu datieren.[7]. Geordneter erscheint die lange Fassade an der ansteigenden Seetorstraße mit zwei gerasterten Fensterfeldern, einer Freitreppe zum einfachen Barockportal von 1707,[8] einem Kellerabgang und einer großen Durchfahrt mit heute zugemauertem kleinem Bogenpförtchen.

Der zum Rathaus hin weisende Nordgiebel besitzt nur je ein mittleres Flurfenster – das des mittleren Stockwerks ist wohl das einzige in den 1950er Jahren nicht ersetzte Gewände. Die nach Westen zeigende Hofseite erscheint älter und ungestalteter. Den Hof dominiert ein wesentlich moderner anmutender, quadratischer Treppenturm mit innerem Schacht, um den sich eine flache Treppe hinaufwindet. Er zeigt regelmäßig ansteigende Fenster, innen tiefe rundbogige, schmale Fensternischen, und ist bekrönt von einem achteckigen Turmhelm mit dem heiligen Georg auf der Wetterfahne.[9]

Das Gebäude macht es dem interessierten Betrachter schwer: Die scheinbare Geschlossenheit durch die Fensterreihung und die im dritten Stockwerk angebrachte Jahreszahl 1660 verwirrte manch einen Historiker.

Das Haus im Besitz der Herren von Schellenberg

Hans der Ältere von Schellenberg (1499–1544), Sohn Konrads III., ist Begründer der Randegger Linie Schellenberg. 1511 heiratet er Klara, Tochter Kaspars von Randegg,

6 Dendrochronologische Datierung Burghard Lohrum 1995, Vermögen und Bau Baden-Württemberg, Amt Konstanz, LDA Freiburg: Kerndach samt abgehängter Deckenkonstruktion über dem Saal im Obergeschoss: 1658/59, Sprengwerk für die abgehängte Decke über der Conventstube: 1664/65, Zwischenbinder Bagnato: 1748/49, Walmdachumbau: 1759/60. Diese Ergebnisse stimmen überein mit den Bauakten im GLA Karlsruhe 219 Nr. 311. Bei der Dachsanierung 1997 wurden die Einbauten von Bagnato bis auf einen Kehlbalkenbock samt zwei Hängebalken und Reste des Tragerostes entfernt.

7 Albert, Paul: Geschichte der Stadt Radolfzell am Bodensee, Radolfzell 1896, S. 264: 1475 Weihe des Schuhmacher-Altars, S. 581: Matthäus Böblinger arbeitet wohl zwischen 1477 und 1480 am Münster.

8 Auf der Rückseite datierter Portalentwurf, vgl. Bauakten GLA Karlsruhe 219 Nr. 311; Albert nennt 1702, und um 1900 trug das Portal noch die Jahreszahl 1702.

9 Das Original hängt im zweiten Stock.

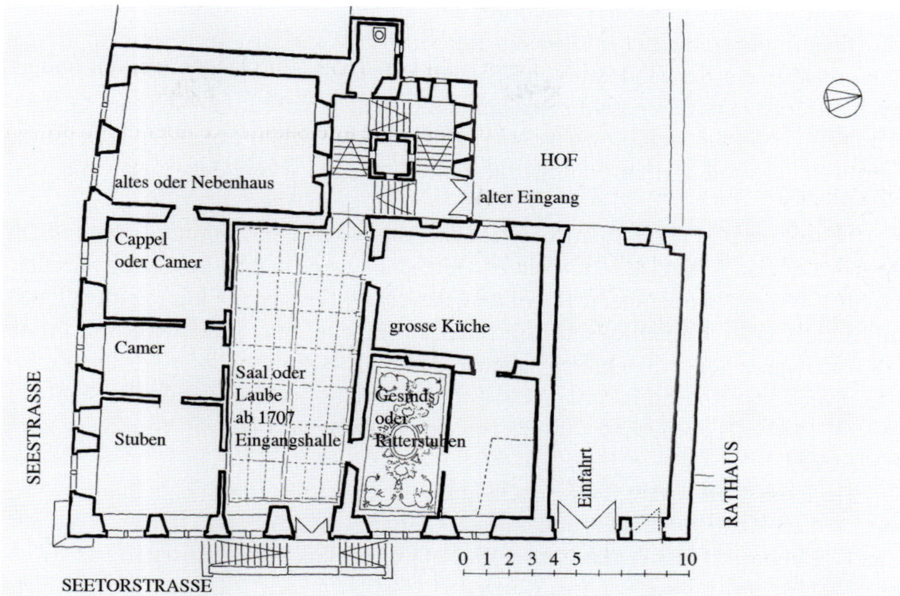

Ritterschaftsgebäude Radolfzell, Grundriss Hochparterre oder »unteres Contingent« (Planzeichnung: Verfasser)

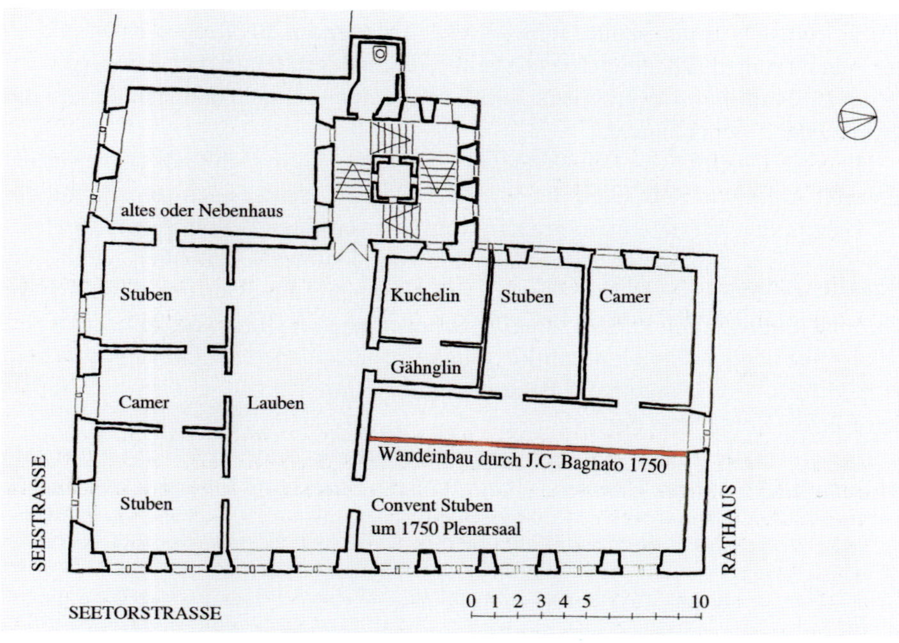

Ritterschaftsgebäude Radolfzell, Grundriss 1. Obergeschoss oder »mittleres Contingent« (Planzeichnung: Verfasser)

und weitet seine Interessen in Richtung Hegau aus. Am 29. August 1522 nehmen ihn Bürgermeister, kleiner und großer Rat »in rechts satzwise in ir statt uff, dergestalt und also, das derselb Hans von Schellemberg und sine erben daselbs zu Ratolffzell in ihrer jetz erkauften behusung, am markt bi dem rörbrunnen gelegen, hushäblich und wesentlich sitzen und wonen, auch zu geburlichen tagesziten daselbst zu Ratolfzell us- und inriten, varen und ziehen mögen, wenn ews inen fuget und gevallet«.[10]

1546 gehört den Kindern von Hans dem Älteren von Schellenberg, Konrad IV., Gebhard II. und Rebekka, in Radolfzell »ain schen wolerbuwen behusung, ires achtens uf 1500 gulden oder mer diserwillen wol wert«.[11] Gebhard II. kämpft im Schmalkaldischen Krieg auf katholisch-österreichischer Seite, sein Bruder Konrad IV. als Vogteiverweser der württembergischen Herrschaft Hornberg auf protestantischer Seite. Nachdem Konrad IV. von Schellenberg 1546 jung stirbt, schickt die Stadt Radolfzell 1547 auf Forderung Österreichs ein Inventar von dessen Vermögen nach Innsbruck.

1556 kauft Gebhard II. von Schellenberg († 1583) die Herrschaft Randegg. Sie war 1520 an Ritter von Staad gefallen, den Gemahl von Agnes von Randegg. Verheiratet ist Gebhard II. mit Barbara von Fulach († 1582) aus Schaffhausen, der Schwester der Gemahlin seines Bruders Konrad IV. Gebhard baut 1567 die im Schweizer Krieg zerstörte Burg Randegg ebenso wieder auf wie auch die Burg Staufen.[12] Das neue Schloss Gebhards II., ein fast quadratischer Bau mit zur Erbauungszeit wohl vier (heute drei) Ecktürmen und vorgelagerter Treppenschnecke sitzt auf einem Felssporn. Infolge wüst hausender schwedischer Truppen im 30-jährigen Krieg und einer Feuersbrunst 1728 fehlen fast alle zeitbestimmenden Details. Die Fenstergewände mit 45-Grad-Fasen an Treppenschnecke und Kapelle ähneln denen im Innern des Radolfzeller Treppenhauses.

Hans der Gelehrte von Schellenberg (1552–1609), Sohn Gebhards II., ist verheiratet mit Anna von Reischach. Im Eigentumsvermerk seiner nach seinem Tod der 1604 gegründeten Jesuitenbibliothek in Konstanz vererbten Bücher (heute im Heinrich-Suso-Gymnasium) nennt er sich »nobilissimo Joannes Schellenberg à Randegg, Staufen und Hifingen«.[13] Sein Freund, der reformierte Prediger und Schaffhauser Chronist Johann Jakob Rueger, schreibt, Schellenberg sei »inter nobiles nostros rara avis«, er ist in guter Familientradition humanistisch gebildet, spricht vier Sprachen, studiert Jura, wird Obmann der Hegauritterschaft und tritt erst in reiferem Alter als kaiserlicher Kommissär hervor.

Hans bleibt dem alten Glauben treu, diskutiert aber leidenschaftlich mit seinen reformierten Theologenfreunden Johann Wilhelm Stucki und Johann Jakob Rueger.

10 Albert, a. a. O. 1896, S. 257

11 Ebenda, S. 340

12 Balzer, Eugen: Die Herren von Schellenberg in der Baar. In: SVGB 11, 1904, S. 1–148, hier S. 50–51

13 Vgl. auch Waldvogel, Olga: Die Bibliothek des Schlossherrn von Randegg, Hans von Schellenberg, Herr zu Hüfingen, Staufen und Randegg. In: HEGAU 67, 2010, S. 59–70; Revellio, Paul: Hans der Gelehrte von Schellenberg, Diss. Tübingen 1913, S. 66, und Hüfinger Anniversarenbuch

Er lädt zu Hausmusik und Festen auf Randegg, einem offenen, gastlichen Haus,[14] was ihn aber oft seine finanziellen Grenzen spüren lässt.[15] Revellio[16] schreibt, dass Hans dem Saal seines Randegger Schlosses durch kurze Epigramme ein anderes Gewand verpasst habe und der Bibliothek ein neues Heim. Er zitiert Rueger,[17] »Hans habe das Schloss noch mehr ausgeschmückt mit neuen, nützlichen Gebäuden«. Abgesehen von der kleinen Schlosskapelle auf Randegg hinterlässt er m. W. keine baulichen Spuren.

Rueger: »Hans sei auch zeitlichen Guts und Herrschaften halb ein Reicher und Gewaltiger von Adel, der vornehmste und der Obmann und Direktor der hegauischen Ritterschaft, dabei ein hochgeehrter Mann.«[18] Sein Lebenszentrum ist Randegg. Ab und zu muss er nach Hüfingen, wo er noch immer Besitz hat, wegen des ständigen Ärgers zwischen seinem Onkel Arbogast und den Fürstenberger Lehensherren, wo ihm aber sehr bald seine große Bibliothek fehlt.[19] Als Direktor der Hegauritterschaft[20] ist Hans wohl immer wieder in der Radolfzeller Kanzlei gewesen, und als Kaiserlicher Kommissär muss er Randegg häufig verlassen, um für den Kaiser zu repräsentieren und Streit zu schlichten. So reist er zwischen 1595 und 1608 wiederholt nach Radolfzell, Konstanz und Ravensburg.[21] Allerdings gibt es keine Dokumente und Hinweise, die direkt von einem Stadtleben Gebhards und seines Sohnes Hans im Radolfzeller Haus berichten.

Hans stirbt 1609 kinderlos. Mit seinem Tod erlischt die Randegger Linie. Kurz vor seinem Tod überschreibt Hans der Reichsritterschaft »zur bequemeren Traktierung ihrer Handlungen und Verwahrung ihrer Geheimsachen letztwillig seine in der Stadt gelegene eigene Behausung«[22].

Hans von Schellenberg scheint als tief katholischer Mensch eher an jenseitigen Werten orientiert, denn an diesseitiger Architekturfülle – vielleicht ein Schlüssel für die Bescheidenheit seiner baulichen Umgebung, obwohl er 1583 den Konstanzer Bildhauer Hans Morinck beauftragte, das Epitaph für seinen verstorbenen Vater Gerhard II. von Schellenberg in der Hüfinger Pfarrkirche zu schaffen. Es zeigt ihn und seine Geschwister als modebewusste Edelleute. 1575 fertigten der Hüfinger Kunsttischler Jopp Groß und der Villinger Martin Bayer die Schwarzenberg'sche Kassettendecke für Schloss Heiligenberg.[23] Zeitgenössische Architekturschöpfungen wie Jörg Schwarzenbergers Renaissancefassaden am Meßkircher Schloss (1570) und auf Schloss Heiligenberg oder die manieristische Pracht des 1578 von Landkomtur

14 Mezger, J. J.: Johann Jakob Rüger. Schaffhausen 1859, S. 137
15 Revellio, a. a. O. 1913, S. 25
16 Ebenda, S. 20
17 Ebenda, S. 18
18 Balzer, a. a. O. 1904, S. 52–53
19 Revellio, a. a. O. 1913, S. 27
20 Ebenda, S. 17
21 Ebenda, S. 21
22 Albert, a. a. O 1896, S. 253
23 Knoepfli, Albert: Kunstgeschichte des Bodenseeraums, Konstanz und Lindau 1969, S. 431 und 433

Werner Schenk von Stauffenberg wieder errichteten Schlosses Blumenfeld blieben Hans von Schellenberg fremd.

Das Haus im Besitz der Reichsritterschaft

1406 schließen sich die Hegauer Adligen wegen des Appenzeller Kriegs (1401–07) zusammen und gründen in Konstanz zusammen mit den Rittergesellschaften Donau und Allgäu 1407 den Bund »in dem Namen St. Georgen des Ritters«[24]. Zum Hegauer Bund gehörten u. a. Vertreter der Nellenburger, Randegger und Klingenberger. Seit 1427 tagen die Georgsritter in Radolfzell,[25] im Bauernkrieg wird Radolfzell 1525 belagert und vom Hegauer Adel und den Truppen des Schwäbischen Bundes erfolgreich verteidigt. Die Reichsritterschaft des Kantons Hegau hat Sitz und Kanzlei in Radolfzell, wo sie wegen der festen Lage der Stadt und der loyalen Gesinnung der Bürgerschaft schon seit dem 15. Jahrhundert ihre Zusammenkünfte hält.[26] Getagt und gefeiert wird zunächst im Rathaus. Die Ritterschaft kann auch das feste Archiv der Stadt mit benutzen.

Nach Hans von Schellenbergs Tod sucht die Ritterschaft bis 1617, sich mit der Stadt auf Bedingungen der Nutzung »der Behausung allhie am Marckht« zu einigen.[27] Das Haus darf in Friedenszeiten gegen Satz- und Wachtgeld von einem Bürgerlichen und einem Advokaten bewohnt werden. Anlässlich der ritterlichen Zusammenkünfte dürfen die Speisen im Haus zubereitet werden – der Wein sei jedoch zu versteuern. »Es solte aber auch das Hauß mit Wasser versehen, von Inen oder an sollicher behausung nichts gebauen werden, das gemeine Statt zue nachtheil und scheinlicher gefahr gereicht und chommen möchte.«[28]

Zwischen 1617 und 1658 fehlen leider Archivalien. Radolfzell litt unter den Wirren des 30-jährigen Krieges. 1632 hausten elf Kompagnien unter Ludwig Heinrich Graf von Pappenheim »nach Schwedenart« im Haus.[29] »Im Januar 1642 trafen 50 Kroaten und eine Kompagnie zu Fuß unter Obristwachtmeister Richlier ein und wurden im Ritterschaftshause untergebracht. Da hausten sie so schrecklich, dass am 26. Januar das ganze Gebäude über den Haufen fiel.«[30]

Nach dem Krieg mahnt die Stadt bei der Ritterschaft wiederholt das Wiederherstellen des ruinös gewordenen Hauses an. Als das nicht fruchtete, versucht sie Anfang Januar 1658 in Innsbruck auf die Hegauritterschaft einzuwirken, »ihre allhie habende, ödstehende hofstatten widerumben zu mehreren der statt aufnehmen auferpauen lassen oder das im unterbleibenden falle und übergehung des ihnen ange-

24 Rau, Hermann: Die Rittergesellschaften mit St. Jörgenschild in Schwaben, Stuttgart 1941, S. 17
25 Feger, Otto: Geschichte des Bodenseeraums, Bd. 3, Konstanz und Lindau 1963, S. 238
26 Albert, a. a. O. 1896, S. 249 und 251
27 Stadtratsprotokolle Radolfzell, 1608–1622
28 Ebenda
29 Albert, a. a. O. 1896, S. 396
30 Ebenda, S. 400

setzten ziels, solche hofstätten gleichwohlen gemainer statt heimbfallen sollen«.[31] Daraufhin wird die Renovierung des Gebäudes in Angriff genommen.

In den Bauakten (1658–82)[32] liegen verschiedene Grundrisszeichnungen mit sich ändernden Raumbezeichnungen. Außer dem frühen Plan des »unteren Contingents auf der gaßen, wie es von Schellenberg an die Ritterschafft gekommen ist«, sind es undatierte Zeichnungen der Zeit wohl zwischen 1658 und 1665. Im »unteren Contingent« findet sich eine Kapelle, die im Schellenberg'schen Plan nicht verzeichnet ist. Das »mittlere Contingent« zeigt die »Convent Stube«, die in dieser Form erst über das Sprengwerk von 1664/65 und die Abhängung realisierbar war. Die »Canzlei« liegt auf einem Plan im Nebenhaus, im »obersten Contingent« der große, fast quadratische Saal.

Im Juni 1658 werden die Zimmerarbeiten an den Radolfzeller Stadtzimmermeister Caspar Dorn vergeben, er soll die »durch daß verderbliche Kriegswesen ruiniert wordene Ritterliche Behausung widerumb erpauen«. Das Dach ist neu aufzurichten, Riegelwände, »Schrägböden« (Einschubböden) und »Durchzugsbäume« (Unterzüge) sind zu erneuern, Türen, Stiegen, Böden und Dachböden zum Kornschütten mit gefälzten Dielen zu belegen. Dorn benötigt dazu überschlägig 400 Stämme Bauholz zu 50 Fuß, also ca. 16 Meter lang,[33] weiter Eichenstämme für Schreiner- und Fensterarbeiten. Die Stämme kommen aus den Wäldern um Steißlingen, Langenstein, Liggeringen und Möggingen.

In einem Zusatz vom 21. September 1659 heißt es, »der Dachstuhl oberhalb des Salß solle hangend gemacht werden wie bey den Capucinern alhie«, dem 1659/60 wiederaufgebauten Kapuzinerkloster vor dem Obertor. Das wiederaufgerichtete Dach von 1660 überspannt den gesamten Hauptbau, das Dach des Nebenhauses wird aus zum Teil älteren Hölzern angebaut.

Die Zimmerarbeiten ziehen sich hin: 1664/65 werden die Hölzer für das Sprengwerk gefällt, an dem die Decke der »Convent Stube« durch das »obere Contingent« hindurch aufgehängt wird. Der Syndicus schreibt dem Ritterdirektor im Beschrieb des Schellenbergplanes, dass er den mittleren Stock bald fertig habe, wenn er das notwendige Bargeld bekomme.

Ebenfalls im Juni 1658 vergibt die Ritterschaft die Maurerarbeiten: den Schutt aus den Kellern räumen, Steine sortieren, Haus und Nebenhaus innen und außen bestechen und weißeln, den heruntergebrochenen seeseitigen Giebel und alle Riegel- und Feuerwände im Haus ausmauern, das Portal am »Schneggen« (Turm) neu gestalten, sämtliche Riegel- und Feuerwände ausmauern und verputzen. In den beiden unte-

31 Ebenda, S. 256

32 Bruno Janzer sichtete und übertrug die Bauakten von 1658 bis 1789, GLA Karlsruhe 219 Nr. 311

33 Die um 1660 im Haus verbauten Hölzer überschlägig berechnet: Fürs Dach wurden gut 130 50 Fuß lange Balken verarbeitet, für jede der drei Stockwerksdecken gut je 31 Balken, für Fachwerkwände im 1. Stock ca. 12 Stämme, im 2. und 3. Stock je ca. 20 Stämme, im gesamten Turm ca. 20 Stämme, plus 750 qm 3,5 cm starke Dielenbretter für die Böden, also mind. 25 Balken – insgesamt mind. 325 Stämme – die 400 geforderten Stämme lassen vermuten, dass das gesamte Dach und sämtliche Decken und Riegelwände in die bestehende Struktur der Steinwände neu eingebaut wurden.

ren Geschossen sind Saal und Gang mit großformatigen Rorschacher Sandsteinplatten zu belegen – sie sind noch heute in der Eingangshalle erhalten. Die verschiedenen Küchen sind zu plätteln, Herde aufzumauern, verschiedene Türen und Fenster in den »Schneggen« und in den Hof einzubrechen, andere zu verschließen. Weiter sind der »welsche Kamin« im »oberen Contingent« und sämtliche Kaminzüge übers Dach zu führen und das Dach zu schindeln. Nicht zugeordnet werden kann die Angabe, im »Tritten Contingent ob der Gewelben des Archivs richten« – im Nebenhaus sind keine baulichen Hinweise auf Gewölbe zu finden. Franz Anton Bagnato zeichnet 1789 das kleine bestehende Archiv in den kreuzgratgewölbten Keller in der Südostecke des Hauses ein.

Im September 1659 mahnt die Hegauritterschaft bei den »lieben Vettern und Schwageren« der drei Ritterorte Neckar, Kocher und Kraichgau die auf dem Konventtag in Esslingen versprochene »paw discretion von 20 Rth [Reichstaler]« an. 1660 bedankt sich der Ritterdirektor Balthasar Ferdinand von Hornstein für »30 fl Bausteuer zum Ritter Hauß«. Auf dem Konventtag 1660 in Engen schenkt der Direktor des Viertels Elsass der Hegauritterschaft ein in Glas gemaltes Wappen »Vnserer Ritterschafft vnd der damaligen Directoren, Rhäten vnd Ausschüssen, das sie zu Basel bey Herrn Johenn Ballier in St. Albanhov Stat laßen in glaß mahlen.«

Balthasar Ferdinand von Hornstein, Ritterdirektor, antwortet am 2. Oktober 1664 dem Rat der Stadt auf den Vorwurf, der Syndikus Georg Hüetlin habe entgegen allen Verträgen im unteren Stock eine Türe einbrechen lassen und eine gegen die Gassen gehende Stiegen abheben lassen (entweder die Türe von der Seestraße ins Nebenhaus oder der Kellerhals zur Seetorstraße mit der rundbogigen Kellertüre) und noch andere Veränderungen vorgenommen, so dass »beede riterschaftlichen Heüßer nur ein Hauß sein sollen«. Hornstein bittet die Stadt zu kooperieren und der Ritterschaft im total ruinierten Gebäude Veränderungen zu erlauben.

Am 26. August 1666 wird mit den Winterthurer Hafnern Abraham und dem Maler David Pfau die Lieferung eines großen Ofens (90 fl) für die Ratsstube im mittleren Stockwerk und zweier kleinerer Öfen (50 fl) für die vordere und hintere Stuben vereinbart, zuzüglich Fuhrkosten, Schiffslohn, Zehrung, Lehm, Einbrennholz und Hilfe durch den örtlichen Hafner. Der Maler Johann Stöckhle in Konstanz schickt seine Entwürfe »umb copiis der Herrn Cavalieren Wappen« nach Winterthur. Ueli Bellwald[34] kennt diese Öfen nicht. In seinem Ofenkatalog sind Öfen dieser beiden Meister in den 1660er Jahren meist polychrom bemalt mit emblematischen Szenen oder grün glasiert mit figürlichen Füllkacheln und polychrom bemalten Lisenen. Weiter lieferte Hafner Rosch oder Rösch, der krumme Hafner, einen Ofen in den obersten Stock des Nebenhauses.

Am 1. März 1665 wird Meister Hainrich Reichlin beauftragt, die Schreinerarbeiten im Ritterhaus zu erledigen. Die »Eggstube« im »unteren Contingent« erhält ein Brusttäfer mit abschließendem Gesims samt Leisten und Säulchen. Die Decke der Ratsstube im »mittleren Contingent« sei mit erhöhten doppelten Leisten aufzufüt-

34 Bellwald, Ueli: Winterthurer Kachelöfen, Bern 1980

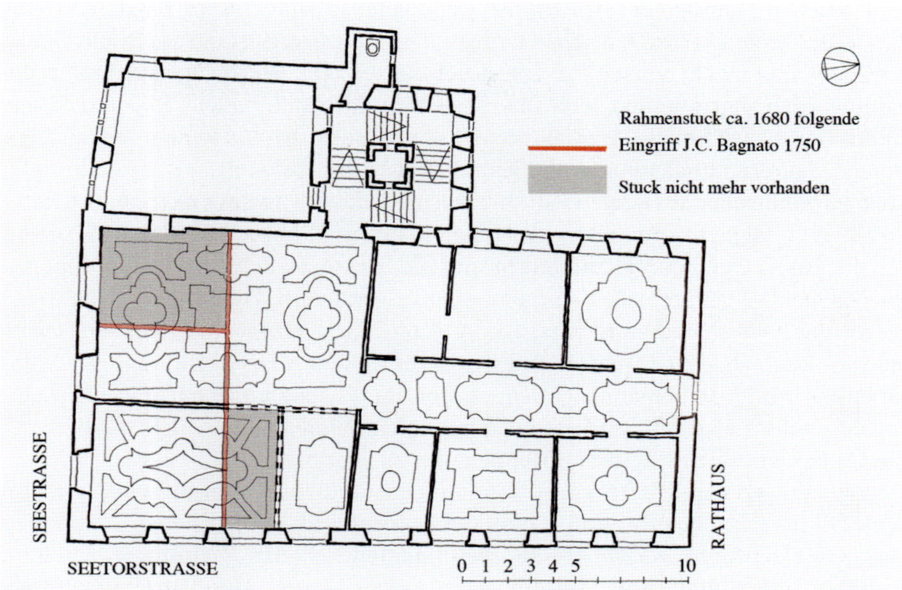

Ritterschaftsgebäude Radolfzell, Grundriss 2. Obergeschoss oder »oberes Contingent«, mit Ergänzung des Stucks und Rekonstruktion der Raumeinteilung nach 1680 (Planzeichnung: Verfasser)

tern – dazwischen weiße Täfer mit vergoldeten Rosen. Die »Eggstube« des Direktors sei mit einem umlaufenden Gesims zu versehen, um Teppiche abzuhängen, in der Ecke mit einer Rundung zum Wappenschild, ansonsten tafelweiß mit goldenen Rosen. Am 25. Januar 1667 fährt der Schreiner zum Bildhauer Meister Hanns Jerg Lauter(er) nach Konstanz wegen der Größe der vier Hermen und der zwei »Romanischen Brustbilder« über den beiden Portalen der »Raths- und Hinderstuben« im mittleren Stock. In der Seestraßenecke zum Nebenhaus ist eine durch alle drei Stockwerke gehende Wendeltreppe zumindest geplant – bauliche Spuren sind nicht nachweisbar. In den Bauakten finden sich ebenfalls keine Angaben über den Stuck des dritten Stockwerks.

Dagegen liegt in den Bauakten von 1707 die Skizze eines offenen Kamins und eines Eingangsportals, rückseitig datiert 1707. Die Zeichnung ist aufklappbar und zeigt übereinandergelegt zwei Versionen: ein Rundbogenportal mit einrahmenden Säulen und Architrav und ein rustiziertes Portal mit einem den Drachen tötenden St. Georg über dem Architrav. Der offene Kamin ist reich verziert mit Hermen, Atlanten und barockem Aufbau. Die fein gearbeitete Régencedecke im ehemaligen Kanzleizimmer im »unteren Contingent« mit Bandelwerk und Resten von Akantusblättern dürfte um 1715 entstanden sein.[35]

35 Nach Meinung von Prof. Herwarth Röttgen, Emeritus am Institut für Kunstgeschichte der Universität Stuttgart

Zwischen Februar und April 1749 begutachtet Johann Caspar Bagnato (1696–1757), der Architekt des Deutschen Ordens, den baulichen Zustand des Ritterschaftsgebäudes und macht Vorschläge und Zeichnungen. Die Vorschläge zur Dachreparatur wurden angenommen, nicht aber seine Grundrissänderungen. Bagnato ist, wie in der Barockzeit üblich, Architekt und Unternehmer, der mit seinem Tross an Polieren, Maurern, Stuckateuren und Zimmerleuten von Baustelle zu Baustelle zieht, viele Gewerke aber ansässigen Handwerkern überlässt. Um das Dach standsicherer zu machen, schlägt Bagnato vor, zusätzlich sieben neue liegende Stühle[36] einzubauen, die Saaldecke daran aufzuhängen und die beiden Staffelgiebel mit fünf langen durchgehenden »Durchzügen« miteinander zu verankern. Die beiden Giebel seien wegen der Feuersicherheit zu erhalten. Im Bereich des Turmes müsse das Regenwasser vom Dach abgeleitet werden, damit es nicht weiter ins Haus eindringe, die Wände sollten wieder übereinander gestellt werden, das Plenarzimmer im »mittleren Contingent« müsse abgeteilt werden, damit man nicht immer an der Küche vorbeikomme. Außerdem sei das steinerne Treppenhaus zu vergipsen.

Bagnato verlangt 750 fl für seine Bemühungen und Zeichnungen samt Lohn und Material für seine Handwerker, davon 600 sofort für 5000 Backsteine, 2500 zu ersetzende Dachziegel, Kalk, Gips und Sand, Latten samt 100 Brettern, Schlaudern, Eisen und Klammern, Nägel, für den Lohn seiner Maurer, Handlanger, Zimmerer und Gipser. Bauholz, Transport, Schreiner, Glaser und Hafner werden von der Ritterschaft direkt beauftragt. Bagnatos Bautrupp hat die Dachreparatur durchgeführt – nicht aber seine Planvorschläge – 1748/49 werden die Zwischenbinder eingebaut.[37]

1760 brechen die beiden Zimmerer Antoni Mockh und Joseph Schilling von Steißlingen und Weiterdingen den seeseitigen Staffelgiebel ab und kürzen das bestehende Dach zum Walmdach.[38] 1798 legt Bagnatos Sohn, Franz Anton Bagnato (1731–1810), Pläne vor für den Einbau eines Archivgewölbes in den langen Gewölbekeller an der Seestraße samt Archivkästen. Der Auftrag ist nicht zustande gekommen. Noch heute vorhandene eiserne Fensterläden lassen vermuten, dass das Archiv im seestraßenseitig hintersten Raum des Nebenhauses im unteren Stock verblieb.[39] 1797 und 1803 macht wohl Daniel Meyer aus Steckborn »auf zehll dem H Sindigkuß Ein gantz weissen offen«.[40]

1799 wurde das Haupt-Militärhospital der österreichischen Truppen, sowohl »der Herren Offiziere« als der Soldaten, in »das große schöne Ritterhaus« verlegt. Der Syndikus der Ritterschaft musste mit der ganzen Familie ausziehen. Sie fanden im

36 Dendrochronologische Datierung (siehe oben)

37 Dendrochronologische Datierung (siehe oben) und Bauakten im GLA Karlsruhe

38 Dendrochronologische Datierung (siehe oben)

39 Das GLA verwahrt Akten über das Archiv der Georgsritterschaft – in unruhigen Zeiten scheint das Archiv 1744 nach Konstanz und ins Zisterzienserinnenkloster Feldbach bei Steckborn, 1796 nach Diessenhofen ausgelagert worden zu sein.

40 Früh, Margrit: Steckborner Kachelöfen des 18. Jahrhunderts, Frauenfeld, Stuttgart, Wien, 2005, S. 602. Ich fand 2013 im Keller des Ritterschaftsgebäudes ein weißes Kachelofenfragment, Margrit Früh sieht darin einen oberen Fries des Ofens von 1803.

Pfarrhof Aufnahme und konnten erst nach sieben Monaten Wohnung und Amtssitz wieder beziehen.[41]

Wegen der Mediatisierung und der darauf folgenden Aufhebung der Ritterkantone wird das Haus von württembergischen Dragonern besetzt, das Archiv 1807 nach Stuttgart gebracht und später verteilt. Im Dezember 1806 wird das Haus auf ca. 8000 fl taxiert, die vorhandenen Mobilien werden auf 694 fl geschätzt und verkauft.[42] Über den Verbleib des plastischen Schmucks, der drei bemalten Pfau'schen und der beiden Steckborner Kachelöfen fehlen alle Spuren. Das Haus bleibt im Staatsbesitz. Es wird zwei Jahre lang württembergische Kaserne, beherbergt danach bis 1872 die Kanzlei des badischen Bezirksamts und seither das badische Amtsgericht.

Thesen

Bruno Janzer,[43] der – wie viele andere auch[44] – von einem sich sehr viel länger hinziehenden Zusammenbau verschiedener Hausteile ausging, sah in den oberhalb der Freitreppe bei der Renovierung 1954 zutage getretenen Resten gotischer Gewände Teile des Chorherrenhauses eines nicht identifizierten Klerikers Effenschildt von Scara. In der Urkunde Papst Pauls III. vom 23. Februar 1546 wird aber von einem mit der Breitseite an das Adelshaus des Senators und Edlen von Schellenberg anstoßenden Gebäude gesprochen.[45] Ich sehe darin eher das direkt anschließende Nebenhaus in der Seestraße, das auf dem »Schellenbergschen Plan« so genannte »Alte Haus, in dem der Jergle wohnet«, das in den Gesamtkomplex integriert wurde, denn 1547 beschreibt es die Stadt Radolfzell als »wohlerbuen Haus«, das sich seit 1522 im Besitz der Schellenberger befindet.[46]

Albert muss sich irren, wenn er schreibt, die zwischen Rat- und Ritterhaus gelegene »Alte Kanzlei« sei 1760 mit dem Ritterschaftshaus vereinigt worden.[47] Auf Hermann Stadlers Häuserplan von 1770 steht die alte Kanzlei unter Nr. 40 auf dem

41 Rorschacher Chronik, nach Bruno Janzer, Vortrag am Tag des offenen Denkmals 1997, Archiv des Autors

42 Berner, Herbert: Die Aufhebung des reichsritterschaftlichen Kantons Hegau–Radolfzell. In: Festschrift für Theodor Mayer, Band II, 1955; derselbe: Das Hegöw. In: Festschrift für Herbert Berner, Sigmaringen 1991

43 Bruno Janzer (1912–2002) war von 1949 bis 1975 Leiter des Amtsgerichts in Radolfzell. Bis 1969 bewohnte er mit seiner Familie die Dienstwohnung im obersten Stockwerk des Amtsgerichts und nahm offenen und kritischen Auges Anteil an den Veränderungen des Hauses während der Renovierung der 1950er Jahre. In den 1960er Jahren barg er aus der ehemaligen Latrine und Abfallgrube des Ritterhauses Glas- und Keramikfunde des 15.–17. Jh. In den 1990ern wertete er die im GLA Karlsruhe liegenden Bauakten des Hauses aus.

44 Berner a. a. O. 1956, S. 203; Wichmann, Petra: Historische Dachmoden, dargestellt am Beispiel Radolfzell. In: Denkmalpflege in Baden-Württemberg 2/1996, S. 161

45 GLA Karlsruhe 6 Nr.1261

46 Albert, a. a. O. 1896, S. 340

47 Ebenda, S. 256, und weiter: »Der Jahreszahl 1626 zufolge, welche das erste Stockwerk trägt, erfolgte der erste größere Umbau nach der testamentarischen Verfügung des Hans von Schellenberg«. Worauf sich diese Stelle bezieht, ist für mich nicht ersichtlich.

Areal des heutigen Rathauses.[48] Auf der ältesten Vogelschau Radolfzells (Kunsthalle Karlsruhe)[49] ist das Schellenberg'sche Haus mit seinen beiden Staffelgiebeln seewärts dicht unterm Rathaus in seiner heutigen Größe zu sehen – ohne Treppenturm und ohne die dazwischen liegende »alte Canzley«. Die Ansicht zeigt noch den alten, einfachen Vorgänger des Lindemann'schen Münsterturmhelms (1576–80).[50]

Auf der Rückseite des Radolfzeller Blatts konnte ich ein Ravensburger Wasserzeichen entdecken – zwei Türme mit einem Stern und einer liegenden Schlangenlinie bzw. einem liegenden W im Sockel. Es ähnelt acht bekannten Zeichen, stimmt aber mit keinem davon exakt überein. Die besagten acht Papiere sind alle zwischen 1609 und 1617 beschrieben. Vermutlich handelt es sich um ein Papier des Ravensburger Papierers Hans Jacob Heitz.[51] Demnach wäre die Radolfzeller Vogelschau erst im frühen 17. Jahrhundert nach einer vor 1576 gezeichneten Vorlage entstanden.

In den Bauakten im GLA findet sich eine Grundrisszeichnung: »Dießer Grund Riß ist das allein gezeichnete und beschriebene untere Contingent auf der gaßen, wie es von Schellenberg an die Ritterschafft gekommen ist.« Auf diesem Plan ist außer dem Haupthaus der Turm mit dem quadratischen Schacht am unteren Blattrand und Teile des sogenannten »alten Hauses« zu erkennen. Die Legende zu besagtem Plan mit den genauen Raumbezeichnungen dürfte um 1658/59 entstanden sein.[52] Bleibt die noch immer ungeklärte Frage, ob der Treppenturm schon zu Schellenbergs Zeiten – Hinweise in seiner Korrespondenz fehlen – oder bald nach seinem Tod von der Ritterschaft gebaut wurde, als breiterer Zugang zum Dach und Ausguck über See und Hegau in Kriegszeiten, was plausibler wäre.

Bruno Janzer grub und rettete im Sommer 1961 anlässlich des Einbaus eines Erdtanks westlich des Treppenturms Glas- und Keramikreste aus der ehemaligen Latrine des adligen Hauses, die vom Landesdenkmalamt (LDA) inventarisiert und restauriert wurden (heute als Dauerleihgabe im Stadtmuseum).[53] Marina Junkes vom LDA datiert die frühesten Funde ins 14./15. Jahrhundert: graue und rote Irdenware, einen unglasierten und einen glasierten Dreifußtopf mit Henkel, Schüsseln, Henkeltöpfe, Henkelflaschen. Den größten Anteil haben aber Keramikteile des 16./17. Jahrhunderts: großenteils glasiert, vielfältige Gefäßformen, auch Gefäße mit Sonderfunktionen wie Siebgefäße zur Käseherstellung sowie Schweizer Malhornware. Unter den Funden waren auch viele Fragmente grün- und schwarzglasierter Ofenkacheln mit figürlichen Darstellungen, wohl aus heimischer Produktion.

48 Häuserplan von Hermann Stadler im Stadtarchiv Radolfzell

49 Dank an Kreisarchivar i. R. Dr. Franz Götz für seine Hinweise

50 Vgl. Hesse, Jochen: Das Kloster Rheinau in alten Ansichten. In: Librarium, Zeitschrift der Schweizerischen Bibliophilen-Gesellschaft, 52, 2009, II/III, S. 119–125

51 Freundliche Mitteilung von Beate Falk, Stadtarchiv Ravensburg. Ich danke auch Dr. Erwin Frauenknecht für seine freundliche Auskunft zu historischen Wasserzeichen.

52 Ich konnte auf der Rückseite der Planzeichnung ein noch unbekanntes Wasserzeichen entdecken – Doppeladler mit W im Brustschild –, das laut Dr. Erwin Frauenknecht von der Wasserzeichensammlung im Hauptstaatsarchiv Stuttgart, wohl um 1600 vorkommt und im Südwesten entstanden ist.

53 Gutachten Marina Junkes und Andrea Soffner, LDA Baden-Württemberg, im Stadtarchiv Radolfzell

Turm des Ritterschaftsgebäudes (Foto: Verfasser)

Radolfzell in der Vogelschau um 1575, Zeichnung, Ausschnitt, vor der Westfassade des Münsters das Schellenberg'sche Haus (Kunsthalle Karlsruhe)

Andrea Soffner vom LDA datiert das älteste Becherglasfragment in die zweite Hälfte des 14. Jahrhunderts, den ältesten Nuppenbecher um 1520. Da nur Gläser regionaler Produktion gefunden wurden und in reichen Adelshäusern importiertes venezianisches Glas gängig war, schließt sie auf geringe finanzielle Potenz der adligen Bewohner. Dies jedoch trifft auf Hans von Schellenberg sicher nicht zu. So bleibt die entscheidende Frage ungeklärt: Wer hat das Schellenberg'sche Haus tagtäglich bewohnt, bevor es an die Ritterschaft überging? Nur eine Grabung im Hof des Ritterschaftshauses könnte hier weitere Aufschlüsse geben.

Zusammenfassung

Die Latrinenfunde von Bruno Janzer belegen Siedlungsspuren des 14./15. Jahrhunderts. Das Haus ist nachweislich seit 1522 im Besitz der Herren von Schellenberg. 1546 wird es als »wohlerbuen Haus« bezeichnet. Das zur Seetorstraße weisende Portal dürfte etwa zeitgleich mit dem nordöstlichen Portal des Münsters sein, also vor 1475. Auf der um 1575 entstandenen Vogelschau ist das Haus in seiner heutigen Größe zu sehen. Zwischen 1475 und dem Hauskauf der Schellenberger 1522 muss der gotische Seestraßenkeller und das ehemalige gotische Haus an der Seetorstraße in den großen, langrechteckigen Baukörper integriert worden sein. Die gotischen Fenster in den unteren Stockwerken könnten ebenso in diese Zeit gehören. Bis 1707 die Freitreppe samt Portal an der Seetorstraße gebaut wurde, war das Haus nur über Einfahrt und Hof zu erreichen.

Um zu klären, ob der Treppenturm noch zu Lebzeiten von Hans des Gelehrten erbaut wurde oder erst kurz nach seinem Tod durch die Ritterschaft, müsste das Wasserzeichen exakt bestimmt werden.[54] Der achteckige Turm hat unter dem Dachkranz acht länglichrunde Fenster.[55] Er ist größtenteils aus Sandsteinquadern gebaut. Auf der nach 1686 entstandenen Radolfzeller Vogelschau von Osten (GLA Karlsruhe) ist die achteckige Turmhaube samt Wetterfahnen des Ritterschaftsgebäudes gut zu erkennen.

Die Jahreszahl 1660 auf der Fassade ist mitnichten der Zeitpunkt einer Aufstockung, vielmehr das Datum der Wiederherstellung des ruinösen Gebäudes nach dem 30-jährigen Krieg. Das Schlagen und Schließen der Schlauderlöcher für die schmiedeeiserne Zahl 1660 auf der Fassade des »dritten Contingents« war Teil des Maurerauftrags. Die Decken im zweiten Obergeschoss und im Turm sind prägnant stuckiert, sie zeigen klassisch-geometrischen Rahmenschmuck, noch ohne barocke Verzierungen. Datierungen oder Hinweise aus den Bauakten liegen keine vor. Petra Wichmann vom Landesamt für Denkmalpflege in Freiburg sieht sie zusammen mit dem repräsentativen Ausbau des 2. Obergeschosses nach 1702.[56] Ich tendiere deshalb zu einer Datierung nach Abschluss der Arbeiten um 1680, was durch den identischen Rahmenschmuck im Erdgeschoss des ab 1683 erbauten Weiterdinger Schlosses unterstützt wird. Dessen Bauherr, Balthasar Ferdinand von Hornstein (1614–1685) war als Direktor der Hegauritterschaft auch für den Wiederaufbau des Radolfzeller Hauses zuständig.[57] Bagnato schlägt erst 1750 quer zur Seetorstraße liegende Wände im dritten Stock vor und gleicht damit das »obere Contingent« den beiden unteren an.

54 Außen vor der Fassade stehende achteckige Treppentürme wie im Hegi-Schloss Eigeltingen von 1545 oder runde wie beim Konstanzer Rathaus von 1592 sind bis nach 1600 üblich. Im Heiligenberger Schloss integriert Schwarzenberger 1580 zwei sich ähnlich wie in Radolfzell um quadratische Schächte wendelnde Treppenhäuser. Der Bauhistoriker Cord Meckseper sieht im Turm des Ritterschaftshauses ein Zwischenglied der vor die Fassade gestellten Treppentürme des späten 16. Jh. und der Verräumlichung des Aufstiegs in der Renaissance und Barockzeit.

55 Gabriele Heidenreich, die über das Meßkircher Schloss gearbeitet hat, fragt hypothetisch, ob der achteckige Turmschluss nicht später sein könnte, da es ovale Fenster erst ab ca. 1640 gäbe. Eine von mir zusammen mit dem LDA initiierte dendrochronologische Untersuchung der obersten Turmdecke hat bislang leider keine exakten Ergebnisse gebracht.

56 Wichmann, a. a. O. 1996

57 Dank an Josef Freiherr von Hornstein für die Gastfreundschaft auf Schloss Weiterdingen

Eine Wappentafel des Direktoriums der Reichsritterschaft, Kanton Hegau, Allgäu und Bodensee (um 1725)

Von Wilderich Graf von und zu Bodman und Franz Hofmann, Konstanz

Das Wappen der »Unmittelbaren Freien Reichsritterschaft in Schwaben, Kanton Hegau, Allgäu und Bodensee«[1] über dem Haupteingang in das ehemalige Ritterschaftshaus in Radolfzell erinnert an den Sitz des Kantonsdirektors und seiner Kanzlei von 1609–1806.[2] Die genossenschaftliche Organisation der Reichsritter hat sich aus Turniergesellschaften des späten Mittelalters und über Ritterbünde zur »Gemeinen Gesellschaft mit St. Jörgenschild« entwickelt. König Karl IV. hatte in Artikel 15 der Goldenen Bulle vom Jahre 1356, dem sogenannten »Reichsgrundgesetz«, jede politische Vereinigung innerhalb des Reiches ohne die Genehmigung des Königs verboten. Erst König Sigismund erteilte 1422 den Reichsrittern das Privileg, sich vereinigen zu dürfen.[3]

Im Zuge der Einrichtung der Reichskreise unter Kaiser Maximilian I. Anfang des 16. Jahrhunderts konstituierte sich schließlich die Reichsritterschaft zum Corpus Equestris mit den Ritterschaftskreisen »In Schwaben«, »In Franken« und »Am Rheinstrom«. Da die Ritter sich weigerten, Landesherren Steuern zu bezahlen, verzichteten sie auf die Reichsstandschaft und damit auf Sitze in den Reichskreisen und auf dem Immerwährenden Reichstag, blieben aber reichsunmittelbar und direkt dem Kaiser zugeordnet. Der Kaiser hatte somit einen Reichsstand, von dem er direkt Steuern erheben konnte, und die Reichsritterschaft wiederum nutzte jeweils die Chance, sich vom Kaiser ihre Privilegien bestätigen zu lassen bzw. neue auszuhandeln.

Die Ritterschaftskreise waren untergliedert in Ritterlandschaften oder Kantone. Im Ritterschaftskreis »In Schwaben« bildeten sich fünf Kantone: »Donau«, dessen Direktor als Vorstand des »ausschreibenden« Kantons die schwäbische Reichsritterschaft im stets wechselnden Generaldirektorium vertrat, »Hegau, Allgäu und Bodensee«, »Neckar, Schwarzwald und Ortenau«, »Am Kocher« und »Kraichgau«.

1 Zur Reichsritterschaft im Hegau vgl. Danner, Wilfried: Die Reichsritterschaft im Ritterkantonsbezirk Hegau in der zweiten Hälfte des 17. und im 18. Jahrhundert. In: HEGAU 27/28, 1970/71, S. 7–105; Bodman, Wilderich Graf von und zu: Die Reichsritterschaft im Hegau. In: HEGAU 53, 1996, S. 226–228

2 Radolfzell, Seetorstraße 3, heute Amtsgericht, farbig gefasste Wappenkopie, Originalsandsteinwappen in der Eingangshalle

3 Ruch, Franz-Werner: Die Verfassung des Kantons Hegau-Allgäu-Bodensee der unmittelbaren Reichsritterschaft, maschinenschr. (vervielfältigt), Mainz 1955, S. 17–25

Jeder Kanton besaß mit einem gewählten Ritterhauptmann, dem Direktor, und gewählten Ritterräten und Ausschuss ein Leitungsgremium.[4] Soweit die Angelegenheiten der Reichsritter nicht dem Ritterkonvent vorbehalten waren, regelten der Direktor und die Ritterräte die Anliegen, Rechte und Verpflichtungen der Ritter des Kantons, wie die Erhebung der Reichssteuern, die Abstimmung mit den benachbarten Landesherren, die Bereitstellung von Soldaten, die Entscheidungen über die Routen der Truppendurchzüge, Erbverträge der Mitglieder, die Aufnahme von ritterbürtigen Personen in die Korporation, die Schlichtung von Streitigkeiten etc.

Viermal im Jahr traf sich in der Regel der Ritterrat und wenigstens alle zwei Jahre trat der Plenarkonvent am St. Georgstag (23. April) in Radolfzell zusammen. Dem Kanton gehörten zwischen 70 und 80 Mitglieder an, Grundherren und Agnaten der im Hegau 18 reichsritterschaftlichen Herrschaften. Zwischen den beiden Bezirken »Hegau« und »Allgäu und Bodensee« hatte es Ende des 17. Jahrhunderts Streitigkeiten gegeben. Nach Moderation durch den Direktor des Kantons Donau einigte man sich im Reunions-Recess vom 23. August 1700, den Kaiser Leopold I. am 17. August 1701 konfirmierte.[5]

Selbstdarstellung in einem Repräsentationsgemälde

In Allgäuer Privatbesitz hat sich ein 135 x 90 cm großes, um 1725 entstandenes Ölgemälde erhalten, mit dem sich das Direktorium des Kantons Hegau, Allgäu und Bodensee in repräsentativer Weise selbst darstellte. Wahrscheinlich hing das Gemälde einst im Ritterschaftshaus des Kantonsbezirks Allgäu und Bodensee in Wangen im Allgäu.

Ein schwerer roter Vorhang wurde zu beiden Seiten nach oben aufgezogen – von wem, ist nicht zu sehen, aber assoziativ sind hier kleine Engelchen zu denken. Der Betrachter des Bildes blickt in einen prächtigen, repräsentativen Raum, eine mit monumentalen Wandvorlagen und Gesimsen geschmückte, antikisierende Prachtarchitektur. Der Raum könnte beides sein, sakral oder weltlich, also eine Art Altarraum oder Thronnische. In diesen Raum ist bildbeherrschend eine Kleinarchitektur eingestellt, sie ist die Hauptsache, das Eigentliche der Darstellung. Auch hier ist es nicht eindeutig, was diese Form konkret ist und welche Funktion sie hat, doch wird sofort die Assoziation eines prächtigen, monumentalen Throns geweckt. Obwohl es nicht eindeutig und konkret gezeigt wird, ist hier ein »Herrscherthron« in repräsentativ ausgestatteter Architektur, also ein »Thronsaal« gemeint. Der hochgezogene rote Vorhang bildet formal eine Art Baldachin über dem »Thron«.

Auf dem »Thron« sitzt jedoch niemand, er ist »besetzt« mit Symbolen, Allegorien, Wappen und dergleichen. Es ist der »Thron« der Person, deren Porträt in einem

4 Huch, Friedrich, August: Von den Reichsritterschaftlichen Direktorien, deren verschiedenen Gattungen, Freyheiten, Gerechtssamen und Verbindlickeiten. In: Mader, Johann (Hg.): Reichsritterschaftliches Magazin, 11. Bd., Frankfurt und Leipzig 1789, S. 1–216

5 Reunions-Recess Entzwischen Beyden, der Unmittelbaren Freyen Reichs-Ritterschaft in Schwaben der Verein St. Georgen Schildt, Bezircken Hegeu, und Allgeu/Bodensee. Errichtet den 23ten Aug. 1700. Und Allergnädigst confirmiert den 17ten Aug. 1701, Konstanz 1753

Wappentafel des Direktoriums der Reichsritterschaft, Kanton Hegau, Allgäu und Bodensee, um 1725 (Immenstadt im Allgäu, Privatbesitz, Foto: Martin Buschmann)

ovalen Schmuckrahmen über einem einköpfigen Adler mit geschlossener Krone, Zepter und Reichsapfel und von zwei Engelchen darüber gehalten wird: Kaiser Karl VI. (reg. 1711–1740). Der Kaiser sitzt also nicht konkret auf dem dargestellten »Thron«, aber ideell gehört er dorthin. Hier ist genau zu differenzieren: Der »Thron« ist auch nicht allein für Karl VI., sondern allgemein für »den Kaiser« gedacht. Die Person des Kaisers wechselt und mit ihr das über dem »Thron« vorgezeigte Porträt, doch der »Thron« selbst bleibt. Gegenüber dem monumentalen »Thron« mit seinen vielen Symbolen, Wappen etc. tritt das Porträt Karls VI. in den Hintergrund. Konkret: Der »Thron« ist für den Kaiser, die Reichsritterschaft huldigt ihm und ordnet sich ihm unter. Doch steht mit einigem Selbstbewusstsein die Reichsritterschaft im Vordergrund – auf der formalen wie auf der Bedeutungsebene.

Zwei »lebensgroße« Frauengestalten sitzen als Allegorien zu beiden Seiten, rahmen den »Thron« ein und stützen sich auf dessen »Armlehnen«. Sie sind reich gekleidet und blicken frontal aus dem Bild. Die linke Dame hält in der Linken ein Schoßhündchen, mit der Rechten zeigt sie einen großen Schlüssel vor. Beides sind Symbole der Treue, gemeint ist hier die Treue gegenüber dem Kaiser (Herrscher) und dem Reich. Der Schlüssel ist auch ein Symbol des Vertrauens von Seiten des Kaisers: Eine Reihe der Ritter haben ihn als Zeichen der Kammerherrenwürde vom Kaiser erbeten. Darauf nimmt ein kleines Bild im Rocaillerahmen im Vordergrund Bezug, worauf der thronende Kaiser zu sehen. Er ist flankiert von sechs Herren und erteilt einem vor ihm Knienden den Ritterschlag (Schwertleite).

Die rechte allegorische Figur hält eine brennende Kerze in der Rechten und zeigt mit der Linken eine sich selbst fressende Schlange vor. Diese Figur ist nicht leicht zu erfassen. Das Schlangensymbol wird Ouroboros (Οὐϱοβόϱος) genannt.[6] Die vollkommene Kreisform versinnbildlicht die kosmische Einheit, aber auch den ewigen Kreislauf der Dinge und die sich ewig erneuernde Zeit. Die brennende Kerze kann verschiedene Bedeutungen haben. Hier könnte sie als Symbol des verrinnenden Lebens und der Vergänglichkeit gemeint sein: Sie verzehrt sich selbst, während sie ihr Licht abgibt. In diesem Sinne würde hier das einzelne vergängliche Leben (hier: der einzelne Ritter) in den größeren Zusammenhang des ewigen Kreislaufs (hier: das ganze Rittertum) gestellt.

Auf dem Fußboden steht als Pendant zu dem linken ein zweiter Rocaillerahmen, in dem ein Ritterturnier dargestellt ist. Im großen Wappenkalender der Reichsritterschaft in Schwaben von 1708 werden neben einer solchen kleinen Turnierszene sämtliche Ritterturniere aufgelistet, die in Deutschland zwischen 938 und 1487 abgehaltenen worden sein sollen.[7] Auf demselben Blatt findet sich übrigens auch ein kleines, gerahmtes Bild mit der Szene des Ritterschlags durch den Kaiser, daneben

6 Preisendanz, Karl: Aus der Geschichte des Uroboros. In: Herrmann, Ferdinand, und Treutlein, Wolfgang (Hg.): Brauch und Sinnbild. Festschrift Eugen Fehrle zum 60. Geburtstag, Karlsruhe 1940, S. 194–209

7 Hofmann, Franz: Ruhmesblätter – Barocke Wappenkalender aus Oberschwaben von Konstanz bis Ulm, Tettnang 2003, Hegau-Bibliothek Band 119, hier S. 54–57, Kat. 11

der Text des Treueschwurs. In diesem Sinne sind die beiden Darstellungen auch auf dem Allgäuer Ölbild gemeint.

Nun zum »Thron« selbst: In der »Rückenlehne« ist der hl. Georg zu Pferd zu sehen, wie er gerade den sich windenden Drachen tötet. Der hl. Georg ist das »General- und Hauptzeichen« aller Ritterkreise. Huch (1789) beschreibt, wie es gestaltet sein muss: »[...] den auf einem weißen Pferde reutenden Ritter St. Georg im Harnisch, um welchen ein rother Mantel fliegt und mit dem Helm auf dem Kopf, der mit einer rothen und weißen Straußenfeder gezieret ist. Neben ihm liegt der Lindwurm in natürlicher Farbe, auf welchen er mit einer mit beyden Händen gefassten Lanze stost.«[8] So ist der hl. Georg auch hier dargestellt.

Die »Thronlehne« und damit der hl. Georg ist eingerahmt von Waffen (Hellebarden, Lanzen, Kanonen), Fahnen (darunter vorn ganz deutlich die österreichische), Feldzeichen und obenauf einem Ritterhelm – sogar ein Horn und eine Fanfare sind zu sehen. Allesamt sind dies Zeichen des Militärs, des Krieges, der Schlacht und hier ein deutlicher Verweis auf die – im Selbstverständnis noch vorhandene – Kampfbereitschaft der Reichsritterschaft.

Die eigentliche »Sitzfläche« des »Thrones« – als ideeller Platz des Kaisers – ist bei genauer Betrachtung leer. Sie wird verdeckt durch einen vor dem »Thron« im Bildvordergrund aufgestellten Wappenaufbau in einer Art vergoldeter Schmuckform. Hier werden die sieben Wappen des amtierenden Direktoriums des Kantons Hegau, Allgäu und Bodensee gezeigt (siehe unten). Obenauf steht auf eigenem Sockel in Rocaillerahmen das Wappen des Ritterschaftskantons: Schwert und Zepter gekreuzt, rechts Fisch, links Falke, darüber ein kleiner Wappenschild mit rotem Kreuz auf Weiß (Silber). Auf einem Schriftband ist zu lesen: »CANTON HEGAU, ALLGÄU UND BODENSEE«.

Dieses Ritterschaftswappen entspricht ganz der Beschreibung bei Huch (1789): »Der Canton Hegöw, Allgöw, Bodensee führet [...] in einem mit Gold damascierten Felde einen Scepter und Schwerdt wie Donau, und zwar jener schräglinks dieser schrägrechts kreuzweise über einander gelegt. Oben, zwischen dem Scepter und Schwerdt, siehet man den St. Georgenschild mit einem rothen Kreuz im silbernen Felde. Gegen den rechten Seiten Rand, neben dem Scepter, ist ein Fisch, und gegen den linken Seiten Rand, neben dem Schwerdt ist ein Falke zu sehen. Was den St. Georgenschild anbetrift; so soll dieser Canton solchen, nach dem Zeugnis Burgermeisters, zum Andenken des vor alters geführten Direktoriums des schwäbischen Ritter-Creyses beybehalten haben.«[9]

Der Fisch und der Falke erinnern an die Turniergesellschaften »vom Fisch« und »vom Falken«, aus denen der Kanton entstanden ist. Schwert und Zepter sind Zeichen der Gerichtsbarkeit und der Herrschaft. Die älteren Siegel des Kantons zeigen

8 Huch, Friedrich August: Versuch über die Wappen und Siegel der unmittelbaren freyen Reichsritterschaft in Schwaben, Franken und am Rhein. In: Mader, Johann (Hg.): Reichsritterschaftliches Magazin, 12. Bd, Frankfurt und Leipzig 1789, S. 160–232, hier S. 166

9 Huch, a. a. O. 1789, Bd. 12, S. 173

noch gekreuzt ein Schwert und einen Streitkolben[10] als Zeichen der Kampfbereitschaft der Reichsritter. Der Streitkolben ist im Laufe der Zeit zu einem Zepter mutiert.

Eingerahmt wird das Ritterschaftswappen von zwei kleinen Standfiguren, wehrhaft ausstaffierten Putti mit reicher Prunkrüstung und Helm, die eher verspielt als martialisch wirken. Die linke Figur trägt geistliche Gewandteile über dem Harnisch und hält einen Krümme und eine Mitra, die rechte Figur ein Schwert und eine Lanze mit Fahne. Die beiden Putti sollen wohl an den schwäbischen Reichskreis, der den Kanton umgibt und sichert, erinnern. Dieser könnte durch die Insignien der beiden ausschreibenden Fürsten dargestellt sein: den Bischof von Konstanz mit Inful, Pectorale und Krümme für die katholischen Reichsstände und den Herzog von Württemberg mit Schwert und schwarz-gelber Flagge für die evangelischen Reichsstände.

Viele der Motive und Symbole auf dem Allgäuer Ölbild kommen auch auf den beiden gedruckten großen Wappenkalendern der fünf Kantone der Schwäbischen Reichsritterschaft aus dem 18. Jahrhundert vor, zwei in Intention und Repräsentationswirkung vergleichbare Bildwerke. Auf die Funktion und Spezifika von Wappenkalendern kann hier nicht im Einzelnen eingegangen werden.[11] Erhalten ist jedenfalls von der Schwäbischen Reichsritterschaft ein älteres Blatt mit Kalendarium von 1708, das zu diesem Zeitpunkt schon mehrere Jahre in Gebrauch war, und ein jüngeres, 1729 entstandenes Blatt, von dem Exemplare der Jahre 1737 und 1767 erhalten geblieben sind. Beide Wappenkalender dürfen bei der Reichsritterschaft in der ersten Hälfte des 18. Jahrhunderts als bekannt vorausgesetzt werden.

Hauptthema des älteren Wappenkalenders ist die Huldigung des thronenden Kaisers, unten lagern Flussgötter, die die fünf Kantone repräsentieren. Die kleineren, zum Teil gerahmten Nebenbilder zeigen unter anderem bereits eine Turnierszene, einen Ritterschlag und einen Drachenkampf des hl. Georg zu Pferd. Kleine Putti mit Ritterhelmen halten die Wappen der fünf Kantone.

Ganz anders ist der jüngere Wappenkalender aufgebaut. Bildbeherrschend ist hier eine monumentale Säulenarchitektur in der Art eines Triumphbogens oder eines barocken Hochaltars. Doch auch hier finden sich gemeinsame Elemente: der Ritterschlag durch den Kaiser und die Turnierszene in eigenen Rocaillerahmen, das von zwei – hier als römische Legionäre ausstaffierten – Putti gehaltene Ritterschaftswappen und oben der Drachenkampf des hl. Georg zu Pferd. Vor allem der hl. Georg entspricht formal genau der Darstellung im Allgäuer Ölbild.

Doch fallen insgesamt die Unterschiede auf. Schon die beiden Wappenkalender der fünf Kantone sind im Aufbau sehr verschieden. Demgegenüber ist das Allgäuer Ölbild als Selbstdarstellung des Direktoriums allein des Kantons Hegau, Allgäu und Bodensee in Aufbau und Bildsprache ganz anders. Hier fehlen gegenüber den Wappenkalendern der thronende Kaiser und die Flussgötter als zentrale Bildthemen, dafür steht der »Thron« formal im Mittelpunkt.

10 Ruch, a. a. O. 1955, S. 45

11 Dazu Hofmann, a. a. O. 2003, hier vor allem S. 54–57, Kat. 11, und S. 68–71, Kat. 15

Wappenschilde des Direktoriums

Johann Adam von und zu Bodman (1672–1742), Ölporträt, 1728 (Privatbesitz, Foto: Franz Hofmann)

Die sieben Wappenschilde im Allgäuer Ölbild benennen die Mitglieder des Direktoriums des Kantons, jeweils in ovalem, goldenem Rahmen mit Spangenhelm, Helmzier und Wappenmantel. Über den Wappen sind Name und Rang des Ratsmitglieds verzeichnet. Zu oberst befindet sich das Wappen des ranghöchsten Ritters, des Direktors: »Herr Johann Adam Freyherr von und zu Bodman auf Kargegg. director« (1672–1742). Im Adel und in der Öffentlichkeit wurde es als hohe Ehre angesehen, zum Direktor und zum Ritterrat gewählt zu werden. Die Herren von Hornstein und von Bodman stellten in der zweiten Hälfte des 17. und im 18. Jahrhundert jeweils sechs Direktoren.[12] Der Kantonsdirektor hatte das Recht, den Titel »Kaiserlicher Wirklicher Rat« zu tragen und – wie die Ritterräte – mit »Wohlgeboren und Edel« angesprochen zu werden. Das Salär für den Direktor von 300 fl war nicht mehr als eine Aufwandsentschädigung.

Auf einem Porträt von 1728 im Schloss Bodman ist Freiherr Johann Adam mit einem von Juwelen eingefassten Ritterschaftsabzeichen an einer goldenen Kette abgebildet. In den Wahlkapitulationen der Direktoren war festgeschrieben, dass von den Erben dieses besondere Ritterschaftsabzeichen des Direktors an den Kanton zurückzugeben ist. Zur Wahl des Johann Joseph Freiherr von Bodman-Möggingen zum Direktor im Jahr 1766 verfasste ein Überlinger Kapuziner handschriftlich eine eigene Festschrift.[13] Auf den Epitaphien der Direktoren und Ritterräte wird zumeist sein Rang erwähnt und dabei angefügt, dass es sich um eine Wahl und nicht eine Berufung oder Amtseinsetzung gehandelt hat; so auch bei Freiherr Johann Adam auf seinem Epitaph in der Gruftkapelle in der Pfarrkirche zu Bodman: »S. Caes. M. consilario Imed. S. R. I. nobilit. in Svevia District Heg. Algoici et ad lacum Bodmanimi omnium Voto Directori exorato«.[14] Der letzte Direktor des Kantons, Johann Adam Freiherr von und zu Bodman (1740–1816), trägt auf einem Porträt von 1766 im Schloss Bodman noch das Ritterzeichen am schwarzen Band, auf einem Porträt von

12 Danner, a. a. O. 1970/71, S. 46

13 Gräflich von Bodman'sches Familienarchiv Bodman (BAB), A 2894

14 Seiner Kaiserlichen Majestät Rat, des Unmittelbaren des Heiligen Römischen Reiches Adel in Schwaben, Distrikt Hegau, Allgäu und am Bodensee einstimmig zum Direktor gewählt

1795 bereits den 1793 von Kaiser Franz II. verliehenen Reichsritterschaftsorden: ein weißes, goldeingefasstes Ordenskreuz. Als Ordensuniform trägt er einen roten Frack mit schwarzen Aufschlägen und goldenen Epauletten.

Das Wappen des rangnächsten Ritterrats befindet sich links (heraldisch rechts) vom Wappen des Direktors, leicht nach unten gerückt: »Johann Anton Franz von und zue Razenried. Ersterer Cantons Directorial ausschuß«. Nach dem Rezess von 1700 stand dieser Sitz einem Mitglied des Bezirks Allgäu und Bodensee zu, der auch als Stellvertreter des Direktors fungierte. Die übrigen Ritterräte folgen nach ihrer Anciennität. Rechts vom Direktor befindet sich das Wappen des »Johann Christoph Rupert von und zue Sirgenstein, Canton Ritter Rath und ausschuß«, Bezirk Allgäu und Bodensee, darunter, links unter dem Direktor, das des »Herr Johann Ferdinandt Maria Freyherr von Hornstein, Herr zue Weiterdingen, Ritter Rath und ausschuß« (1680–1749), und daneben das Wappen des »Herr Henricus Christoph von Liebenstein, Herr zue Worblingen und [Beeren]berg, Ritter Rath und ausschuß«. Dieser Name ist verschrieben, obgleich er auch so bei Hartard von und zu Hattstein aufgeführt wird,[15] denn Ortsherren in Worblingen und Beerenberg waren die Herren von Liebenfels und es ist das Liebenfelsische Wappen dargestellt. Darunter links ist das Wappen des »Herr Jos[eph] Ant[on] von Pappus und Tratzberg, Herr von Laubenberg und Rauhenzell, Ritter Rath und ausschuß« (1683–1763), Bezirk Allgäu und Bodensee, zu sehen und schließlich rechts das des »Herr Joseph Antoni Eusebi Roth von Schröekenstein zue Im[m]endingen und Bilenfingen [Billafingen], Rit[ter] Rath u[nd] aus[schuss]« (1679–1747).

Die Wappen des Direktoriums erlauben eine zeitliche Eingrenzung der Entstehungszeit des Bildes: Kaiser Karl VI. regierte ab 1711, er ist relativ jugendlich dargestellt; Heinrich Christoph von Liebenfels verkaufte die hier noch genannte Herrschaft Beerenberg 1727; Johann Adam von und zu Bodman ist Direktor, wahrscheinlich schon als Nachfolger des 1723 verstorbenen Direktors Karl Balthasar von Hornstein – damit müsste das Ölbild zwischen 1723 und 1727 entstanden sein. Ein zweites ritterschaftliches Repräsentationsgemälde, das sich ebenfalls in Allgäuer Privatbesitz befindet, ist 1724 datiert. Es zeigt allein die Wappen der drei Ritterräte des Bezirks Allgäu und Bodensee. Auch dieses Bild stammt offenbar aus dem Ritterschaftshaus in Wangen im Allgäu und ist mit einiger Wahrscheinlichkeit zur selben Zeit wie das größere Ölbild des gesamten Direktoriums entstanden.

15 Hartard von und zu Hattstein, Damian: Die Hoheit des Teutschen Reichs-Adels, 3. Teil, Fulda 1740, Einleitung

Hoch- und Niedergerichtsbarkeit des Deutschen Ordens in der Landschaft Mainau

Von Emil J. Mundhaas, Konstanz-Staad

Die Abtei Reichenau hatte sich zu Ende des Hochmittelalters von der »Vormundschaft« ihrer Edelvögte befreit und stützte sich in der fiskalischen »Außenverwaltung« nun mehr und mehr auf ihre unfreien Dienstmannen. Das führte aber, verbunden mit dem unablässigen Niedergang der Abtei, zur Stärkung und Autarkie dieser Edelknechte. Ende des 13. Jahrhunderts konnten Abt und Konvent ohne die Zustimmung ihrer Ministerialen wirtschaftlich und politisch nicht mehr handeln.[1]

Dies rief im Umfeld der Abtei neue politische und wirtschaftliche Kräfte auf den Plan, die »geistlichen Ritter des Deutschen Ordens«,[2] welche mit tatkräftiger Unterstützung durch die Reichenauische Ministerialität auf dem vorderen Bodanrück auf Kosten der Abtei ihre eigene Herrschaft ab 1272 dauerhaft etablieren konnten. Sie schufen für die »Landschaft Mainau« unter diesem Namen eine geschlossene Herrschaftseinheit. Lediglich Wollmatingen wurde nach mehreren Anläufen der Deutschherren und langem heftigem Streit schlussendlich 1362 als ungeteilte Herrschaft für die Abtei Reichenau zurückgewonnen.[3] Aber Allmannsdorf, Litzelstetten, Dingelsdorf und ab 1367 als Nachzügler auch Dettingen und Wallhausen kamen unter die Herrschaft der »Tütschen Herren«.

Die Deutschordens-Kommende Mainau strukturierte am Anfang des 14. Jahrhunderts Verwaltung und Gerichtsbarkeit neu und gliederte ihre Landschaft Mainau in die vier Ämter, Allmannsdorf, Litzelstetten, Dingelsdorf und Dettingen. In jedem Amt wurde ein Bürger zum Amman berufen.[4] Die Gemeinde ihrerseits wählte aus ihrer Mitte zwei »Bürger« zu Gemeindepflegern oder Bürgermeistern (Consules), welche durch den Komtur bestätigt wurden. Diese »Dreier« genannten »Ortsvorgesetzten« leiteten ihre Gemeinde.[5]

Die niedere Gerichtsbarkeit hat die Kommende Mainau nur in den Anfängen ihrer Herrschaft durch den Komtur oder den Hauskomtur (Administrator) selbst aus-

1 Feger, Otto: Geschichte des Bodenseeraumes, Sigmaringen 1956

2 Feger, Otto: Die Deutsch-Ordens-Kommende Mainau, Konstanz und Lindau 1958

3 Ebenda

4 Generallandesarchiv Karlsruhe (GLA KA) B. 93, Nr. 133, Gerichtsbarkeit betreffend Statuta Ordnung und Offnung über die oberen und unteren Gerichte der Herrschaft Mainau 1550–1690

5 GLA KA B. Nr. 93/321, Zur Übernahme der Herrschaft Mainau im Januar 1806 durch den Kurfürstlich Badischen Kommissar Freiherr von Mahler. Statistiken, Fragen mit Antworten zu den politischen, juristischen, wirtschaftlichen und kirchlichen Verhältnissen in der Herrschaft

geübt. In der Mitte des 14. Jahrhunderts übertrug die Herrschaft dem jeweiligen Amman als »Stabhalter« den Gerichtsvorsitz, welcher mit den zwölf aus der Bürgerschaft berufenen Richtern das Gericht hielt. Für das Gericht Allmannsdorf belegt die Urkunde vom 28. April 1387,[6] dass »Eberhard Rylich, amman ze Allmenstorf, im namen und anstat miner gnädigen herren in Mayenow [...] ze gericht sacz«. Das kleine Amt Litzelstetten hatte zwar einen Amman, wurde aber niedergerichtlich mit Dingelsdorf zusammengelegt. Es entsandte, wie auch der Dingelsdorfer Filialort Oberndorf, in das gemeinsame Gericht stets drei Richter.

Die in den Ämtern bisher mündlich tradierten »Offnungen« ließ Komtur Franz von Fridingen 1550 zu einer einheitlichen »Offnung des Hauses Maynow« schriftlich abfassen. Sie enthielt in 77 Artikeln das geltende Recht und die Höchstwerte der Bußen (Geldstrafen). Sie wurden den drei Gerichten als Leitlinie zur Verfügung gestellt und den Untertanen jährlich einmal vorgelesen. Das Niedergericht war zuständig für leichte Kriminalität, von »Rottierungen« bis zum Raufhandel, Messerzücken und »blutrünstig Schlagen«, für Ehebruch und Unzucht, nächtliche Ruhestörung, Übertretung der Sperrstunde um 21 Uhr mit Spielen und Zechen, für Feldfrevel, Wilderei, Alltagsstreitigkeiten und das, was man heute als Zivilrecht bezeichnet, wie Verträge, notarielle Beurkundungen, Nachlassregelungen und Zivil-Prozesse. Als Strafen konnten Geldbußen bis zum Höchstsatz von 10 Pfund Pfennig, leichte körperliche Züchtigung und Arrest verhängt werden.

Das Hohe oder Blutgericht

Die hohe Gerichtsbarkeit war ein Königs- oder Reichsrecht und den niederen Gerichtsbarkeiten übergeordnet. Sie hat sich in Alemannien aus dem fränkischen königlichen Gericht heraus entwickelt, nachdem das alemannische Herzogsamt durch die Brüder Pippin und Karlmann 746 auf dem »Bluttag von Cannstatt« abgeschafft und in Alemannien die fränkische Grafschaftsverfassung eingeführt wurde. Es war eine Gerichtsbarkeit in der Hand des fränkischen Königs und sie wurde durch vom König eingesetzte Beamte, den Grafen oder Gaugrafen, im Namen des Königs ausgeübt.

Karl der Große ordnete das Gerichtswesen neu, ließ die Grafen durch Sendgrafen überwachen, welche ihm persönlich über Missstände und schlechte Amtsführung der Grafen zu berichten hatten. Auch das Grafengericht tagte ursprünglich dreimal jährlich. Mit der Erblichkeit des Grafenamtes unter den späten Karolingern veränderte sich das Hochgerichtswesen, es verselbstständigte sich sozusagen. Im hohen Mittelalter war es längst auch eine Strafverfolgungsbehörde geworden, die im Namen des Kaisers oder Königs auch aus sich heraus tätig wurde und nicht ausschließlich nur auf eingereichte Klagen von geschädigten Betroffenen und Parteien reagierte.

Zur hohen Gerichtsbarkeit gehörten alle Delikte, auf die der Tod und schwere Körperstrafen standen, also Mord, Totschlag, Raub, Diebstahl, Gotteslästerung, Hexerei und dergleichen. Aber auch Zivilstreitigkeiten mit höherem Streitwert und le-

6 Roth von Schreckenstein, K. H.: Die Insel Mainau – Geschichte einer Deutschordenskommende vom 13.–19. Jahrhundert, mit Urkundenbuch, Karlsruhe 1873

hensrechtliche Auseinandersetzungen gehörten dazu. In der nachkarolingischen Zeit konnte der hohe Adel, allen voran die Grafen, die Erblichkeit seiner Ämter durchsetzen. Damit wurden die Hochgerichte zum Teil auch zu unkündbarem Erbrecht der Grafen. Doch durch die Verleihung von Hochgerichtsbarkeiten an Städte und Reichsstifte durch das Reichsoberhaupt wurden diese Eigengerichtsbarkeiten der Grafen stark gemindert.

Die Abtei Reichenau beispielsweise hatte 887 durch ein Privileg Kaiser Karls des Dicken ebenfalls die Hochgerichtsbarkeit erlangt, doch durften die Äbte als Geistliche diese nicht selbst ausüben. Sie wurde durch sogenannte Edelvögte aus dem Stand der Vasallen ausgeübt, welche im Namen des Abtes Gericht hielten. Da diese Edelvögte ihr Amt als Erbamt innehatten, wurde es dem Kloster in der langen Phase des Niedergangs der Abtei größtenteils entfremdet. Es gelang jedoch dem Kloster, die Edelvogtei abzustreifen und die Gerichtsbarkeiten wieder neu zu organisieren. Diese Neuorganisation fand aber erst 1446 statt und bezog nur noch den restlichen Besitz der Abtei auf dem Bodanrück ein, und diesen Bereich beanspruchte auch die Landgrafschaft Nellenburg in Konkurrenz zum äbtischen Hochgericht. Letzteres tagte auf der Reichenau, bestand aus 12 Richtern, welche aus den Ämtern – Wollmatingen, Allensbach, Hegne, Markelfingen und die Insel selbst – abgeordnet und durch einen Beamten, den reichenauischen Obervogt, repräsentiert wurde.

Mit der Abtei wurde in der Mitte des 16. Jahrhunderts auch das Oberamt Reichenau in das gefürstete Hochstift Konstanz inkorporiert, Hochgerichtsherr war nun der Fürstbischof in Meersburg. Das Hochgericht Reichenau besaß zu Allensbach eine eigene Malstätte mit Galgen, da auf der Insel keine Hinrichtungen vorgenommen werden durften. Gegen die Ansprüche der Landgrafschaft Nellenburg, auch als sie an das Erzhaus Österreich gelangt war, konnte sich der Fürstbischof behaupten, zumindest soweit die reichenauischen Untertanen davon betroffen waren. Das Oberamt Reichenau blieb in seinem restlichen Besitz auf dem Bodanrück bis zum Reichsdeputationshauptschluss von 1803 unangefochten souverän und reichsständisch. Auf einigen historischen Karten des 17. und 18. Jahrhunderts sind diese reichenauischen Gebiete teilweise als landgräflich-nellenburgisch bzw. österreichisch dargestellt, was der Realität jedoch nicht entsprach.

Die an den Deutschen Orden 1272 und 1367 abgetretenen Herrschaften der Landschaft Mainau gehörten diesem reichenauischen Hochgericht nicht mehr an. Hier hat eine andere Entwicklung der Hochgerichtsbarkeit stattgefunden. Im Amt Allmannsdorf gelangten die 1382 zu Landgrafen erhobenen Grafen von Werdenberg-Heiligenberg in den Besitz des Hochgerichts, in den Ämtern Litzelstetten, Dingelsdorf und Dettingen 1401 die Landgrafen von Nellenburg. Aber dies blieb nur auf die Hochgerichtsbarkeit beschränkt. Aufgrund der vielen kaiserlichen Privilegien des Deutschen Ordens konnte dieser in der Landschaft Mainau die landesherrschaftliche Souveränität und Reichsständigkeit stets gegenüber Nellenburg und Heiligenberg behaupten, wenn auch nie ganz unangefochten.

Der Linzgau war seit dem 8. Jahrhundert für eine längere Zeitspanne einer der dominantesten Verwaltungsbezirke am Bodensee und ging unmittelbar aus einem altalemannischen Gau hervor.[7] Kaiserin Hildegard, die zweite und »liebste« Gemahlin Karls des Großen, stammte aus dem Geschlecht der frühen Linzgaugrafen, welches nach ihrem Bruder Udalrich die Udalrichinger genannt wurde. Der Sitz der Grafen war zunächst Buchhorn (heute Friedrichshafen).

Nach dem Aussterben der Udalrichinger gelangten die Welfen an die Grafenwürde, und aus der Hand des letzten Buchhorners Otto ging auch das ganze Allod (Eigengut) der Udalrichinger an die Welfen über. Die Macht der Gaugrafen begann danach zu sinken. Auf die Welfen folgten die Grafen von Kirchberg. Das Allod der Udalrichinger blieb bei den Welfen und ging damit für die Linzgaugrafen für immer verloren. Mit dem geringeren Besitz an Eigen und der Durchmischung des Gaues mit immer mehr Exemptionen (Ausnahmen) verminderte sich auch der Machteinfluss der Gaugrafen. Ab 1135 ist ihr Sitz der »Sanctus Mons« oder Heiligenberg, nach dem sie sich nunmehr nennen. Graf Konrad von Heiligenberg verstarb 1276, sein Erbe ging an seinen Bruder Graf Berthold III., den allerletzten Spross aus dem Geschlecht der Heiligenberger.[8] Er schlug die geistliche Laufbahn ein, wurde Domherr zu Konstanz und verkaufte mit Billigung des Königs Rudolf I. die Grafschaft 1277 an Graf Hugo II. den Einäugigen von Werdenberg um 500 Mark Silber.

Ein Weistum aus dem Jahr 1280 enthält nun die interessante Information, der Graf von Werdenberg sei auf das Landgericht zu Schattbuch gekommen und habe gefragt, wie weit seine Rechte als Graf reichten. Darauf wurde durch das Landgericht festgestellt: Dem Grafen obliege die Verurteilung von Übeltätern, die in der Grafschaft ergriffen werden, insbesondere bei Landfriedensbruch und Totschlag; die Landfremden sollen nur den Grafen zum Schirmvogt annehmen, ebenso die Klöster, die keinen eigenen Vogt haben; alle Bäcker, Schenken und Metzger müssen vom Grafen das Gewerberecht nehmen, außer in den Reichsstädten; ebenso alle Müller; die öffentlichen Wälder unterliegen der Holznutzung und Jagd des Grafen; alles Maß und Gewicht untersteht dem Grafen und niemand darf in der Grafschaft eine Burg bauen ohne des Grafen Willen.[9]

Vergleicht man diese genannten Rechte des Grafen mit der damals bestehenden Realität, so ist leicht festzustellen, dass vieles nur noch auf dem geduldigen Papier stand. Aber die Nachkommen Hugos des Einäugigen nehmen ihren Sitz auf dem »Sanctus Mons« und nennen sich nun Landgrafen von Werdenberg-Heiligenberg. Sie versuchen unter Ausnutzung ihrer häufig wechselnden Beziehungen zu den jeweiligen Reichsoberhäuptern mit unterschiedlichen Erfolgen, ihre Grafschaftsrechte wieder durchzusetzen. Nach 268 Jahren war auch die Herrschaft der Werdenberger zu Ende. Landgraf Christoph von Werdenberg-Heiligenberg starb als letzter seines Geschlechtes 1534.[10] Sein Erbe war Graf Friedrich von Fürstenberg, der die Landgrafschaft noch im gleichen Jahr übernahm. Diese Linie nannte sich nun Fürs-

7 Binder, Max: Zur staatlichen Geschichte des Linzgaues. In: Badische Heimat 23, 1936, S. 64–67

8 Feger, a. a. O. 1956

9 Binder, a. a. O. 1937

10 Feger, a. a. O. 1956

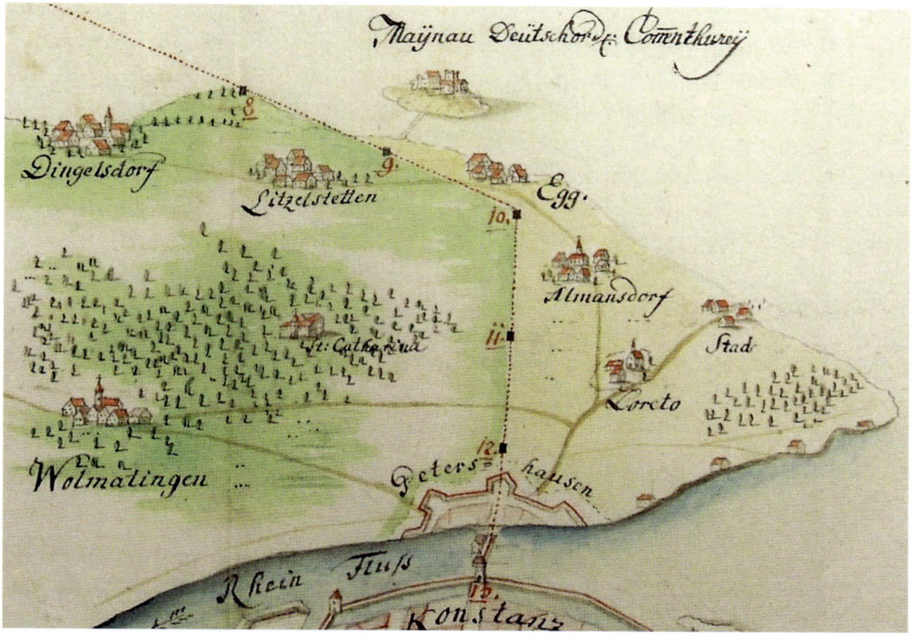

»Auszug der alten Nellenburgischen Gräntzbeschreibung« (Stadtarchiv Konstanz, Z II a/985)

tenberg-Heiligenberg und behielt die Landgrafschaft Linzgau bis zur Mediation nach dem Frieden von Pressburg 1805.

Schon die Heiligenberger waren eigentlich keine Gaugrafen mehr, sie hatten außer ihrer Grafenwürde und den Rechten an ihrem relativ kleinen Allod keine Reichsfunktionen und damit auch keine realen territorialen Machtbefugnisse. Erst den Werdenbergern gelang es dann, von König Wenzel als Vasallen und Lehensträger des Reiches gefürstet und zu Landgrafen erhoben zu werden. Ähnliches erreichten die Grafen von Nellenburg 1401 mit der Verleihung der Landgrafschaft Hegau.[11]

Mit der Verleihung der Landgrafschaft als Reichslehen an die Werdenberger waren auch die Hochgerichtsbarkeit als Landgericht, Blutbann, Geleitrecht, Wildbann und Forstbann verbunden. Das Mannenrecht (Heerbann) behielt sich das Reich weiterhin selbst vor, und es ist fraglich, ob sich die anderen Rechte nach dem Buchstaben der Lehensurkunde durchsetzen ließen. Dies scheint nicht überall der Fall gewesen zu sein. In der Hochgerichtsbarkeit und dem Blutbann blieben sehr viele Exemptionen weiterhin bestehen, etwa die Abtei Salem, die Reichsstadt Überlingen, die Bischofsstadt Meersburg. Auf dem Gebiet des zur Herrschaft Mainau des Deutschen Ordens gehörenden Amtes Allmannsdorf konnten sich die Linzgaugrafen mit ihrer hohen Gerichtsbarkeit jedoch weitgehend durchsetzen, wenn auch nicht in allen Punkten.

11 Kulenkampf, Angela: Die Grafen von Nellenburg in den Diensten Habsburgs. In: HEGAU 27/28, 1970/71

Die erstmalige Nennung der Grenzen der Landgrafschaft Linzgau erfolgte in einem Lehensbrief König Wenzels 1382, welcher dem Grafen Albrecht von Werdenberg als seinem Vasallen die landgräflichen Rechte verlieh.[12] Dort heißt es, die Gaugrenze verlaufe von der Rheinbrücke in Petershausen bis nach Dingelsdorf an die Linde, unter Auslassung des westlichen, keine Wohnstätten aufweisenden Teils der Gemeindemarkung Allmannsdorf sowie der Orte Litzelstetten und Dingelsdorf, und von da über den See nach Sernatingen (Ludwigshafen), von dort über Nesselwangen zum »grauen Stein« bei Aach-Linz, weiter über die »Mühle« bei Pfullendorf zum »Stein« bei Ostrach, über den »Brunnen« zu Riedhausen und über Thimenlachen nach »Altenbruck« (bei Berg) an der Schussen. Dann folgte die Gaugrenze dem Lauf der Schussen bis in den Bodensee und über denselben in gerader Linie wieder bis zur Rheinbrücke in Petershausen.

Auch in einem Rechtsstreit zwischen der Kommende Mainau und dem Landgrafen von Fürstenberg-Heiligenberg wegen der Jagdrechte im Eichhornwald hat Landgraf Joachim ausdrücklich damit argumentiert, dass diese jagd- und forstliche Hoheit nicht sein Allod sei, sondern dass er sie vom Reich zu Lehen habe und deshalb nicht befugt ist, dem Mainau-Komtur ein Mitjagdrecht einzuräumen.[13]

An die Linzgaugrafschaft grenzte im Westen die Hegaugrafschaft. Diese entstand auf ähnliche Weise wie die Landgrafschaft Heiligenberg[14] durch Verleihung der »Landgrafschaft im Hegau und Madach« am 11. September 1401 durch König Ruprecht in Form eines Reichslehens. Bald begann sich die Landgrafschaft Nellenburg auf Kosten der Werdenberger ostwärts auszudehnen. 1577 erwarb Nellenburg auch Sipplingen, die Grenze lief jetzt von Goldbach über den See bis zum Ufer »am Blißhorn« östlich von Dingelsdorf. Ab 1521 wurde auch die östliche Grenze des Linzgaus von der Schussen weg auf eine Linie von Riedhausen bis Fischbach zurückgenommen, das Gebiet östlich davon kam an die Grafen von Aulendorf-Königsegg bzw. an die Landvogtei im Oberen Schwaben.[15]

Die Grenze zwischen den Hochgerichtsbarkeiten Nellenburg und Heiligenberg zwischen Nesselwangen und Konstanz wurde nach 1577 neu vermessen und durch Grenzsteine markiert, welche auf der einen Seite das nellenburgische, auf der anderen Seite das fürstenbergische Wappen, sowie beidseitig das Jahr 1592, den Zeitpunkt der Steinsetzung, trugen. Die Karte »Auszug der alten Nellenburgischen Gräntzbeschreibung« zeigt sehr anschaulich den Verlauf der Hochgerichtsgrenze auf dem Bodanrück und den Sitz der Marksteine von Nr. 8 (»an dem Blißhorn«) an über Nr. 9 (»an dem Lauen«), Nr. 10 (»ob Egg«), Nr. 11 (»auf dem Sonnbüchel«) und Nr. 12 (»vor Konstanz«), weiter über die Konstanzer Rheinbrücke zur Nr. 13. (»zu Konstanz«) und bis »an den Thurn unter das Dachtrauf und den Rhein hinab gehen Schaffhausen«.

12 Binder, a. a. O. 1936

13 Roth von Schreckenstein, a. a. O. 1873

14 Feger, Otto: Herrschaft und Gemeinde. In: Dingelsdorf am Bodensee, Konstanz 1983

15 Binder, a. a. O. 1937

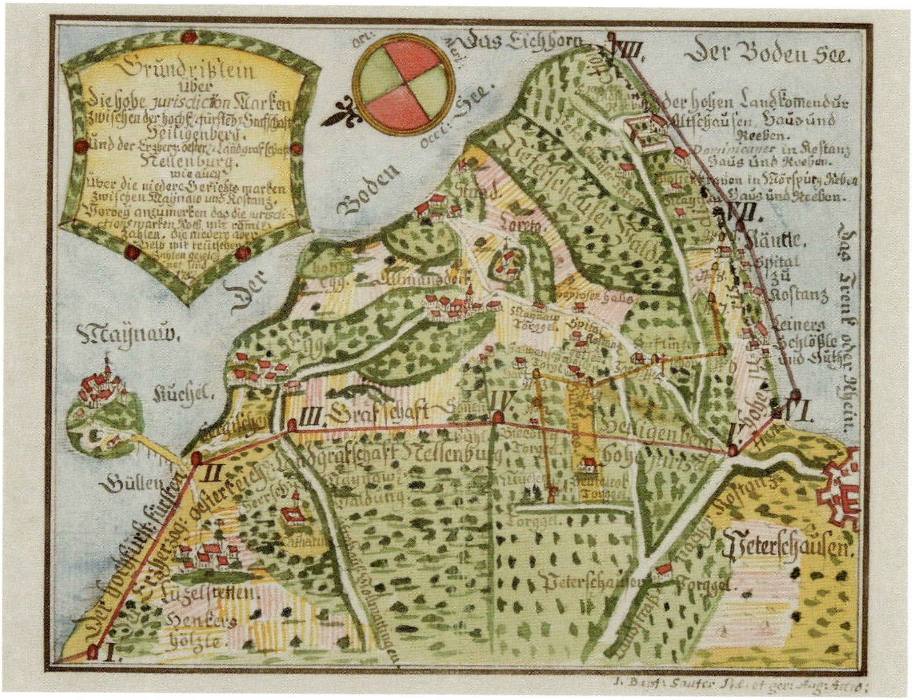

Karte »über die hohe jurisdiction Marken« zwischen den Grafschaften Heiligenberg und Nellenburg, angefertigt von Johann Baptist Sauter, 1782 (Stadtarchiv Konstanz, C III/22)

Eine weitere Karte zeigt »die hohe jurisdiction Marken zwischen der hochgefürsteten Grafschaft Heiligenberg und der Erzherz: österr: Landgrafschaft Nellenburg wie auch über die niedere Gerichte marken zwischen Majnaw und Kostanz«, die Niedergerichtsgrenze jedoch nur in dem Abschnitt vom »Käntle« bis zum »Beutelrock-Torggel«. Gefertigt wurde die Karte von Johann Baptist Sauter 1762, sie umfasst nur die Spitze des vorderen Bodanrück in ziemlich verzerrten Proportionen, enthält aber sehr viele Details.

Die Landkomture der Ballei Elsass und Burgund des Deutschen Ordens waren natürlich bestrebt, diesem Mangel an Souveränität abzuhelfen und für ihre Niedergerichtsherrschaften, vor allem für die drei Niedergerichte auf dem Bodanrück, auch das Hochgericht zu erlangen. Kaiser Maximilian I. belehnte 1494 auf dem Reichstag zu Löwen den regierenden Hochmeister mit den Regalien eines Reichsfürsten, dazu gehörte auch die Hochgerichtsbarkeit über die Untertanen des Deutschen Ordens im Reich.[16] Doch dieses Recht musste im Einzelfall in den Balleien und Kommenden erst noch durchgesetzt werden. Die Untertanen lebten ja nicht in einem rechtsfreien Raum, und die bisherigen Hochgerichtsinhaber dachten nicht im Traum da-

16 Zimmerling, Dieter: Der Deutsche Ritterorden, Düsseldorf und Wien 1988

ran, dieses Recht so einfach den Deutschherren zu überlassen. Hier mussten Komture und Landkomture auf eine günstige Gelegenheit warten und dann zupacken.

Doch hatte der Landkomtur Marquard von Königsegg schon sehr viel früher einen Versuch unternommen, die Hochgerichtsbarkeit für die Landschaft Mainau zu erlangen. Ein erster Vorstoß des Landkomturs schien zunächst sehr erfolgversprechend zu verlaufen. König Sigismund weilte 1431 in Konstanz, so legte man ihm eine vermutlich vorgefertigte Urkunde vor, die er in Kraft setzte. Sie trägt das Datum 1431 Januar 20 und hat folgenden Inhalt:[17] »König Sigmund beurkundet, dass er, in Anbetracht des Umstandes, dass das Haus Mainau drei Gerichte habe, nämlich zu Allmannsdorf, zu Dingelsdorf und Dettingen, in welchen dasselbe nicht über das Blut richten könne, wodurch viel Bosheit und Unrath geschehe, nunmehr dem Marquard von Königsegg, Landkomtur im Elsass, und dessen Nachfolgern den Landkomturen, auf fleißiges Bitten derselben verliehen habe, die genannten Gerichte zusammen oder jedes besonders mit Stock und Galgen als Halsgerichte zu besetzen und zu haben.«

Nun schien alles geklärt: Man hatte geschickt, aber sicher nicht ganz wahrheitsgemäß argumentiert, es geschehe »viel Bosheit und Unrath«, also viele Verbrechen, denn die Kleindelikte durften die Niedergerichte ja verfolgen. Bei der geringen Zahl der Einwohner in diesem Gebiet dürfte dies zumindest etwas übertrieben, wenn nicht völlig aus der Luft gegriffen sein. Es gibt keine Angaben über die Einwohnerzahl mit Stand 1431, aber im Jahr 1719, als die Einwohnerschaft wesentlich umfangreicher gewesen sein dürfte, sind für das gesamte Gebiet des oberen Gerichts und der unteren Gerichte folgende Zahlen verbürgt: 243 Hausväter, 93 volljährige (»mannbare«) und 238 nicht volljährige Söhne, zusammen also 574 männliche Einwohner, vom Säugling bis zum Greis zwischen Dettingen, Wallhausen und Allmannsdorf, Staad und Hinterhausen. Um 1431 dürften es unter Berücksichtigung des sehr viel niedrigeren Durchschnittslebensalters zusammen kaum 400 Männer und Knaben gewesen sein, eher weniger. Es ist kaum vorstellbar, dass bei dieser geringen Einwohnerzahl in zehn Jahren mehr als ein Kriminalfall für das Hochgericht vorgekommen ist.

Aber man hatte das Ziel, eine eigene Hochgerichtsbarkeit für den geschlossenen Herrschaftsbereich auf dem Bodanrück zu erwerben, zunächst erreicht. Der Landkomtur ließ sofort bei Oberdorf als äußeres Zeichen der neuerworbenen Kompetenz einen Galgen bauen. Von Seiten der Linzgaugrafen ist wohl nichts dagegen unternommen worden, aber Graf Johann von Tengen und Nellenburg erhob sofort beim König Einspruch aufgrund seiner älteren Rechte für Litzelstetten, Dingelsdorf, Dettingen und Wallhausen. Es wurde ein Schiedsgericht eingesetzt, das aus dem Ritter Heinrich Nothaft von Werdenberg und dem Erbmarschall Haupt von Pappenheim bestand. Am 28. Juli 1434 wurde von ihnen der Spruch gefällt, dass »der Landkomtur den Galgen sofort abtun, davon lassen und in Zukunft kein Halsgericht in Allmannsdorf, Dingelsdorf und Dettingen und keinen Galgen mehr haben solle«. Da-

17 Roth von Schreckenstein, a. a. O. 1873

bei blieb es, der Galgen wurde von den Leuten des Nellenburgers sofort zerstört, entfernt und die alten Zustände wieder hergestellt.

Dieser fast geglückte Versuch des Landkomturs, sich die Hochgerichtsbarkeit zu erschleichen, ist nur drei Jahre nach König Sigismunds missglückter Verleihung gründlich fehlgeschlagen. Ob überhaupt jemals eine Hinrichtung am Galgen bei Oberdorf stattgefunden hat, darf bezweifelt werden, in den Urkunden[18] findet sich kein Hinweis.

Es gibt zwar am Seeufer unterhalb des alten Galgenstandortes ein kleines Gehölz, das den Namen »Henkerwäldle« trägt. Geht man der Herkunft dieses Flurnamens nach, stellt man jedoch fest, dass der Name »zugewandert« ist. Von der Anhöhe bei Oberdorf, auf dem der genannte landkomturliche Galgen stand, fließt ein kleines Rinnsal in Richtung See beim vorgenannten Wäldle. Es hat sich im unteren Teil etwas in den lockeren Grund eingefressen zu einem Graben oder kleinen Tobel, der durch eine schmale Randbewaldung eingefasst ist. Dieser trug bis zum Beginn des 16. Jahrhunderts den Namen »Galgentöbele«, eine Erinnerung an die kurze Zeit, als oberhalb des »Töbele« der Galgen stand. Der Name ist dann auf das zuunterst angrenzende Wäldchen übergegangen und hat den Bezug im Namen von »Galgen« zu »Henker« verändert. Dass in diesem Wäldle zu Zeiten der Deutschordensherrschaft (1272–1805) der Henker gewohnt habe, wie man dies vereinzelt vernehmen kann, ist nicht zu belegen. Abgesehen von den drei Jahren zwischen 1431 und 1434 hat es hier keine Hinrichtungsstätte gegeben.

Zwischen 1272, der Übernahme der Herrschaften Allmannsdorf, Litzelstetten und Dingelsdorf, bzw. 1367, der Übernahme der Herrschaft Dettingen, hatte ja tatsächlich so etwas wie ein rechtsfreier Raum für die hohe Gerichtsbarkeit in der Landschaft Mainau bestanden. Aber König Wenzel und König Ruprecht haben dieses Vakuum 1382 und 1401 beseitigt. Der Vorstoß des Landkomturs 1431 kam einfach um 49 bzw. 30 Jahre zu spät und seine Argumentation hinkte der inzwischen bestehenden Realität weit hinterher.

Mit Heiligenberg kam es danach zu einem förmlichen Vertrag, welchen Landkomtur Wolfgang von Klingenberg am 1. März 1496 mit den Grafen Jörg, Ulrich und Hug von Werdenberg-Heiligenberg abschloss und der unmissverständlich festlegte, dass die Kommende im oberen Gericht die Niedergerichtsbarkeit innehat, die hohe Gerichtsbarkeit aber dem Landgericht Heiligenberg zusteht. Aus dieser Urkunde wurde abzuleiten versucht, dass die hohe Jurisdiktion Heiligenbergs im oberen Gericht erst mit diesem Vertrag begründet wurde. Das ist eindeutig nicht der Fall, es sei hier an die Verleihung der landgräflichen Rechte an die Grafen von Heiligenberg-Werdenberg und die Grenzbeschreibung König Wenzels von 1382 erinnert. Aber mit diesem Vertrag wurde die Durchsetzung der werdenberg-heiligenbergischen Hochgerichtsbarkeit im Amt Allmannsdorf von der Landkommende eindeutig bestätigt.

Der Vertrag ist dann doch nicht in vollem Umfang eingehalten worden, denn in der Folge kam es wieder zu Jurisdiktionsdifferenzen zwischen der Kommende Mai-

18 Ebenda

nau bzw. Landkommende Altshausen und dem Haus Fürstenberg-Heiligenberg.[19] Und außer der hohen Gerichtsbarkeit hatte Heiligenberg keine landesfürstlichen Rechte im Bereich Allmannsdorf. Mit der Landschaft Mainau ist die Kommende stets reichsständisch geblieben und nie in die Landständigkeit, weder von Fürstenberg-Heiligenberg noch von Nellenburg-Österreich, geraten. Für die kleine diesseitige Hochgerichtsexklave der Heiligenberger gab es keinen Richtort im Niedergerichtsbann der Kommende Mainau. Wer im Amt Allmannsdorf dem Hoch- oder Blutgericht verfiel, wurde über den See zur alten Mal- oder Richtstätte Schapbuch (ursprünglich Schattbuch) bei Leustetten-Weildorf (heute Gemeinde Salem) verbracht und bei einem Schuldspruch auch dort gerichtet.

Die elsässisch-burgundischen Landkomture hatten am Ende des Spätmittelalters für die Herrschaft Altshausen und die Landschaft Mainau die Reichsunmittelbarkeit erlangt, während die benachbarte Stadt Konstanz 1548 ihre reichsstädtischen Rechte verlor und zur politisch unbedeutenden Landstadt des Erzhauses Österreich herabsank. So empfanden die Komture die exempten hochgerichtlichen Rechte der Landgrafen Linzgau und Nellenburg als ein großes Ärgernis und blieben sich stets dieser Kompetenzlücke bewusst. Aber 343 Jahre nach dem Fehlschlag gelang es ihnen doch noch: Fürstenberg-Heiligenberg hatte sich hoch verschuldet, benötigte dringend Geld und gab 1777 für eine Anleihe von 7000 fl das Hochgericht und die teilweise forstliche Hoheit über Allmannsdorf auf 25 Jahre als Pfandschaft an den Landkomtur, verpflichteten ihn aber, im oberen Gericht keine Richtstätte zu errichten, sondern die alte Malstätte Schapbuch sowie den Scharfrichter der Heiligenberger zu benutzen.

Aber 1783, nur sechs Jahre danach, konnten von Fürstenberg-Heiligenberg für 66 000 fl das Hochgericht und alle sonstigen Regalien nicht nur für Allmannsdorf, sondern auch für die im Linzgau gelegenen Herrschaften der Kommende Mainau endgültig durch den Landkomtur erworben werden.[20] Was heißt da endgültig? Nur 22 Jahre dauerte die Herrlichkeit, dann hat die Mediation bzw. Säkularisation sowohl die Landgrafschaft Heiligenberg als auch die Kommende Mainau samt Reichsballei Elsass und Burgund beseitigt und aufgehoben. Auch von der nun österreichischen Landgrafschaft Nellenburg hatte der Landkomtur zu Beginn des 18. Jahrhunderts für den Rest der Landschaft Mainau, Litzelstetten, Dingelsdorf, Dettingen und Wallhausen, ebenfalls die Hochgerichtsbarkeit erwerben können, aber nur als Pfandschaft für eine höhere Summe dem Erzhause geliehenen Geldes. Sie wurde nie mehr ausgelöst und blieb als Pfand bei der Ballei Elsass-Burgund bis zur Übergabe an das Großherzogtum Baden im Januar 1806.[21]

19 Ebenda

20 Blumeninsel Mainau und die Internationale Historische Kommission zur Erforschung des Deutschen Ordens (Hg.): Kreuz und Schwert. Der Deutsche Orden in Südwestdeutschland, in der Schweiz und im Elsaß, Mainau 1991, hier S. 126 ff.; dies. (Hg.): Würzburg – Mainau – Rixheim. Quellen und Studien zur Geschichte des Deutschen Ordens, Weimar 2012, hier S. 88 ff.

21 Roth von Schreckenstein, a. a. O. 1873

Karte der Heiligenberger Hochgerichtsbarkeits-Grenzen mit Einzeichnung der Konstanzer und Mainauer Niedergerichtsgrenzen im südöstlichen Teil des Bodanrücks, angefertigt von »Renovator« Buorz von Seethal, 1783 (Stadtarchiv Konstanz, C III/21)

Die Ausübung der Hochgerichtsbarkeit erfolgte aus einer mündlich tradierten Überlieferung heraus, erst im 13. Jahrhundert wurden die ersten Rechtsbücher verfasst, so der Sachsenspiegel um 1220 und der Schwabenspiegel um 1275 im Augsburger Franziskanerkloster. Der letztere wurde im ganzen ehemaligen alemannischen Gebiet und noch darüber hinaus Grundlage der Rechtsprechung, obwohl es ja schon seit 1254 keine herrschaftliche, administrative oder politische Einheit Alemannien bzw. Schwaben mehr gab. Er blieb im Gebrauch bis zum Ende des Ancien Régimes, in der alemannischen Schweiz wurde er erst mit der Gründung der Helvetischen Republik durch Napoleon abgeschafft. Der Schwabenspiegel[22] war – wie die verfassten Offnungen der Niedergerichte – nicht eigentlich ein Gesetzbuch, er war ein Rechtsbuch, welches in 377 Artikeln das Landrecht – Staats-, Privat-, Prozess- und Gerichtsverfassungsrecht – sowie in 159 Artikeln das Lehensrecht enthielt.

Die mittelalterlichen Körperstrafen wie Augenausstechen (Blenden), Zungenabschneiden, Hand- und Finger abhacken waren grausam, Auspeitschungen bis aufs Blut und Aufbrennen von Schandmalen mittels eines weißglühenden Brandeisens waren damals fast schon milde Strafen. Auch bei den Todesstrafen gab es viele Varianten. Als ehrenhafte Hinrichtung galt die Enthauptung mit dem Schwert, im Gegensatz zum Aufhängen am Galgen. Besonders grausam war das Schinden (Abziehen der Körperhaut bei lebendigem Leibe), das Flechten auf das Rad (Durchziehen der zuvor mittels Keulenschlägen zerbrochenen Gliedmaßen durch die Speichen eines großen, horizontal hochgeständerten Wagenrades bis zum Eintritt des Todes) und das Vierteilen bei vollem Bewusstsein. Verbrennen bei lebendigem Leibe war eine Strafe für Hexerei und Ketzerei. Schwemmen und Ertränken wurden besonders häufig an Frauen vollzogen.

Es war seit dem hohen Mittelalter bei hochgerichtlichen Strafprozessen üblich geworden, die Beschuldigten »peinlich« zu befragen, d. h. Geständnisse durch Foltern zu erpressen. Der 1519 zum Kaiser gewählte spanische Habsburger Karl V. erließ für das Reich eine »Peinliche Halsgerichtsordnung«, auch Carolina genannt. Es war eine Strafprozessordnung, die die Anwendung der Folter nach etwas »humaneren« Gesichtspunkten regelte, ohne sie jedoch abzuschaffen. Das »Humane« dieser Anleitung zur Folter war darin zu sehen, dass die Anwendungen in ihrer zeitlichen Dauer eingeschränkt und unter die medizinische Aufsicht eines »Arztes« gestellt wurden. Erst Kaiserin Maria Theresia schaffte die Folter in den Erblanden des Erzhauses Österreich, wozu seit 1548 auch das benachbarte Konstanz gehörte, 1768 endgültig ab.

Da die Hochgerichtsbarkeit für die Gemeinden Litzelstetten, Dingelsdorf und Dettingen per Pfandschaft von der österreichischen Grafschaft Nellenburg an die Deutschordens-Ballei Elsass und Burgund gekommen war, ist eine Anmerkung im Übergabeprotokoll der Kommende Mainau vom Januar 1806 von hohem Interesse.[23]

22 Derschka, Harald: Der Schwabenspiegel – ein süddeutsches Rechtsbuch der Zeit um 1275. Öffentlicher Vortrag im Rosgartenmuseum Konstanz am 21.4.2004

23 GLA Karlsruhe B. Nr. 93/321

Es wird gegenüber dem badischen Kommissar Freiherr von Mahler durch die Kanzleibeamten der Kommende berichtet, dass es in der Vergangenheit viel Ärger mit den österreichisch-nellenburgischen Oberbeamten gegeben habe, weil diese immer wieder versucht hätten, österreichische Verfügungen und Gesetze betreffend Hochgerichtsbarkeit – dazu gehörte auch die Abschaffung der Folter – für das Pfandschaftsgebiet Dettingen, Wallhausen, Dingelsdorf und Litzelstetten beim Landkomtur durchzusetzen, was aber nicht beachtet wurde. Das bedeutet, dass sich das landkomturliche Hochgericht weigerte, die Folter abzuschaffen.

Hohe und niedere Gerichtsbarkeiten des Deutschen Ordens in der Landschaft Mainau endeten im Januar 1806, als der badische Kommissar Freiherr von Mahler im Oberamt Mainau die alte Herrschaft liquidierte und die Landschaft in das neu gegründete »Kurfürstentum Baden« überführte. Darüber gibt es eine sehr umfangreiche Akte,[24] die zahlreiche vom Kommissar gestellte Fragen und die Antworten der mainauischen Oberbeamten dokumentiert. Auf die Frage Nr. 4 des Kommissars, ob »besondere Rechtsbücher, gedruckte oder geschrieben Gesäze Sammlungen vorhanden [seien], welche wornach beiderlei [hohe und niedere] Gerechtigkeits-Pflege [Gerichtsbarkeiten] geschehen mußte, welche solchenfalls nahmhaft zu machen sind?« ist die Antwort der Oberbeamten von besonderem Interesse: »Da weder besondere Rechtsbücher noch andere Verordnungen vorliegen, so werden, wie bereits a.d. 2.2.3. bemerket, die gemeinen Rechte bei Entscheidung bürgerlicher und peinlicher Fälle zur Richtschnur genommen.« Die bis zu diesem Zeitpunkt immer noch rechtskräftige Offnung des Hauses Mainau erwähnen die Oberbeamten mit keinem Wort.

Schaut man sich den Hinweis auf den Punkt 2.2.3. an, stellt man fest, dass diese Frage der Verfahrensweise der Kriminaljustiz gegolten hatte. Die Antwort darauf hatte gelautet (Auszug): »Die Untersuchungen in Kriminalfällen wurden von dem hiesigen Oberamt [Mainau] vorgenommen, und sodann die Untersuchungsacten mit rechtlichem Gutachten an den Herrn Landkomthur nach Altshausen zur Erkenntnüß eingesandt.« Die Frage nach der Kriminaljustiz wurde demnach als allein auf die Hochgerichtsbarkeit bezogen aufgefasst und die Mainauer Offnung deshalb nicht erwähnt. Die Offnung war in der Kanzlei vorhanden, sie wurde mit dem Mainauischen Deutschordens-Archiv in das Badische Generallandesarchiv Karlsruhe überführt. Der »Schwabenspiegel« und die »Carolina« scheinen im Oberamt Mainau unbekannt gewesen zu sein. Man darf daraus schließen, dass seit 1783 die Hochgerichtsbarkeitsdelikte in der Landschaft Mainau nach einer örtlichen Voruntersuchung an das Hochgericht des Landkomturs in Altshausen überwiesen wurden.

Jurisdiktionskonflikte mit den Nachbargerichten

Nicht nur mit den Hochgerichtskompetenzen der Landgrafen von Heiligenberg und Nellenburg kam der Deutsche Orden wegen seiner eigenen Kompetenzauffassung

24 Roth von Schreckenstein, a. a. O. 1873

in Konflikt.[25] Auch die Ausübung des Niedergerichts durch die Kommende Mainau in Allmannsdorf führte naturgemäß immer wieder zu Konflikten mit den angrenzenden Inhabern der Niedergerichte, der Stadt Konstanz (für Petershausen) und dem Kloster bzw. Oberamt Reichenau (für Wollmatingen). Dazu seien nachfolgend einige Beispiele aufgeführt.

Im Herbst 1499 wurde auf Allmannsdorfer Gemarkung ein Konstanzer Bürger, Kleinkonrad Hagenbuch, genannt Brunwart, wegen eines begangenen Holzfrevels von den Dienern des Komturs gefangengenommen, dabei verwundet und anschließend auf der Mainau eingetürmt. Der kleine Rat oder Magistrat von Konstanz nahm daraufhin einfach zwei Untertanen der Kommende gefangen, welche sich zufällig an diesem Tag in der Stadt aufhielten, nämlich den Conrad Renck von Staad und den Lienhart Bock von Allmannsdorf. Erst am 17. Dezember 1499 verglichen sich der Landkomtur Wolfgang von Klingenberg und der Rat zu Konstanz. Die drei Gefangenen wurden frei gelassen, mussten aber Urfehde schwören, dass sie sich wegen der erlittenen Gefangenschaft nicht rächen und etwaige Ansprüche deswegen nur auf dem Rechtswege zur Geltung bringen werden. Hagenbuch musste außerdem wegen des begangenen Holzfrevels vor dem Niedergericht der Kommende (Gericht Allmannsdorf) zu Recht stehen, das heißt zur Verhandlung erscheinen.[26]

Auf einem Ritt in den Mainauwald am 27. Mai 1558, bei dem ihn vier Knechte zu Ross begleiteten, traf Komtur Wolfgang von Hohenegg an der »Ritthalde« (Riedhalde) den Jäger Hans Huber von Wollmatingen, der im Dienst des fürstbischöflich-konstanzischen Obervogts Adam Anger auf der Reichenau stand. Er hatte mit seinem Buben und einer Koppel Hunde gejagt, und der Komtur vermeinte, er habe dabei in das mainauische Revier übergewechselt. Am meisten ergrimmte er sich aber darüber, dass der Jäger ein Leibeigener der Kommende Mainau war, aber in Diensten des Oberamtes Reichenau des »Gefürsteten Hochstiftes Konstanz« stand. So rief er ihm zu, jetzt sei »des Hochmuts genug« und schlug ihm seine Jagdbüchse dreimal um den Kopf.

Dabei vergaß der Komtur völlig, dass er sich jetzt auf eindeutig reichenauischem Territorium befand und sich im Zorn selbst ins Unrecht gesetzt hat. Ein Versuch auf gütlichen Vergleich durch den Oberamtmann Anger kam nicht zustande, der Komtur wurde durch seinen Leibeigenen Hans Huber beim Reichskammergericht als »Landfriedensbrecher« verklagt, für beide wohl eine unerfreuliche Situation. So entstand zwischen der Kommende und dem Oberamt Reichenau ein jahrelanger Prozess, der auch nach dem Tod des reichenauischen Jägers Huber weitergeführt und erst mit dem Tod des Komturs 1568 eingestellt wurde.[27]

Im Eichhornwald bei Staad wurden am 17. April 1570 zwei Hirsche gesichtet, was seit Menschengedenken nicht mehr vorgekommen war. Da hielt es den Komtur Werner Schenk von Stauffenberg nicht mehr auf der Mainau, mit seinem gerade zu

25 Ebenda
26 Ebenda
27 Ebenda

Besuch weilenden Bruder Albrecht, einigen Jägern und Hunden ritt er hinaus und erlegte tatsächlich einen der Hirsche. Aber Graf Joachim von Fürstenberg-Heiligenberg, der ja die hohe Gerichtsbarkeit und die Forstrechte im Eichhornwald innehatte, sah in dieser Jagd des Komturs einen schwerwiegenden Eingriff in die ihm zustehende hohe Obrigkeit und Jagdbarkeit. Er schrieb also am 20. April 1570 an Stauffenberg: »Er wolle, in Erwägung dass dieser noch ein neuer regierender Komtur und Niedergerichtsherr in der Mainau sei, und auch zur Erhaltung guter Nachbarschaft, die Sache nicht weiter verfolgen, wenn man ihm, als dem Forstherrn, das ›Gehürn‹ [die Trophäe des erfolgreichen Jägers] zustellen lasse und sich mit seinem Forstmeister wegen des Jägerrechts vertrage. Das Wildpret möge der Komtur immerhin mit guten Freunden verzehren, jedoch nur unter der Bedingung, dass sich die Mainauer in aller Zukunft im Eichhornwalde allen Jagens gänzlich enthielten.«

Stauffenberg schaltete jetzt den Landkomtur Sigmund von Hornstein ein. Dieser besuchte den Grafen am 19. Mai 1570 auf dem Heiligenberg, in seiner Begleitung befanden sich Hug-Dietrich von Landenberg, sein Hauskomtur, und Konrad von Bodman zu Möggingen, der sich als Unterhändler angeboten hatte. Sie wurden zwar freundlich empfangen, aber der Graf zeigte unter einer verbindlichen Form unbeugsame Härte. Er ging von seinem behaupteten Rechtsanspruch nicht ab, sagte, dass er dieses Jagdrecht selbst nur als Reichslehen innehabe und zur Aufrechterhaltung seiner lehenbaren Gerechtsame habe er sich ja als Vasall des Reiches verpflichten müssen. An jedem andern Ort, wo die Jagd sein Eigentum sei, würde er dem Hause Mainau gern das Doppelte gestatten, hier aber wäre Nachgiebigkeit eine Pflichtverletzung.

Hornstein legte nun anhand von Beispielen dar, dass dem Deutschen Orden seit mehr als 100 Jahren ein Mitjagdrecht im Eichhornwald zustehe. Hirsche habe es freilich dort nie gegeben, aber auf Wildschweine, Rehe, Füchse und Hasen habe er daselbst »wohl 1000 mal« gejagt, als er noch Komtur auf der Mainau war, ohne dass je eine Einsprache von Heiligenberg erfolgt sei. Auch durch Konrad von Bodman ließ sich Graf Joachim nicht umstimmen. So kam es zum unvermeidlichen Prozess um das Recht des Mitjagens, welcher sich bis 1595 hinzog und mit einem Vergleich endete. Der Kommende wurde zwar unter mancherlei Verklausulierungen ein Mitjagen zugestanden, aber nur unter ausdrücklicher Anerkennung der forstlichen Hoheitsrechte der Grafschaft Heiligenberg.[28] Also hat auch hier der Landgraf seine vom Reich verliehenen Rechte durchsetzen können.

Am 15. August 1495 hatte Kaiser Maximilian I. dem Ordenshaus Mainau auf dem Reichstag zu Worms ein exemptes Fischereirecht verliehen.[29] Es umfasste die beiden Winkel »Kuchi und Gill«, die rechts und links an die Mainau grenzen, und beinhal-

28 Stadtarchiv Überlingen, Die Schenkungsurkunde Kaiser Maximilians I. vom 5.8.1495 für die Fischerei-Rechte und -jurisdiktion (»Kuchi und Gill«) an den Landkomtur Wolf von Klingenberg des Deutschen Ordens Balley Elsass und Burgund, Kopie des Originals als Anlage zu einem Verwaltungsakt, mit beiliegender Edition des Bestätigungsbriefes Kaiser Ferdinands I. vom 15.7.1627 (Duplikat im Privat-Archiv der »Achtzehn Schiffahrts- und Fischensgenossen in Staad«, neuere Akten)

29 Ebenda und Roth von Schreckenstein, a. a. O. 1873

tete die alleinigen Fischrechte mit jeglicher Oberhoheit, herrschaftlicher Gewalt, Gebot und Verbot, Verordnungen und Strafen, die dazugehören.[30] Der Komtur übertrug nun dem »Lauenmann« das Amt des herrschaftlichen Fischers, welcher die Mittagstafel der »Tütschen Herren« mit den begehrten frischen Seefischen versorgte. Es war ihm aber laut Fischereiordnungsvertrag nicht erlaubt, die Fischerei außer für den Haushalt der Kommende auszuüben und Fische anderweitig zu verkaufen, um das Gewerbe der Untertanen nicht zu konkurrenzieren. Dieser »komthurisch-mainauische« Fischer übte den Fischfang also nicht frei aus, sondern gehörte zur besoldeten Dienerschaft der Kommende.

1730 provozierten Uhldinger Fischer durch unerlaubtes Fischen in »Kuchi und Gill« einen komplizierten Rechtsstreit zwischen der Landkommende und der Landgrafschaft, in dessen Verlauf sich die Heiligenberger Beamten eines gewaltsamen Übergriffs auf den Lauenmann und herrschaftlichen Fischer Franz Schlegel in Form eines »Kidnappings« auf dem See schuldig machten.[31] Der Lauenmann hatte einen von den Uhldingern widerrechtlich versetzten Pfahl (Grenzzeichen) in der »Gill« gezogen und an die Halde (Fischrechtsgrenze) zurückversetzt.

Einige Zeit danach wurde dem Lauenführer in seinem Lauenhaus durch einen Uhldinger Schiffmann, welcher in Egg angelandet war, eine schriftliche Vorladung vor das Heiligenberger Hohe Landgräfliche Gericht überbracht. Der Bote verschwand schleunigst wieder, ohne sich im Schloss blicken zu lassen. Dem Lauenführer, der pflichtschuldigst dem Oberamtmann den Vorfall meldete, wurde verboten, der Aufforderung Folge zu leisten. Einige Schreiben wechselten zwischen Mainau bzw. Altshausen und Heiligenberg hin und her. Die Verleihung der Fischrechte in »Kuchi und Gill« durch Kaiser Maximilian wurde wieder aufs Tapet gebracht, auch eine Abschrift der Urkunde sowie der späteren Bestätigungen in den Schriftwechsel einbezogen. Beide Seiten beriefen sich auf ihre Rechte, dann ließ man die Sache ruhen und legte sie auf der Mainau zu den Akten.

Zwei Jahre danach, am 6. März 1732, befand sich der Lauenmann mit einem Knecht auf dem freien See beim Fischen, da näherte sich ihm ein Fischerboot. Als nur noch wenige Fuß Abstand zum Mainauer Lauen verblieben, erhoben sich im Fischerboot, in dem Uhldinger Fischer saßen, der heiligenbergische Fourier aus Uhldingen und fünf weitere Männer, die bisher auf dem Schiffboden gelegen hatten. Sie forderten den Lauenführer auf, in ihr Schiff herüber zu steigen, sie hätten den Auftrag, ihn nach Heiligenberg vor Gericht zu bringen. Die Bitte Franz Schlegels, sich noch zu Hause mit Kleidung versehen zu dürfen, wurde abgewiesen, er wurde verhaftet, mitgenommen, nach Heiligenberg eskortiert, dort im Torstüble arretiert und am 13. März 1732 verhört.[32]

30 GLA Karlsruhe Bestand 93/ B Nr.110 bis 117 (hier: Nr. 116), Akten / Protokolle aus den Beständen der Deutschordenskommende Mainau zu Auseinandersetzungen in Fischerei-Angelegenheiten mit Heiligenberg-Fürstenberg, der Stadt Konstanz, dem Kloster Münsterlingen und den Freiherren von Bodman

31 Ebenda, Lauen = Lastschiff für kurze Strecken

32 Roth von Schreckenstein, a. a. O. 1873

Karte »über die hohe jurisdictions Marken« zwischen den Landgrafschaften Heiligenberg-Fürstenberg und Nellenburg-Österreich, 1782, Ausschnitt: Insel Mainau und Egg (Stadtarchiv Konstanz, C III/22)

Das Verhörprotokoll liegt vor und bezeugt, dass sich Schlegel unerschrocken verhielt und nicht einschüchtern ließ, er vertrat auch die Rechtsauffassung der Herrschaft Mainau über die Fischrechte in »Kuchi und Gill« und bekannte sich zu keiner Schuld, da er den »durch die Uhldinger rechtswidrig versetzten Baum in Ausübung der herrschaftlichen Rechte zurückgesetzt habe«. Den Heiligenberger Oberamtmann Catani erboste Schlegels Standhaftigkeit und er fragte ihn, ob er denn nicht wisse, wer seine »Hohe Obrigkeit« sei? Das Urteil lautete auf 10 Reichstaler Strafe, zu zahlen innerhalb 14 Tagen, außerdem müsse er innert 8 Tagen den versetzten »Boschen« oder »Bom« in »Gill« wieder dahin setzen, wo er ihn herausgezogen habe. Tue er dies nicht, werde man ihn allezeit zu finden und zu ergreifen wissen. Dann ließ man ihn gehen.

Zwischen dem Deutschorden (Mainau und Altshausen) und der Landgrafschaft Heiligenberg brach dadurch der alte Zwist um die vom Kaiser verliehenen exempten Rechte in »Kuchi und Gill« nun wieder in voller Heftigkeit aus. Die Abtei Salem schaltete sich vermittelnd ein, viele Schriftsätze gingen her und hin, die Akte endet 1752 ohne erkennbare Einigung, doch sind weitere heiligenbergische Übergriffe gegen mainauische Fischer nicht aktenkundig geworden.

Es kamen Fälle vor, in denen sich die Komture gegen ihre Nachbarn sehr entgegenkommend und großzügig verhielten. So gestattete Komtur Werner Schenk von Stauffenberg den Bürgern der Stadt Konstanz, geistlichen und weltlichen, in einem Vergleich am 23. September 1582 die Ausübung der Kleinwildjagd auf Füchse, Hasen, Eichhörner, Tauben und anderes Geflügel in einem fest umrissenen Jagdbann von Konstanz an bis Staad, von dort zur äußeren Tanne, von da über den Sonnenbühl zum Kuhmoos und bis an die Wollmatinger »Staig«. Auch bezüglich der Rebschauen kam man mit der Stadt Konstanz überein. Von der Stadt bzw. der Rebleute-Zunft bestellte Schauer besichtigten die Rebgüter der städtischen Bürger, auch solche außerhalb des Stadtbanns auf mainauischem Territorium gelegene.[33] Es gab ja eine ganze Reihe solcher von Allmannsdorfer Rebleuten bebaute Rebgüter, an welchen Konstanzer Bürger Rechte und Einkünfte besaßen. Es ging darum, dass die Kommende als Ortsherr diesen amtlichen Schauern der Stadt nichts in den Weg legte, wenn sie in der Jurisdiktion von Allmannsdorf tätig wurden.

Problematischer waren die Grenzfälle in Kompetenzfragen zwischen dem Niedergericht der Kommende und dem Hohen Gericht Heiligenberg in Zivilsachen. So holte sich der Konstanzer Bürger Michael Fels, als er 1634 für sein Rebgut in Hinterhausen einen »Rauchfang«, eine Feuerstelle im Haus, errichtete, richtigerweise den Konsens des Grafen Egon von Fürstenberg-Heiligenberg ein. Die Dominikaner von Konstanz, seine Nachbarn, erbaten sich aber diese Erlaubnis ganz naiv beim Landkomtur Hundbiss von Waltrams, der zugleich auch Komtur der Mainau war, als sie 1650 in Hinterhausen eine Rebmannswohnung an ihren Torkel bauten. Das beantwortete Heiligenberg sofort mit einem scharfen »Inhibitorium«. Nur weil die Patres im guten Glauben der Kommende jährlich den sogenannten Rauchfanggulden gezahlt hatten, blieb die Handlung ungerügt.

Um sein »höheres Recht« zu dokumentieren, erließ Heiligenberg das »Rauchfanggeld« im Niedergerichtsbann Allmannsdorf für alle Zeiten. Es durfte jetzt bei Strafe auch nicht mehr an die Kommende Mainau gezahlt werden.[34] Der Landkomtur Philipp Albrecht von Berndorf griff 1661 diese Rechtssache nochmals auf, verzichtete aber auf die 8 fl, welche rückständig geblieben waren. Er verfügte, dass dieser jährliche Rauchfangzins künftig dem Hause Mainau bezahlt werden müsse. Aus einem Revers aus dem Jahr 1718[35] ist zu ersehen, dass diese Rechtsfrage zwischen Heiligenberg und Mainau noch nicht entschieden war. Dass die mainauischen Oberbeamten aber immer wieder ein Hintertürchen fanden, um bei passenden Gelegenheiten doch noch das Rauchfanggeld und auch gleich die Strafe für die Nicht-Zahlung zu kassieren, ist aus einem Dokument von 1733 zu ersehen.[36]

In dem Schriftstück »Erbabtheillung Weylland Conrad Mundhaâßen Witiber zuo Hinderhausen Grichtlich Verlassenschaft vom 26. Februaris 1733« findet sich die amtliche Nachforderung »Item Rauchfang geldt von 1714 ahn, alß das Hauß [das heutige Waldhaus Jakob] erpawt ward zugleich Straff 14 fl 10 xr.« Der ohne männliche Nachkommen verstorbene Witwer Conrad Mundthaß hatte sein Eigentum –

33 Ebenda

34 Ebenda

35 Stadtarchiv Konstanz, Gerichtliche Verlassenschaften, Erbteilungen, Inventarien, Heiratsabreden, Vermögensübergaben aus den Beständen des Niedergerichtes Allmannsdorf (bis 1809) und des Grhzgl. Bad. Amtsrevisorates Konstanz (ab 1809), Band 2 Allmannsdorf J XII Fascikel, lfd. Nr. 2941 bis 3348

36 Ebenda

Karte »über die hohe jurisdictions Marken« zwischen den Landgrafschaften Heiligenberg und Nellenburg, 1782, Ausschnitt: Staad und Allmansdorf (Stadtarchiv Konstanz, C III/22)

»Haus und Grundstücke, Fahrnisse, auch Bargeld und Aussenstände« – an seine Stiefenkelin Maria Jacob, die Tochter des Mathias Jacob und dessen Ehefrau Maria, adoptierte Mundthaß, geb. Mayer, hinterlassen. Die Mutter der Erbin, Conrad Mundthaß' Stieftochter, war schon bei deren Geburt verstorben, der Vater Mathias Jacob bereits wieder verheiratet mit Katharina Scherer von Staad. Das Gerichtsdokument wurde von Vitus Rißt, »Canzleyverwalther« und Jakob Mang, Amman von Allmannsdorf, mit Beistand des Joachim Widemann, »Registrator Actuar« des Oberamtes Mainau, aufgestellt und unterschrieben. Solange Conrad Mundthaß lebte, wurde das Rauchfanggeld nicht eingefordert, er hätte sich ja sofort an das Hochgericht Heiligenberg wenden können und hätte dies sehr wahrscheinlich auch getan, das scheint man wohl gewusst zu haben.

Aber nach seinem Tod, als das Inventarium durch den Amman Jacob Mang und den Kanzleiverwalter Rißt erstellt wurde, hat man sich nicht gescheut, den Rauchfanggulden für die seit dem Hausbau verflossenen 19 Jahre nachträglich einzufordern, zugleich die an Heiligenberg fällige Strafe noch dazu. Die Erbin, gerade erst zwei Jahre alt, konnte sich nicht wehren, und ihr Vater Mathias Jacob, der das Haus (Eigen) sowie das Grundstück (Lehen), letzteres Erblehen des Klosters Petershausen, »als Muttergut« seines Kindes aus erster Ehe bis zu dessen Volljährigkeit nur nutzen, aber nicht veräußern und verschulden durfte, wird wohl deswegen nicht vor Gericht gezogen sein. Als die Kommende das Hochgericht 1777 pfandweise auf 25

Jahre und 1783 durch Kauf endgültig erwarb, wurde der Rauchfanggulden ganz legal und unangefochten wieder jährlich durch ihre Verwaltung erhoben.[37]

Die Untertanen haben bei den Kompetenzstreitigkeiten zwischen den Niedergerichtsherren und dem Hochgericht meist das Nachsehen gehabt und sind auch manchmal wegen desselben Vergehens zweimal gestraft worden. Es gab den Grundsatz noch nicht, dass man »für eine Übertretung oder Tat auch nur einmal vor Gericht gezogen und bestraft werden« darf. Doppelbestrafungen durch das Nieder- und dann auch noch durch das Hochgericht kamen relativ oft vor. Gerade dies brachte eine Koalition sämtlicher Niedergerichtsherren im Bereich des Heiligenberger Hochgerichtes zustande: Am 25. September 1747 verbanden sich in Überlingen die Kommende Mainau, die Reichskommende Altshausen, die Reichsprälaturen Petershausen und Ochsenhausen, die Reichsstädte Überlingen und Pfullendorf, das Jesuitenkolleg in Konstanz und Freiherr Franz Anton Roth von Schreckenstein wegen seiner Herrschaft Billafingen und beschlossen prozessuale Schritte beim Reichshofrat.[38] Grundsätzlich änderte sich aber nichts an der Situation und die Auseinandersetzungen dauerten an.

Zu einer ausgesprochenen Eskalation zwischen Heiligenberg und dem Haus Mainau kam es, als 1662 der mainauische Oberamtmann das der Kommende gehörende Amtshaus mit Tafernwirtschaft »zum Schiff« in Staad abreißen und neu erbauen ließ, weil die Schäden des 30-jährigen Krieges zu erheblich waren, um es noch nutzen zu können. Der Komtur und Landkomtur – es war Philipp Albrecht von Berndorf – weilte gerade in Wien, als ihm der Ordensritter und nachmalige Mainaukomtur Georg Christoph Rink von Baldenstein berichtete, dass unerwartet der fürstenbergische Forstmeister mit einigen Jägern zu Schiff von Uhldingen her erschienen und dem am Bau beschäftigten Maurermeister bedeutet habe, dass er »kainen Straich mehr thun dürfe, bei Strafe von 40 Reichsthalern und auf die Gefahr hin, dass man ihn beifange und auf dem Heiligenberg eintürme«.

Der Maurer war ein Bürger der Reichsstadt Überlingen und kümmerte sich um diese Drohung nicht viel, der Orden hatte ihm Schutz und volle Schadloshaltung zugesagt. Auch wusste er, dass seine Stadt durchaus in der Lage war, dem Heiligenberger Landgrafen Paroli zu bieten. Schlechter war die Lage des Zimmermeisters. Er war aus Litzelstetten und richtete die Stämme auf einem Werkplatz in Dingelsdorf zu. Als auch diesem die Heiligenberger eine Strafe von 40 Reichstalern androhten, mischten sich sofort die vorderösterreichischen Beamten des Amtes Stockach der Landgrafschaft Nellenburg ein und drohten ihm ihrerseits eine Buße von 80 Talern an, wenn er sich unterstehe, dem Heiligenberger Verbot irgendwelche Folge zu leisten, denn das würde der hohen Obrigkeit, welche dem Erzhause in Litzelstetten und Dingelsdorf zustehe, gar zu »präjudicierlich« sein.

Die Baustelle Staad lag aber im oberen Gericht der Mainau und unterstand tatsächlich der Hochgerichtsbarkeit Heiligenbergs. Die fürstenbergischen Beamten in

37 Roth von Schreckenstein, a. a. O. 1873
38 Ebenda

Heiligenberg hielten den Neubau des Wirtshauses[39] für einen schweren Eingriff in die Rechte des Landgrafen. Der Friedensschluss von Münster 1648 hatte die Souveränität der Reichsfürsten – ein solcher war ja der Heiligenberger Landgraf, wenn auch nur ein unbedeutender und von geringem Einfluss – gestärkt, und die alten Kompetenzstreitigkeiten zwischen der Landgrafschaft und der Reichsballei um die landesherrschaftlichen Rechte im oberen Gericht der Landschaft Mainau begannen nun sich wieder zuzuspitzen.

Der heiligenbergische Oberamtmann Meysing war weitum als sehr gewalttätig bekannt. Man glaubte auf der Mainau, dass er in einer Nacht- und Nebelaktion den Wirtshausneubau zerstören lassen würde. So setzte man die Bauarbeiten fort, sah sich aber gehörig vor. Jede Nacht ließ man Untertanen, welche man mit »Feuerrohren« bewaffnet hatte, die Runde um die Baustelle machen. Zuletzt hatte man 40 mit Gewehren bewaffnete junge Burschen – das dürfte zu diesem Zeitpunkt die vollzählige Jungmannschaft der gesamten Gemeinde Allmannsdorf gewesen sein – im Einsatz und hielt auch für alle Fälle ein mit vier Geschützen armiertes Schiff im Hafen auf der Mainau parat. Landkomtur und Komtur nahmen auch Kontakt mit dem Konstanzer Fürstbischof in Meersburg auf, bei welchem gerade Dr. Pflummern aus Überlingen und der Prälat von Weingarten zu Gast weilten. Diese rieten, den Bau ruhig fortzusetzen, es nötigenfalls zur Gegenwehr kommen zu lassen und dann »beim Reichskammergericht zu Speyer ein Mandat zu erwirken, aber ja nicht beim Reichshofrate, weil da gar viele Grafen und Herren seien«.

Vom Kaiser erwirkte der Landkomtur ein »stattliches mandatum« gegen den Landgrafen Hermann Egon zu Fürstenberg-Heiligenberg. Es wurde diesem vom Kaiser untersagt, den Bau zu stören. Doch das kümmerte den Grafen wenig, er äußerte öffentlich am Hof zu München, er »müsse halt nun, da er den Bau nicht stören dürfe, das Wirtshaus, sobald es fertig sei, abreißen und niederbrennen lassen«.[40] Dies war lediglich eine leere Drohung, doch wurde der Bau weiter bewacht, kostete durch den militärischen Aufwand viel mehr, als er wert war, und war dann im Juli 1662 glücklich beendet. Heiligenberg hatte nichts mehr unternommen.

Die Koalitionskriege am Ende des 18. und Beginn des 19. Jahrhunderts gaben eine Vorahnung auf kommende Veränderungen. Den Reichsdeputationshauptschluss von 1803 konnte der Deutsche Orden infolge der engen politischen Anlehnung an das habsburgische Reichsoberhaupt zwar noch unbeschadet überstehen, doch das Ende kam mit der Niederlage Österreichs und dem Frieden von Preßburg vom 26. Dezember 1805. Napoleon ordnete die Säkularisation des Deutschen Ordens in den mit Frankreich verbündeten deutschen Staaten an. Hohe und niedere Gerichtsbarkeiten des Deutschen Ordens in der Landschaft Mainau endeten im Januar 1806, als der badische Kommissär Freiherr von Mahler im Oberamt Mainau die alte Herrschaft liquidierte und die Landschaft in den neugegründeten Staat Baden überführte.

39 Ebenda
40 GLA Karlsruhe B. Nr. 93/321

Dem Übernahmeprotokoll des Freiherrn von Mahler ist ein sehr umfangreiches Inventarium beigefügt.[41] Es enthält den Bestand an Häusern und Haushaltungen, die Anzahl der Seelen, der Bürger, Bauern, Handwerker, Söldner und Rebleute, Schiffer und Fischer, aber auch der Pferde, Ochsen, Kühe, Jungrinder, Schweine und Schafe, der landwirtschaftlichen Nutzflächen für Reben, Äcker, Gärten, Wiesen und Waldungen, und dies aufgeteilt sowohl nach den Wohnorten als auch summarisch für die Gemeinden. In Allmannsdorf als der größten der vier Gemeinden lebten in 131 Häusern 670 Seelen, in Dingelsdorf in 98 Häusern 287 Seelen, in Dettingen in 87 Häusern 368 Seelen und in Litzelstetten in 32 Häusern 180 Seelen. Bauern gab es in Allmannsdorf neun, in Dingelsdorf zwölf, in Dettingen 22 und in Litzelstetten neun. Dagegen lebten Seldner und Rebleute in Allmannsdorf 89, in Dingelsdorf 30, in Dettingen 31 und in Litzelstetten 14. Schiffmannen (Schiffseigner) sind in Allmannsdorf-Staad 18, in Dingelsdorf drei und in Dettingen-Wallhausen zwei verzeichnet, dazu noch 20 Handwerker in Allmannsdorf, 17 in Dingelsdorf, 24 in Dettingen und neun in Litzelstetten.

Es sind auch die damaligen »Ortsvorgesetzten« der vier Gemeinden verzeichnet. Ammann in Allmannsdorf ist Joseph Weber aus Staad, Gemeindepfleger (Bürgermeister) sind Fidel Mundhaas in Staad und Augustin Schroff in Allmannsdorf. In Dettingen ist Gallus Demmler Ammann, Johann Georg Schroff und Xaver Waldraff sind Gemeindepfleger. In Dingelsdorf ist Magnus Herbst Ammann, Ferdinand Romer und Joseph Anton Fuchs sind Gemeindepfleger, und in Litzelstetten stehen Konrad Romer als Ammann sowie Ignaz Wiehler und Kaspar Precht als Pfleger der Gemeinde vor. Sie alle blieben weiterhin im Amt.

Die Oberbeamten des bisherigen deutschordischen Oberamtes Mainau wurden vom Staat übernommen und auf der Mainau ein Badisches Domänenamt eingerichtet, welches 1827 beim Verkauf der Insel nach Konstanz verlegt wurde. Die Verwaltungsstrukturen in den Gerichtsgemeinden der Landschaft hat das Großherzogtum zunächst beibehalten, dabei gestrafft und der Aufsicht mit dirigistischer Weisungsbefugnis dem Bezirksamt in Konstanz unterstellt. Die Kriminalgerichtsbarkeit jedoch wurde sofort nach der Übernahme aus den Gerichten herausgelöst und dem Großherzoglich-Badischen Bezirksamt Konstanz übertragen, wo sie von studierten Juristen wahrgenommen und der öffentlichen Verhandlung entzogen wurde.

Die Selbstverwaltung der bisherigen Gerichtsgemeinden wurde weitgehend aufgehoben. Erst 1809 führte das Großherzogtum Baden eine umfassende Änderung durch und schuf eine landesweit einheitliche Gerichts- und Verwaltungsstruktur. Die Aufarbeitung des feudalen Erbes der »Tütschen Herren« in der Landschaft Mainau, die Befreiung der landwirtschaftlichen Grundstücke von Abgaben bzw. Grundlasten und die Allodifikation[42] wurden erst zwischen 1830 und 1860 in Angriff genommen.

41 GLA Karlsruhe 2374/4505–4508, Beilagen zur Inbesitznahme und Organisation des Amtes Mainau, Landeshoheit usw. 1807–1839

42 Stadtarchiv Konstanz, T I 640, 101, Lehensablösungen aus dem Aktenbestand der Gemeinde Allmannsdorf

Von findigen Mönchen, fleißigen Handwerkern und widersetzlichen Untertanen – Die Errichtung der Petershauser »Statthalterei« in Herdwangen 1777/79[1]

Von Edwin Ernst Weber, Sigmaringen

Das neben der benachbarten Pfarrkirche markanteste und geschichtsträchtigste Gebäude in Herdwangen ist zweifellos das Rathaus. Der schlossartige, zweistöckige Bau verrät mit seiner leicht verschobenen Symmetrie, dem Walmdach, den Ecklisenen, der durch Fenster gegliederten Schaufassade sowie der durch das Hauptportal und einen Dacheinzug betonten Mittelachse bis heute eine barocke Entstehung im 18. Jahrhundert. Bekannt ist, dass die damalige Ortsgemeinde Herdwangen 1904 das Haus samt Nebengebäuden für seinerzeit stolze 25 000 Mark von der markgräflich-badischen Bodensee-Fideikommissherrschaft erworben hat.[2]

Diese wiederum hatte fast genau ein Jahrhundert lang das ihr durch die Säkularisation der Benediktiner-Reichsabtei Petershausen 1803 zugefallene Gebäude als Rentamt für die umfangreichen standesherrlichen Besitzungen und Feudalrechte des Hauses Baden in Herdwangen und einer weiten Umgebung genutzt. Kaum etwas bekannt war bislang über die klösterliche Herkunft des Hauses und zumal über die Hintergründe für die Errichtung eines derart stattlichen Baus im damals kaum mehr als 300 Einwohner zählenden Bauerndorf Herdwangen in der zweiten Hälfte des 18. Jahrhunderts. Die nachfolgende Studie will etwas Licht in die durchaus spannenden Anfänge des heutigen Rathauses der Gemeinde Herdwangen-Schönach bringen.

Die Reichsabtei Petershausen und ihre Herrschaft Herdwangen

Herdwangen ist im 18. Jahrhundert ein Untertanenort der in Konstanz, auf der nördlichen Rheinseite gegenüber der Altstadt, gelegenen Reichsabtei Petershausen. Das Ende des 10. Jahrhunderts entstandene Benediktinerkloster hatte in der Mitte des

1 Erweiterte Fassung eines am 17.12.2005 auf Einladung der Gemeinde Herdwangen-Schönach in der Bundschuhhalle Herdwangen gehaltenen Vortrags

2 Weber, Edwin Ernst: Von agitatorischen Pfarrern, »roten« Bürgermeistern und untauglichen Farren. Herdwangen und Großschönach im Licht der Ortsbereisungs-Protokolle des badischen Bezirksamtes Pfullendorf in der 2. Hälfte des 19. und der 1. Hälfte des 20. Jahrhunderts. In: Schnabel-Schüle, Helga, und Weber, Edwin Ernst (Red.): Herdwangen-Schönach. Heimatbuch zur Geschichte der Gemeinde und des nördlichen Linzgau, Herdwangen-Schönach 1994, S. 204–251, hier S. 228–229; zum Erwerb des Gebäudes vgl. Kaufvertrag vom 13.1.1904 (Gemeindeverwaltung Herdwangen-Schönach)

18. Jahrhunderts nach langwierigen Auseinandersetzungen mit der Stadt Konstanz, dem Erzhaus Österreich, der Reichsstadt Überlingen und der Deutschordenskommende Mainau seine Reichsunmittelbarkeit behaupten und seine Herrschafts- und Besitzrechte festigen können.[3] Zum kleinen Territorium des Reichsstifts mit einer Fläche von ¾ Quadratmeilen und rund 3000 Einwohnern gehören um 1800 neben dem eigentlichen Klosterbezirk im nördlichen Linzgau die reichsunmittelbare Herrschaft Herdwangen, im Hegau die österreichisch landsässige Lehensherrschaft Staufen mit Hilzingen, das Dorf Riedheim und schließlich die am Untersee gelegene und eidgenössischer Landeshoheit unterstehende Propstei Klingenzell.[4]

In das Reichsstift Petershausen inkorporiert ist das Kloster Stein am Rhein, wobei man aber realiter nur die Gefälle und Renten aus dessen Besitzungen nördlich des Rheins innehat, während das Kloster selbst und dessen Güter und Rechte in der Schweiz bereits 1525 von Zürich okkupiert und säkularisiert worden waren.[5] Der formell-repräsentative Titel des Petershauser Abtes lautet: »Hochwürdiger des Heiligen Römischen Reichs Prälat der beiden unmittelbaren Reichsstifter und Gotteshäuser des Hl. Gregor zu Petershausen und der Hll. Georg und Cyrill zu Stein am Rhein, Propst zu Klingenzell, Herr der Herrschaften Herdwangen, Sauldorf, Staufen, Hilzingen und Riedheim«.[6]

Für die Verwaltung dieser klösterlichen Miniherrschaft bestanden ein Amt in Herdwangen, ein Obervogteiamt in Hilzingen und schließlich ein Oberamt in Petershausen selbst, das zumindest im Fall des Herdwanger Bezirks die Funktion einer zweiten Instanz ausübte, während in den Hegauer Besitzungen der Rekurs an die österreichischen Stellen ging.[7] Inhaber der klösterlichen Hoheits- und Feudalrechte und letzte Instanz in allen Rechts- und Herrschaftsfragen war der Prälat in

3 Zusammenfassend zur Geschichte von Petershausen: Spahr, P. Gebhard, und Müller, A.: Petershausen. In: Quarthal, Franz (Bearb.): Die Benediktinerklöster in Baden-Württemberg. Germania Benedictina, Bd. V., 2. Auflage, St. Ottilien1987, S. 484–502

4 Generallandesarchiv Karlsruhe (GLA KA), 229/82935: »Beantwortung der von der Hochfürstlich-Badenschen Kommission beÿ der provisorischen Besiz Ergreifung des Reichs-Stifts Petershausen an die dortigen Oberbeamten gestellten nachstehenden Fragpuncten« vom 24. Oktober 1802 (im Folgenden: GLA KA 229/82935); vgl. außerdem Spahr/Müller, a. a. O. 1987, S. 494; Schmid, Hermann: Die Säkularisation der Klöster in Konstanz und Umgebung 1782–1832. In: Schriften des Vereins für Geschichte des Bodensees und seiner Umgebung 96, 1978, S. 69–124, zum Reichsstift Petershausen S. 97–112, hier S. 97–98. Die von Schmid genannten 1400 Einwohner des Petershauser Territoriums dürften sich lediglich auf den reichsunmittelbaren Teil der Herrschaft, d. h. das Amt Herdwangen sowie den eigentlichen Klosterbezirk, nicht aber auf die Herrschaft Hilzingen und die Propstei Klingenzell beziehen. Vgl. auch GLA KA 229/82936: »Beantwortung der Fragen der badischen Kommission durch die Ortsvorstände der petershausischen Herrschaften Hilzingen und Herdwangen 1802«, in Herdwangen am 8.11.1802, Reichsstift Petershausen'sche Amtskanzlei daselbst, Rat und Amtsverwalter Karl Grecht (im Folgenden GLA KA 229/82936) – dort werden für die Herrschaft Herdwangen 1379 Seelen und für Hilzingen 1241 Einwohner genannt.

5 GLA KA 229/82935

6 GLA KA 229/82935

7 GLA KA 229/82935

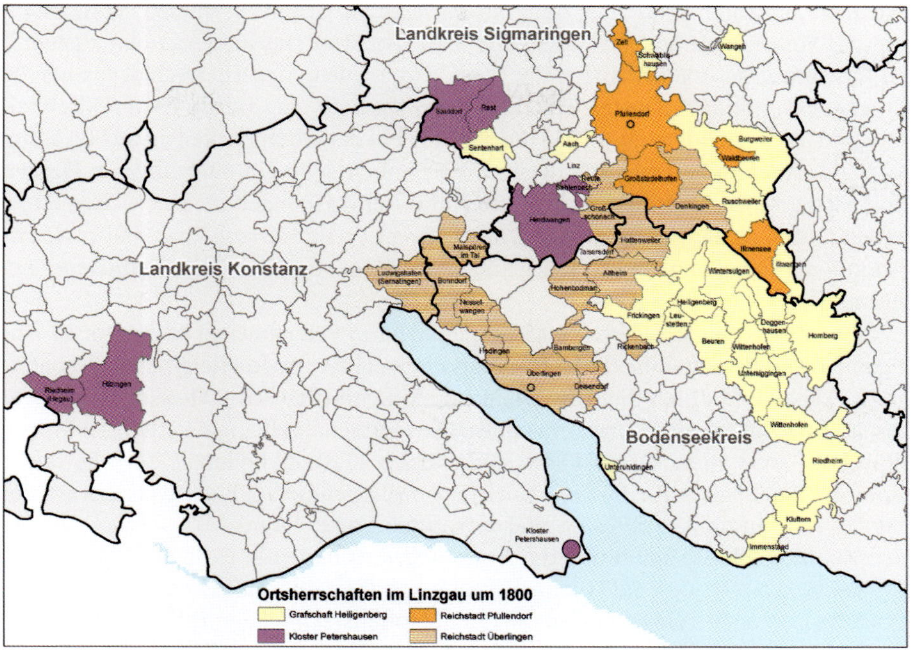

Orts- und Niedergerichtsherrschaften im nördlichen Linzgau um 1800, darunter auch das Territorium der Reichsabtei Petershausen (Karte: Kreisarchiv Sigmaringen)

Petershausen, dem die örtlichen Verwaltungsbeamten regelmäßig zu berichten und mit dessen Kasse sie ihre Geld- und Naturaleinnahmen abzurechnen hatten.[8]

Wie allenthalben im territorial zerklüfteten deutschen Südwesten mit seiner Gemengelage von herrschaftlichen Einzelrechten und konkurrierenden Herrschaftsinhabern erfuhr auch die Obrigkeit der Reichsabtei Petershausen vielfache Einschränkungen durch Hoheits- und Feudalrechte Dritter. In Hilzingen beispielsweise übte der Abt lediglich die Orts- und Niedergerichtsherrschaft aus, während Landeshoheit und Hochgericht bei Österreich lagen. In der Herrschaft Herdwangen besaß das Stift neben der Ortsherrschaft zwar auch die Landeshoheit, nicht aber die für die Ahndung von Kapitalverbrechen zuständige Hochgerichtsbarkeit, die im südlichen Amtsbezirk um Herdwangen bis 1776 Fürstenberg als Inhaber der Landgrafschaft Heiligenberg und im nördlichen Bereich um Sauldorf den Fürsten von Hohenzollern als Inhabern der Grafschaft Sigmaringen bzw. Österreich über die Landvogtei Nellenburg zustand.[9]

Geradezu verwirrend ist die Herrschaftsverfassung in Oberndorf und Rast: In Oberndorf hat Petershausen neben einigen Leibeigenen zwei Drittel der Orts- und

8 GLA KA 229/82935; Schmid, a. a. O. 1978, S. 98 ff.
9 GLA KA 229/82936; Spahr/Müller, a. a. O. 1987, S. 494

Niedergerichtsherrschaft inne, während das restliche Drittel zusammen mit der Steuer- und Wehrhoheit und der Hochgerichtsbarkeit dem Deutschen Orden zusteht.[10] In Rast muss sich Petershausen die Orts- und Niedergerichtsherrschaft bis ins 16. Jahrhundert mit dem Kloster Wald und der Stiftskirche St. Martin in Meßkirch teilen, und auch nachdem man 1653 die gesamte Niedergerichtbarkeit erwerben kann, steht der Abt von Petershausen weiterhin in hoheitlicher Konkurrenz zum Fürsten von Sigmaringen als Inhaber von Collectation und Hochgericht sowie dem Deutschen Orden als Patronats- und Zehntherrschaft.[11] Die Herrschaftsverhältnisse des Alten Reiches haben mit staatlicher Souveränität im modernen Verständnis nur wenig zu tun.

Wie andere oberschwäbische Klöster auch kann Petershausen nach dem 30-jährigen Krieg und zumal im 18. Jahrhundert dank seiner wiedererlangten wirtschaftlichen Potenz und durch die Abstoßung von Außenposten seine Herrschaft in Klosternähe arrondieren und sogar erweitern. Die Herrschaft Hilzingen erwirbt man von Habsburg 1659 zunächst als Pfand und sodann 1722 als Lehen, 1735 folgt durch Kauf der Nachbarort Riedheim.[12] In Herdwangen gelingt 1678 der Rückerwerb der bereits 1402 an das Überlinger Spital verkauften Vogtei,[13] und 1776 vermag man gegen Zahlung von 92 000 fl und die Abtretung verschiedener Höfe und Rechte von Fürstenberg auch noch die Hochgerichtsbarkeit über den südlichen Amtsbezirk zu erwerben, so dass wenigstens hier jetzt alle Hoheitsrechte beim Reichsstift liegen.[14] Dieser Macht- und Herrschaftszuwachs und die endgültige Anerkennung Petershausens als Reichsstift mit eigener Territorialhoheit dürfte in der Mitte des 18. Jahrhunderts der Ausgangspunkt gewesen sein, um einen repräsentativen Neubau der Klosteranlage zu planen und auch, mit Ausnahme der Kirche, zu realisieren.[15]

Neben der Herrschaft Hilzingen bildet das Amt Herdwangen im 18. Jahrhundert den Kernbestand des Petershauser Territoriums, wo die Reichsabtei 1802 von ihren jährlichen Gesamteinnahmen von 65 707 fl immerhin 13 721 fl, d. h. rund 21 %, erwirtschaftet.[16] Die Einnahmen Petershausens sowohl aus den Herdwanger wie auch

10 GLA KA 229/82936, Punkt 52

11 Stadler, Arnold, und Weber, Edwin Ernst: Rast – ein historisch-literarisches Portrait, 2014 (im Druck)

12 Spahr/Müller, a. a. O. 1987, S. 493; Landesarchivdirektion Baden-Württemberg (Hg.): Das Land Baden-Württemberg. Amtliche Beschreibung nach Kreisen und Gemeinden. Bd. VI, Regierungsbezirk Freiburg, Stuttgart 1982, S. 735–736

13 Schnabel-Schüle, Helga: Herdwangen-Schönach von den Anfängen bis zur Gegenwart. In: Schnabel-Schüle/Weber, a. a. O. 1994, S. 15–24, hier S. 17, 34–35

14 Baumann, Franz Ludwig: Die Territorien des Seekreises 1800. In: Badische Neujahrsblätter, 4. Blatt 1894, S. 9; Spahr/Müller, a. a. O. 1987, S. 494. Fürstenberg erhält von Petershausen Güter und Rechte zu Ulzhausen, Frickingen, Leustetten, Mennwangen, Höhreute, Judentenberg, Tafern, Oberrhena, Straß, Sentenhart, Schwäblishausen und Waldbeuren.

15 Motz, Paul: Die Neubauten der ehemaligen Benediktiner- und Reichsabtei Petershausen bei Konstanz im 18. Jahrhundert. In: Appuhn-Radtke, Sibylle, und Schwarzmann, Annelis (Hg.): 1000 Jahre Petershausen. Beiträge zu Kunst und Geschichte der Benediktinerabtei Petershausen in Konstanz, Karlsruhe und Konstanz 1983, S. 82–102, hier S. 82

16 Schmid, a. a. O. 1978, S. 105

den Hegauer Besitzungen bestehen zum allergrößten Teil aus Feudaleinkünften, insbesondere der Grund- sowie der Zehntherrschaft. Die badischen Inbesitznahme-Kommissare ermitteln für das Bodenseekloster 1802 grundherrschaftlichen Besitz von immerhin 261 Erblehengütern, 74 Schupf- oder Leiblehen, 179 Mannlehen und 115 sogenannten Einschreibelehen.[17]

In der Herrschaft Herdwangen ist Petershausen der mit Abstand größte Grundherr, der allerdings die Erträge aus dieser bis zur »Bauernbefreiung« im 19. Jahrhundert bedeutendsten feudalen Grundlast mit nicht weniger als 13 weiteren geistlichen wie weltlichen Inhabern grundherrschaftlicher Rechte in seinem Amtsbezirk teilen muss. Neben den benachbarten Klöstern Salem, Weingarten, Wald und Kreuzlingen finden sich als Grundherren in der Petershauser Herrschaft Herdwangen auch die Reichsstadt, das Spital und die Spendpflege Überlingen, die Prädikatur Pfullendorf, die – zu dieser Zeit österreichische – Herrschaft Linz und die dortige Kirchenfabrik, die Deutschordenskommende Mainau, die Heiligenvogtei Meßkirch sowie schließlich noch die Junker Ziegler und Stokar in Schaffhausen.[18] In Rast beispielsweise unterstehen 1734 neun von insgesamt 18 Bauernlehen und dazu noch die Mühle der Petershauser Grundherrschaft, die mit 327,7 Jauchert einen Anteil von 45,8 % am gesamten grundherrschaftlich gebundenen Bodenbesitz dieses Dorfes innehat.[19]

Die von den bäuerlichen Lehensinhabern an ihre Grundherren zu leistenden Abgaben für die Nutzung der innerhalb der Bauernfamilie erblichen (Erblehen) oder aber nur auf Lebenszeit verliehenen (Schupf- oder Leiblehen) Güter bestehen zum einen in jährlichen Grundzinsen an Getreide, Hühnern, Eiern und auch Geld und zum anderen im sogenannten Ehrschatz, einer Besitzwechselabgabe beim Übergang des Gutes an einen neuen Inhaber. Das Kloster Wald beispielsweise bezieht von insgesamt vier Lehenhöfen in Sahlenbach und Rast sowie von unter 14 Raster Söldner aufgeteilten Ackerfeldern jährliche Grundzinsen von 16 Malter 4 Viertel Vesen (Dinkel), 16 Malter 4 Viertel 2 Imi Roggen, 17 Malter 9 Viertel 2 Imi Haber, 29 fl an Geld, 3 Hennen, 27 Hühnern und 570 Eiern.[20]

Den Zehnten bezieht Petershausen zur Gänze aus dem mit seiner Pfarrei in das Kloster inkorporierten Amtsort Herdwangen sowie vom Waldhof. In Sauldorf und Roth hat das Kloster Anspruch auf den Frucht- und Novalzehnten, während der Kleinzehnte an den Ortspfarrer geht. In den anderen Amtsorten dagegen haben Dritte die vielfach zersplitterte Zehntherrschaft inne: In Rast steht dem Deutschen Orden der Großzehnte, dem Ortspfarrer dagegen der Klein- und Novalzehnte zu, in Schwende teilen sich der Deutsche Orden (7/16), das Konstanzer Domkapitel (3/16), das Kloster Salem (4/16) und das Überlinger Spital (2/16) den Groß- und Kleinzehnten, der Novalzehnte von umbrochenen Wiesen geht an den Deutschen Orden und

17 GLA KA 229/82935, Punkt 11

18 GLA KA 229/82936, Punkt 54 Güter und Gefälle fremder Herrschaften mit Tabelle Nr. 5 zu den Gütern und Gefällen, die auswärtige Herrschaften im Amtsbezirk Herdwangen zu beziehen haben

19 Stadler/Weber, a. a. O. 2014

20 GLA KA 229/82936, Punkt 54

das Konstanzer Domkapitel. Ähnlich kompliziert zersplittert sind die Zehntverhältnisse in Lautenbach, Mühlhausen, Alberweiler und Sahlenbach.[21]

Den Ermittlungen der badischen Besitzergreifungs-Kommissare 1802 zufolge sind alle Ortseinwohner der Herdwanger Amtsorte dem Kloster Petershausen leibeigen.[22] In Rast beschränkt sich 1730 die Petershauser Leibherrschaft auf die 31 Tagwerker sowie einen der insgesamt 16 Groß- und Mittelbauern dieses Ortes – den Großbauern, Wirt und Vogt Konrad Amman.[23] Im Gegensatz zu früheren Verhältnissen stellt die Leibeigenschaft im Petershauser Territorium wie im deutschen Südwesten im 17. und 18. Jahrhundert insgesamt eine reine Abgabenverpflichtung von minderer materieller Bedeutung und ohne rechtliche und soziale Deklassierung der Betroffenen dar.

Sind die jährlich zu reichende Leibhenne und der Leibbatzen von eher symbolischer Bedeutung, ist mit der Leibherrschaft durch den sogenannten Leibfall aus dem Vermögen eines verstorbenen Leibeigenen sowie die sogenannte Manumission, den Freikauf beim Wegzug aus der Herrschaft, ein wenigstens begrenzter materieller Ertrag verbunden. Das ehedem nach dem Tod eines Bauern als Leib- oder Todfallgebühr zu gebende beste Pferde oder der Zugochse bzw. die beste Kuh beim Tod einer Bäuerin sind 1802 mittlerweile schon längst ebenso kapitalisiert wie die vermögensabhängige Fallgebühr von verstorbenen Taglöhnern und Handwerkern.[24]

Gegenüber diesen feudalen Einkünften sind die hoheitlichen Einnahmen Petershausens aus der Orts- und Niedergerichtsherrschaft eher bescheiden und umfassen im Wesentlichen das sogenannte Umgeld auf den Wein- und Bierverbrauch, die zehnprozentige Abzugsgebühr auf ausgeführtes Vermögen sowie Wirtschaftsmonopole.[25] Die Steuererhebung von den 1802 insgesamt 143 »collectablen Untertanen der Reichsherrschaft Herdwangen« scheint sich gänzlich auf die Besteuerung für die Zwecke der äußeren und inneren Sicherheit von Reich und Schwäbischem Reichskreis zu beschränken. Für Einzug und Verrechnung der Steuern ist ein gesonderter Kassenbeamter, der Landschaftskassier, zuständig, dessen Rechnungsführung von einem landschaftlichen Ausschuss aus Vertretern der steuerpflichtigen Untertanen kontrolliert wird.[26]

Analog zu einer Vielzahl oberschwäbischer und südwestdeutscher Herrschaften[27] besteht damit auch im Petershauser Territorium ein Kontroll- und Mitspracherecht der Untertanen in Steuerfragen. Während in Herdwangen und den angrenzenden Landorten die ausgeschriebenen Steuern vom Landschaftskassier bei den Steuerpflichtigen einzeln eingezogen werden, organisiert in Sauldorf und Roth die Dorfge-

21 Ebenda; zu Rast vgl. Stadler/Weber, a. a. O. 2014
22 GLA KA 229/82936, Punkt 39 Leibherrschaft
23 Stadler/Weber, a. a. O. 2014
24 GLA KA 229/82936, Punkt 64
25 Ebenda, Punkte 67, 77, 82
26 GLA KA 229/82935
27 Blickle, Peter (Hg.): Landschaften und Landstände in Oberschwaben. Bäuerliche und bürgerliche Repräsentation im Rahmen des frühen europäischen Parlamentarismus, Tübingen 2000

Kloster Petershausen bei Konstanz von Süden, Lithographie von Nicolaus Hug, 1831

meinde selbst die Steuererhebung und leitet die Gelder sodann durch zwei Deputierte an den Kassier weiter.[28]

Der Großteil der Reichs- und Kreissteuern dient dem Unterhalt des stehenden Heeres des Schwäbischen Kreises, zu dem auch der Reichsstand Petershausen ein Kontingent von in Friedenszeiten acht Fußsoldaten, darunter ein Gefreiter, im Königsegg'schen Regiment zu stellen hat. Wie die badischen Besitzergreifungs-Kommissare 1802 ermitteln, erfolgte die »Beÿschaffung diensttauglicher Recrouten« dabei nicht durch zwangsweise Aushebung, sondern vielmehr durch die Rekrutierung von Freiwilligen aus den Reihen der Untertanensöhne oder auch von Fremden unter dem Anreiz eines dafür ausgesetzten, offenbar namhaften Handgeldes. Einzig im Jahr 1800, vor dem Hintergrund des 2. Koalitionskrieges gegen das revolutionäre Frankreich, habe in Ermangelung einer freiwilligen Rekrutierung die benötigte Mannschaft durch das Spiellos unter den Untertanensöhnen der Herrschaft Herdwangen ausgehoben werden müssen.[29]

Mit der Orts- und Niedergerichtsherrschaft verbunden sind schließlich noch durchaus namhafte Fronpflichten der Herdwanger Untertanen für das Kloster Petershausen.[30] Zum einen sind alljährlich festgeschriebene »Ordinari-Frondienste«

28 GLA KA 229/82936, Punkt 79
29 GLA KA 229/82935; GLA KA 229/82936, Punkt 40
30 GLA KA 229/82936, Punkt 43

zu leisten, die für die sogenannten doppelten Bauern in einer »Ehrenfuhr« und vier weiteren Fronfuhren, für die einfachen Bauern je nach Größe des Hofes in zwei oder drei Fronfuhren und für die nicht spannfähigen Tagwerker und Handwerker in einer »Ehrenfron« und vier Handfronen bestehen. Werden diese Dienste von Petershausen nicht benötigt, sind an ihrer Stelle Geldzahlungen von 2 fl pro Fuhrfron und von 10 x pro Handfron zu leisten. Hinzu kommt die Verpflichtung zu außerordentlichen Frondiensten nach Bedarf, etwa beim Brückenbau oder bei der Aufführung herrschaftlicher Gebäude. Befreit von der Fronpflicht für Petershausen sind den badischen Erhebungen zufolge lediglich die Untertanen von Rast und Oberndorf mit ihrer erwähnten besonderen herrschaftlichen Stellung.

Bei der Säkularisation Petershausens durch Baden 1802 umfasst das Amt Herdwangen die drei Pfarrdörfer Herdwangen, Sauldorf und Rast sowie sieben Filialorte und drei Höfe mit insgesamt 196 Häusern und 1386 ausschließlich katholischen Einwohnern.[31] Verwaltungsmäßig gegliedert ist die Herrschaft Herdwangen in ein »inneres Amt« mit dem Amtssitz Herdwangen und den Weilern Schwende, Waldhof, Bärenweiler, Gailhöfe und Lautenbach sowie ein »äußeres Amt« mit Sauldorf, Rast, Mühlhausen, Alberweiler, Sahlenbach und Roth.[32] Beim Übergang an Baden 1802 werden für die Herrschaft Herdwangen folgende Häuser- und Einwohnerzahlen genannt:[33]

Inneres Amt	Amtsort und Pfarrdorf Herdwangen	55 Häuser	335 Einwohner
	Schwende	8 Häuser	63 Einwohner
	Kameralgut Waldhof	6 Häuser	44 Einwohner
	Hof Bärweiler	1 Haus	6 Einwohner
	»Zinken« Gailhöfe	4 Häuser	19 Einwohner
	Lautenbach	5 Häuser	37 Einwohner
Äußeres Amt	Mühlhausen	2 Häuser	22 Einwohner
	Alberweiler	9 Häuser	66 Einwohner
	Sahlenbach	11 Häuser	66 Einwohner
	Pfarrdorf Sauldorf	43 Häuser	336 Einwohner
	»Zinken« Roth	12 Häuser	93 Einwohner
	Pfarrdorf Rast	40 Häuser	307 Einwohner

Herdwangen ist der Verwaltungssitz der Herrschaft und zugleich Pfarr- und Schulort für die umgebende Nachbarschaft. Letzter petershausischer und zugleich erster

31 Weber, Edwin Ernst: Von Samt-, Haupt- und Nebengemeinden. Zur Siedlungs- und Verwaltungsstruktur von Herdwangen und Großschönach bis zur Gemeindereform von 1924. In: Schnabel-Schüle/Weber, a. a. O. 1994, S. 183–203, hier S. 185–186; Schmid, a. a. O. 1978, S. 99, nennt für Herbst 1802 1379 Einwohner im Gerichtsstab Herdwangen; lt. GLA KA 229/82936 wird in allen Ortschaften der Herrschaft Herdwangen einzig die römisch-katholische Religion ausgeübt.

32 Schmid, a. a. O. 1978, S. 98; Mühlhausen ist dabei herrschaftlich geteilt, indem zwei Höfe Petershausen gehören und 1802 an Baden übergehen, während ein weiterer Hof vom Deutschen Orden an Hohenzollern-Sigmaringen fällt.

33 Schmidt, Johann Wilhelm (Bearb.): Das Obere Fürstentum, geographisch, statistisch, topographisch bearbeitet von Johann Wilhelm Schmidt, Pfarrer zu Hügelheim, Karlsruhe 1804, S. 173–174

badischer Amtmann im Ort ist Karl Grecht,[34] der im heutigen Rathaus residiert und sowohl Verwaltungs- wie auch Gerichtsaufgaben wahrnimmt. Wohl bis in die 1770er Jahre geht der für die Herrschaft Herdwangen zuständige Amtmann seinen Dienstgeschäften vom Amtshaus in Überlingen aus nach[35] und zieht offenbar erst nach der Erweiterung der »Statthalterei« in den großzügig ausgebauten Amtssitz in Herdwangen um. Den Erhebungen der badischen Besitzergreifungs-Kommissare von 1802 zufolge befindet sich in der »Statthalterei« auch die Amtskanzlei, während die Wohnung des Beamten offenbar in einem anderen Gebäude im Dorf untergebracht ist.[36]

Ihm zur Seite steht in den letzten Jahrzehnten des 18. Jahrhunderts[37] bis zur Säkularisation – in einer auch in Hilzingen begegnenden personellen Doppelung – der Pater Statthalter, der den Amtmann bei seinen gerichtlichen Aufgaben unterstützt und schwerpunktmäßig für das »Oeconomie-Wesen«[38] und den Einzug der klösterlichen Feudaleinkünfte aus Grund-, Zehnt-, Leib- und Ortsherrschaft sowie die Verwaltung des petershausischen Kameralguts im Ort zuständig ist.[39] Wie sich zumindest für das 18. Jahrhundert nachweisen lässt, steht der Pater Statthalter in einer intensiven Korrespondenz mit dem Prälaten in Petershausen und hält diesen über alle Vorgänge in Ort und Herrschaft permanent auf dem Laufenden.[40]

Neben diesen administrativen Aufgaben bekleidet der Pater Statthalter – zur Zeit der Erweiterung der Statthalterei 1777/80 ist dies der Benediktinerpater Joseph Keller, der spätere letzte Reichsabt von Petershausen, und bei der Säkularisation 1802 Pater Paul Liebherr – das Amt des Frühmessners, während die seelsorgerliche Betreuung der nach Petershausen inkorporierten Pfarrei Herdwangen einem weiteren Mönch – 1802 ist dies Pater Eduard Schmid – als Pfarrvikar oblag.[41]

34 GLA KA 229/82936; zu Grecht vgl. Angerbauer, Wolfram (Red.): Die Amtsvorsteher der Oberämter, Bezirksämter und Landratsämter in Baden-Württemberg 1810–1972, Stuttgart 1996, S. 285

35 Im Generallandesarchiv Karlsruhe werden Rechnungen des Petershauser Amts Sauldorf-Herdwangen zu Überlingen aus den Jahren 1762, 1764 und 1767 verwahrt (GLA KA 62/9670–72); in der Herdwanger Rechnung über alles Einnehmen und Ausgeben vom 23. April 1779 bis wieder dahin 1780, gestellet von P. Joseph Keller, der Zeit »Statthaltern allda« (GLA KA 62/9860), ist neben der Herdwanger Statthalterei auch mehrfach vom Amtshaus in Überlingen die Rede. In der Beantwortung der »Fragpuncte« (GLA KA 229/82935) wird neben Gebäuden des Klosters Petershausen in Konstanz, Radolfzell, Mengen und Diessenhofen auch ein Amtshaus in Überlingen genannt, worin ehemals der herdwangische Beamte wohnte und seine Amtsverrichtungen besorgte.

36 GLA KA 229/82936, Punkt 61 Herrschaftliche Gebäude

37 GLA KA 114 Nr. 297: Der Geographischen Beschreibung der gefürsteten Grafschaft Heiligenberg, o. D. (18. Jh.), Nr. 143, S. 18–19, zufolge ist »seit kurzer Zeit« neben dem Pfarrer ein zweiter Petershauser »Religios« mit dem »Praedicat Statthalter« nach Herdwangen in das neu erweiterte schöne Gebäude gesetzt worden.

38 Ebenda

39 Der Beantwortung der »Fragpuncte« (GLA KA 229/82935) zufolge erfolgt in den petershausischen Herrschaften Herdwangen und Hilzingen der Einzug der Gefälle durch die dort jeweils angestellten Herren Capitulare und Statthalter, während die grundzinsbaren Einkünfte durch den Petershauser Rat und Kassier Molitor erhoben werden.

40 GLA KA 95/607: Berichte des P. Statthalter zu Herdwangen an den Prälaten zu Petershausen 1777, als Beispiele

41 GLA KA 95/607; GLA KA 229/82936; Schmid, a. a. O. 1978, S. 99–100

Die Statthalterei verbindet mit dem bis heute – als Rathaus – erhalten gebliebenen repräsentativen Verwaltungsbau ursprünglich eine umfangreiche Ökonomie mit Stallungen, Fruchtschütte, Zehntscheuer und einem 1777/79 neu errichteten Kuchelgebäude.[42] Im Rechnungsjahr 1779/80 lässt sich ein – durch Verkäufe und Schlachtungen allerdings stetig wechselnder – Viehbestand von immerhin sechs Pferden, 18 Kühen, 42 Schweinen und 22 Schafen nachweisen,[43] für damalige oberschwäbische Verhältnisse ein absoluter Großbetrieb!

Bei der Verwaltung der klösterlichen Kameralwirtschaft wird der Pater Statthalter von einer durchaus zahlreichen »Dienerschaft« unterstützt, die 1780 eine Beschließerin, eine Kuchelmagd, eine Viehmagd, einen Rossknecht, einen Rossbub und einen Jäger umfasst. Daneben werden noch ein mit einer Livree ausgestatteter »Laquais« sowie ein »Hatschier« mit Polizeifunktionen genannt, wobei bei Letzterem allerdings der Dienstsitz unklar bleibt.[44] Für die Verwaltung der klösterlichen Zehntscheuer ist der sogenannte Scheuermeister zuständig, dem beim Ausdreschen des aus bäuerlichen Abgaben stammenden Getreides sechs Zehntdrescher zur Seite stehen; ein Amtsbote schließlich ist für alle nur denkbaren Besorgungen und Kurierdienste der Verwaltung zuständig. In weiterem Sinne unter den Bediensteten wird sodann auch noch der Kaminfeger geführt, der alle sechs Wochen sich der Brandvorsorge in der neuen Statthalterei widmet und ausweislich des erhaltenen Aufrisses mindestens zwei Kamine der Statthalterei selbst sowie den Kamin im Küchengebäude zu reinigen hat. Als Dienstfahrzeug steht dem Pater Statthalter offenkundig eine Chaise zur Verfügung, die im Rechnungsjahr 1779/80 einen neuen Anstrich erhält.

Den bei der badischen Besitzergreifung 1802 angelegten Berichten ist eine ausführliche Beschreibung der »Statthalterei« wie auch der anderen petershausischen Gebäude in Herdwangen zu verdanken.[45] Demzufolge sind in der »Statthalterei« sowohl die Wohnungen des Statthalters, des Pfarrers und deren »Domestiken« wie auch die Amtskanzlei untergebracht, während die Wohnung des Amtmanns, wie erwähnt, sich in einem separaten herrschaftlichen Gebäude befindet. Das Dachgeschoss der »Statthalterei« birgt eine doppelte Fruchtschütte.

Der alte Pfarrhof, der bis zum Bau der »Statthalterei« vom Pfarrvikar bewohnt wurde, wird jetzt multifunktional im oberen Stock als Fruchtschütte, Gefängnis und Wohnung für den Kutscher und dessen Handknecht und unten als Pferde- und Kuhstall nebst Scheuer genutzt. Daneben bestehen in herrschaftlichem Besitz noch eine besondere Wagenremise sowie eine Zehntscheuer. Umfangreicher herrschaftlicher Gebäudebesitz findet sich mit Wohnungen des petershausischen Jägers sowie des Zieglers, einer Ziegelhütte und schließlich einem von einem Hintersassen bewohnten kleinen »Häußl« schließlich auch im Waldhof.

42 Schmid, a. a. O. 1978, S. 98
43 GLA KA 62/9860, Herdwanger Rechnung 1779/80
44 Ebenda
45 GLA KA 229/82936, Punkt 61 Herrschaftliche Gebäude

Das Rathaus Herdwangen verrät eine barocke Entstehung. (Foto: Kreisarchiv Sigmaringen)

Der Bau der Statthalterei

Ihr heutiges stattliches Erscheinungsbild erhält die Petershauser Statthalterei in den Jahren 1777–1779 durch eine sich offenbar über drei Jahre hinziehende große Bau- und Erweiterungsmaßnahme. Soweit sich dies aus den Berichten des Paters Statthalter an den Petershauser Prälaten aus dem Jahr 1777 sowie einem weiteren Bericht und einer Baurechnung von 1779 rekonstruieren lässt, wird dabei ein bereits bestehender kleinerer Vorgängerbau nach Westen erweitert, das ganze Gebäude vom Erdgeschoss über das Obergeschoss bis zum großen Walmdach neu hochgezogen sowie mit einem rückwärtig gelegenen großen Kuchelgebäude nebst einem Verbindungsgang versehen.[46] Diese bauliche Erweiterung lässt sich bis heute im Untergeschoss des Rathauses nachvollziehen, das nur zu etwa zwei Dritteln unterkellert ist und auf der Westseite des großen Gewölbekellers ein blindes Fenster ausweist, das vor der Umgestaltung von 1777/79 wohl nach außen ging und den westlichen Abschluss des Vorgängerbaus markierte.[47]

46 Zum Folgenden GLA KA 95/607: Berichte des Statthalters an den Prälaten von 1777; GLA KA 62/9860: Bericht von P. Joseph zu Herdwangen an den Reichsprälaten zu Petershausen vom 27.6.1779; GLA KA 62/9860: Herdwangische Statthalterey-Bau-Rechnung vom 7.3. bis 26.6.1779 exclusive

47 Protokoll der historischen Bestandsaufnahme mit dem Bauforscher Dr. Ing. habil. Stefan Uhl vom 26.4.2005 im Rathaus Herdwangen (Kreisarchiv Sigmaringen, Dienstregistratur Az. 361/Herdwangen-Schönach); Herrn Uhl sei an dieser Stelle für seine freundschaftliche Unterstützung herzlich gedankt.

Reichsabt Georg Strobel von Petershausen (reg. 1761–1786), Ölbild von Mathias Reiser, 1769 (Stadt Pfullendorf, Foto: Reiner Löbe)

Joseph Keller, letzter Abt des Klosters Petershausen (reg. 1786–1802), zuvor Statthalter in Herdwangen und als solcher verantwortlich für den Neubau der Statthalterei, Ölbild, undatiert (Konstanz, Münsterpfarramt, Foto: Franz Hofmann)

Der Bauverlauf des Jahres 1777 ist anhand der Berichte von Pater Joseph Keller gut zu rekonstruieren. Ende März haben die fleißigen Zimmerleute bei anhaltend guter Witterung bereits mehr als 100 Baum-»Stumpen« eingeschlagen, im April folgt die Erkundung eines Steinbruchs im unteren Rosenberg, wo man dann in der Folge die nötigen Bausteine gewinnt und mit Fronfuhren der bäuerlichen Untertanen zum Bauplatz führen lässt.[48] Im Mai wird die »Kuchelspeiskammer« aufgeführt und das Fundament zur Verlängerung des »Statthaltereÿgebäudes« gelegt, im Juni folgt die Erhöhung des Anstoßes, bei der man ein Gerüst einsetzt, sowie die Fertigstellung von Backöfen und Kamin im »Kuchelgebäude«. Gleichzeitig wird der Altbau der Statthalterei bis auf das Erdgeschoss abgetragen und sodann werden die beiden Hauptgeschosse von Altbau und Erweiterungsteil einheitlich neu gestaltet.[49]

Nachdem man zuvor 55 750 Ziegelsteine von der Ziegelbrennerei im Waldhof hergeschafft hatte, vermeldet Pater Joseph am 10. Juli seinem Prälaten, dass »Gott seÿe Danckh« der Dachstuhl glücklich aufgerichtet worden sei. Allerdings seien in der letzten Nacht bei starkem Regen die oberen Zimmer stark »benezet« worden, so dass der Pater am folgenden Morgen, um weitere Schäden zu verhindern, mit ho-

48 GLA KA 95/607, Bericht von P. Joseph vom 28.3.1777, Bericht von P. Franciscus (Übelacker) an den Prälaten zu Petershausen vom 1.4.1777

49 Ebenda, Berichte von P. Joseph vom 6.5., 4.6. und 13.6. 1777

hem Personaleinsatz rasch wenigstens den Altbau eindecken lässt.[50] Eine Woche später vermeldet der Pater Statthalter, dass das Dach jetzt aufgesetzt sei und in Gestalt der Frau Äbtissin von Wald, die mit drei weiteren Frauen ins Bad nach Überlingen unterwegs war, bereits die erste Neugierige den Herdwanger Bau besichtigt habe.[51]

Bis Anfang August wird das Kuchelgebäude weitgehend fertig gestellt und am »Gesimbs« sowie an den »Dachlichtern« des Hauptgebäudes gearbeitet.[52] Anfang September erfährt der Petershauser Prälat von der Arbeit an den Stiegen sowie weiter an den Taglichtern, also den Dachgauben, von denen sechs schon ganz und die weiteren sechs bereits weitgehend fertig gestellt seien. Die Maurer seien mit dem Verbindungsgang zum Kuchelgebäude, den Innenwänden sowie den Kaminen in der Kanzlei und den Gesindstuben beschäftigt.[53]

Am 21. September 1777 rechnet Pater Joseph mit den insgesamt sieben am Bau beteiligten Zimmergesellen ab, die es in Herdwangen auf zusammen 962 Arbeitstage bringen und dafür in bar einen Lohn von insgesamt 514 fl 5 x 1 h ausgezahlt bekommen. Vier von ihnen werden jetzt entlassen, die drei verbleibenden sollen noch die Stiegen und weitere Holzarbeiten vollenden. Offenbar noch vollzählig am Werk sind die Maurer, die die Dachgauben schließen, die Wände anwerfen und den Kamin aufführen. Bei der Probebefeuerung der neuen Kuchel entsteht allerdings eine zu starke Rauchentwicklung, so dass man auf Rat des technisch kundigen Petershauser Subpriors den zu gerade errichteten Kamin in die Krümme ziehen muss.[54]

Mitte Oktober wartet Pater Joseph dringend auf die offenbar von Petershausen zu liefernden Fenster und Türen, damit die am 28. Oktober abreisenden Maurer noch die beim Einbau zu erwartenden Schäden in den Mauern gleich wieder reparieren können. Die kleinen Gaubenfenster will er vom Pfullendorfer Glaser Jacob fertigen lassen, der für Arbeiten in der Statthalterei ohnedies ein Jahreskonto habe.[55] Im letzten erhaltenen Bericht vom 20. Oktober 1777 ist davon die Rede, dass der Prälat des »Saals« halber eine Abänderung befohlen habe, nach deren Ausführung der Raum dem Abt gewiss besser gefallen habe – ein deutlicher Hinweis darauf, dass der aus Pfullendorf stammende damalige Petershauser Reichsabt Georg Strobel einen sehr direkten und persönlichen Anteil am Herdwanger Bauprojekt nimmt.[56]

50 Ebenda, Bericht von P. Joseph vom 10.7.1777
51 Ebenda, Bericht von P. Joseph vom 17.7.1777
52 Ebenda, Bericht von P. Joseph vom 4.8.1777
53 Ebenda, Bericht von P. Joseph vom 4.9.1777
54 Ebenda, Bericht von P. Joseph vom 22.9.1777
55 Ebenda, Bericht von P. Joseph vom 13.10.1777
56 Zu Abt Georg Strobel (Amtszeit 1761–1786, † 1787) vgl. Gruber, Ewald: Klösterliche Karrieren im 18. Jahrhundert am Beispiel der drei Pfullendorfer Bürgersöhne Sebastian Hyller, Abt von Weingarten, Alphons und Georg Strobel, Äbte von Petershausen. In: Oberschwaben. Mitteilungen der Gesellschaft Oberschwaben J. 6, 2004, S. 28–56, hier S. 43 ff.; Groner, Josef (Hg.): Die Chroniken der Stadt Pfullendorf, Pfullendorf, 1982, S. 299 ff.; die Portraits der beiden aus Pfullendorf stammenden Petershauser Äbte Alfons und Georg Strobel sind bei Groner, Abb. 31 und 32, irrtümlich vertauscht. Vgl. auch Hofmann, Franz: Sieben barocke Abtsporträts im Münsterpfarramt Konstanz. In: HEGAU 67, 2010, S. 99–110, hier S. 105–109

Am Vortag habe Pater Joseph die zuletzt noch verbliebenen drei Zimmerleute mit einem Lohn von nochmals 38 fl 20 x entlassen, die Maurer sollen vor ihrem für das Ende der Woche geplanten Weggang auf Befehl des Prälaten noch die Feuerschau vornehmen. Noch immer hofft der Pater Statthalter auf die rechtzeitige Ankunft der Fenster vor der unmittelbar bevorstehenden Winterpause am Bau.[57]

Nach diesem Bericht vom 20. Oktober 1777 schweigen die Quellen zum Herdwanger Statthaltereibau für nahezu eineinhalb Jahre. Die nächste bisher bekannte archivalische Spur findet sich mit der »Herdwangische[n] Statthaltereӱ-Bau-Rechnung« für den Zeitraum vom 7. März bis 26. Juni 1779, die weitere Ausgaben für das Gebäude in Höhe von 844 fl 24 x 1 h ausweist.[58] Neben Sachausgaben für Kalk, Ziegelwaren, darunter 6400 Steine, 775 »Besez-Blättlein« und 500 Dachplatten sowie Nägel, Blech, Leim, Blei und Eisenfarbe fallen Taglöhne von zusammen 656 fl 18 x 3 h für insgesamt immerhin 23 Maurer und Handlanger an, wobei ein Teil des Personalaufwands allerdings auf Baumaßnahmen an der Ziegelhütte im Waldhof entfällt. Der »Balier« erhält dabei 64 fl für 80 Arbeitstage, zwei Handlanger dagegen nur zusammen 48 fl für 120 Tage. In einem weiteren Bericht vom 27. Juni 1779 vermeldet Pater Joseph dem Petershauser Abt, dass die Maurer zwei Tage zuvor ihre Arbeit in Herdwangen vollbracht hätten. Die Löhne habe er ebenso wie die Baumaterialien bar beglichen und mit Bewilligung des Prälaten über die Abtskasse (»camera abbatialis«) abgerechnet. Obgleich die Schreiner, Glaser und Hafner ihre Arbeit noch nicht abgeschlossen hätten, habe das ganze Gebäude nunmer eine gute Gestalt und er, der Pater Statthalter, zweifle nicht daran, dass der Prälat »seinerzeit«, also wohl bei einem bevorstehenden Besuch, ein hohes Vergnügen daran haben werde. Bedauerlicherweise seien die Öfen noch nicht eingetroffen, um in Gegenwart der Maurer noch eingebaut zu werden. Angesichts der herrschenden regnerischen und frischen Witterung wären sie ihm sehr angenehm gewesen.[59]

Weitere Auskunft über den Herdwanger Statthaltereibau gibt schließlich noch ein auf 1780 datierter und vom Konstanzer Baumeister Peter Nenning[60] gezeichneter kolorierter Aufriss des Verwaltungsbaus nebst Grundrissen von Erdgeschoss und Obergeschoss des Hauptgebäudes und des angrenzenden Kuchelbaus.[61] Die Datierung von 1780 muss überraschen, war doch, wie geschildert, der Bau bis Sommer 1779 weitestgehend abgeschlossen. Auch tritt Peter Nenning in den gesichteten Bauunterlagen nie namentlich in Erscheinung, als Baufachmann wird vielmehr vielfach, wie noch zu schildern sein wird, der technisch vielseitige Petershauser Subprior

57 GLA KA 95/607, Bericht von P. Joseph vom 20.10.1777

58 GLA KA 62/9860, Herdwangische Statthalteréy-Bau-Rechnung 1779

59 GLA KA 62/9860, Bericht von P. Joseph zu Herdwangen an den Reichsprälaten zu Petershausen vom 27.6.1779

60 Zum Maurermeister Peter Nenning (1736–1825), der u.a. bei Bagnato d. J., Pigage und d'Ixnard als Zeichner tätig war, vgl. Appuhn-Radtke/Schwarzmann, a. a. O. 1983, S. 161, Anm. 24

61 GLA KA Pläne G Herdwangen/1 – aus den Akten 209/139, Aufriss und Grundriss eines Gebäudes zu »Herdwangen für Petershausen« mit Aufriss der Vorderfassade sowie Grundrissen von Erdgeschoss und Obergeschoss, gefertigt von Peter Nening 1780, »No. 2«

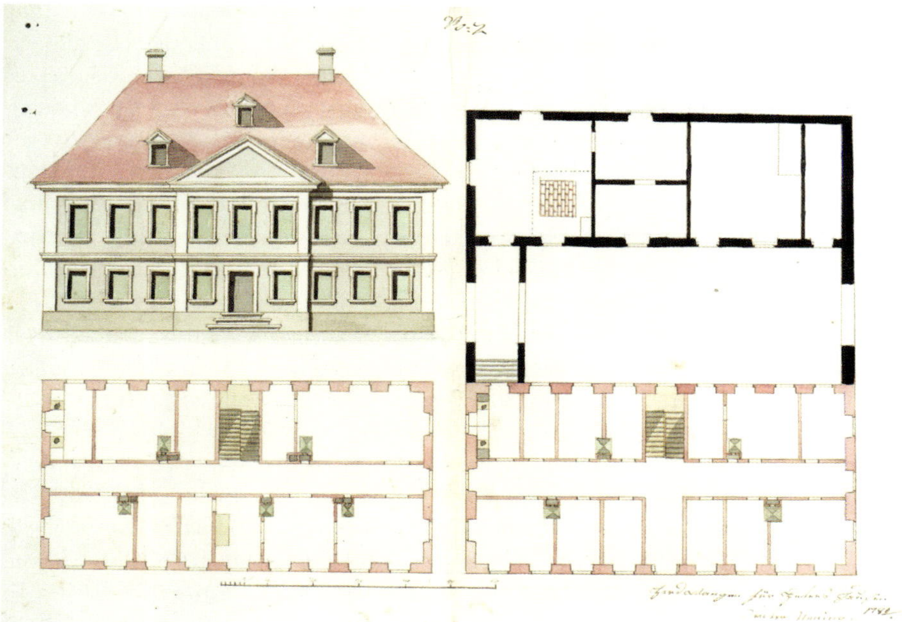

Grund- und Aufriss der neuen Statthalterei in Herdwangen, gefertigt von Baumeister Peter Nenning 1780 (Generallandesarchiv Karlsruhe, G Herdwangen/1)

P. Franz Übelacker herangezogen. Trotz einiger Abweichungen zur baulichen Realität – so etwa ein ausgeprägter Mittelrisalit und eine zumindest im Aufriss streng symmetrisch ausgerichtete Mittelachse – handelt es sich bei den Rissen zweifellos um das Herdwanger Amtshaus, dessen Innengliederung mit mittigem Treppenhaus, Öfen und Kaminen annähernd detailgetreu wiedergegeben ist; auch das mit einem Gang verbundene, angrenzende Kuchelgebäude und der dadurch entstehende Innenhof mit Torzufahrt »stimmen«.

Derzeit nicht zu klären ist weiterhin die lange Zeitlücke zwischen dem Abschluss des Rohbaus im Herbst 1777 und der endgültigen Fertigstellung des Gebäudes im Sommer 1779. Hat der Bau im Jahr 1778 zum Austrocknen oder aus finanziellen Gründen geruht, wurden – möglicherweise auf Wunsch des Prälaten – abermals Änderungen vorgenommen oder zog sich der aufwändige Innenausbau einfach über mehr als ein Jahr hin?

Eine kunstgeschichtliche Beschreibung des damaligen markgräflich-badischen Rentamts aus dem Jahr 1887 verweist auf eine gehobene, ja vornehme Innenausstattung mit stuckierten Decken und über den Türen als Supraporten angebrachten Gemälden mit als »leidlich gut« bewerteten Tierszenen. In einem Raum befinde sich ein weiß glasierter »Thonofen« mit dem Petershauser Wappen, der Hauptsaal sei mit drei guten »Fruchtstücken«, also wohl Frucht-Stillleben, und zwei »Thierstücken«, d.h. Tiergemälden, die allesamt auf das 17. Jahrhundert datiert werden, geschmückt;

hinzu kommen noch zwei Ansichten des Dorfes Herdwangen und eine Darstellung des Waldhofs nebst Weiher, angeblich aus der Zeit um 1630. Über der Tür schließlich sei ein getriebenes Eisengitter mit dem fürstäbtlichen Wappen. Es darf durchaus bedauert werden, dass diese kostbare Innenausstattung bei diversen Umbaumaßnahmen während der kommunalen Nutzung nahezu vollständig verloren gegangen ist.[62]

Auch wenn man die Mehrfachnutzung der »Statthalterei« durch den Pater Statthalter, den Pfarrvikar, die Amtskanzlei, das durchaus umfangreiche Dienstpersonal sowie die Verbindung mit einer großen Kameralökonomie berücksichtigt, erscheinen die Dimensionen des Gebäudes für einen bloßen Verwaltungsbau ungewöhnlich stattlich und repräsentativ. Die Erklärung könnte in einer zusätzlichen Nutzungsabsicht durch den Petershauser Prälaten, die dortige Mönchsgemeinde sowie deren vielfach ranghohe Gäste liegen. Verwiesen wurde bereits auf das ausgeprägte Interesse des Abts am Herdwanger Bauprojekt bis hin zu auf dessen Geheiß vorgenommenen baulichen Änderungen am großen Saal.

Im September 1777 ist in einem Schreiben des Paters Statthalter von einem noch im Herbst geplanten Besuch der Prälaten in Herdwangen die Rede, den der Abt bitte rechtzeitig ankündigen möge, damit das in Unordnung befindliche Haus noch soweit als möglich gesäubert werden könne.[63] Ausweislich der Amtsrechnung von 1779/80 befinden sich im Gebäude mehrere Gastbetten, und unter den beherbergten und mit erlesenem Wein und Speisen bewirteten Gästen sind u. a. der Konstanzer Dompropst sowie Gesandte des Fürstenhauses Fürstenberg.[64] Auch der bereits genannte Lakai in Livree ist wohl eher mit Blick auf diese externen Gäste denn zur Aufwartung für den Pater Statthalter oder den Amtmann zu sehen.

Die verrechneten Getränke und Speisen, darunter Fisch, Spargel, Zitronen, Tauben, Kapaunen, Burgunderwein, Pfeffer, Tabak, »Selzer Wasser«, »Gebbinger Wasser« und »Chilhowischer Lebensessenz«, deuten auf einen absolut gehobenen Konsum, der der bäuerlichen Herdwanger Bevölkerung, den wohlhabenderen Lehensbauern ebenso wie den armen Söldnern, gewiss gänzlich unvertraut war. Genannt werden schließlich noch zwei »Caffee-Käntl pro Reverendissimo«, also für den hochwürdigsten Herrn, hinter dem sich wohl der Reichsprälat verbergen dürfte, für den damit offenbar ein eigenes Kaffee-Geschirr in der Statthalterei bereit stand.

Die Vermutung sei gewagt, dass sich der Petershauser Abt mit der schlossartigen Herdwanger Statthalterei eine Art Sommer- und Nebenresidenz im Hinterland des Bodensees schaffen wollte – wie dies etwa auch die Benediktineräbte von Zwiefalten in Ehrenfels und Mochental unternommen haben.

62 Kraus, Franz Xaver: Die Kunstdenkmäler des Kreises Konstanz, Freiburg (Breisgau) 1887; es muss allerdings offen bleiben, ob die mobilen Teile der Innenausstattung, namentlich die diversen Gemälde, tatsächlich auf das Kloster Petershausen zurückgehen oder erst während der Nutzung des Hauses als markgräfliches Rentamt dorthin gelangt sind.

63 GLA KA 95/607, Bericht von P. Joseph zu Herdwangen an den Reichsprälaten zu Petershausen vom 28.3.1777

64 GLA KA 62/9860, Herdwanger Rechnung 1779/80

Pater Franz Übelacker und das Herdwanger Bauprojekt

Mit dem Neubau der Statthalterei gelangt Herdwangen kurzzeitig in eine intensive Verbindung zu einer der interessantesten und zugleich schillerndsten Persönlichkeiten der Klosterwelt des 18. Jahrhunderts in Südwestdeutschland, zu Pater Franz Übelacker. Der spätere Mönch wurde am 24. Juni 1742 in Meersburg unter dem Namen Johann Georg als Sohn des Johann Georg Übelacker und dessen Ehefrau Joanna Eva Diesling getauft.[65] Nach dem Besuch mehrerer höherer Schulen, um Philosophie, die Moral, die Rechte, die Diplomatik, Mathematik und Chemie zu studieren, tritt er 1761 unter dem Klosternamen Franz (Franciscus) in Petershausen ein, wo er 1764 die Profess ablegt.

Aufgrund seiner guten Handschrift wird er in der Kanzlei des Klosters eingesetzt und kommt dabei in Berührung mit dem langwierigen Prozess der Abtei mit dem Haus Fürstenberg, der ihn fortan durch seine gesamte klösterliche Laufbahn hindurch beschäftigt. Die erforderlichen Einblicke in das Klosterarchiv verbindet er gleich mit dessen Ordnung. Außerdem unterweist er die Klosterschüler in Dichtkunst und Rhetorik. 15 Monate früher als vorgesehen erhält Übelacker die Priesterweihe und wird damit zu Pater Franz.

Einen neuen Beweis seiner verblüffenden Vielseitigkeit gibt Übelacker, als er dem berühmten herzoglich-württembergischen Architekten Philippe de la Guêpière als Dolmetscher beigegeben wird, als dieser – neben anderen Architekten – Pläne für einen Neubau des Klosters entwirft. Die Dimensionen seiner Planungen liegen mit einem Kostenvolumen von 2 Millionen fl jedoch weit über dem für die kleine Reichsabtei Tragbaren, und die Verbindung mit dem französischen Baumeister endet schließlich in einem Streit um Honorarforderungen Guêpières für Reisekosten und Entwurfszeichnungen.

Als ein Vergleich das Stift zur Bezahlung der Hälfte der erhobenen Honorarforderungen und zur Rückgabe der Entwürfe verpflichtet, hat Übelacker die Zeichnungen zuvor noch zu kopieren. Über dieser Betätigung wird er selbst zum Experten in Bau- und Konstruktionsfragen, der schließlich seinerseits Entwürfe für den sodann auf dieser Grundlage in Angriff genommenen Klosterneubau vorlegt. Neben seiner Architektentätigkeit und der Bauaufsicht während des drei Jahre bis 1772 dauernden Neubaus der Abtei versieht Pater Franz überdies das Sekretariat von Abt und Konvent und wird zum wichtigsten und vertrauten Mitarbeiter von Reichsprälat Georg Strobel.

1772 wird Übelacker nach Wien beurlaubt, um dort für seine Abtei verschiedene Prozesse vor dem Reichshofrat zu betreiben – u. a. mit St. Blasien um das ehemali-

65 Motz, a. a. O. 1983, S. 160, Anm. 11; weiter zur Biographie Übelackers: Spahr, P. Gebhard: Zur Geschichte der Benediktinerabtei Petershausen 983–1802. In: Appuhn-Radtke/Schwarzmann, a. a. O. 1983, S. 9–40, hier S. 36 ff.; Klein, Joseph: P. Franz Übelacker, der Baumeister des Klosters Petershausen. In: Bodensee-Chronik, Beilage zur »Deutschen Bodensee-Zeitung«, 20. J., 1931, S. 25–26, 31–32 und 34–35

ge Wilhelmiten-Klösterlein in Mengen, mit der Stadt Konstanz bzw. Österreich um die Reichsunmittelbarkeit des Klosters und dessen Belegung mit Abgaben, mit dem Haus Fürstenberg, der Reichsstadt Überlingen sowie mit der österreichischen Landgrafschaft Nellenburg um den Status der Petershauser Untertanenorte Roth und Sauldorf.[66]

Daneben absolviert er in Wien einen Bildungsaufenthalt mit dem Besuch der Sternwarte und von Vorlesungen zum Staatsrecht an der Theresianischen Akademie, außerdem gilt sein Interesse den orientalischen Sprachen, der Mathematik und den Naturwissenschaften. Für die Bibliothek seiner Abtei erwirbt Übelacker zahlreiche Werke zum Staatsrecht und zu naturwissenschaftlichen Disziplinen, die modernsten mathematischen und naturwissenschaftlichen Instrumente sowie eine bemerkenswerte Naturaliensammlung, die Übelacker auf Reisen nach Böhmen, Leipzig und Ungarn gezielt erweitert.

1776 ist er wieder in Petershausen, ordnet die auf seiner Reise erworbenen Petrefakte zu einem der damals bedeutendsten Naturalienkabinette,[67] unterrichtet den klösterlichen Nachwuchs in Naturrecht und Naturkunde und widmet sich abermals, u. a. mit Reisen nach Freiburg, Donaueschingen und St. Blasien, dem Prozess mit Fürstenberg, der schließlich mit einem Vergleich endet und Petershausen 1776 gegen die erwähnten Zahlungen und Besitzabtretungen die Hochgerichtsbarkeit im Herdwanger Bereich einträgt. Die für den Vergleich erforderlichen beträchtlichen Gelder beschafft Übelacker seiner Abtei bei Reisen nach Schaffhausen, Zürich und St. Gallen.[68]

Eine weitere Aufgabe wächst dem vielbeschäftigten und vielseitigen Benediktiner, der mittlerweile in seinem Kloster zum Subprior aufgestiegen ist, 1777 mit der fachlichen Betreuung des Herdwanger Statthaltereineubaus zu. Pater Joseph ersucht den Prälaten immer wieder um die Entsendung von Pater Franciscus, dessen Beratung und Unterstützung in allen nur denkbaren Baufragen er offenkundig als unverzichtbar erachtet.

Anfang April 1777 ist Übelacker bei der Erkundung eines geeigneten Steinbruchs für den Statthaltereineubau behilflich und findet tatsächlich im unteren Rosengarten eine geeignete Stätte – dank der angewandten Prinzipien der Naturgeschichte, wie er seinem Abt mit unverkennbarem Stolz berichtet. Die Qualität und Ergiebigkeit des Steinbruchs stuft er als so bedeutend ein, dass »Seine Hochwürden und Gnaden nicht nur ganz Herdwangen, sondern auch Petershausen davon bauen können«. Die Einwände des Herdwanger Ammanns, dem mit Blick auf die Fronpflicht der dörflichen Untertanen ein näher beim Ort gelegener Steinbruch angenehmer wäre, weist der Subprior zurück und beharrt auf der Ausbeutung der gefundenen

66 Klein, a. a. O. 1931, S. 34

67 Musper, Theodor: Das Reiseskizzenbuch des Joseph Anton Koch aus dem Jahre 1791. In: Jahrbuch der preußischen Kunstsammlungen 35, 1935, S. 167–193

68 Spahr, a. a. O. 1983, S. 37; Klein, a. a. O. 1931, S. 34

Stätte zum Nutzen des Stifts – und »führen die Bauern daran, so lange sie wollen«.[69]

Bereits drei Wochen später fordert der Pater Statthalter den baukundigen Subprior ein weiteres Mal an, der bei der Gewinnung des für den Bau erforderlichen Holzes jetzt aber auf die Fronverweigerung der Untertanen in Sauldorf und Rast stößt und hier, wie noch zu schildern sein wird, zu recht drakonischen Maßnahmen zu greifen willens ist.[70] Mitte Juli soll auf Bitten von Pater Joseph der Subprior abermals nach Herdwangen entsandt werden, um wegen der »Tachlichter«, des Gesims und Aufzugs die nötigen Veranstaltungen zu treffen.[71]

Nachdem Übelacker Mitte August offenbar erneut in Herdwangen gewesen ist, bittet Pater Joseph Anfang und Mitte September abermals um seine Entsendung, da man u.a. zum allzu viel Rauch absondernden Kuchelkamin dringend seinen Rat benötigt.[72] Pater Franz Übelacker ist der Experte und hilfreiche Beistand in allen Problemlagen des Herdwanger Bauprojekts, das damit, zumindest in seiner Ausführung, zu einem ganz wesentlichen Teil als sein Werk anzusehen ist.

Ungeachtet seiner auch am Herdwanger Bauvorhaben sichtbaren Unentbehrlichkeit für die Reichsabtei in allen baulichen und darüber hinaus auch allen rechtlichen Fragen stößt Übelacker mit seinem selbstbewussten und energischen Auftreten offenkundig auf wachsende Widerstände in seiner Mönchsgemeinschaft. Ein Biograph konstatiert bei ihm eine »ungestüme Art, Reformen einzuführen und mit Traditionen aufzuräumen«.[73] Zu einer erneuten Wien-Reise, wiederum in einer Prozessangelegenheit, ist er 1780 erst nach einer Vertrauensbekundung des Konvents bereit.

Nach seiner Rückkehr nach Petershausen im Jahr darauf kommt es gleichwohl zum Bruch mit seinen Mitbrüdern, und Übelacker geht in die fürstenbergische Residenzstadt Donaueschingen, um dort als Geistlicher Rat und Studiendirektor die Leitung des 1778 gegründeten Gymnasiums zu übernehmen und dem Fürsten überdies als Bibliothekar und Historiograph zu dienen.[74] Die nachgesuchte Säkularisation, also die Entlassung aus den Mönchsgelübden und der Übertritt in den Weltpriesterstand, wird ihm durch päpstliches Breve vom 15. März 1783 gewährt.

Nachdem er mit seinen schulischen Reformbemühungen offenbar in Donaueschingen nach dem Tod des alten Fürsten auf Widerstände stößt, verlässt er im Juni 1783 mit einer jährlichen Pension von 600 fl auch diese Wirkungsstätte. Sein weiterer, im Einzelnen noch zu erforschender Werdegang bleibt offenkundig mit einer gewissen Unstetigkeit behaftet: 1785 taucht Übelacker als Baudirektor an einer neuen Tabak- und Puderfabrik in Singen auf, und in der Folge hält sich Abbé Georg Übelacker, der nach der Säkularisation wieder seinen Taufnamen angenommen hat, in Wien

69 GLA KA 95/607, Bericht von P. Franciscus aus Herdwangen an den Reichsprälaten zu Petershausen vom 1.4.1777

70 Ebenda, Berichte von P. Joseph an den Reichsprälaten vom 21.4.1777 und von P. Franciscus an denselben vom 1.5.1777

71 Ebenda, Bericht von P. Joseph vom 17.7.1777

72 Ebenda, Berichte von P. Joseph vom 14.8., 4.9. und 22.9.1777

73 Klein, a. a. O. 1931, S. 35

74 Ebenda, S. 34–35; Spahr, a. a. O. 1983, S. 37–38

und späterhin in Graz im Ruhestand auf, wo er 1800 außer der fürstenbergischen Pension noch eine weitere von Kaiser Joseph II. für geleistete besondere Verdienste bezieht.[75]

Aus dem ehedem eifrigen Mönch wird unter dem Einfluss der Aufklärung und wohl auch eigener Erfahrungen ein entschiedener Gegner des Klosterwesens. Seine Abwendung von der klösterlichen Lebensweise gipfelt 1784/85 in einer publizistischen Kontroverse Übelackers mit den schwäbischen Reichsprälaten. Unter dem Pseudonym Johann Kleeraube, einer Buchstaben-Variation des Namens Übelacker, erscheint 1784 zunächst die Streitschrift »Der von seinem Ursprunge an bis auf diese Stunde in seiner Blöße dargestellte Mönch oder Frag: Was sind Prälaten? Antwort: Sie scheinen, was sie nicht sind und sind, was sie nicht scheinen usw.«, bei der sich die Forschung allerdings bis heute nicht ganz sicher ist, ob Übelacker tatsächlich der Verfasser ist oder ob ihm die Schrift nur »untergeschoben« wurde.[76] Die Äbte werden darin als Heuchler, Schlemmer, Verschwender, Faulenzer und als von Größenwahn befallene, entartete Mönche dargestellt; verschiedene Prälaten, darunter Abt Anselm II. von Salem und Abt Georg von Petershausen, werden zwar nicht namentlich, aber gleichwohl indirekt persönlich angegriffen.

Es folgt noch im selben Jahr eine 164 Seiten starke polemische Gegenschrift der Angegriffenen wider »Johann Georg Übelacker, ehemaligen Pater Franz, Benediktiner der unmittelbaren freyen Reichsabtey Petershausen«, dem schändlicher Undank gegen Prälat Georg und das Kloster Petershausen und niederträchtige Charakterlosigkeit vorgeworfen wird. Jahrelang habe er die Petershauser Klosterzucht und die Rechte des Stifts mit Urkunden und Dokumenten überall verteidigt, und nun, nach kürzester Zeit, posaune er das Gegenteil in die Welt hinaus. Der Schlagabtausch geht 1785 weiter mit der in Leipzig gedruckten Kampfschrift »Abgenötigte Ehrenrettung des Herrn Abbé Übelacker«, mitgeteilt von »einer Gesellschaft seiner Freunde«.[77]

Konflikte um Untertanen-Fronen für den Statthalterei-Neubau

Nicht unerwähnt darf abschließend bleiben, dass der Herdwanger Statthaltereibau von 1777/79 mit den damit verbundenen bäuerlichen Frondiensten der Auslöser von massiven Konflikten zwischen der Abtei Petershausen und ihren Untertanen war. Vergleichweise pflegeleicht sind dabei die Fronpflichtigen aus dem Amtsort Herdwangen selbst, die die von ihnen geforderten Fuhr- und Handdienste gegen Leistungen der Herrschaft in Gestalt von Zehrungen und Essen zu erfüllen bereit sind. Eine entsprechende, von Ammann und Dorfpfleger für das innere Amt vorgetragene untertänige Bitte an den Reichsprälaten wird vom Pater Statthalter ausdrücklich unterstützt, da die Leute sich bisher in allen Stücken willfährig und fleißig gezeigt hät-

75 Motz, a. a. O. 1983, S. 161, Anm. 11; Klein, a. a. O. 1931, S. 35. Ausführlich zum Werdegang von Übelacker vgl. Weber, Edwin Ernst: Vom klösterlichen Aufklärer zum Gegner des Mönchtums. Der Petershauser Benediktiner Franz Übelacker. In: Bechler, Katharina, und Schiersner, Dietmar (Hg.): Aufklärung in Oberschwaben (im Druck)

76 Motz, a. a. O. 1983, S. 161, Anm. 11; Klein, a. a. O. 1931, S. 25 und 35

77 Ebenda

ten und auch in Zukunft alle Treue und Pflichten wahrer Untertanen zu erfüllen bereit seien.[78]

Weitaus renitenter gebärden sich die Untertanen aus den Ortschaften Sauldorf, Roth und Rast, die die für den Neubau geforderten Frondienste offenkundig weitgehend verweigern und überdies auch kein Bauholz aus ihren kommunalen Waldungen abgeben wollen. Pater Franz Übelacker begegnet im Mai 1777 dieser Verweigerung mit durchaus brachialen Methoden: Die vermeintlichen vier Hauptrebellen aus Sauldorf lässt er 28 Stunden lang bei Wasser und Brot einsperren, bis sie schließlich um Verzeihung bitten und die Frondienste aufnehmen.

Einer der vier, »der böse Wicht«, macht sich allerdings alsbald aus dem Staub, nachdem er eine Erkrankung simuliert hatte. Dem Sauldorfer Ammann gibt Übelacker den Auftrag, die zum Fronen Bereiten und ebenso die Verweigerer in Listen eintragen und unterschreiben zu lassen, um auf diese Weise die Willfährigen von den »Renitenten« abzusondern. Empört ist er darüber, dass die Sauldorfer Untertanen bei der Sigmaringer Hochgerichtsherrschaft ein »Schand-Memorial« eingereicht hätten und die fürstliche Regierung sodann tatsächlich interveniert habe.[79]

In ihrem Widerstand gegen die missliebigen Frondienste nutzen die konflikterfahrenen Untertanen aus Sauldorf und aus Rast die herrschaftliche Gemengelage und wenden sich klagend an die »Nebenobrigkeiten« im hohenzollerischen Sigmaringen und im vorderösterreichischen Stockach, die Herrschaftsrechte im petershausischen Territorium beanspruchen. Der Sauldorfer Ammann berichtet Übelacker, dass sich drei Söldner seines Dorfes mit dem Messner an der Spitze, allesamt verbohrte und sozusagen rebellische Anführer, nach Stockach gewandt hätten, um sich dort wegen der von Petershausen geforderten Fronen zu beklagen. Die Raster hätten gar zur Selbsthilfe gegriffen und die acht vom Herdwanger Statthalter zum Einschlag von Bauholz entsandten Holzmacher mehrfach aus ihrem Gemeindewald vertrieben und keine Axt anlegen lassen.

Angesichts solcher Widerspenstigkeit setzt der Petershauser Subprior auf »Schärfe und Strafe«, um »diese theils unbiegsame[n], theils dreiste[n] Unterthanen« zum Gehorsam zu bringen. Sofern der Prälat zustimmt, will er verschiedenen Amtstagen beiwohnen und damit den Anfang machen, dass die drei Hauptrebellen aus Rast sowie die drei Sauldorfer, die den Rekurs nach Stockach genommen haben, neben einer Geldbuße auch mit einer körperlichen Strafe belegt werden. Die Raster sollen dabei vier Monate lang in »Schellen« am Statthaltereibau arbeiten, nachts stets eingesperrt werden und überdies »zum Willkommen« mit zwölf Streichen begrüßt werden. Mit den Sauldorfern möchte er etwas gelinder verfahren und hält einen einmonatigen Strafeinsatz für ausreichend. Die zum Fronen willigen Sauldorfer will er überdies durch die Gewährung von Gegenreichnissen gleich den Herdwangern motivieren. Vom Herdwanger Schmied will Übelacker noch am selben Tag die benötig-

78 GLA KA 95/607; Bericht von P. Joseph zu Herdwangen an den Reichsprälaten von Petershausen vom 21.4.1777

79 Ebenda, Bericht von P. Franciscus zu Herdwangen an den Reichsprälaten von Petershausen vom 1.5.1777

ten »Schellen« anfertigen lassen, und das bisher noch fehlende bürgerliche Gefängnis soll im Keller des alten Pfarrhofs eingerichtet werden.

Der zu befürchtenden Intervention von Seiten Hohenzollerns oder Vorderösterreichs angesichts solch drakonischer Maßnahmen begegnet Übelacker mit dem Hinweis, dass, je länger man solche Schritte befürchte, umso dreister die Untertanen würden. Widerspruch erntet Pater Franz vom Petershauser Amtsverwalter, der anstelle der vom Subprior geforderten horrenden 30 Taler dem Herkommen gemäß keine Strafe über 10 Pfund Heller verhängt haben will.[80] Die interessanterweise vom Aufklärer Pater Franz Übelacker geforderte brachiale Vorgehensweise gegen renitente bäuerliche Untertanen scheitert in der Folge wohl am Widerstand des Prälaten, der sich der Risiken einer solchen Konfliktstrategie sowohl im Hinblick auf die Nachbarherrschaften wie auch einer Eskalation des bäuerlichen Widerstands bewusst gewesen sein dürfte.

Der Konflikt um die Untertanen-Fronen für den »Statthalterei«-Bau erscheint mehr als 20 Jahre später sogar den badischen Besitzergreifungs-Kommissaren erwähnenswert:[81] Ihrem Bericht aus dem Jahr 1802 zufolge haben die Untertanen von Sauldorf und Roth gegen die ihnen abverlangten Frondienste bei der Errichtung des »Statthältereÿ-Gebäudes« in Herdwangen Widerspruch erhoben und seien mit ihrer Verweigerung vom Fürsten von Hohenzollern-Sigmaringen und dem österreichischen Oberamt in Stockach »begünstigt« worden. Auch auf die »Ausnahme« der Untertanen von Rast und Oberndorf von der Fronpflicht zu Gunsten von Petershausen wird ausdrücklich hingewiesen.

In den folgenden Monaten des Jahres 1777 verschont der darob hoch zerknirschte Pater Statthalter seinen Prälaten in kaum einem Bericht mit weiteren, zumeist negativen Nachrichten von der Verweigerungsfront in Sauldorf, Rast und Roth. Nachdem er am 6. Mai vermelden konnte, dass sich die Sauldorfer des Fronens halber entgegenkommender verhielten und sich bereits alle schriftlich zum Gehorsam verpflichtet hätten, ersucht er den Abt bereits fünf Tage später um einen Untersagungsbefehl (»Mandatum inhibitorium«), der die Untertanen von Roth bei Strafe von 10 Pfund Mark Silber zu Extraordinari-Frondiensten auffordert.[82]

Im nächsten Bericht vom 16. Mai macht er die positive Vermeldung, dass klösterliche Bedienstete im Raster Wald Brennholz gefällt und aufgeschichtet hätten, ohne auf Widersetzlichkeiten der dortigen Untertanen zu stoßen. Andererseits seien aus Sauldorf Joseph Restle und Philipp Renz zusammen mit ihrem Advokaten Futerer neuerlich nach Sigmaringen gegangen und hätten dort ein Schreiben der fürstlichen Regierung erwirkt. Anschließend sei in Sauldorf die ganze Gemeinde zusammengerufen und bei schärfster Strafe streng instruiert worden, über die Ordinari-Fronen, also die regulären und festgeschriebenen Dienste, hinaus Petershausen und

80 Ebenda, Bericht von P. Franciscus zu Herdwangen an den Reichsprälaten von Petershausen, o. D. (um den 1.5.1777)

81 GLA KA 229/82936, Punkt 43

82 GLA KA 95/607, Berichte von P. Joseph an den Reichsprälaten vom 6. und 11.5.1777

damit konkret für den Statthaltereineubau keine außerordentlichen Fronen zu leisten.

Pater Joseph bittet den Abt inständig, in Bälde die »Haupt-Rädelsführer« und sonstigen Renitenten, unter denen der Wirt in Sauldorf nicht der Mindeste sei, zur wohlverdienten Strafe zu ziehen. Anderenfalls sei zu befürchten, dass »diese Wiedersezlichkeit [...] allgemein werden [dürfte]«. In Roth seien bislang von den Bauern jeweils nur eine einzige Ordinarifron und von den zwei Tagwerkern jeweils drei Frondienste geleistet worden, alles übrige sei noch rückständig. Die Sauldorfer Bauern wiederum hätten von fünf jeweils nur eine Fron geleistet, der dortige Wirt, der wegen des von Fidelis Nesensohn übernommenen Guts jährlich zu zehn Diensten verpflichtet sei, habe bislang nur zwei verrichtet, und die dortigen Söldner hätten mit Ausnahme von zweien bisher an drei Tagen ihre Dienste erfüllt. »Mir ist es von Herzen leÿd«, grämt sich der Pater Statthalter, »daß [ich] Ewer Hochw[ürden] und Gnaden immerhin mit vertrussvollen Berichten beschwehrlich fallen mus. Der guethige Himmel wird endlichen das Übel auch abwenden.«[83]

Das Eingreifen des Himmels gegen die widersetzlichen Untertanen bleibt indessen aus, und so muss der geplagte Pater Statthalter seinem Prälaten am 4. Juni von den nächsten »boshaftesten Wiedersezlichkeiten« der gehuldigten Untertanen und zumal von Renitenzakten des Wirts und des Messners in Sauldorf berichten. Für den Erstgenannten wäre es eine angemessene Strafe, wenn man ihm das in Petershausen aufgenommene Darlehen kündige und gleichzeitig eine Kapitalaufnahme anderenorts untersage, künftig den Wein anschneide und von Seiten des Klosters und dessen Bediensteten seine Gaststätte boykottiere. Im Fall des Messners empfiehlt er die Entlassung aus dem Dienst.[84]

Im Bericht vom 4. September ist von einer immer weiter anwachsenden Bosheit und Pflichtvergessenheit der Untertanen in Sauldorf und Roth sowie unaufhörlichen, gewalttätigen Eingriffen des vorderösterreichischen Oberamts Stockach in die Petershauser Gerechtsame die Rede. Neben den verweigerten Frondiensten geht es jetzt um den jährlichen Stockfeldzins, die Vogtrechtsabgabe sowie den »Erdäpfel«-Zehnten, die von den »wiederspänstige[n] Unterthanen« in Frage gestellt würden, obgleich Petershausen diese Leistungen seit wenigstens eineinhalb Jahrhunderten ruhig bezogen habe.[85]

Auch in der weiteren Korrespondenz bleiben Lamenta über die renitenten Untertanen in Sauldorf, Roth und Rast sowie rechtswidrige Eingriffe von Seiten der vorderösterreichischen Behörden zum unsäglichen Leidwesen des Paters Statthalter ein ständiges Thema.[86] Es scheint, dass die Sauldorfer, Raster und Rother mit ihrer durch die höchst eigennützigen Interventionen von Nachbarherrschaften begünstigte Verweigerungshaltung tatsächlich Erfolg haben und keine Frondienste zum Bau der

83 Ebenda, Bericht von P. Joseph vom 16.5.1777

84 Ebenda, Bericht von P. Joseph vom 4.6.1777

85 Ebenda, Bericht von P. Joseph vom 4.9.1777

86 Ebenda, Bericht von P. Joseph vom 13.10.1777, als weiteres Beispiel

Herdwanger Statthalterei leisten. So unangenehm und unbegreiflich diese »Renitenz« aus herrschaftlicher Sicht auch sein mochte, aus bäuerlicher Perspektive machte sie durchaus Sinn: Jeder Frondienst für die Herrschaft bedeutete für die bäuerlichen Leistungspflichtigen einen Zeit- und Arbeitsverlust für den eigenen Hof und die eigene Landwirtschaft.

Auch höhere Gegenleistungen, wie sie etwa die Herdwanger Fronpflichtigen zu erwirken vermochten, konnten hier letztlich nur einen unzulänglichen Ausgleich bieten. Die nachlässige Ausführung von Fronverpflichtungen, die Entsendung von Kindern, aber auch versteckte oder offene Fronverweigerungen sind deshalb im Zeitalter der feudalen Agrarverfassung weit verbreitet und begegnen in ganz besonderem Ausmaß bei den vielfach exorbitanten Fronforderungen an die Untertanen im Zusammenhang mit der Errichtung barocker Repräsentativbauten in Gestalt von Klosteranlagen, Kirchen, Schlössern und anderen herrschaftlichen Gebäuden.[87]

Bleibt die Frage, warum die Untertanen des Amtsorts Herdwangen sich diese Fron-Renitenz nicht »leisten«, sondern unter Einforderung etwas höherer Gegenleistungen offenbar die von ihnen verlangten Dienste bereitwillig erbringen. Die Erklärung könnte im weitaus höheren ökonomischen Nutzwert des klösterlichen Verwaltungssitzes für die unmittelbaren Anlieger denn für die entfernten Untertanen im »äußeren Amt« liegen. Nicht wenige Herdwanger standen als Bedienstete, Hilfskräfte oder Taglöhner in unmittelbarer Abhängigkeit der Statthalterei und des damit verbundenen Kameralguts, Handwerker im Ort profitierten von den Aufträgen dieses wichtigsten Wirtschaftsfaktors in der Umgebung, und auch für die bäuerlichen Lehensinhaber war ein gutes Einvernehmen mit der klösterlichen Grund-, Zehnt-, Orts- und Landesherrschaft unbedingt von Vorteil. Und wenn 1779 elf Fuhren Kalk von der Ziegelei in Pfullendorf zur Baustelle in Herdwangen nicht mit Fronfuhren, sondern mit Lohnfuhren befördert werden,[88] so könnte dies ein Hinweis sein auf die sich allmählich anbahnende Ablösung des wenig effektiven Fronwesens durch regulär vergütete Lohnarbeit.

Ungeachtet solcher, weniger positiver Begleiterscheinungen bleibt der Befund, dass das Kloster Petershausen mit seiner ebenso kosten- wie arbeitsaufwändigen Baumaßnahme von 1777/79 ein höchst repräsentatives, ortsbildprägendes und zukunftsweisendes Verwaltungsgebäude geschaffen hat, das bis heute der Ortschaft Herdwangen zur Zierde gereicht und spätestens mit dem Übergang in kommunalen Besitz 1904 zu einem Kristallisationspunkt der gemeindlichen Identität geworden ist.

87 Vgl. Zückert, Hartmut: Die sozialen Grundlagen der Barockkultur in Süddeutschland, Stuttgart 1988
88 GLA KA 62/9860, Herdwangische Statthalterey-Bau-Rechnung 1779

Der Komponist Robert von Hornstein und sein Verhältnis zu Richard Wagner

Von Friedemann Kawohl, Villingen-Schwenningen

Richard Wagner wurde am 22. Mai 1813 in Leipzig geboren. Sein 200. Geburtstag wurde mit zahlreichen Aufführungen, Kongressen und Veröffentlichungen gefeiert. Robert Freiherr von Hornstein wurde am 6. Dezember 1833[1] in Donaueschingen geboren. Sein Geburtstag jährt sich in diesem Jahr zum 180. Mal. Das ist ein schöner Anlass, an diesen Komponisten zu erinnern, vor allem an seine biographischen Verbindungen mit dem Hegau und der Baar sowie an sein Verhältnis zu Richard Wagner.

Als Robert Freiherr von Hornstein geboren wurde, war sein Vater, Ferdinand Freiherr von Hornstein,[2] in Donaueschingen als Hofkavalier in Diensten des Fürsten Karl Egon II. von Fürstenberg. Vater Hornstein war ein guter Bariton und als solcher eine Stütze des Donaueschinger Hoftheaters. Auch dessen spätere Ehefrau, Emilie Kirsner,[3] die Mutter des Robert von Hornstein, hatte seit 1818 regelmäßig Theater gespielt. In einer Opernaufführung im Jahr 1828, wenige Monate vor ihrer Hochzeit, standen die beiden zusammen auf der Bühne.[4] Nach der Hochzeit findet sich Emilie von Hornstein nicht mehr in den Besetzungslisten, obwohl bis zur Geburt von Robert noch fünf Jahre vergingen. Vermutlich galt Theaterspielen als unschicklich für eine verheiratete Frau. Ferdinand von Hornstein dagegen wirkte bis ins Jahr 1837 bei Aufführungen des Donaueschinger Hoftheaters mit.[5]

1 Dieses Geburtsdatum nennen Lingg, Hermann: Nachruf auf Robert von Hornstein. In: Neue Musikzeitung 1891, S. 3, und Dreyer, Ernst-Jürgen: Zwei Briefe Richard Wagners an den Komponisten Robert von Hornstein, Wiesbaden 2000, die beiden umfassendsten biographischen Arbeiten zu Robert von Hornstein. Weech, Friedrich von (Hg.): Badische Biographien, 1875 ff., 4. Teil, S. 194, dagegen 5.12.1833

2 Der Eintrag in Cast, Friedrich (Hg.): Süddeutscher Adelsheros, Stuttgart 1845, lautet: »Ferdinand Moritz Joseph Anton Peregrin, Freiherr von Hornstein, geb. 13. September 1795, k.k. österreich. Wirkl. Kämmerer, Maltheser-Ordensritter und Inhaber des österreich. Armeekreuzes für die Feldzüge von 1813–15; vermählt seit Juni 1828 mit Emilie Kirsner. (W. Weiterdingen)«

3 Emilie Kirsner war eine Tochter des Donaueschinger Hofapothekers Joseph Kirsner und die Schwester des ebenfalls als Hofapotheker tätigen Ludwig Kirsner, der 1868–1871 Mitglied des Zollparlaments war und 1871–1874 im Deutschen Reichstag für die nationalliberale Partei den Wahlkreis 2 Baden vertrat.

4 Die Oper »Sargones oder der Zögling der Liebe« von Fernando Paer; vgl. Tumbült, Georg: Das Fürstlich Fürstenbergische Hoftheater zu Donaueschingen 1775–1850, Donaueschingen 1914, S. 88.

5 Tumbült, a. a. O. 1914, S. 133, nennt für die Mitwirkung Hornsteins die Jahre 1827–1832, 1834–1837 und 1844, für Emilie Kirsner die Jahre 1818, 1819, 1821, 1825 und 1828.

Robert von Hornstein lebte nur fünf Jahre in Donaueschingen, doch bereits 1838 zog die Familie nach Weiterdingen. Im Memoirenband, den der Komponist als 50-Jähriger schrieb, blieb von diesen ersten fünf Donaueschinger Jahren »eine dunkle Erinnerung an eine Stunde, in der ich von den liebenswürdigen Fürstenbergischen Prinzessinnen verhätschelt wurde«.[6]

Die Mutter war, so berichtet Robert, »infolge des Wochenbettes in ein schweres Nervenleiden verfallen, das nach einigen Jahren die Unterbringung in eine Anstalt nötig machte«, während der Vater ein aus Konstanz stammendes Mädchen namens Antonie Seitz aufnahm. Diese, so Robert, »führte nicht nur die Haushaltung, sondern vertrat [die] Mutterstelle an mir«.[7]

Nach zwei Jahren in Weiterdingen zog Robert mit dem Vater 1840 nach Freiburg, wo er den ersten Klavierunterricht bekam. Nur eineinhalb Jahre später erfolgte der Umzug nach Konstanz.[8] Nach weiteren zwei Jahren, die er ohne den Vater in Offenburg verbrachte, kehrte Robert nach Konstanz zurück, wo er ab der dritten Gymnasialklasse das dortige Lyceum[9] besuchte. Er dirigierte die Schulchöre, gründete ein Knabenquartett und führte 1849 im Rahmen eines Prüfungskonzerts Beethovens f-Moll Sonate op. 2,1 im heutigen Stadttheater auf.

Seine Memoiren erinnern einige Begebenheiten aus der revolutionären Zeit der späten 1840er Jahre. Im Jahr 1847 wurde sein Vater zusammen mit dem Professor Seitz und dem Buchhändler Meck verhaftet und dem Amtsrichter vorgeführt, nachdem die drei eine selbstverfasste »Satire auf damalige lokale und politische Verhältnisse« öffentlich aufgeführt und darin den Konstanzer Bürgermeister Hüetlin parodiert hatten. Robert beschreibt seinen Vater als einen »der harmlosesten Liberalen, die je unter dem Banner des Liberalismus einherwanderten«.[10] Immerhin war er aber so liberal, dass das einst gute Verhältnis zu Fürst Egon II. von Fürstenberg daran zerbrach.

Zu Beginn der Revolution konnte Hornstein dessen Sohn, dem damaligen Erbprinzen Karl Egon III., behilflich sein. Dieser war mit seiner schwangeren Frau Amalie, einer geborenen Prinzessin von Baden, in der Nacht zum 25. März 1848 aus Donaueschingen nach Konstanz geflohen. Damals hatte sich durch Eilmeldungen der

6 Hornstein, Robert von: Memoiren, hg. von Ferdinand von Hornstein, München 1908, S. 11

7 Hornstein, a. a. O. 1908, S. 12. Antonie Seitz war möglicherweise verwandt mit »Professor Seitz«, der ebenda, S. 35, als Freund des Vaters genannt wird. Es handelt sich vermutlich um den Lehrer Karl Seitz, der an der Höheren Bürgerschule zu Konstanz zum Professor ernannt wurde, vgl. Großherzoglich Badisches Staats- und Regierungsblatt, 43. Jahrgang, 1852, Nr. 36, S. 297

8 In Konstanz wurde Robert von dem Gymnasiallehrer Carl (Karl) Ferdinand Schmalholz (1806–1851) unterrichtet, der in den 1830er Jahren zu den Gründern des »Gesangvereins am Bodensee« und der Sängerrunde Bodan gehörte, vgl. Hornstein, a. a. O. 1908, S. 23. Schmalholz war aus Bonndorf und war Lehrer der Musik und der Zeichnung, vgl. Eiselein, Josua: Geschichte und Beschreibung der Stadt Konstanz und ihrer nächsten Umgebung, Konstanz 1851, S. 266

9 Das heutige Heinrich-Suso-Gymnasium. Die Details zu Chorleitertätigkeit, Knabenquartett und Abschlusskonzert erwähnt Dreyer, a. a. O. 2000, ohne weitere Quellenangabe.

10 Hornstein, a. a. O. 1908, S. 35

sogenannte »blinde Franzosenlärm«[11] im Land verbreitet, die Falschmeldung, es seien bis zu 40 000 französische und deutsche Arbeiter von Frankreich über die Grenze eingefallen und hätten Offenburg und Wolfach angezündet. »Mitten in der Nacht«, so der Bericht Robert von Hornsteins, »wurde mein Vater geweckt. Er solle nach dem nahen ›Hecht‹ kommen zum Erbprinzen von Fürstenberg. [...] Mein Vater schickte zu dem ihm aus den liberalen Tagen befreundeten [Anführer der Konstanzer Republikaner und Journalisten Josef] Fickler, der sich ganz kavaliermäßig benahm und den Prinzen und seine zitternde Gattin beruhigte und ihnen seinen Schutz versprach, was damals dankbar aufgenommen, später aber vollständig vergessen wurde.«[12]

Wenige Monate später reisten Vater und Sohn Hornstein zusammen nach Leipzig, wo Robert an der Universität und am Konservatorium studieren wollte. Sie machten Station in Karlsruhe, wo eben dieser Josef Fickler kurz zuvor verhaftet worden war. Auch Robert hatte Fickler in Konstanz gelegentlich getroffen und bat seinen Vater, mit ihm zusammen diesen im Gefängnis zu besuchen. »Dieser Besuch«, so schreibt Robert, »sollte dem Vater schlecht bekommen. Der Fürst von Fürstenberg war nicht so chevalesk wie Fickler. Er wies uns an der Türe und wir hören später dass er die Äußerung getan: ›Einen Mann, der dem Fickler eine Visite machte, konnte ich nicht annehmen.‹«[13]

Im Sommer 1848 zog also der 15-jährige Robert von Hornstein vom Bodensee nach Leipzig in die Geburtsstadt Richard Wagners. Dieser musste ein knappes Jahr später den umgekehrten Weg von Sachsen in den Südwesten nehmen. Nachdem Wagner sich im Mai 1849 an den revolutionären Unruhen in Dresden beteiligt hatte, entzog er sich der polizeilichen Verfolgung durch Flucht in die Schweiz.

Hornstein und Wagner haben sich 1853 in Zürich kennenglernt. Hornstein hatte ein dreijähriges Kompositionsstudium am Leipziger Konservatorium beendet und war nach Lausanne gezogen, wo er Musik unterrichtete und einen Gesangverein dirigierte. Von dort war er nach Zürich gefahren, wo Wagner mit finanzieller Hilfe von Otto Wesendonck einige Konzerte mit eigenen Kompositionen im Theater veranstaltete. Wagner erlaubte dem jüngeren Kollegen, bei den Proben zuzuhören.

Im Jahr darauf trafen die beiden sich wieder. Von Lausanne aus hatte sich Hornstein im Juli 1854 auf den Weg zum Schweizer Musikfest nach Sion gemacht. Wagner sollte dort dirigieren und reiste zusammen mit Karl Ritter, dem Sohn seiner Gönnerin Julie Ritter. Als die Postpferde in Martigny gewechselt wurden, trafen sie sich. In Hornsteins Memoiren liest sich das so: »Die beiden hatten ein dreisitziges Coupé. Ich wurde eingeladen, mit ihnen zu fahren. Von da bis Sion sprach Wagner sehr erregt über ein Projekt, das ihm sehr ans Herz gewachsen war. Der Leser wird staunen, um was es sich handelt. Der Nibelungentext war vollendet. Es waren Exem-

11 Weitere Details vgl. Hermann, Marliese: Untersuchungen zur Revolution von 1848/49 in Konstanz, Magisterarbeit im Fach Geschichte, Konstanz 1998

12 Hornstein, a. a. O. 1908, S. 33

13 Ebenda, S. 44

plare gedruckt und an Freunde verschenkt worden. ›Rheingold‹ war fertig komponiert, mit der ›Walküre‹ hatte er begonnen. Es war im günstigsten Falle ein Dezennium zur Vollendung des Riesenwerkes nötig. Auf der ganzen Fahrt sprach er nur vom Bau des Theaters, in welchem die Trilogie aufgeführt werden solle. Der Platz in Zürich war in Aussicht genommen, die Kosten wurden veranschlagt, die eventuellen Einnahmen ausgerechnet. Wesendonck sollte die Rolle übernehmen, die später der König von Bayern übernahm.

Wenn ein Unbeteiligter zugehört hätte, er würde den Mann für einen Barnum, für einen Strousberg,[14] aber nicht für den Autor des ›Tannhäuser‹ und ›Lohengrin‹ gehalten haben. Dass dieses Mannes Agitationstalent womöglich noch größer war als seine übrigen Talente, musste schon auf dieser Fahrt jedem klar werden. Er hatte sich in eine gewisse Erschöpfung hineingeredet und machte einmal eine längere Pause. Plötzlich fing er wieder an. ›Entschuldigt, dass ich nochmals auf die Sache zu reden komme, sie geht mir zu sehr im Kopf herum.‹ Er setzte seine Pläne auseinander, bis wir in Sion einfuhren.«[15]

Auch Wagner berichtet von diesem Zusammentreffen in seiner Autobiographie »Mein Leben«:[16] »Von der Eidgenössischen Musikgesellschaft war ich zu der Direktion ihres diesjährigen Musikfestes in Sion eingeladen. [...] Ich verknüpfte hiermit den Vorsatz, in Montreux am Genfer See Karl Ritter zu besuchen [...] und reiste dann mit Karl zu dem erwarteten Musikfest in das Wallis hinein. Unterwegs, in Martigny, schloss sich uns ein sonderbarer junger Mensch an, welcher mir schon im vergangenen Jahre, bei Gelegenheit meiner großen Züricher Aufführungen, als jugendlicher Enthusiast und Musiker vorgestellt worden war. Es war dieses Robert von Hornstein: der sehr drollige Mensch war mir, vor allem aber meinem jüngeren Freunde Ritter, als weiterer Genosse der erwarteten Abenteuer willkommen [...].«

Das waren keine guten Voraussetzungen für eine große Freundschaft: Hornstein erkannte das »Agitationstalent« als das größte unter Wagners Talenten und stellte ihn in eine Reihe mit den berühmten Finanzjongleuren, während Wagner Hornstein für einen »sonderbaren« und »sehr drolligen Menschen« hielt. Hornstein hatte die Autobiographie Wagners nicht lesen können, da sie erst 1911 veröffentlicht wurde, doch wusste er, wie geringschätzig Wagner das Beiwort »drollig« verwendete. Wagner, so Hornstein, »liebte es, hochgestellten oder berühmten Personen ein Epitheton anzuhängen, daß seine Überlegenheit ausdrücken sollte. Zum Kapellmeister Seyfriz,[17] der dem Orchester des Fürsten von Hechingen vorstand, sagte er einmal:

14 Barnum war ein Zirkusunternehmer, der in der Zeitschrift Die Gartenlaube, 1866, S. 296, einmal als »der Zunftälteste der nordamerikanischen Schwindler« bezeichnet wird. Baruch Hirsch, später: Bethel Henry, eingedeutscht. Barthel Heinrich Strousberg war ein ostpreußischer Eisenbahnpionier, der die Generalunternehmer seiner Projekte mit im Nennwert überhöhten Aktien seiner eigenen Eisenbahngesellschaft auszahlte.

15 Hornstein, a. a. O. 1908, S. 89–90

16 Wagner, Richard: Mein Leben, Erstdruck als Privatdruck in vier Teilen: Basel, 1870–1880, erste öffentliche Ausgabe München 1911, weitere Ausgabe München 1963, hier S. 519

17 Der 1827 in Rottweil geborene Max Seifriz. Siehe ADB 54, 1908, S. 310–313

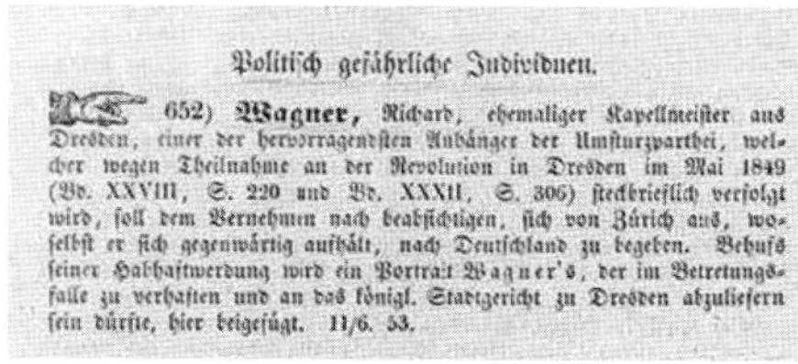
Politisch gefährliche Individuen.

652) **Wagner,** Richard, ehemaliger Kapellmeister aus Dresden, einer der hervorragendsten Anhänger der Umsturzparthei, welcher wegen Theilnahme an der Revolution in Dresden im Mai 1849 (Bd. XXVIII, S. 220 und Bd. XXXII, S. 306) steckbrieflich verfolgt wird, soll dem Vernehmen nach beabsichtigen, sich von Zürich aus, woselbst er sich gegenwärtig aufhält, nach Deutschland zu begeben. Behufs seiner Habhaftwerdung wird ein Portrait Wagner's, der im Betretungsfalle zu verhaften und an das königl. Stadtgericht zu Dresden abzuliefern sein dürfte, hier beigefügt. 11/6. 53.

Steckbrief des flüchtigen »ehemaligen Capellmeisters und politischen Flüchtlings aus Dresden« Richard Wagner in »Eberhardt's Allgem. Polizei-Anzeiger« No. 47, 1853

›Aber Ihr Fürst ist doch ein sehr drolliger Mensch.‹ ›Gewiss war es sehr drollig von Ihm, Ihre Schulden zu bezahlen‹, antwortete schlagfertig der witzige Seyfriz.«[18]

Damals, als Wagner auf der Kutschfahrt nach Sion seine Festspielpläne ausspann, bewunderte Hornstein vermutlich den zehn Jahre älteren Musikerkollegen mehr, als er 30 Jahre später beim Schreiben seiner Memoiren zugeben wollte. Die finanzielle Unzuverlässigkeit stand für den 20-jährigen Robert von Hornstein wohl weniger im Zentrum seines Wagnerbildes als für den 50-jährigen Memoirenschreiber, der inzwischen den Kontakt zu Wagner abgebrochen hatte, nachdem er von diesem aufdringlich angebettelt worden war. Im Jahre 1854 aber war Wagner für Hornstein ein älterer, bereits berühmter und bewunderter Kollege. Ein enges freundschaftliches Verhältnis bahnte sich an. Hornstein machte sich im August, wenige Wochen nach dieser zufälligen Begegnung, auf den Weg nach Seelisberg am Vierwaldstätter See, um die Wagners dort zu besuchen. Bei diesem Aufenthalt weckte Wagner eine Schopenhauer-Begeisterung bei seinem Gast, die dazu führte, dass Hornstein bald danach nach Frankfurt reiste, um den dort lebenden Philosophen zu treffen.

Noch enger wurde das Verhältnis im Winter 1855/56. Robert von Hornstein war nach Zürich gezogen, um dort Wagner nahe zu sein. Wagner berichtet darüber: »Hornstein hatte sich […] auch […] eingefunden; doch hatte es mit ihm bald ein Ende: er behauptete so ›nervös‹ zu sein, dass er keine Taste des Klaviers mehr be-

18 Hornstein, a. a. O. 1908, S. 101–102

rühren könnte, und leugnete auch gar nicht, dass er, nach dem Vorgange seiner im Irrsinn gestorbenen Mutter,[19] sich sehr davor fürchte verrückt zu werden. Machte ihn dies einigermassen interessant, so mischte sich doch in alle seine intelligenten Eigenschaften eine so grosse Weichlichkeit des Charakters, dass wir in seinem Betreff uns bald in genügender Hoffnungslosigkeit befanden, um seinen plötzlichen Fortgang von Zürich nicht bis zur Untröstlichkeit zu bedauern.«[20]

Aber nicht nur Hornstein war damals, in Wagners Worten, »nervös«. Auch umgekehrt entdeckte Hornstein seinerseits in eben jenem Winter 1855/56 an Wagner gewisse »nervöse Launen«, von denen er eine genau schildert: »Ich war allein bei Wagner zu Tische. Sulzer hatte einen prächtigen Fisch geschickt. Frau Wagner, die immer mütterlich für mich sorgte, machte mich auf das schlechte Stück aufmerksam, das ich mir genommen hatte, und legte mir ein besseres vor. Daraus entstand eine unglaublich dumme Geschichte, die selbst bei dem unberechenbaren Manne auffallend war. Wagner wurde wütend und rief seiner Frau zu: ›Nicht wahr, Dein Hornstein. Ja: wenn der nur gut versorgt ist. Was Dein Mann bekommt, ist ja ganz gleichgültig.‹ So knutterte er lange fort, bis der Frau die Geduld riss und sie weinend davonstürzte, die Schwester ihr nach. Nun erneuter Skandal, dass man ihm durch Weibergeheul das Essen vergällte etc. Ich sah stumm der Abwicklung dieses Vorganges zu. Die tolle Geschichte endete damit, dass Wagner allmählich wieder ruhig wurde und mich bat, die Frau wieder zu besänftigen; passiven Widerstand konnte er nicht vertragen. Ich suchte Frau und Schwägerin auf. Nach vieler Mühe beruhigte ich sie. ›Oh, er ist ein böser Mann, ein böser Mann‹, jammerte Frau Wagner. Schließlich saßen wir wieder alle bei Tisch. ›Es ist mir nur um den Hornstein, was mag der von uns denken‹, lamentierte sie. Er dagegen: ›Ach Hornstein, Sie nehmen mir das nicht übel. Es war nicht schlimm gemeint.‹ ›Oh, ich kenne Sie schon‹, gab ich zur Antwort. Damit schloss die verrückte Episode und der Braten wurde serviert. Das einzige vernünftige Motiv wäre Eifersucht gewesen, die war aber vollständig ausgeschlossen. Es war also einfach eine seiner nervösen Launen.«[21]

Dass Hornstein bald darauf Zürich verließ, lag vor allem daran, dass Wagners Verhalten ihn beschämte. Hornstein war oft zu Gast bei Wagners, hatte selbst aber wenig Geld. Darüber sprach er mit Karl Ritter, den er bereits 1853 in Zürich und 1854 auf der Reise nach Sion näher kennengelernt hatte. Auch Ritter war häufig bei Wagners. Doch die Situation war für ihn anders, da seine Mutter Julie Ritter in diesen Jahren Wagner regelmäßig mit Geld unterstützte. Hornstein sprach gegenüber Ritter und seiner Frau »[...] öfter mein Bedauern aus [...], dass ich nicht im Stande wäre, mich für die Einladung bei Wagner zu revanchieren. Jedesmal bekam ich von Ritter die Antwort: ›Das erwartet sich Wagner jetzt gar nicht. Der kennt Deine Verhältnisse und kommt später schon nach. Er wartet einen günstigeren Zeitpunkt ab.‹

19 Wagner irrt hier. Hornsteins Mutter ist erst in den 1860er Jahren gestorben, vgl. Hornstein, a. a. O. 1908, S. 208

20 Wagner, a. a. O. 1963, S. 542–543

21 Hornstein, a. a. O. 1908, S. 144

Richard Wagner, fotografiert von Pierre Petit, Paris 1861

Robert von Hornstein (Universitätsbibliothek Frankfurt)

Sehr unangenehm wirkte es auf mich, dass diese Aufmerksamkeiten nicht nur auf den freundschaftlichen Gefühlen basierten, sondern auf einer sehr übertriebenen Vorstellung meiner künftigen Vermögensverhältnisse. Ich gab diesen Empfindungen Ausdruck. ›Oh, dass Wagner Dich sehr gern hat und dein Talent sehr hoch schätzt, ist außer Frage‹, meinte Ritter. Aber dass er diese Hintergedanken hat, liegt zu sehr in seiner Natur, als dass er eine Ausnahme zu machen imstande wäre.«[22]

Die Memoiren Robert von Hornsteins wurden 1908 von seinem Sohn Ferdinand[23] herausgegeben. Ferdinand hatte eine Passage herausgestrichen, die Wagners Verhalten gegenüber Hornstein im Zürcher Winter 1855/56 in besonders ungünstigem Licht darstellt. Drei Jahre später aber, nachdem im Jahr 1911 Wagners Erinnerungen unter dem Titel »Mein Leben« veröffentlicht wurden und Ferdinand lesen konnte, wie Wagner seinen Vater »lächerlich zu machen sucht«,[24] wollte er keine Rücksicht mehr nehmen auf das Andenken des verstorbenen Wagners. Jetzt ging es ihm darum, die

22 Ebenda, S. 145–146

23 Biographisches zu Ferdinand von Hornstein (1865–1951) in: Dreyer, Ernst-Jürgen: Ferdinand von Hornstein, der Autor der »Lieder an eine Göttin«, Wiesbaden 2001

24 Hornstein, Ferdinand von: Zwei unveröffentlichte Briefe Richard Wagners an Robert von Hornstein. Zur Erklärung der auf Robert von Hornstein bezüglichen Stellen in Wagners: »Mein Leben«, München 1911, S. 5. Eine vollständige digitale Version der seltenen 30-seitigen Veröffentlichung unter http://baarverein.de/hornstein.html

Ehre seines Vaters wiederherzustellen und, wie er im Vorwort schreibt, die »Gründe an[zu]geben, warum Wagner das Charakterbild meines Vaters entstellt hat«.[25]

Dazu veröffentlichte er zwei Bettelbriefe, die Wagner im Jahr 1861 an seinen Vater geschrieben hatte und die in den »Memoiren« unterdrückte Passage, in der sein Vater eine Einladung bei Wagners am 22. Mai 1856 schildert: »Wagners Geburtstag war herangerückt. Eine Einladung zu Tisch erfolgte. Ich war auf eine größere Gesellschaft gefasst und erstaunte sehr, niemanden zu treffen als den Direktor Baumgartner, den Dirigenten einer Züricher Liedertafel. Er hatte sich durch hübsche, vielgesungene Männerchöre in der Schweiz einen Namen gemacht. Nun dachte ich mir, Wagner will sich einmal einen gemütlichen Geburtstag gönnen. Die kleine Gesellschaft war sehr heiter. Wir waren am Dessert angekommen. Wie aus der Pistole geschossen, forderte Wagner seine Schwägerin auf, ihm die Weinkarte aus einem benachbarten Weinhause zu verschaffen. Zögernd führte sie diesen unerwarteten Auftrag aus. Die Karte kommt. Wagner liest die Etiketten der Champagnersorten mit Preisangabe herunter und gibt endlich den Auftrag, eine Flasche mittlerer Sorte holen zu lassen. Die Stimmung wurde unheimlich. Die Champagnerflasche war geleert und Wagner wendete sich an seine beiden Gäste, ein höhnisches Lächeln umspielte seinen Mund und er sagte mit erhobener Stimme: ›Soll ich nun jedem der beiden Herren auch noch einen Thaler schenken?‹ Die beiden Damen, Frau und Schwägerin, stürzen entsetzt zur Thüre hinaus wie im Tannhäuser die Hofdamen auf der Wartburg. Baumgartner und ich, wir waren wie vor den Kopf geschlagen, sahen uns an und mochten wohl beide die Empfindungen haben, man müsste dem lieblichen Wirt das Glas an den Kopf werfen. Da dies aber doch wieder nicht gut ging, war es wohl ein richtiges Gefühl, nach einer Pause hell hinauszulachen. – Wir bedankten uns noch lachend bei dem freundlichen Wirt und gingen. Die Hausfrauen waren nicht mehr zu finden. Unten angekommen, erklärte Baumgartner, keine Einladung bei Wagner mehr annehmen zu wollen, und bei mir stand der Entschluss fest, Zürich sobald als tunlich zu verlassen [...]. Ich musste diese leidige Geschichte erzählen, weil sie den Schlüssel gibt zu meinem späteren Verhalten, als mich Wagner so maßlos anpumpte gleich nach dem Tode meines Vaters. Der mit diesem Pump verbundene Briefwechsel führte dann zu dauernder Trennung von Wagner.«[26]

Durch die im Juni 1860 geschlossene Ehe mit Charlotte Lehne kam Robert von Hornstein in den Besitz eines kleines Weingutes in Winkel im Rheingau. Eineinhalb Jahre später, am 12. Dezember 1861, erhielt Robert von Hornstein von Richard Wagner aus Paris einen Brief: »Lieber Hornstein! Ich höre, Sie sind reich geworden. – Wie traurig ich mich befinde, können Sie leicht aus meinen Misserfolgen entnehmen. Ich suche mich durch Absperrung und eine neue Arbeit zu retten. Um diesen Weg zu meiner Erhaltung mir zu ermöglichen, das heißt, um mich der peinlichsten Verpflichtungen, Sorgen und Nöthen zu überheben, die mir alle Geistesfreiheit rauben, bedarf ich eines sofortigen Vorschusses von 10 000 Franc. Damit kann ich dann

25 Ebenda, S. 6
26 Ebenda, S. 8–12

von neuem mein Leben ordnen und wieder produzieren.

Mir diese Summe zu verschaffen, wird auch Ihnen schwer fallen; möglich aber, wenn Sie wollen und Opfer nicht scheuen, wird es Ihnen jedenfalls sein. Dies aber verlange ich, und bitte Sie daher darum, gegen das Versprechen, im Laufe dreier Jahre ebenso bemüht zu sein, von meinen Einnahmen das Darlehen Ihnen zurückzuerstatten. So zeigen Sie, ob Sie ein rechter Mann sind! Sind Sie dies für mich, – und warum sollte dies nicht endlich einmal von einem zu erwarten sein? – so treten Sie mir durch ihre Hilfe dann sehr nahe, und Sie müssten sich dann gefallen lassen, nächsten Sommer auf einem ihrer Güter, am liebsten im Rheingau, für etwa drei Monate mich bei sich aufzunehmen.

Robert von Hornstein, Holzstich von Richard Brend'amour nach einer Fotografie, aus »Die Gartenlaube«, 1887

Ich will Ihnen für heute nicht mehr sagen. Nur was die zu leistenden Hülfe betrifft, will ich erwähnen, dass mir schon eine viel ermöglichende Erleichterung geschieht, wenn ich sofort selbst nur 6000 Franc zu meiner Verfügung habe; ich hoffe mich dann so arrangieren zu können, dass ich die fehlenden 4000 Franc etwa erst im März nötig hätte. Gründlich, wie es andererseits meine Stimmung so nötig bedarf, hilft mir aber nur sofort die ganze Summe. – Sehen wir denn, und hoffen wir, dass auch einmal die Sonne ein wenig in meinem Leben scheint. Ich bedarf jetzt eines Gelingens, sonst – geht's wohl nicht mehr! Der ihrige Richard Wagner«.[27]

Hornstein weist die Geldforderung postwendend zurück: »Sie scheinen einen falschen Begriff von meinem Reichthum zu haben«, schrieb er, und: »Es thut mir leid, Ihnen nicht dienen zu können.« Eine eventuelle Einladung Wagners verschiebt Hornstein auf unbestimmte Zeit: »Was Ihren Besuch auf ›einem meiner Güter‹ betrifft, so bin ich zur Zeit nicht auf längeren Besuch eingerichtet und werde, wenn ich dies einmal sein sollte, es Ihnen zu wissen thun.« Schließlich wünscht er Wagner noch Erfolg bei seinem Bemühen um eine Uraufführung des Tristan in Paris:[28] »Mit großem Bedauern habe ich in den Zeitungen gelesen, dass die Aufführung von Tris-

27 Ebenda 15-17.

28 Weder kam eine 1859 für Karlsruhe geplante Uraufführung zustande, noch eine in Paris 1860/61. In Wien wurde das Stück 1863 nach 77 Proben wieder absagt und erst am 1. Juni 1865 im Münchner Nationaltheater unter Leitung von Hans von Bülow uraufgeführt.

tan und Isolde diesen Winter nicht zustande kommt. Ich hoffe dass dies nur eine Frage der Zeit ist und wir dies Werk noch zu hören bekommen [...].«[29]

Es war dies der letzte Brief Hornsteins an Wagner und dessen wiederum postwendende Antwort beendete dann endgültig den Briefwechsel und das freundschaftliche Verhältnis zwischen den beiden: »Ich glaubte Unrecht zu thun, eine Antwort, wie Sie mir sie geben, ungerügt zu lassen [...] Wenn Sie auf keinem Ihrer Güter eingerichtet sind, mich zu empfangen, so hatten Sie die von mir Ihnen gebotene auszeichnende Gelegenheit zu ergreifen, sofort da, wo ich es wünsche, das Nöthige herrichten zu lassen. Dass Sie mir in Aussicht stellen, es mich einmal wissen zu lassen, wann Sie dort eingerichtet sein werden, ist demnach beleidigend. Den Wunsch, den Sie in Bezug auf meinen Tristan aussprechen, hätten Sie unterdrücken sollen: nur wenn Sie meine Werke gänzlich ignorirten, konnte Ihre Antwort hingehen.«[30]

Hornstein und Wagner sind sich allerdings noch oft begegnet, nachdem auch Wagner nach München gezogen war. Im Jahre 1862 hatte Mathilde Maier, eine 29-jährige Kusine Charlotte von Hornsteins, Wagner kennengelernt. Bei ihren Münchner Aufenthalten wohnte sie im Hause Hornsteins in der Arcisstraße und dort wurde sie auch von Wagner besucht. »Dann und wann begegneten wir uns«, so schreibt Robert von Hornstein, »und wechselten einige freundliche Worte, aber ein intimer Verkehr fand nie wieder statt.«[31]

Warum Wagner nicht in Weiterdingen weilte? Nun, zum einen deshalb, weil nach dem Briefwechsel von 1861 Hornstein ihn gar nicht, ganz gleich wohin, einladen wollte. Zum zweiten, weil Wagner selbst sich ja lieber hätte nach Winkel einladen lassen, auf das Weingut im Rheingau, das Charlotte Lehne geerbt hatte. Und zum dritten, weil das Weiterdinger Schloss 1861 an das Erzbischöfliche Ordinariat Freiburg verkauft worden war, das dort ein Demeritenhaus für Geistliche einrichtete.[32]

Die Frage lässt sich aber auch noch anders beantworten. Wagner weilte nicht in Weiterdingen, weil die beiden Komponisten so unterschiedlich waren, dass ihre Freundschaft scheitern musste. Dabei gab es durchaus Gemeinsamkeiten: Bevor sie sich kennenlernten, hatten beide die revolutionäre Begeisterung in den Jahren 1848/49 geteilt. Wagners Flucht aus Dresden nach den Barrikadenkämpfen mit Gottfried Semper ist legendär. Aber auch Robert von Hornstein und sein Umfeld haben die Revolution begrüßt. Sein Vater war ein Liberaler, wie auch der Bruder der Mutter, der seit 1849 Abgeordneter in der badischen Ständeversammlung und später im Reichstag war. Und seine Frau Charlotte war die Tochter eines liberalen Abgeordneten, der im hessischen Landtag einen Antrag auf vollständige Aufhebung der Pressezensur gestellt hatte, im Jahr 1848 Mitglied des »Fünfziger-Ausschusses« des Frank-

29 Hornstein, a. a. O. 1911, S. 19-20

30 Brief Richard Wagners an Robert von Hornstein, Paris 27.12.1861, veröffentlicht in ebenda, S. 20-21

31 Hornstein, a. a. O. 1908, S. 214

32 Bibby, Hildegard: Die Demeritenanstalt in Weiterdingen – ein Asyl sittlicher Reintegrierung? In: Kramer, Wolfgang (Hg.): Hilzingen – Geschichte und Geschichten Band III, Hilzingen 2005, S. 289–298; Götz von Olenhusen, Irmtraud: Klerus und abweichendes Verhalten. Zur Sozialgeschichte katholischer Priester im 19. Jahrhundert, Göttingen 1994, S. 120

Robert von Hornstein im Kreis seiner Münchner Dichterfreunde der »Krokodil«-Gesellschaft, Holzstich nach einer Zeichnung von Theodor Pixis aus »Die Gartenlaube«, 1866. »Die Gruppe rechts«, so die Erläuterung, »besteht aus den musikalischen Mitgliedern der Gesellschaft, [von links nach rechts] dem trefflichen Componisten Robert von Hornstein; Nohl, dem Biographen von Mozart und Beethoven [beide mit je einer Hand auf den Klaviertasten]; dem Musikkritiker Grandauer mit Oscar Horn, einem hoffnungsvollen Dichtertalente.«

furter Vorparlaments wurde und seit 1850 als Generalverteidiger andere Akteure der 1848er Revolution im sogenannten hessischen Hochverratsprozess vertrat.[33]

Die Revolution lag allerdings schon einige Jahre zurück, als die beiden in den Wintermonaten 1855/56 in Zürich vertrauten Umgang pflegten, der wohl von beiden Seiten auch mit Erwartungen verbunden war. Hornstein hoffte, Wagner würde sich bei wichtigen Verlegern für eine Veröffentlichung seiner Werke einsetzen,[34] und Wagner glaubte, durch Gefälligkeiten den adligen Kollegen zu späteren Gegenleistungen verpflichten zu können.

Die damals hervortretenden charakterlichen Unterschiede zwischen den Beiden lassen sich auch als eine buchstäbliche »Revolution«, also eine Umkehrung bürgerlicher und adliger Mentalitäten beschreiben. Es ist der Freiherr von Hornstein, der

33 Zu Eduard Lehne siehe Hell, Walter: Die Lehnes, Teil 2. In: Der Ausscheller. Mitteilungsblatt des Stadtarchivs Oestrich-Winkel, Nr. 4, 22.4.2003

34 Details dazu bei Dreyer, a. a. O. 2000, S. 47

an Wagner die bürgerliche Tugend der Sparsamkeit vermisst und mit Geringschätzung bemerkt, dass Wagner sich wie ein Adliger aufführt: »In Bayreuth war er ja sichtbar wie ein Monarch, der Feste gibt und cercles hält.«[35] Robert von Hornstein war dagegen zu Sparsamkeit und Bescheidenheit erzogen worden. Sein Vater war selbst in seiner Jugend sehr knapp gehalten worden und konnte seinem Sohn sehr viel mehr vererben, als dieser erwartet hatte. Als Vater und Sohn 1859 zusammen nach Paris fuhren, nahmen sie – Robert erwähnt das ausdrücklich – die 3. Wagenklasse.

Wagner dagegen lebte über seine Verhältnisse und erwartete ganz selbstverständlich die Unterstützung aus adligen Kreisen. Ganz am Ende des peinlichen Geburtstagsessens vom 22. Mai 1856 hatte Wagner eine »eigtenthümliche Entschuldigung« für die Unverschämtheit gegenüber seinen Gästen vorgebracht: »Uns habe er gar nicht gemeint«, so berichtet Hornstein, »sondern die – deutschen Fürsten. ›Die führen meine Opern auf und schwärmen für mich. Was habe ich davon? Es fällt ihnen nicht ein, mir eine Kiste voller Weinflaschen zu schicken.‹«[36]

Wagners Verschwendungssucht erinnert an Ausschweifungen absolutistischer Herrscher des 18. Jahrhunderts und Hornsteins Sparsamkeit an dem entgegengesetzte bürgerliche Tugenden. Ein umgekehrtes Bild aber zeigt sich beim Blick auf die Kunstauffassung der Beiden. Wagners musikalische Karriere ähnelt denen der bürgerlichen Kapitalisten des 19. Jahrhunderts: Große Risiken werden durch große Erfolge belohnt.

Hornstein selbst hat die treffende Parallele zwischen Richard Wagner und Baruch Hirsch Strousberg gezogen, jenem Industriellen, der auch als Zeitungsunternehmer und Politiker agierte und später oft als » Eisenbahnkönig« tituliert wurde. Doch für Hornstein blieb die Vorstellung befremdlich, dass ein Künstler so große, langfristige und riskante Projekte wie der »Eisenbahnkönig« verfolgt. Hornstein selbst war und wollte vielleicht auch nichts anderes sein als ein Salonkünstler, der für den Tag und für seine Freunde komponiert. Tatsächlich stammen die meisten der von ihm vertonten Texte von Freunden aus den literarischen Gesellschaften, in denen er verkehrte. Damit steht Robert von Hornstein in einer Tradition adligen Musizierens, in der die Anerkennung durch wenige Kunstfreunde wichtiger ist als der Erfolg bei der Masse.

35 Hornstein, a. a. O. 1908, S. 315
36 Hornstein, a. a. O. 1911, S. 12

Zwei ungleiche Freunde: Emanuel von Bodman (1874–1946) und Heinrich Ernst Kromer (1866–1948)

Von Inga Pohlmann, Rielasingen-Worblingen

In der frühen autobiographischen Novelle »Erwachen« (1906) schildert der Dichter Emanuel von Bodman, wie er zu Beginn der 1890er Jahre am Ufer des Schweizer Seerheins erstmals dem acht Jahre älteren Heinrich Ernst Kromer begegnete: »Er hatte einen schönen Kopf mit stolzen und verträumten Zügen [...]. Er war frisch aus München gekommen, um in der heimatlichen Sonne einige Märchen auszuhecken, wozu ihn die Seelandschaft besonders aufmunterte.«[1]

Bodman selbst strebte zu jener Zeit das Abitur an und hatte bereits seine ersten Gedichte geschrieben, die der neu gewonnene Bekannte mit den ermutigenden Worten lobte: »Ich hätte das in Ihrem Alter nicht gemacht. [...] Wenn Sie gehörig an sich bauen, kann aus Ihnen ein Dichter werden. Möchten Sie das?« Die beiden Seelenverwandten »schlossen sich enger einander an«, »besprachen ihre Pläne und berauschten sich an der Zukunft« und so wurde Kromer für die nächsten prägenden Jahre zum »Störri« (Steuermann) des jugendlichen Dichters.[2]

Zu jener Zeit lebte Emanuel von Bodman zusammen mit seinem Vater, dem pensionierten Hauptmann Franz von Bodman, und der alten Haushälterin Christine in Emmishofen bei Kreuzlingen und besuchte das humanistische Gymnasium in Konstanz. Die beiden älteren Schwestern Johanna Maria Martha und Johanna Franziska Eduarda hatten bereits nach ihrer Doppelhochzeit am 1. März 1887 die Familie verlassen. Der Schwarzwälder Bauernsohn Kromer aus Riedern am Wald (Landkreis

1 Bodman, Emanuel von: Erwachen, Stuttgart und Leipzig 1906, S. 84; erstmals erschienen vom 26.4.–24.5.1903 in der »Frankfurter Zeitung«; in einer später vom Autor überarbeiteten Fassung in: Preisendanz, Karl (Hg.): Emanuel von Bodman, Die gesamten Werke Bd. 10, Stuttgart 1960; an letzterer orientiert sich die aktuellste Ausgabe von Rügert, Walter (Hg.): Bodman, Emanuel von: Erwachen. Novelle, Werkauswahl des Bodman-Hauses, Bd. 5, Gottlieben 2005

2 »Es kamen heiße Monate für Ernst [E. von Bodman], denn weil er sich nun seiner Kraft bewußt war, schürte er sie und lenkte sein Schifflein blindlings in die Flut von Gedanken, die Störri [H. E. Kromer] von München herübergeleitet hatte; er ruderte, was er konnte, um vorwärts zu kommen, brauchbare Schätze zu seinen Füßen zu legen, Unbrauchbares über Bord zu werfen, und er wäre wohl das eine oder andere Mal von den Wellen umgeworfen worden, wenn Störri nicht zu ihm hineingesprungen wäre und das Steuer gehandhabt hätte. Mit der Zeit lernte Ernst das Rudern, und die Tage, wo er des Steuermanns bedurfte, wurden seltener.« Sämtliche Zitate aus: Bodman, Emanuel von: Erwachen, a. a. O. 1906, S. 84–87

Waldshut), dessen erster und einziger Gedichtband »Schauen und Bauen« 1893 im E. Pierson's Verlag (Dresden und Leipzig) erschien, wohnte nach abgebrochenem Studium in Heidelberg und München wieder in Konstanz, wo er vormals die Oberschule besucht hatte. Er hielt sich mühsam mit ungeliebten Hauslehrerstunden und einer geringen finanziellen Unterstützung seines Vaters über Wasser. Für die nächsten zehn Jahre sollte der bodenständige Kromer Mentor und Stütze des im Leben und in der Kunst noch weitgehend unerfahrenen Sprösslings aus oberdeutschem Uradel werden.[3]

Kromers Briefe an Bodman aus den Jahren 1893 bis 1905 sind erhalten und lassen in Stil und Inhalt zahlreiche Rückschlüsse auf die weitere Entwicklung ihrer Freundschaft zu. Leider sind Bodmans Antwortbriefe an Kromer wohl vernichtet worden – ob schon früher von Kromer vor einem seiner zahlreichen Umzüge oder erst nach seinem Tode am 5. Mai 1948, wie er es in seinem letzten Willen verfügt hatte, bleibt dahingestellt. Doch über ihre Briefe und gemeinsames Erleben hinaus blieben die Künstlerfreunde auch noch nach 1905 durch ihre Werke einander verbunden.

»Für die Welt ist aber nur das, was Haltung zeigt.«[4]

Die beiden auf den ersten Blick in Herkunft, Alter und Temperament so grundverschiedenen Künstler hatten einiges gemeinsam, was als Bindeglied gewirkt haben mochte. Beide waren von empfindlicher körperlicher Konstitution und hoher Sensibilität, leicht reizbar und doch zutiefst empfänglich für die Schönheiten der Natur, besonders der Seelandschaft, des Waldes und der Berge. Beide liebten sportliche Betätigungen wie Wandern, Eislaufen und Schwimmen; Bodman jagte Vögel und sammelte Schmetterlinge. Schon als Knabe interessierte er sich für Naturkunde, beobachtete und erforschte die Tierwelt.[5]

Kromer und er hatten einen großen gemeinsamen Freundeskreis von Künstlern, zu dem die Brüder Ernst und Karl Maximilian Würtenberger mit ihren Schwestern

3 In seinem Artikel zu »Leben und Werk« Bodmans bewertet Karl Preisendanz, Herausgeber der posthumen Ausgabe der Werke Emanuel von Bodmans, das Verhältnis eher kritisch: »die nicht immer eindeutig bestimmbare Gestalt des einstigen ›Steuermanns‹ und ›Mentors‹ Kromer, der sich, ein freier Literat mit künstlerischen Talenten, seit Jahren an Bodman heftete, ein kluger, in allen Lagen wendiger Kopf, als durchaus problematische Natur die eigne Unruhe auf andere verbreitend«; Preisendanz, a. a. O. 1960, Bd. 1, S. 68

4 Bodman, Emanuel von: Schriftlicher Beitrag zur sogenannten »Moppchen-Debatte« über eine Veröffentlichung privater Briefe von Schriftstellern, was Bodman vehement ablehnt. In: Die Rheinlande, 8. Jg., 1908, S. 128

5 In einem geplanten Vorwort zu Bodmans unvollendet gebliebenen Lebenserinnerungen schreibt dieser: »Ich mußte mir durch Wirrnisse meinen Weg selber suchen, und manches Buch hat zweifellos auf mich eingewirkt, im Guten und Schlimmen. Keins konnte mir helfen, ich mußte mich selbst erlösen: das vermag ich im innigsten Schauen und Aufnehmen der Natur und des Lebens in der sonnigen Stimmung, wo alles, aber auch alles als eine Notwendigkeit erscheint und ich vor allem in der Natur und im eignen Leben Ehrfurcht habe als vor dem Unbegreiflichen.« In: Preisendanz, Karl (Hg.): Nachwort zu Bodman, Emanuel von: Buch der Kindheit, Stuttgart 1952, S. 284–285

Jugendbildnis Emanuel von Bodman, Zeichnung von Ernst Würtenberger, 1890 (Thurgauische Bodman-Stiftung)

Ernst Würtenberger, Emanuel von Bodman, 1897

Else, Laura und Thusnelda, die Schweizer Maler Emil Thoma und Wilhelm Hummel, der Konstanzer Dichter Wilhelm von Scholz und der Schriftsteller Max Halbe gehörten. Sie verkehrten in späteren Jahren mit der Familie von Fabrice, die in Schloss Gottlieben wohnte und deren Tochter Blanche am 8. August 1902 Bodmans zweite Frau wurde.

Kromer blieb unverheiratet, obwohl ihm die Frauen nicht gleichgültig waren. Er hätte aufgrund seiner lebenslangen prekären Situation auch keine Familie ernähren können, wie es in der damaligen Zeit selbstverständlich erwartet wurde. Eine Frau nur ihres Geldes wegen zu heiraten, war er zu stolz und vermutlich auch zu eigenbrötlerisch veranlagt. Sein bekanntester Roman »Gustav Hänfling – Denkwürdigkeiten eines Porzellanmalers«, 1915 im Inselverlag erschienen und 2010 in der Edition Isele neu aufgelegt, enthält zahlreiche humoristische Reflexionen eines eingefleischten Hagestolzes über Vor- und Nachteile des Ehestandes.

Der am 23. Januar 1874 in Friedrichshafen geborene Emanuel von Bodman hatte die Mutter drei Monate nach der Geburt verloren und vermisste sie zeit seines Lebens schmerzlich, wie einige seiner Gedichte sowie seine Kindheits- und Jugenderinnerungen bezeugen. Die Großmutter mütterlicherseits, Sophie Witz, geb. Thurneysen, die ihn mit aufzog, starb, als er zehn Jahre alt war; das Kindermädchen Lies wurde entlassen und der Vater kümmerte sich selbst um die Erziehung des Sohnes. Kromers Vater Dorus war nach Amerika ausgewandert, um als Goldgräber sein

Glück zu machen, und lernte den am 26. September 1866 geborenen Sohn Heinrich, ein knapp anderthalbjähriges, kränkelndes Kind,[6] erst nach seiner zweiten Rückkehr kennen. Als Kromer 14 Jahre alt war, starb die Mutter. Der begabte Knabe war nun weitgehend auf sich selbst gestellt, kam in Konstanz zum Zeichenlehrer Gagg in Pension und besuchte das dortige Gymnasium, wo er 1887 das Abitur ablegte.

Eines der beliebtesten Freizeitvergnügen der Freunde bestand im mehr oder weniger geistreichen Verspotten der sogenannten Konstanzer »Pfahlbürger« – wobei Kromer im Kreise der Gleichgesinnten den Ton angab.[7] Von diesem Hang zur Satire zeugen sowohl Kromers Skizzen und Novellen »Die Mittendurcher«, seine Romane »Arnold Lohrs Zigeunerfahrt« und »Gustav Hänfling«, die Anekdotensammlung »Von Schelmen und braven Leuten« als auch Bodmans Kleinbürgerporträts in dem Prosaband »Jakob Schläpfle und andere Geschichten«. Sein teilweise »dem Dichter Heinrich Ernst Kromer in Verehrung und Freundschaft« gewidmeter Gedichtband »Stufen« von 1894 enthält Tiergedichte, die in ihrem bissigen Witz an Wilhelm Busch erinnern, und seine Chansons machten auf Münchner Kleinbühnen Furore.

Beide Dichter schrieben für die bekannte politisch-satirische Zeitschrift »Simplicissimus«; beide versuchten sich als Dramatiker, nicht zuletzt, weil Aufführungen und Tantiemen in der Zeit der Theaterskandale und aufkommenden Freien Bühnen mehr einbrachten als Gedichtbände und einzelne Veröffentlichungen von Lyrik oder Prosa in der Presse. Obwohl Kromer auf Bodmans Beziehungen zu führenden Theaterleuten in Berlin wie den Brüdern Heinrich und Julius Hart oder dem berühmten Theaterleiter und -kritiker Otto Brahm setzte, gelang es nicht, diese für seine Stücke zu interessieren.

Bodman hingegen erlebte immerhin mit seinen Dramen nach einer längeren Durststrecke und vielen Ablehnungen einige Achtungserfolge bei Aufführungen in Deutschland und in der Schweiz, wenn er auch zeitlebens nur schwer von seiner Dichtkunst leben konnte. Glücklicherweise hatte ihm sein 1894 verstorbener Vater einen finanziellen Grundstock hinterlassen, von dem er zehren konnte.[8] Dieser erlaubte ihm auch, dem chronisch verschuldeten Kromer mit kleineren Geldspritzen immer wieder aus der gröbsten Klemme zu helfen. Immer wieder klagte Kromer in seinen Briefen an Bodman über Miet- und andere Schulden, über Hungerdepressionen oder

6 Vgl. Kromer, Heinrich Ernst (Hg.): Dorus Kromer: Die Amerikafahrt, Eggingen 2008, S. 133–134

7 Vgl. Bodman, Emanuel von: Erwachen, a. a. O. 1906, S. 85–87. Bezeichnend für Kromers Spottlust ist diese Charakterisierung des jungen (adligen!) Wilhelm von Scholz: »Scholzchen war vorgestern da und schwatzelte mir zwei Stunden die Ohren voll. Das ging schon wie eine leerlaufende Dreschmaschine – Und erst die Deklamierung einiger seiner besten Gedichte! Das Männchen kann sie (und sich!) – ganz auswendig.« Brief Kromer an Bodman vom 28.8.1893, Deutsches Literaturarchiv (DLA) Marbach, A: Bodman

8 »Da ihm, dem auf sich allein gestellten jungen Menschen, die Geldmittel zu einem nicht üppigen, doch auskömmlichen Leben zur Verfügung standen, konnte sich Bodman, der seine Ansprüche ans tägliche Dasein nie überspannt hat, ohne den Druck äußerer Nöte ganz seinen eignen Arbeiten widmen.« Preisendanz, a. a. O. 1960, Bd. 1, S. 42

Heinrich Ernst Kromer, »Gustav Hänfling im Gehäus«, Zeichnung, 12.12.1896 (Rosgartenmuseum Konstanz, Inv. 2071)

Heinrich Ernst Kromer, »Hänfling bei Zintha«, Zeichnung, 29.6.1928, aus dem Besitz von Eduard Reinacher

mangelnde Kleidung, die ihm das Ausgehen verbiete. Umso überschwänglicher lesen sich seine Dankesbriefe für erhaltene finanzielle Unterstützung.

Kromer revanchierte sich durch kollegiale Solidarität und fachmännischen Rat, wenn er Bodmans Manuskripte aufmerksam studierte, kritisierte oder lobte, ihn auf Besprechungen hinwies und ihm Tipps bezüglich einer möglichen Veröffentlichung gab. Seine eigene kompromisslose Lebenseinstellung versuchte der 33-jährige Künstler auch dem jüngeren Freund zu suggerieren: »Jede wahre Tiefe kann nur vom Schmerze kommen; und gaben uns die Eltern davon kein Erbteil ins Leben mit, so muß es das Leben selber uns bringen. Nur nichts billig haben wollen; man wird sonst selber billig!«[9]

Vor allem wollte sich Kromer den »Dutzendseelen« gegenüber keine Blöße geben: »Ich selbst tue nichts mehr, will auch nichts mehr unternehmen, wenigstens in poeticis [in Sachen Dichtung] nicht. Ich bin durch unmäßiges Arbeiten und übermenschliche Entbehrung zu Grunde gerichtet. Mein unbändiger Stolz hat mich bisher einzig gehalten, der hiesigen Mittendurcher Bande von meinem körperlichen

9 Brief Kromer an Bodman vom 29.10.1899, DLA Marbach, A: Bodman

und geistigen Zustande etwas merken zu lassen; einmal muß es brechen – dann ist es immer noch Zeit genug, daß sie's erfahren. Was möglich war, habe ich getan; ich möchte den sehn, der mirs gleichtut.«[10]

Stolz und Eigensinn mischten sich mit Neid und Missgunst gegenüber seinen erfolgreicheren Kollegen. Negative Kritik machte er sich sofort zu eigen und feilte jahrelang an seinen Stücken »Gero Helbing«, »Seyfried« oder »Unsterne«, bis sein dichterisches Selbstgefühl endgültig am Boden lag und er sich entmutigt der Kunst und dem Kunsthandwerk zuwandte, das ihn langfristig aber auch kaum ernähren konnte. Kromer war sich durchaus im Klaren, woran es ihm fehlte: »Geschäftsinstinkte habe ich keine, das wissen Sie, wenn ich gleich für fremdes Schaffen tapferer eintrete als für's eigne.«[11]

Bodman hatte hingegen keine Scheu, seine Bücher selbst zu bewerben, als der Konstanzer Verlag Oskar Wöhrle 1925 nach dem fünften Band der geplanten Werkausgabe in Konkurs ging. Er sicherte sich die Eigentums- und Verlagsrechte und warb bei seinen Lese- und Vortragsreisen um Subskribenten. Gedruckt wurde dann nach Bedarf. Die Aura des blaublütigen Dichters erwies sich im Verein mit seinem selbstbewussten Auftreten und seiner eindringlich-empfindsamen Vortragsweise durchaus als verkaufsfördernd.

Das Bodman'sche Vermögen, das ja in Deutschland angelegt war, ging durch die Inflation nach dem Ersten Weltkrieg weitgehend verloren, und der Dichter, der – in die teure Schweiz zurückgekehrt – 1920 mit seiner dritten Frau Clara, geb. Herzog, ein Haus am Gottlieber Dorfplatz bezog, sah sich zunehmend auf finanzielle Unterstützung angewiesen, unter anderem durch seine Vettern Ferdinand und Heinrich von Bodman, eine kleine Rente aus der Thurneysen'schen Familienstiftung sowie durch private Freunde und Gönner wie Claras Schulfreundin Beatrice Neher, geb. Stoffel. So konnte er 1928 das heutige »Bodman-Haus« käuflich erwerben, das er bis zu seinem Tode am 21. Mai 1946 bewohnte.[12]

Kromer, der um die Jahrhundertwende nach München gezogen war, um seine künstlerischen Studien voranzutreiben, kehrte 1917 schließlich doch wieder nach Konstanz zurück, wo er in immer unwirtlicheren Quartieren zur Miete wohnte, bis er zu Weihnachten 1942 gesundheitlich stark angegriffen im Konstanzer St. Marienhaus in der Wallgutstr. 11 unterkam. Dort verstarb er am 5. Mai 1948 im Alter von 81 Jahren. Seine Briefe aus den 1930er und 1940er Jahren an den Vetter Oskar Malzacher, der (bzw. dessen Frau) ihn in den schlimmsten Hungerjahren mit Lebensmittelpaketen versorgte, vermitteln ein anschauliches Bild vom Alltag im Krieg und unter der französischen Besatzung. Zum Dank für diese Unterstützung vermachte Kromer der Familie Malzacher seinen künstlerischen Nachlass, der sich heute im Besitz des Landkreises Waldshut befindet.

10 Brief Kromer an Bodman vom 29.11.1895, DLA Marbach, A: Bodman

11 Brief Kromer an Bodman vom 1.2.1900, DLA Marbach, A: Bodman

12 Dank der Thurgauischen Bodman-Stiftung wurde es nach dem Tod der Witwe Clara Bodman renoviert und wird seit April 2000 als Literaturhaus und als Gedenkstätte genutzt.

Der Lebensberuf

»Der Beruf des Menschen: Leben, Lebensmensch zu werden. Im Ganzen als Teil des Ganzen. Alle Berufe, die nicht eine Form des Lebens sind, wie das Schaffen, sind nur Mittel zum Leben. Mittel, es möglich zu machen, daß der Mensch lebt. Wieviel Wert wird doch Berufen beigelegt, die ihn gar nicht verdienen!«[13]

Heinrich Ernst Kromer, »Jugend und Alter, Dorus Kromer und sein Sohn Heinrich Ernst«, Radierung o. J. (Rosgartenmuseum Konstanz, Inv. 2072)

Dass Bodman das Dichten als seine Berufung empfand, ist umso ungewöhnlicher, als der angestammte Beruf des Adligen von jeher die Offizierslaufbahn war. Sein Vater hatte als Hauptmann in einem württembergischen Infanterieregiment gedient, bis er sich mit etwa 47 Jahren ins Privatleben zurückzog. Der Sohn fühlte sich von früher Jugend an mehr dem kontemplativen als dem aktiven Leben verbunden. Er verkehrte vorwiegend mit bürgerlichen Künstlerfreunden und umgab sich auch später gerne mit Leuten »aus dem Volke«, wie dem Postbeamten Anton Reichle aus Allmannsdorf, den er seinen »kleinen Freund« nannte. In der Kulturzeitschrift »Die Rheinlande« stellte Otto Doderer anerkennend fest: »Die süddeutsche Art mit ihrem starken demokratischen Einschlag hat Emanuel von Bodman vor dem Korsett des Junkertums bewahrt, und in seiner Dichtung äußert sich sein Wesen nicht in einer forcierten Schneidigkeit, in polterndem Landsknechts- oder schnoddrigem Strauchrittertum, sondern schlichtweg in der Noblesse der Haltung.«[14]

Bodman heiratete in erster Ehe eine bürgerliche Frau,[15] die ihn betrog, und in zweiter Ehe eine »standesgemäße« und vermögende Frau aus adligem Hause,[16] die sich zu Wilhelm Schäfer flüchtete, der zuvor einer von Bodmans engsten Seelenfreunden gewesen war. Verletzte Eigenliebe und Enttäuschung wurden dichterisch sublimiert in der Sonettfolge »Sterbende Liebe«. In seiner dritten Frau Clara, geb. Herzog, die ihn überlebte und seinen Nachlass verwaltete, fand Bodman endlich die

13 Tagebuchnotiz Bodmans von 1906. In: Preisendanz, a. a. O. 1960, Bd.1, S. 196, Anm. 191

14 Doderer, Otto: Emanuel von Bodman. In: Die Rheinlande, 21. Jg., 1921, S. 117

15 Clara Czolbe, die Bodman am 4.5.1897 als 23-jähriger auf Helgoland heiratete, nachdem er sich anderthalb Jahre zuvor heimlich mit ihr verlobt hatte. Mit dieser eigenmächtigen Entscheidung brüskierte er seine Schwestern, die standesgemäß Offiziere geehelicht hatten.

16 Blanche, Freiin von Fabrice (1880–1968), vierte Tochter des Maximilian Freiherr von Fabrice (1845–1914), Enkel des Kurfürsten Wilhelm II. von Hessen, und der Gräfin Ilma von Fabrice-Almásy (1842–1914), aus dem ungarischen Adelsgeschlecht derer von Zsadany und Török-Szent-Miklos

ideale Gefährtin, die bereit war, ihr eigenes Leben ganz in den Dienst der Kunst und des geliebten Mannes zu stellen. Aus dieser verehrenden, altruistischen Haltung heraus lässt sich auch die rückhaltlose Verklärung des Dichters in ihren anekdotenreichen Lebenserinnerungen verstehen,[17] die auch die sorgfältig redigierte und kommentierte zehnbändige Gesamtausgabe von Bodmans Werken durch den Germanisten Karl Preisendanz bestimmt.

Kromer – der auf irgendeine Weise von seiner Kunst doch auch leben musste – verlegte sich, nachdem seine Stücke von allen Theatern abgelehnt worden waren, auf das Kunsthandwerk. Er entwarf und verfertigte Gebrauchskeramiken, verzierte – auch als Auftragsarbeit für die Künstlerwerkstatt Schmidt-Pecht – Holztruhen mit Brandmalerei oder Ziernägeln und schuf eine Reihe von skurrilen Tierskulpturen und originellen Majolikafiguren.[18] Trotz der hervorragenden Idee, diese Figuren mit Hilfe eines Verkäufers selbst zu vermarkten, scheiterte das Unternehmen an der mangelnden kaufmännischen Erfahrung ihres Schöpfers und den Tücken ihrer Umsetzbarkeit in klingende Münze.

In einem Brief an Bodman vom 21. Januar 1901 bekannte Kromer: »In meiner Lage würden Sie schnell empfinden, wie schmerzlich es einem wird, seine beste Kost einem Bandwurm opfern zu müssen; ich kann das weiter nicht tun, da ich alle meine Interessen darunter leiden sehe; und so müßte ich Sie zugleich auch bitten, einen Teil der roheren Arbeiten unseres Geschäfts auf sich zu nehmen. Dieses fortzuführen ist eben unter den gegenwärtigen Umständen weder möglich noch mir genehm. Es ist nun die Frage, ob Sie weiter mittun wollen, umsomehr, als ich niemand weiß, von dem wir das bare Geld aufnehmen könnten. Herr Würtenberger kommt nämlich, wie ich weiß, nimmer in Betracht. Zur Fortführung sind aber die gestellten Forderungen notwendig zu erfüllen.«

Bodman, der den finanziellen Grundstock für dieses Unternehmen gelegt hatte, zog sich resigniert daraus zurück, als Kromer ihm die verfahrene Situation schilderte. In dem einzig erhaltenen Entwurf zu einem Absagebrief Bodmans an Kromer begründete er seine Entscheidung, die die Freundschaft vermutlich auf eine harte Probe stellte: »Es thut mir leid, Ihnen nicht dienen zu können, aber Sie wissen wohl, dass es ungewiß ist, ob mir meine Schriftstellerei später auch einen materiellen Gewinn bringt, und drum heisst es mit dem, was mir das Schicksal in die Wiege gelegt hat, haushalten und vorsichtig sein. Ich kann nicht Dichter und Geschäftsmann sein, das habe ich eingesehen. Die Sorgen, die einen Kaufmann, der Galeeren auf dem Meere hat, bedrücken, würden meine Schaffenskraft lahm legen.«[19]

17 Gerster, Lore (Hg.): Auf Gedankenwegen mit Clara und Emanuel von Bodman, Gottlieben 1985. Eine ganz andere, humoristische Sicht auf Emanuel von Bodman bieten die Gottlieber Kindheitserinnerungen von Vollenweider, Walter: Das Dorf hinterm Dampfschiff. Eine Kindheit am Seerhein, Lengwil 2007, S. 51–53

18 Am bekanntesten wurde die Gestalt des »Mucki«, eines stadtbekannten Konstanzer Originals, heute im Besitz des Rosgartenmuseums, Inv.-Nr. 1975/12.

19 Undatiert, DLA Marbach, A: Bodman

Gottlieben, Bodman-Haus (Foto: Franz Hofmann)

Als Bodman, der mittlerweile von Kronberg im Taunus zurück in die Schweiz gezogen war und im nur wenige Kilometer entfernten Emmishofen wohnte, dem Freund jedoch ein Geschenkexemplar seiner »Neuen Lieder« (Albert Langen Verlag 1902) sandte, reagierte dieser spontan und lobte erfreut die gelungene Gedichtauswahl. Nur der Buchschmuck von Th. Th. Heine in einem »genial nachempfundenen Biedermeierstil« passte seiner Meinung nach überhaupt nicht zu Bodmans Poesie: »Da leistet doch der moderne Stil, wiewohl er nur die Wiederaufnahme und die Wiederschöpfung des seiner Zeit verhöfelten Rokokos ist, weit Moderneres, weit Gefälligeres, weit Ursprünglicheres; und es ist schade, daß Langen sich so auf Heine versteift, und damit Sie, der doch der bestimmende im Buche ist, mißverstanden hat. Sonst macht sich das Buch sehr vornehm [...].«

Der vierseitige Brief schließt mit den Worten: »Ich bedaure, daß leidige Umstände mir gegenwärtig einen regeren Verkehr mit Ihnen nicht gestatten; es sollte mir eine große Freude sein, wenn eine nahe Zeit alles wieder ins alte Gleise rückte; man gewinnt an neuen Freunden nur allzuselten was Gutes, Neues; oder aber man gewinnt überhaupt keine neue [sic!] Freunde. Ich wiederhole Ihnen meinen herzlichsten Dank für die Gabe, die mich schon um des Gebers willen sehr erfreut hat, und hoffe, daß ich sie Ihnen bald einigermaßen erwidern kann. Bis dahin meine besten Wünsche zu allen Ihren Unternehmungen. Herzlichste Grüße Ihres Kromer.«[20]

20 Brief Kromer, Konstanz, Inselgasse 18, an Bodman, Emmishofen, Haus Friedheim, vom 29.5.1902

Auch der aus Wangen am Untersee gebürtige Rechtsanwalt Jacob Picard (1883–1967), der später durch seine Erzählungen aus dem alemannischen Landjudentum bekannt wurde, hatte als Konstanzer Gymnasiast die Bekanntschaft des 16 Jahre älteren Kromer gesucht. In seinen Lebenserinnerungen schrieb er über Kromer, den er als »typischen Alemannen« bezeichnete: »Er muß auch damals einsam gewesen sein, denn außer mit uns, zu denen sich bald ein regelmäßiger Verkehr entwickelte, war er fast stets allein. Er war wohl froh, sich mit uns aussprechen zu können, Interesse bei jemand zu finden, denn in der Stadt kümmerte sich sonst niemand um ihn. Das war später noch mehr so, als er in der Tat nur mit uns beiden Juden, Ernst Guggenheim und mir, verkehrte, außer daß er gelegentlich Emanuel von Bodman traf, den er schon lange kannte.«[21]

Aus der Münchner Studienzeit 1903/04 berichtet Picard über Kromer: »In dieser Zeit sind wir beide wahre Freunde geworden. Mit keinem war er wohl so vertraut in jenen Jahren wie mit mir. Es war trotzdem nur eine seltsam reservierte Verbundenheit. Es kam sicher vom Altersunterschied, dass wir einander nie ›Du‹ gesagt haben. Wir wohnten unweit voneinander in Schwabing, ich zuerst in der Franz-Josef-, dann in der Clemensstraße, während [er] an einem halbdörflichen Platz auf der anderen Seite der Leopoldstr. [in] einem kleinen Zimmer hauste, das zugleich Atelier wie Schreibstube war. Dort hat er eines Tages ein Bas-Relief von mir geschaffen, das sehr ähnlich wurde. Als er daran arbeitend mir gegenüber saß, sagte er eines Tages: ›Jetzt weiß ich, wem Sie ähnlich sehet.‹ – ›Wem?‹ fragte ich. – ›Der Mumie von Ramses II. von Ägypten.‹ – ›Danke. Wenigstens eine Königsmumie‹, sagte ich. [...] Kromer war immer eher ein Zuschauer, trotzdem wir ihn zu uns [Picards Münchner Freundeskreis] rechneten, und er wohl auch unser froh war.«[22]

Blanche von Bodmans erste Begegnung mit ihrem späteren langjährigen Geliebten und zweiten Ehemann Wilhelm Schäfer fand im Oktober 1902 statt. Das Ehepaar saß zusammen mit den Künstlerfreunden Schäfer, Kromer, Ernst Würtenberger und Emil Strauß auf der Terrasse des Konstanzer Inselhotels. Auch im nächsten Jahr schaute Kromer noch einmal in Gesellschaft Schäfers bei Bodman im »Weißen Haus« vorbei.[23] Wilhelm Schäfer hatte als einflussreicher Herausgeber der 1900 gegründeten Kunstzeitschrift »Die Rheinlande« zahlreiche Künstler und Schriftsteller an sich zu binden gewusst, darunter auch Emanuel von Bodman, Jacob Picard und Hein-

21 Picard, Jacob: Biography (Manuskript). Im Nachlass J. Picard, Leo Baeck Institute, New York; zitiert nach Bosch, Manfred: »Herrgott, das Gefasel von der alemannischen Kultur!« Über den Schriftsteller und Künstler Heinrich Ernst Kromer, vor allem in Konstanz. In: ders.: Bohème am Bodensee – Literarisches Leben am See von 1900 bis 1950, Lengwil 1997, S. 418

22 Handschriftliche Aufzeichnung aus dem Nachlass Jacob Picard, Leo Baeck Institute, New York; mit herzlichem Dank an Manfred Bosch für diesen und zahlreiche weitere wertvolle Hinweise

23 Das »Weiße Haus« lag praktisch am Ortsrand von Gottlieben, gehörte aber zur Gemarkung Tägerwilen (oder »Tägerweilen«, wie es damals noch hieß). Es war die Zeit der »Gottlieber Künstlerkolonie«, in der zahlreiche Maler und Schriftsteller im Hause Bodman zu Gast waren; vgl. Stark, Barbara (Hg.): Idylle auf Zeit – Malerferien am Untersee 1880 bis 1914. Ausstellungskatalog Städt. Wessenberg-Galerie Konstanz, Konstanz 2009. 1905 zogen Emanuel und Blanche von Bodman nach Zürich in die Gladbachstraße 78.

Heinrich Ernst Kromer, Herrenporträt (Otto Leiner?), Kreide und Tempera, 1945 (Rosgartenmuseum Konstanz, Inv. 2079)

Heinrich Ernst Kromer, Mucki, Majolika (Rosgartenmuseum Konstanz, Inv. 1975/12)

rich Ernst Kromer. Letzterer war von der ersten Ausgabe an – z. T. unter dem Pseudonym Karl Heinz Ammann – über mehr als ein Jahrzehnt hinweg mit Artikeln zur Kunst und mit literarischen Beiträgen in der Zeitschrift vertreten.[24]

Als Bodmans Gedicht »Meine Base, die Nonne«[25] im zweiten Heft der »Rheinlande« erschien, rief dessen anzügliche Pointe einen solchen Skandal bei den Lesern hervor, dass Schäfer den Abdruck von Bodmans Erzählung »Der Berg« auf einen späteren Termin verschieben musste. Schäfer schätzte den Lyriker Bodman sehr,[26] den Dramatiker hingegen weit weniger. Allerdings konnte Bodman – ebenso wie Schäfer und auch Kromer – sehr scharf und jähzornig auf Kritik reagieren, wenn er

24 Vgl. Pohlmann, Inga: Die Autoren der Zeitschrift »Die Rheinlande – Monatsschrift für deutsche Kunst und Dichtung«. In: Stark, Barbara, et al. (Hg.): Die andere Moderne – Kunst und Künstler in den Ländern am Rhein 1900–1922. Ausstellungskatalog Städt. Wessenberg-Galerie Konstanz u. a., Konstanz 2013

25 In: Die Rheinlande, 2. Heft, Nov. 1900, S. 25; vgl. Brief Schäfer an Bodman vom 4.3.1901. In: Rügert, Walter, und Black-Rügert, Claudia (Hg.): Emanuel von Bodman. Lassen Sie bald wieder Mutiges und Gutes von sich hören. Briefe von und an Emanuel von Bodman aus den Jahren 1893–1946. Thurgauische Bodman-Stiftung, Gottlieben 2004, S. 25–26

26 Vgl. Schäfer, Wilhelm: Emanuel von Bodman. Rezension zu »Der Wanderer und der Weg«. In: Die Rheinlande, 8. Jg., 1908, S. 78

sich verletzt und unverstanden fühlte.[27] Diese Briefe zeigen eine Seite seiner Persönlichkeit, die man hinter dem empfindsamen Naturfreund und feinsinnigen Ästheten nicht vermutet hätte.

Auch der Spötter und Nonkonformist Kromer konnte ausgesprochen grob und direkt werden. So drohte er in einem Streit mit Bodman unverhohlen: »Wenn Sie natürlich den Krieg mit mir wollen – und Ihr ferneres Schweigen würde ich so deuten – so bin ich dazu bereit. Nur sage ich Ihnen, daß es dann nicht bei einem Gefuchtel mit Federkielen bleiben wird.« Um danach allerdings versöhnlicher fortzufahren: »Im Ganzen aber glaube ich, daß es unser wenig würdig ist, uns mit Mittendurcher Kreuzrittern und Münchner Giftspritzen weiter abzugeben.«[28]

Kromer war von seinem Wesen her ausgesprochen eigensinnig, wenig kompromissbereit und möglicherweise auch wenig begabt für Organisatorisches. Im Vorfeld seiner Anstellung als Redakteur bei »Stern's Litterarisches Bulletin« 1898 in Zürich hatte er noch hoffnungsfroh geschrieben: »Die Aussicht, endlich eine Stellung zu bekommen, die nicht zu sehr dem Strich meiner Begabung entgegen ist, macht mir Mut und vieles erträglich; ich könnte endlich auch daran denken, Ihnen allmählich wieder das Geld zurückzugeben, das Sie mir so freigebig spendeten, das mich aber sowohl in Hinsicht auf seinen hohen Betrag wie auf meine ›Hörigkeit', darein es mich brachte, sehr drückt.«[29]

Doch sowohl diese als auch eine spätere Anstellung 1905/06 bei Schäfers Zeitschrift »Die Rheinlande«, die Kromer nach Braubach am Rhein führte, waren nur von kurzer Dauer, obwohl sie ihm den ersehnten festen Verdienst garantiert hätten. Seine Hoffnungen, auf der Großen Kunstausstellung in Köln 1906, an deren Vorbereitung er von Seiten des Verbandes der Kunstfreunde in den Ländern am Rhein beteiligt war, auch einige seiner bildnerischen Arbeiten auszustellen, zerschlugen sich. Das Frühjahr 1906 fand ihn schon wieder in München, wo er die nächsten 11 Jahre als Künstler Fuß zu fassen suchte, während Bodman in Zürich das Debakel seiner zweiten Ehe erlebte. Dort traf sich Bodman regelmäßig mit den Jugendfreunden Ernst Würtenberger und Wilhelm Hummel, aber auch mit Schweizer Kulturgrößen wie Hans Trog und Robert Faesi. 1908 wurde endlich sein Schauspiel »Der Fremdling von Murten« im Pfauentheater in Zürich aufgeführt, und 1910 zog er von der Gladbachstraße nach Kilchberg um, weil er sich durch die im Herbst 1909 erzwungene Scheidung keine so großzügige Wohnung mehr leisten konnte.

Mit Ausbruch des Ersten Weltkriegs erschien Bodmans Gedichtband »Mein Vaterland«, von dessen nationalistischer Tendenz sich der einst befreundete Hermann Hesse später ausdrücklich distanzierte. Bodman meldete sich 1916 zum Kriegsdienst und erhielt eine Stelle bei der Zensur auf der Postüberwachungsstelle in Brüssel, dann bei der Kriegszeitung der IV. Armee, wo auch Kromers Verleger Anton Kip-

27 So z. B. Brief Bodman an Schäfer vom 19.11.1908, zitiert nach: Rügert/Black-Rügert, a. a. O. 2004, S. 111–113

28 Brief Kromer an Bodman vom 19.10.1899, DLA Marbach, A: Bodman

29 Brief Kromer an Bodman vom 3.2.1898, DLA Marbach, A: Bodman

penberg tätig war, und schließlich in einer Ausbildungsanstalt für den Frontdienst. Eine Gürtelrose erforderte seine Versetzung zum leichteren Dienst nach Stuttgart.

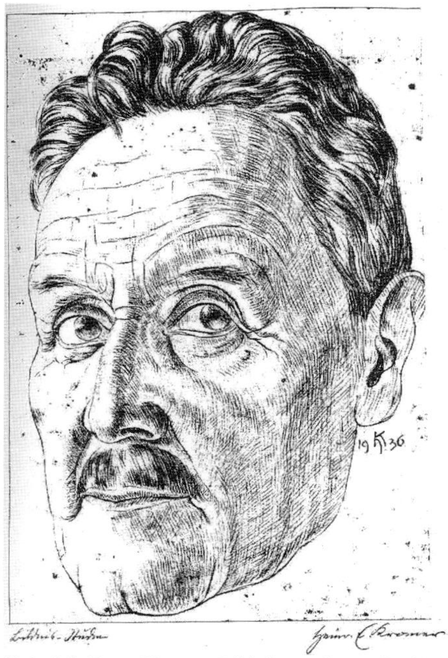

Heinrich Ernst Kromer, Bildnis-Studie (Selbstbildnis), 1936 (Kreisarchiv Waldshut)

Über Kromers politische Haltung, der 1917 im Hilfsdienst in Zizenhausen eingesetzt war, wo sein mittlerweile verstorbener Vater ein Hofgut erworben hatte, wissen wir nichts Genaueres. Allerdings beantragte er aus gesundheitlichen Gründen eine finanzielle Unterstützung durch die Schillerstiftung, die auch bewilligt wurde.[30] Aller Wahrscheinlichkeit nach war Kromer viel zu sehr in den täglichen Existenzkampf verwickelt, um sich in irgendeiner Form politisch zu engagieren: Schließlich widmete er seine ganze – vor allem im Alter durch zahlreiche Gebrechen beeinträchtigte – Energie seinen künstlerischen und schriftstellerischen Tätigkeiten. Er war ein unermüdlicher Arbeiter wie sein tragikomischer Held »Gustav Hänfling«, der Raubbau mit seinen Kräften trieb, und schonte sich nicht. Bevorzugt arbeitete er schon in den frühen Morgenstunden.

Entspannung fand Kromer im Kreis der Freunde, abends beim Wein oder während langer einsamer Spaziergänge durch das Konstanzer Hinterland, bei denen er auch zeichnete. Eines seiner beliebtesten Motive – auch bei seinen Käufern wie dem Singener Apotheker und Heimatforscher Albert Funk, der ihn jahrelang unterstützte – waren Vagabunden oder »Sonnenbrüder« – das genaue Gegenbild zum sterbenden alten Bauern, für den er in seinem alemannischen Gedicht »Arbeitsheimweh« ein Requiem schrieb. Er brauchte Aufträge, um seinen Lebensunterhalt zu sichern, aber am liebsten arbeitete er, wenn er in »Stimmung« war. Dann konnte es passieren, dass er das Reisegeld, das Bodman ihm bereits für eine gemeinsame Unternehmung geschickt hatte, zum Bezahlen seiner Schulden verwandte und sich brieflich rechtfertigte, dass er gerade unmöglich fort könne.

30 Zu Kromers Briefwechsel mit der Schillerstiftung vgl. Pohlmann, Inga (Hg.): Heinrich Ernst Kromer – Briefwechsel, Eggingen 2013

»Sie werden ja wissen, daß wir einer dem andern manches zu verdanken haben«[31]

Im Frühjahr 1903 lud Bodman den erholungsbedürftigen Kromer von San Remo aus, wo seine Frau in Kur war, auf eine Kunstreise durch Italien ein. Am 2. Dezember 1905 bedauerte Kromer in seiner Funktion als Redakteur der »Rheinlande«, dass die frisch gedruckte Novelle »Erwachen« ihn leider für eine Besprechung zu spät erreiche, da das Dezemberheft bereits in Druck sei. Der Ton ist aufrichtig herzlich: »Lieber Herr von Bodman, ich danke Ihnen für Ihr ›Erwachen‹, das mir, nachdem ich es solange nimmer gelesen habe, große Freude und einen schönen Genuß durch die alten freundlichen Erinnerungen macht. Ich gratuliere Ihnen zu diesem Verlag; hoffentlich finden Sie mit dem Buch den verdienten Erfolg, umso mehr, da das Äußere so wunderfein das Innere an der Hand führt.«[32]

Offenbar war Kromer mit der literarischen Darstellung seines »Alter Ego« Störri zufrieden, hatte den Freund wohl auch bei der Abfassung der Novelle, die den frühen Tod von Bodmans Jugendfreundin Flora verarbeitet, beraten. Dagegen finden sich überraschenderweise in seinen eigenen Werken wiederholt Figuren oder Personenkonstellationen, die seinen Freund Bodman in karikierender Überzeichnung spiegeln. Wenn man bedenkt, wie fatal sich Kromers Verulkung des Konstanzer Künstlerehepaares Heinrich und Elisabeth Schmidt-Pecht im »Gustav Hänfling – Denkwürdigkeiten eines Porzellanmalers« auf seine weitere künstlerische Laufbahn auswirkte, so wäre es geradezu verwunderlich, wenn eine solche Respektlosigkeit bzw. Indiskretion in Anbetracht von Bodmans leicht gekränktem Ehrgefühl nicht auch eine Abkühlung des Verhältnisses zwischen den einstigen Freunden zur Folge gehabt hätte.

In dem Schelmenroman »Arnold Lohrs Zigeunerfahrt« (1913) etwa erzählt der jugendliche Ausreißer von seiner Anstellung bei einem geizigen alten Baron und Sonderling, der Züge von Bodmans Vater trägt, und seinem ungebärdigen, von der alten Haushälterin verzärtelten Söhnchen »Manuel«, dem er als sein Hauslehrer gern einmal eine Tracht Prügel verabreichen würde und dies am Ende auch tut. »Das Barönchen war ein zwölf- oder dreizehnjähriges, durchsichtiges Bürschchen mit einer Brille. Es war von zartem Wuchs, blaßgelb wie der Trieb einer Kellerkartoffel, und schlich wie ein gefangenes Füchslein umher, das nicht weiß, wessen es sich von seiner Umgebung zu versehen hat. Den sollte ich also heranbilden helfen und aus ihm einen wohlerzogenen Menschen machen.«[33]

In diese »freiherrliche Familie« kommt ein junger Bildhauer, der eine Büste des jungen Barons für die Ahnengalerie anfertigen soll, »ein hübscher Mensch mit blondem Haar, einer wohlgebildeten Stirn und einer kurzen geraden Nase, die aber meist

31 Brief Kromer an Bodman vom 19.10.1899, DLA Marbach, A: Bodman

32 Brief Kromer an Bodman vom 2.12.1905, DLA Marbach, A: Bodman

33 Kromer, Heinrich Ernst: Arnold Lohrs Zigeunerfahrt, hg. v. Jürgen Glocker und Klaus Isele, Eggingen 2006, S. 201

Ernst Würtenberger, Selbstporträt, Holzschnitt, 1919

Ernst Würtenberger, Emanuel von Bodman, 1913
(Thurgauische Bodman-Stiftung)

die Nüstern wie ein erregtes Roß spielen ließ«[34]. Es hätte nicht einmal des Namens »Kurtkarl« bedurft, um in diesem Künstler Bodmans Jugendfreund Karl Maximilian (»Karlmax«) Würtenberger zu erkennen, dessen manisch-depressives Wesen und krankhaftes Misstrauen bis hin zum Mordversuch in dem Roman packend und psychologisch überzeugend geschildert wird. Offenbar gab es auch im wahren Leben eine Rivalität zwischen Kromer und Karlmax Würtenberger, mit dem Bodman in seinen jungen Jahren eng befreundet gewesen war. Beide hatten sich auf die bildende Kunst verlegt und stellten Reliefs, Büsten und Skulpturen her; beide hatten ihren gemeinsamen Freund Bodman porträtiert.

Auch Karlmax' älterer Bruder, der Maler Ernst Würtenberger, der ebenso wie der 1903 verstorbene Vater Thomas Würtenberger Eingang in den Roman »Arnold Lohrs Zigeunerfahrt« fand, dürfte durch Kromers literarische Anverwandlung seiner Familientragödie nicht erbaut gewesen sein, zumal er später – als Kunstmaler Edlinger bzw. Mödlinger – auch in der Novellen- und Romanfassung des »Gustav Hänfling« mit einer gewissen Ironie beschrieben wird. Dort treten ein »Baron Ebental« und dessen als freundlich und hilfsbereit geschilderter Sohn auf, der offensichtlich Emanuel von Bodman nachgebildet ist.

34 Ebenda, S. 206

Wir wissen nicht, ob der im Alter zunehmend menschenscheu gewordene Kromer an den offiziellen Feierlichkeiten der Stadt Konstanz zu den runden Geburtstagen Bodmans teilgenommen hat und ob er ihn je wieder in Gottlieben besucht hat. Seine Reaktion auf eine versäumte Künstler- und Dichterehrung durch die Stadt Konstanz, für die er kein Einladungsschreiben erhalten hatte, obwohl angeblich ein Platz für ihn reserviert gewesen sei, zeigt, dass Kromers Selbstgefühl sich immer noch stark an seinen bäuerlichen Wurzeln orientierte: »An diesem Ende sollte man den Gaul nicht aufzäumen (und der Widerrist wird ihm immer wundbleiben!)«[35]

In einem seiner Briefe aus der französischen Besatzungszeit an den Vetter Oskar Malzacher findet sich schließlich die Nachricht: »Ich gedenke Dir dieser Tage noch zwei Medaillen zu senden und melde sie auf brieflichem Wege an, weil Schriftliches dem Paket beizulegen noch verboten ist und hier in einigen Fällen zu saftigen Geldstrafen geführt hat. Das eine der Medaillons ist der Schriftsteller Em. v. Bodman, den ich vor genau 50 Jahren hier bezw. in der nahen Schweiz in einer Wirtschaft skizzierte und dann auch plastisch in München porträtierte; er ist außergewöhnlich gut getroffen; im März letzten Jahres ist er überraschend schnell gestorben; er wohnte in Gottlieben, kam aber die letzten 2 Jahre nimmer hieher.«[36]

Vielleicht ist Bodman ja in diesen letzten durch Krankheit überschatteten Monaten bei der Überarbeitung seiner Lebenserinnerungen zufällig auf die prophetischen Worte gestoßen, die Kromer dem 21-jährigen Freund einst mit auf den Lebensweg gab: »Übereilen Sie Ihre Entwicklung nicht und verzweifeln Sie nicht, wenn sie Ihnen nicht schnell genug erscheint! Denken Sie an meine! Es wird uns nichts geschenkt, und es soll uns nichts geschenkt werden; das ist unser Schmerz, sei es auch unser Stolz!«[37]

35 Brief Kromer an Eduard Reinacher vom 30.6.1933, DLA Marbach, A: Reinacher, aus: Kromers Briefe an Reinacher. In: Pohlmann, a. a. O. 2013, S. 194

36 Brief Kromer an Oskar Malzacher vom 28.3.1947, Kreisarchiv Waldshut, Bestand N 1/1, Nr 905. In: Pohlmann, a. a. O. 2013, S. 259

37 Brief Kromer an Bodman vom 16.6.1895, ebenda, S. 27. Ich danke Benjamin Wieser (Hegau-Bibliothek Singen) für seine beratende Unterstützung bei der Recherche; Norbert Fromm (Stadtarchiv Konstanz), Cornel Hirth (Kreisarchiv Waldshut), Jürgen Thaler (Felder-Archiv Bregenz) und Gudrun Bernhardt (DLA Marbach) für ihre große Hilfe bei der Bereitstellung der Quellen und Dokumente sowie dem Rosgartenmuseum Konstanz, Thomas Würtenberger und der Thurgauischen Bodman-Stiftung für zur Verfügung gestellte Abbildungen; Norbert Heukäufer, Ekkehard Faude und vielen anderen.

Buchbesprechungen

Hans-Jürgen Seelos und Klaus Hoffmann (Hg.): 100 Jahre Zentrum für Psychiatrie Reichenau. Psychiatrie Verlag, Köln 2013, 392 Seiten

Die Anfänge der 1913 feierlich eröffneten Heil- und Pflegeanstalt bei Konstanz waren durch die Kriegsnöte eher mühsam. Doch bereits ab 1917 begann mit dem Direktor Karl Wilmanns der Aufschwung dieser Anstalt, der 1933 jäh abgebrochen wurde. Auch wenn Wilmanns nur ein Jahr hier wirkte, bleibt ihm die Klinik noch heute mit Gedächtnisvorlesungen verbunden. Unter dem Arzt Hans Roemer und dem Direktor Maximilian Thumm gewann die Anstalt bald den Ruf, besonders fortschrittlich zu sein, da auf Arbeitstherapie, offene Fürsorge, Frühentlassung und sogar die Betreuung von Suchtkranken Wert gelegt wurde. Eine wissenschaftliche Vereinigung der Bodensee-Psychiater sorgte für fachliche Kontakte, insbesondere mit dem Sanatorium Bellevue in Kreuzlingen, während die Klinik in Münsterlingen eher ihre eigenen Wege ging.

Unter dem neuen parteinahen Direktor Arthur Kuhn, der Reichenau zu einem NS-Musterbetrieb machen wollte, nahm die Anstalt eine führende Rolle bei der Umsetzung des Erbgesundheitsgesetzes, d.h. bei den Zwangssterilisationen, ein. Nicht nur die anwesenden Patienten wurden 1934 auf Erbkrankheiten untersucht und begutachtet, sondern auch noch an die 1500 Akten von früheren Patienten samt deren familiärem Umfeld ausgewertet. Das Dramatische an der Geheimhaltung und Umsetzung der T-4 Aktion (Euthanasie) kann man am Beispiel Reichenau darin sehen, dass dem Anstaltsleiter 1940 erst nach dem zweiten Abtransport klar wurde, was er mit seinen Namenlisten von 596 nicht arbeitsfähigen Patienten angerichtet hatte, und dass ein Gegensteuern dann nur noch begrenzt möglich war.

Nach der Räumung der Anstalt im Jahre 1941, dem Zwischenspiel einer Nationalpolitischen Erziehungsanstalt (Napola) bis 1945 und der französischen Präsenz bis 1949 stand die Wiedereröffnung eher unter restaurativen Vorzeichen. Der Direktor der NS-Zeit kehrte noch einmal zurück, sein Nachfolger Ferdinand Rechberg hatte seine entscheidenden Berufsjahre nicht in der Psychiatrie, sondern im Gesundheitsamt verbracht. Bei beiden spielte nach 1945 das Engagement für das Erbgesundheitsgesetz keine Rolle. Dass Rechberg zwei Jahre in französischer Haft saß, hing mit seiner Funktion als Gefängnisarzt und den Zwangsterilisationen außerhalb des Erbgesundheitsgesetzes bei Farbigen und Zigeunern zusammen. Das Landeskrankenhaus, wie die Anstalt jetzt hieß, entwickelte sich zunehmend zu einer »Verwahranstalt« mit viel zu hohen Belegungszahlen von über 1000 Patienten in meist geschlossenen Abteilungen, bei zu wenig Ärzten, einem zu großen Einzugsbereich, vielen chronisch Kranken und Pflegefällen. Ein Reformprozess kam erst in den 1970er Jahren in Gang.

Die Festschrift des Zentrums für Psychiatrie Reichenau zu ihrem 100-jährigen Bestehen beleuchtet in 18 Beiträgen von Ärzten und Mitarbeitern der Klinik sowie Angehörigen der Universität Konstanz die beiden sehr unterschiedlichen Hälften dieser Wegstrecke. Herausgegeben wurde sie von dem Psychiater Klaus Hoffmann und dem Geschäftsführer Hans-Jürgen Seelos, der das Erscheinen des Bandes nicht mehr erleben durfte.

Es gab stets Reformdiskussionen im Hause (neuerungswillige Ärzte gegen konservative »Weißkittel«), es gab in den 1970er Jahren eine europaweite öffentliche Debatte um geschlossene Anstalten und es gab die Anstöße der Enquetekommission des Deutschen Bundestages zur Lage der Psychiatrie in Deutschland. Mit dem ärztlichen Direktor Helmut Siedow wurde das Einzugsgebiet verkleinert, chronische Patienten in Heime verlegt, Pflege- und Behandlungsfälle besser getrennt, was zu Auseinandersetzungen mit den Kostenträgern führte. Die Arbeitstherapie wurde ausgebaut, und vor allem begann jetzt die Zusammenarbeit mit dem Lehrstuhl für klinische Psychologie (Rudolf Cohen) der neuen Konstanzer Universität, die mehrere Forschungsprojekte in der Klinik durchführte, während Ärzte der Reichenau seither über ihre Arbeit an der Universität Vorlesungen halten. Nach 1984 nahm die Spezialisierung der einzelnen Abteilungen zu, etwa mit der Einführung einer Psychotherapiestation zur Behandlung von Depressionen und psychosomatischen Erkrankungen. Hinzu kam eine große forensische Abteilung zur Behandlung von psychisch kranken und suchtkranken Straftätern im sogenannten Maßregelvollzug, wo vor allem Gruppentherapien und therapeutische Gemeinschaften im Vordergrund stehen. Es wurde eine Station für Suchtkranke gebildet, die als erste in Baden-Württemberg eine Abteilung für Drogenentzug führte. Ferner wurde ein Bereich mit Pflegeheimen eingerichtet und nicht zuletzt auch eine Abteilung für Geronto- und Neuropsychiatrie. Es überrascht nicht, dass bei dem demographischen Wandel gerade diese Abteilung den nächsten Neubau auf dem Areal erhalten wird.

Vor allem aber öffnete sich die Allgemeinpsychiatrie nach außen, mit Ambulanzen, betreutem Wohnen, teilstationären Einrichtungen wie Tageskliniken, sozialpsychiatrischen Diensten, aber auch einem zusätzlichen Behandlungszentrum in Waldshut. Die Fortbildung weitete sich aus in einen Fort- und Weiterbildungsverbund mit mehreren Kliniken der Region. Bereits ab 1996 waren die Landeskrankenhäuser als Zentren für Psychiatrie in Anstalten des öffentlichen Rechts umgewandelt worden. Neben den Ärztlichen Direktor trat ein Geschäftsführer, die einzelnen Abteilungen werden von Chefärzten geleitet.

Für den Rezensenten, der nicht Mediziner ist, kann dieser Sammelband über das Fachpersonal hinaus durchaus ein breiteres Publikum ansprechen. Die Beiträge sind zumeist gut verständlich und beziehen stets den zeitgeschichtlich-politischen Rahmen mit ein, ergänzt sogar durch die Resonanz in den regionalen Medien und durch Vergleiche mit konkurrierenden Institutionen. Insofern leistet das Buch auch einen Beitrag zum Abbau von Vorurteilen und Stigmatisierungen. Auch der gebildete Laie kann hier den langen Weg nachvollziehen, den die Psychiatrie Reichenau genommen hat, von der pauschalen Einteilung »Männer, Frauen, ruhig, unruhig« unter dem in der Öffentlichkeit emotional geprägten Begriff »Anstalt« hin zu einer modernen Fachklinik, wo sich hinter dem allgemeinen Begriff »Psychiatrie« sehr differenzierte Behandlungsformen entwickelt haben.

Arnulf Moser

Jakobus Kaffanke, Frieder Kammerer, Fredy Meyer: Alte Burg und Ort der Stille. 1000 Jahre Ramsberg im Linzgau. Reihe Hegau-Bibliothek Band 155. Gmeiner-Verlag, Meßkirch 2012, 237 Seiten

Der Ramsberg ist im Hegau hauptsächlich als Wallfahrtsstätte bekannt. Im letzten Aufsatz des Buches schreibt der dort oben lebende Eremit Bruder Jakobus Kaffanke OSB seinen Weg zum Ramsberg und sein Leben als Eremit. Der Tageslauf eines Anachoreten auf dem Ramsberg, wie er gerne bei der Buchvorstellung genannt wurde, d.h. einer der aus- oder sich zurückzog, ist gar nicht so eremitisch, wie man sich das gemeinhin denkt. Er unterliegt einem überraschend geschäftigen Treiben mit einem strengen Tagesablauf von morgens 6 Uhr bis Mitternacht, wie ihn viele Zeitgenossen haben. Beschaulichkeit oder gar ein Sehnen nach Geselligkeit können da kaum aufkommen. Zu viel hat der Benediktiner-Bruder, der dem Konvent der Beuroner Erzabtei angehört, zu erledigen, um seine Klause »betreiben« und die vielen Besucher betreuen zu können. Selbst Kurse in Wirtschaftsethik bietet der vielbeschäftigte und gar nicht weltabgewandte Klausner an.

Der Ramsberg ist nicht zuletzt wegen der recht zahlreichen Medienberichte über den Eremiten für den Leser aus dem Hegau vor allem als eine religiöse Einkehrstätte im Bewusstsein. Dass der Berg auch ein wichtiger historischer Ort für den Linzgau war und ist, wird bei der Lektüre des Sammelbandes offenbar, insbesondere der Beiträge von Heinz Krieg über die »politische ›Großwetterlage‹ im Hochmittelalter« und von Peter Schramm über den Grafen Rudolf von Ramsberg-Pfullendorf und dessen Bedeutung für Kaiser Friedrich Barbarossa.

Von zentraler Bedeutung im Buch sind die Aufsätze des hegauweit bekannten Wahlwieser Historikers Dr. Fredy Meyer über den Ramsberg als überlingische Vogtei und das Verhältnis zur Reichsstadt Überlingen sowie des Sigmaringer Kreisarchivars Dr. Edwin Ernst Weber über den Ramsberg in der Herrschaftsverfassung des nördlichen Linzgaus in der Frühen Neuzeit. Dr. Meyer hat sich zudem der spätgotischen Wandmalereien in der Wendelins-Kapelle angenommen, die seit dem 30-jährigen Krieg eine beliebte Wallfahrtsstätte ist. Dem Nellenburger Kreis des Hegau-Geschichtsvereins entstammt Ralf Schrage, der sich als Burgenforscher in einer »vorläufigen Bauuntersuchung« dem Ramsberg genähert hat. Vom Geologen Matthias Geyer über den Unteruhldinger Pfahlbauten-Chef Gunter Schöbel bis zum Konstanzer Mediävisten Harald Derschka hat sich eine wahrhaft illustre Schar dem Ramsberg und den vielen Facetten seiner Geschichte angenommen.

Die Beiträge des Buches sind übrigens für eine zweitägige Vortragsveranstaltung entstanden, die vom umtriebigen Eremiten Bruder Jakobus Kaffanke initiiert wurde und auf Einladung des Fördervereins Ramsberg im Juli 2011 in der Ramsberghalle in Großschönach stattgefunden hat und in erstaunlich kurzer Zeit in dieses Buch »gegossen« werden konnten. Der stattliche Sammelband bietet dem Leser einen profunden Einblick in Geschichte, Kunstgeschichte und mönchische Gegenwart dieses historisch wichtigen Platzes im Linzgau.

Wolfgang Kramer

Kurt Badt: »Mir bleibt die Stell lieb, wo ich gelebt.« Erinnerungen an den Bodensee. Hg. und mit einem Nachwort von Manfred Bosch. Geschichte und Kultur des Bodenseekreises Band 2. UVK-Verlag, Konstanz 2012, 341 Seiten

Im HEGAU-Jahrbuch 2011 hat der Herausgeber eine Kostprobe aus den Badt'schen Erinnerungen gegeben (S. 153–176). Nun liegt das ganze Werk vor, das der jüdische Künstler und Kunstwissenschaftler 1940/41 in London geschrieben und das Manfred Bosch in seinem Nachlass im Germanischen Nationalmuseum Nürnberg aufgefunden hat.

Die Schilderung der Ärmlichkeit des Lebens im Bodman der 1920er Jahre hat die Bodmaner Zuhörer bei der Buchvorstellung im November 2012 teilweise schockiert, weil sie sich nicht vorstellen wollten und konnten, dass in ihrem nun so schick gewordenen Ort eine solche Armut herrschte, die im krassen Gegensatz zur prachtvollen Natur in dieser gesegneten Landschaft stand. Nur ein Fremder konnte das sehen und beschreiben. Der in Berlin geborene Kurt Badt, der als Maler ein besonderes Auge und als Literat und Wissenschaftler die sprachlichen Voraussetzungen dafür besaß, hat einfühlsam und nie verletzend diese eigentlich unbeschreiblichen Zustände geschildert. Badt kam mit seiner Familie an den See, baute sich westlich von Ludwigshafen in Klein-Bodman eine Villa im italienischen Stil und versuchte, sich zu Beginn der 1930er Jahre als Gutsbesitzer im Linzgau. Im Rimpertsweiler bei Salem hatte er sich einen stattlichen Hof gekauft. Sein großer Berater war der berühmte Bodmaner Obstbauer und Kunstfreund Paul Weber, der ihm bei allem hilfreich zur Seite stand.

Es ist beeindruckend und rührend zugleich, wie sich Badt mit einer stattlichen Zahl von Gesindeleuten bemühte, einen besonderen bäuerlichen Betrieb mit Viehzucht, Acker- und Obstbau aufzubauen. Doch das Hinterwälder Rindvieh aus dem Schwarzwald gedieh genauso wenig wie der Mais im biologisch-dynamischen Ackerbau nach Rudolf Steiner, der nur 30 cm hoch wurde. Kurzum, der Hof des Kunsthistorikers stand unter keinem guten Stern. Dann musste der jüdische Hofbesitzer auf Druck der Nationalsozialisten sein bäuerliches Experiment im Linzgau aufgeben. Trotzdem hat uns Badt eine eindrückliche Schilderung der traditionellen Landwirtschaft am See hinterlassen, die dem Leser diese verschwundene Welt in schönen Bildern zeichnet.

Ganz erstaunlich sind die letzten Seiten seiner Erinnerungen. Darin berichtet der gebildete und aus dem Großbürgertum kommende Kunsthistoriker und Städter Badt von seinen Beobachtungen des Lebens der Knechte auf seinem Hof. Er bezeichnet sie als »halberwachte Menschen«. Von ihrem Umgang mit den Tieren, der nach Badts Ansicht die Knechte zutiefst prägte, von ihrer Befangenheit bei der Begegnung mit anderen Menschen und vom Schicksal eines Knechtes, der sich auf Geheiß eines Nazi-Eugenikers ins Krankenhaus begeben sollte, um sterilisiert zu werden, weil dessen Bruder geisteskrank war. Um diesem nicht nur für einen Knecht grauenhaften Eingriff zu entgehen, verschwand er »in die Wälder« und ward nie mehr gesehen.

Der Jude Badt flieht vor den Nazis nach England, kehrt aber in den 1950er Jahren wieder an den See zurück. Er lebt und arbeitet als Privatgelehrter in Überlingen, bevor er 1968 an der neuen Universität Konstanz Kunstwissenschaft lehrt. Kurt Badt stirbt gemeinsam mit seiner Frau im November 1973 in seinem Haus in Überlingen.

Doch Badts »Erinnerungen an den Bodensee« haben nur die 1920er und 1930er Jahre zum Inhalt. Das Buch wird jedermann begeistern, der sich auf eine Beschreibung der Bodenseelandschaft vor dem großen Sturm der Menschen auf diese Landschaft einlassen will, der sie nachhaltig verändert hat. Die kleinen Ungenauigkeiten bei der Beschreibung von Geografie und Geschichte wird der hiesige Geschichtsfreund dem im fernen Berlin geborenen Kurt Badt sicherlich nachsehen. Er wird durch eine herrliche Beschreibung entschädigt.

Wolfgang Kramer

Sebastian Hausendorf: »Eine böse Mißwirtschaft« – Radolfzell 1933–1935. Reihe Hegau-Bibliothek Band 153. UVK-Verlag, Konstanz 2012, 222 Seiten

Die Zeiten, in denen sich die Hegau-Städte und -Gemeinden und auch der Hegau-Geschichtsverein mit der Darstellung der NS-Geschichte zierten, sind lange vorbei. In Radolfzell war die SS-Kaserne schon seit einigen Jahren ein Forschungsthema, um das sich vor allem Stadtarchivar Achim Fenner erfolgreich bemühte. Es brauchte nicht unbedingt Gerhard Zahners Theaterstück »Flüsterstadt«, um die Lokalhistoriker auf das Thema aufmerksam zu machen, denn kein Archivar oder Stadthistoriker kann es sich erlauben, »Leichen im Keller« zu haben, wie der Titel der Köhler'schen Dokumentation über das vermeintliche Radolfzeller (Ver-)Schweigen lautet. Auch wenn es Juristen und Filmemacher nicht glauben mögen: Für jeden Regionalgeschichtler, der seine fünf Sinne beisammen hat, ist diese dunkle Zeit mit ihren schrecklichen »Abnormalien« ein ganz »normales« Forschungsthema. Es ist das Verdienst von Sebastian Hausendorf, dass er die ersten Jahre der Nazizeit im schönen Radolfzell erforscht hat – um das Wort »Aufarbeitung« zu vermeiden, denn eine Zeit gänzlich aufzuarbeiten, das gelingt wohl kaum einem Historiker, es gibt immer Aspekte, die noch zu bearbeiten wären.

Im Mittelpunkt der Hausendorf'schen Arbeit steht die »Epoche« des Radolfzeller Bürgermeisters Eugen Speer, der auch NSDAP-Kreisleiter für den Kreis Konstanz war. Mit ihm hatte Hausendorf einen typischen Nazibonzen vor sich: verschwenderisch, persönlich überschuldet, großmäulig, chaotisch, aktionistisch, überfordert. Speer gehörte zu den »alten Kämpfern«, unter denen eine große Zahl von Chaoten war. Man kann es auch viele Jahrzehnte später immer noch kaum glauben, wie ein »Kulturvolk« solchen Typen auf den Leim gehen konnte. Man nahm sie damals lange Zeit nicht für voll und wollte die Gefahr nicht erkennen, die von solchen ungebildeten und kulturlosen Leuten ausging.

Der SPD-Reichstagsabgeordnete Kurt Schumacher bezeichnete in jener Zeit einmal den Nationalsozialismus als den »inneren Schweinehund im Menschen«. Speer schien dieses innere »Tier« seine Leitlinie vorzugeben, denn er agierte so schlimm in Radolfzell, dass er wegen seiner »bösen Mißwirtschaft« den Bürgermeisterposten recht bald räumen musste. Er stürzte sich auf typische NS-Themen, wie Ehrenbürgerschaften für Hitler, Wagner und für sich, Straßenumbenennungen, die SS-Kaserne, den Fremdenverkehr, die Verlegung des Bahnhofs und die Einrichtung eines »Zoos« im Stadtgarten, denn schließlich hielten die Nazis etwas auf ihre Tierliebe – hatten sie nicht 1933 das erste deutsche Tierschutzgesetz erlassen? Hausendorf hat diese drei Jahre gründlich erforscht und viele Facetten des Lebens in der Stadt in jener Zeit dargestellt. Er hat die Wahlen in den 1920er und 1930er Jahren analysiert, die geringe Durchdringung der Stadtverwaltung mit echten Parteigenossen dargestellt und hierfür viele Akten in den in Frage kommenden Archiven durchgearbeitet.

Sebastian Hausendorf hat eine solide, gründlich recherchierte und – was auch wichtig ist – leicht lesbare Arbeit über die ersten NS-Jahre in der »Flüsterstadt« vorgelegt. Radolfzell wird immer vorgehalten, dass sie der einzige Ort in der Region gewesen wäre, wo Hitler eine – allerdings nur kurze, nichtssagende – Wahlkampfrede gehalten hätte. Trotzdem war diese Stadt schon wegen ihres hohen katholischen Bevölkerungsanteils eine von vielen deutschen Städten, in denen die Nazis zu Beginn des Jahres 1933 von einer Mehrheit weit entfernt waren und dann innert weniger Monate recht schnell ihr Regime etablieren und die Menschen gewinnen konnten. Deshalb kann man kaum glauben, dass die Radolfzeller schon am 30. Januar 1933 die Hakenkreuzfahne am Rathaus aufgezogen haben, wie es in der Bildunterschrift auf S. 80 heißt.

Wolfgang Kramer

Vereinsnachrichten

Protokoll der 57. Mitgliederversammlung des Hegau-Geschichtsvereins am Samstag, dem 16. Februar 2013, in der Stadthalle Singen

I. Mitgliederversammlung

1. Begrüßung durch den Präsidenten

Der Präsident des Hegau-Geschichtsvereins (HGV), Wilderich Graf von und zu Bodman, heißt zu Beginn der 57. Hauptversammlung alle Anwesenden herzlich willkommen und begrüßt insbesondere Oberbürgermeister Oliver Ehret, Bürgermeister Bernd Häusler als Vertreter der Stadt Singen sowie Herrn MdB Andreas Jung. Er dankt der Stadt für die vielfältige Unterstützung des HGV. Anschließend gedenken der Präsident und die Anwesenden durch Erheben von ihren Plätzen der seit der letzten Hauptversammlung verstorbenen Mitglieder: Bernhard Adler, Pfarrer i. R., Allensbach-Hegne (Nachruf im Jahrbuch HEGAU 2012); Wilfried Biester, Sipplingen; Dr. Dr. Eberhard Dobler, Freiburg (Breisgau), Ehrenmitglied des HGV (Nachruf im Jahrbuch HEGAU 2012); Walter Faaß, Mühlhausen-Ehingen; Dr. Hannelore König, Steinenbronn (Nachruf im Jahrbuch HEGAU 2012); Siegfried B. Müller, Singen; Bernhard Wirminghaus, Tengen; Willi Weber, Singen; Lothar Zimmermann, Singen.

2. Grußwort von Oberbürgermeister Oliver Ehret

Im Anschluss daran wendet sich der Singener Oberbürgermeister Oliver Ehret mit einem Grußwort an die Anwesenden. Er betont die Verwurzelung des HGV in der Region und dessen enge Verbundenheit mit der Stadt Singen. Vermehrt seien es neu Zugezogene, die dem HGV beitreten und so Informationen über ihre neue Heimat gewinnen wollen. Das sei eine wichtige Aufgabe, die über das eigentliche Aufgabenfeld eines Geschichtsvereins hinausgehe. OB Ehret dankt dem HGV für diese Identität stiftende Arbeit.

3. Geschäftsbericht des 1. Vorsitzenden

Der 1. Vorsitzende dankt zuerst der 2. Vorsitzenden, Sibylle Probst-Lunitz, die ihn in der letztjährigen Mitgliederversammlung souverän vertrat. »Handwerk und Gesellschaft« hieß das Schwerpunktthema 2012. Dazu gab es 57 Veranstaltungen zum Thema und über die Geschichte des Hegau: von der Archäologie, die ein Gutteil des Programms füllte, über kirchliche Themen, Kunstgeschichtliches, Mittelalterliches und Frühneuzeitliches und Themen aus der neueren und neuesten Geschichte. Das ganze Spektrum der Geschichte und das eines Geschichtsvereins – und das ist auch richtig, denn ein »bürgerlicher« Geschichtsverein soll dieses weite Feld abdecken und anbieten.

Das Vereinsjahr 2012 begann am 3. März mit dem Tag der Archive in Hilzingen, an dem Pretiosen, Interessantes und Merkwürdiges aus dem Hilzinger Archiv gezeigt wurden und viele der Einladung gefolgt sind. Das Jahr 2012 war das Jahr der Kelten in Baden-Württemberg. Die große Landesausstellung beherrschte fast die archäologische und landesgeschichtliche Szene. Der HGV hatte zahlreiche Vorträge über die Kelten im Programm, wie der von Prof. Krausse über die Bergung des keltischen Fürstinnengrabs von der Heuneburg, der zahlreiche Zuhörer anlockte, oder den von Dr. Hald über die Kelten am Hohenhewen bei Anselfingen oder die Exkursionen des Kreisarchäologen zu den keltischen Großfundstätten Heuneburg und zum Magdalenenberg bei Villingen. Doch nicht nur die Kelten waren Thema bei den Archäologen: Es wurden neueste Methoden der Grabungstechnik und deren Rekonstruktion und Dokumentation gezeigt, Dr. Hald berichtete von seiner Arbeit an den Alemannengräbern in Gottmadingen, mehrfach waren die Pfahlbauten Thema in Vorträgen und auch die Römer kamen nicht zu kurz. Die Archäologie ist seit Jahren ein Schwerpunkt im Veranstaltungsprogramm.

Doch auch über der Erde gab es Interessantes zu entdecken. Frau Dr. Istas lud zu einem Vortrag mit Prof. Kaiser über Bier und Met, Trinkhallen und Tavernen, Dr. Meyer führte seinen Arbeitskreis Hegau in den Klettgau nach Rheinau und Bühl, und Wolfgang Kramer versuchte in einem Vortrag im Rahmen der Sanierung der Stadtpfarrkirche Engen, die Zuhörer mit den religiösen und nicht immer ganz frommen Gebräuchen der Gläubigen in Engen bekannt zu machen. Überaus stark besucht war der Vortrag nach der letztjährigen Mitgliederversammlung von Dr. Reinhard Brosig über die Pest. Die Burgenfachleute des Nellenburger Kreises wanderten zu den Burgen bei Hilzingen, um Stockach, zur Burg Riedheim und zum Alten Turm bei Aach. Diese burgenkundlichen Intensiv-Führungen von Ralf Schrage, Rudolf Martin und Uwe Frank sind zu einem festen Bestandteil des HGV-Programms geworden und aus diesem nicht mehr weg zu denken.

Der Informationsnachmittag fand in Bankholzen, Bettnang und Weiler statt, Dank an den Arbeitskreis Heimatpflege Vordere Höri für seine Gastfreundfreundschaft. Ins Württembergische ging es an drei heißen Tagen mit Holger Starzmann, und zwar auf die Solitude, nach Stuttgart, auf den Rotenberg, ins Schloss Ludwigsburg, auf den Asperg, nach Besigheim, in die Schillerstadt Marbach, zu der romanischen Kirche in Oberstenfeld und vieles mehr – Glanz und Schrecken dessen, was im mittleren Neckarraum entstanden ist – und vieles war vielen ganz unbekannt – unbekanntes Württemberg.

Thomas Schaad marschierte mit jeweils einer stattlichen Schar von Teilnehmern auf baukundlichen Spaziergängen im Frühjahr durch Welschingen und im Herbst durch die Konstanzer Sierenmoos-Siedlung. Tief hinein ins Konstanzische hat sich Hildegard Bibby gestürzt, als sie sich auf einer Führung mit der mittelalterlichen Müllbeseitigung in der Stadt beschäftigte. Das angenehmere Konstanz hat sich Dr. Fredy Meyer mit einer Besichtigung der Spitalkellerei ausgesucht.

Mit vielen Veranstaltungen hat der Arbeitskreis Kulturlandschaft mit Claudia Rodat zum Vereinsprogramm wieder beigetragen: Es gab Vorträge über Stadtgründungen, mit einer Zeitmaschine fuhr Kantonsarchäologe Kurt Bänteli in das Schaffhauser Mittelalter, und im Rahmen des Schwerpunktthemas Siedlungen ging es bei Vorträgen um die Erhaltung historischer Ortskerne und zusammen mit Thomas Schaad um die baukundliche Bestandsaufnahme von Dörfern. Die Industriestädte Tuttlingen und Trossingen waren Ziele der verschneiten Herbstexkursion an einem lausig kalten Tag, und an einem schönen Herbsttag suchte der HGV mit dem befreundeten Baar-Geschichtsverein aus Donaueschingen die Höri mit Öhningen, Schienen und Kattenhorn auf.

Den Tag des offenen Denkmals hat der HGV natürlich auch wieder ganz ausführlich begangen, mit über 30 Objekten zum Thema »Holz« und einem bunten und informativen Flyer. Wichtige Ereignisse waren außerdem die Vorstellung des Buches »Der Alemannische Raum – Einheit trotz der Grenzen« am 2. Mai und natürlich die Vorstellung des neuen Jahrbuchs am

8. November in Stockach. Das Jahrbuch 2012 wurde von der Leserschaft besonders stark gelobt, das freut uns natürlich sehr.

Den Auftakt ins Jahr 2013 machte eine Fahrt ins schwäbische Krippenzentrum nach Rottenburg am Neckar mit höchst unterschiedlichen Krippen. In den Sitzungen des Redaktions- und Programmausschusses und auch des Beirats im Januar ging es um die Fortsetzung der Reihe »Kunstschätze«. Der HGV will nun mehrgleisig fahren und neben dem Thema Historismus auch die Themen Naturschätze und Frühmittelalter/Romanik nebeneinanderher betreiben. Welches als erstes fertig ist, das wird gedruckt. Das Vereinsjahr 2012 war wieder randvoll, der 1. Vorsitzende dankt ganz herzlich allen, die mitgeholfen haben mit Vorträgen, Führungen und Beiträgen im Jahrbuch. Nur mit dieser Hilfe ist es möglich, ein solches Programm anzubieten und durchzuführen.

Der HGV ist attraktiv, und trotzdem nimmt die Mitgliederzahl nun auch in diesem Jahr leicht ab. Es ist der vielbeschworene demografische Faktor, der beim HGV eine Rolle spielt wie bei anderen Geschichtsvereinen. Der HGV hatte am 31. Dezember 2012 genau 1057 Mitglieder, hinzu kommen noch 73 Tauschpartner der Hegau-Bibliothek und 13 Abonnenten der Zeitschrift HEGAU, die traditionell mitgezählt werden – das macht dann 1143. Das ist immer noch respektabel und der HGV gehört damit zu den großen Geschichtsvereinen im Land, es sind aber 11 Mitglieder weniger als im letzten Jahr. Immerhin dürfen 36 neue Mitglieder begrüßt werden. Der 1. Vorsitzende heißt sie im Verein herzlich willkommen und wünscht ihnen viel Freude bei der Beschäftigung mit der Geschichte des Hegau.

Die Liste der 2012 verstorbenen Vereinsmitglieder ist lang. Die Zahl derer, die aus Alters- oder sonstigen Gründen aus dem Verein ausgetreten sind, ist mit 38 Personen groß. Viele, die seit Jahrzehnten dem Verein die Treue gehalten haben, viele schon seit der Gründungsphase in den 1950er Jahren, sind darunter, haben uns verlassen und werden den HGV noch verlassen. Sie ziehen ins Alten- oder gar Pflegeheim, haben Schwierigkeiten mit dem Augenlicht – der HGV muss sich darauf einstellen. Der HGV muss sich noch mehr anstrengen, um die Mitgliederzahl zu halten. Deshalb appelliert der 1. Vorsitzende an die versammelten Mitglieder, noch mehr zu werben für den HGV, für seine Veranstaltungen und sein Jahrbuch, damit der HGV ein lebendiger Verein bleibt und sich zum Wohle dieser Landschaft weiterhin einsetzen kann. Der Vorstand will in den Vereinsgremien darüber sprechen, was getan werden kann, um diesen Negativtrend, dem leider alle Geschichtsvereine unterliegen, aufhalten zu können.

Die im letzten Jahr vorgetragenen Bedenken zur Veränderung der Landschaft im Zuge der Energiewende sind nicht ohne Beachtung geblieben. Der HGV muss sich weiter dafür einsetzen, dass so viel wie möglich von der herrlichen Hegaulandschaft für künftige Generationen erhalten bleibt. Das Wort »Bedenkenträger« ist positiv zu sehen, wenn so dazu beigetragen werden kann, dass bei solchen Veränderungen mit Weitsicht und Verantwortung für die Landschaft vorgegangen wird. Bei allem Verständnis für die Landwirtschaft: Es kann nicht sein, dass riesige Biogasanlagen überall im Außenbereich gebaut werden, wie in Dietlishof, in Tengen, in Eckartsbrunn auf der Höhe oder zwischen Hilzingen und Duchtlingen, nur weil die Landwirtschaft überall im Außenbereich recht problemlos bauen kann und von den Bauherren und den Baubehörden auf die Kulturlandschaft als solches keine Rücksicht genommen wird. Da ist der Hegau nicht mehr weit entfernt von einer Zersiedelung der Landschaft wie z.B. im Schweizer Mittelland.

Der HGV arbeitet auf vielen Feldern. Ein neues Mitgliederprojekt, die Erfassung der Epitaphien im Kreis Konstanz, wurde im November 2012 begonnen. Hildegard Bibby arbeitet an der Zusammenstellung von Quellen zum Ersten Weltkrieg für das Projekt »Regionalgeschichte in der Schule«. 2012 hat der HGV mit großem Erfolg die Stadtführer aus dem Hegau nach Bodman eingeladen, rund 40 Personen sind freudig und mit großem Appetit unserer Einladung gefolgt. 2013 wird der HGV wieder die Geschichtsvereine im Landkreis zu einem Meinungsaustausch einladen. Der HGV verfügt über fünf Arbeitskreise, die mit ihren Veranstaltungen zum fassettenreichen Bild des Vereins beitragen.

Auch 2012 hat der HGV wieder die Geschichtspreisträger in den Abiturklassen mit einem Buchpreis und einer einjährigen kostenlosen Mitgliedschaft im HGV bedacht. Die Preisträger sind: Stefan Billinger, Rielasingen (Hohentwiel-Gewerbeschule, Technisches Gymnasium Singen); Stephan Böcker, Radolfzell (VHS Konstanz-Singen, Abendgymnasium, Singen); Ivana Forster, Radolfzell (Friedrich-Hecker-Gymnasium Radolfzell); Helena Friedrich, Konstanz (Heinrich-Suso-Gymnasium Konstanz); Lilian Häge, Konstanz (Alexander-von-Humboldt-Gymnasium Konstanz); Gregor Bruno Heer, Tengen (Hohentwiel-Gewerbeschule, Technische Oberschule Singen); Oliver Koch, Singen (Hegau-Gymnasium Singen); Michelle Kreß, Konstanz (Wessenberg-Schule, Wirtschaftsgymnasium Konstanz); Jana Künzler, Gunterswilen CH (Geschwister-Scholl-Schule Konstanz); Marco Marmone, Singen (Hegau-Gymnasium Singen); Victoria Menke, Eigeltingen-Reute (Nellenburg-Gymnasium Stockach); Susanne Rank, Singen (Hegau-Gymnasium Singen); Frank Riemer, Singen (Robert Gerwig-Schule Singen); Carla Schwörer, Konstanz (Geschwister-Scholl-Schule Konstanz); Annika Thiem, Engen (Friedrich-Wöhler-Gymnasium Singen); Lisa Zizmann, Stockach (Nellenburg-Gymnasium Stockach).

Abschließend dankt der 1. Vorsitzende den Mitgliedern, die durch ihre Teilnahme an den Veranstaltungen und ihr aktives Mittun den Verein unterstützt haben, sowie Katharina Scheufele und Christine Stotz von der Geschäftsstelle für ihre Arbeit, ihr Mitdenken und ihr Organisationstalent; der Stadt Singen für ihre Unterstützung des HGV auf vielen Gebieten; den Spendern und Förderern für ihre finanzielle Unterstützung; den Mitgliedern von Beirat und Vorstand für ihre konstruktive und engagierte Mitarbeit in den Gremien und ihr Engagement für den Verein.

4. Kassenbericht des Schatzmeisters

Die Einnahmen für das Kalenderjahr 2012 setzten sich folgendermaßen zusammen: Mitgliedsbeiträge 29 079,46 €; Spenden von Personen 463,09 €; Spenden von juristischen Personen 250,00 €; Zuschuss des Landes 2500,00 €; sonstige Zuschüsse 3500,00 €; Erlöse aus Buchverkäufen 8108,56 €; Erlöse aus Exkursionen 18 723,03 €; Erlöse aus Vorträgen und sonstigen Veranstaltungen 1666,92 €; Mahngebühren 3,00 €; Zinserträge 53,72 €. Die Gesamteinnahmen 2012 betrugen damit 64 347,78 €.

Die Ausgaben im Kalenderjahr 2012 betrugen: Herstellungsaufwand für das Jahrbuch HEGAU 69/2012 insgesamt 21 632,52 €; Kauf von Büchern 2282,19 €; Aufwand für Exkursionen 13 607,65 €; allgemeine Bürokosten 389,15 €; Software 562,00 €; Postgebühren und Frachten 2021,18 €; Versicherungen 495,93 €; Zinsen und Bankgebühren Deutschland 315,15 €; Zinsen und Bankgebühren Schweiz 41,81 €; Versammlungen und sonstige Veranstaltungen 5011,37 €; Internet-Auftritt 2875,33 €; CD Regionalgeschichte in der Schule 1500,00 €; Mitgliedsbeiträge 122,00 €; Zuschüsse 500,00 €. Die Gesamtausgaben 2012 betrugen damit 51 345,48 €.

Der HGV hat damit 2012 einen Jahresüberschuss von 12 993,30 € erzielt. Dieser Überschuss kommt vor allem durch den sehr guten Verkauf der »Kunstschätze« und durch sehr guten Besuch der Exkursionen und Veranstaltungen zustande. Die finanzielle Basis des HGV ist aber weiterhin der Mitgliedsbeitrag.

Kassenbestand 31. Dezember 2012: Barkasse 459,94 €; Sparkasse Singen-Radolfzell Girokonto 8588,73 €; Sparkasse Singen-Radolfzell Festgeld 60 412,34 €; Postbank Karlsruhe Girokonto 1873,47 €; Schaffhauser Kantonalbank 84,91 €; Forderungen 309,88 €. Der Verein ist damit weiterhin wirtschaftlich gesund und steht auf einer soliden finanziellen Basis. Die Herausgabe des nächsten Jahrbuchs sowie die anderen Aktivitäten sind gesichert.

5. Bericht der Kassenprüfer

Der 1. Vorsitzende dankt Schatzmeister Bernd Eisenhardt für den vorzüglichen Kassenbericht und die solide Kassenführung. Die Kassenprüfung 2012 wurde durch Hans-Dieter Kuhn und Roland Frank vorgenommen. Herr Kuhn referiert die Ergebnisse: Buchführung und Belegwesen des HGV sind geordnet. Der Jahresabschluss zum 31. Dezember 2012 vermittelt ein den tatsächlichen Verhältnissen entsprechendes Bild der finanziellen Lage des HGV. Der HGV steht wirtschaftlich auf solidem Boden. Der Mitgliederversammlung wird empfohlen, den Jahresabschluss 2012 festzustellen und hierfür dem Schatzmeister und dem Vorstand Entlastung zu erteilen.

6. Aussprache über TOP 3–5

Hierzu gibt es keine Wortmeldungen.

7. Entlastung des Vorstands

Hans-Peter Jehle, Träger der Heimatmedaille Baden-Württemberg 2001 und Ehrenpräsident der Narrenvereinigung Hegau-Bodensee, beantragt die Entlastung des Schatzmeisters und des übrigen Vorstands, die per Handzeichen ohne Gegenstimme – bei Enthaltung der Betroffenen – erteilt wird.

8. Vorstellung der neuen Homepage des HGV

In einer Powerpoint-Präsentation stellt der 1. Vorsitzende die neue, komplett überarbeitete Homepage des HGV vor (www.hegau-geschichtsverein.de). Er erläutert den Gesamtaufbau und jede einzelne Seite. Die neue Homepage wurde gestaltet von dem Stuttgarter Graphiker Thomas Curtze-Schatton, der auch für die Gestaltung der Buchreihe »Kunstschätze« des HGV verantwortlich ist.

9. Vorstellung des Projekts zur Erfassung und Inventarisierung von Grabdenkmalen

Der Schriftführer erläutert den Stand des Mitgliederprojekts des HGV zur Erfassung von Grabdenkmalen im Kreis Konstanz. Am 20. November 2012 gab es dazu eine Einführungsveranstaltung in Radolfzell. Worum geht es bei diesem Inventarisierungs-Projekt eigentlich? Gräber unterliegen einer Friedhofsordnung, nach einer festgelegten Frist werden sie – wenn niemand mehr dafür bezahlen möchte – aufgelöst. Die Grabsteine werden dann abgeräumt und entweder zweitverwertet oder gleich ganz weggeworfen und zu Schotter verarbeitet. Die meisten Objekte, um die es hier geht, sind alte Grabsteine auf Friedhöfen. Sie sind akut von der Zerstörung bedroht und sollen durch die Inventarisierung für die Nachwelt dokumentiert werden. Auf den allermeisten Friedhöfen sind ältere Grabsteine schon weitgehend verschwunden.

Der zweite Schwerpunkt des Inventarisierungs-Projekts liegt bei den Kirchen. Ursprünglich war immer die Kirche der Mittelpunkt des Friedhofs. So finden sich vereinzelt an Kirchenaußenwänden noch Grabsteine – auch hier sind natürlich die allermeisten im Lauf der Zeit verloren gegangen. Und auch andersherum: Jede Kirche war selbstverständlich auch selbst ein Friedhof. Hier gab es Grabplatten über den Gräbern selbst, die mit der Zeit durch das Darüberlaufen abgenutzt wurden – von diesen vielen Grabplatten ist fast nichts erhalten geblieben. Neben den Grabplatten gab es in Kirchen noch Epitaphien an den Wänden für die Repräsentation und Selbstdarstellung der Verstorbenen. Sie sollten, anders als die Bodenplatten, die Zeiten überdauern. Trotzdem sind auch die allermeisten Epitaphien verloren und nur noch in wenigen Kirchen einzelne Objekte erhalten.

Auf der Homepage des HGV wurde eine eigene Seite »Epitaphien« für das Projekt eingerichtet. Dort kann der Erfassungsbogen angesehen, heruntergeladen und ausgedruckt werden, ebenso ein Leitfaden, der alle wichtigen Fragen beantwortet.

10. Kurzberichte aus den Arbeitskreisen

Die Vorsitzenden der Arbeitskreise des HGV stellen ihre 2012 durchgeführten und für 2013 geplanten Veranstaltungen und Projekte vor: Dr. Yvonne Istas für den AK Landeskunde/Landesgeschichte, Claudia Rodat für den AK Kulturlandschaft, Ralf Schrage in Vertretung von Dr. Michael Losse für den Nellenburger Kreis, Dr. Fredy Meyer für den AK Hegau. Thomas Schaad, Leiter des AK Denkmalpflege, ist entschuldigt.

11. Mitteilungen und Anträge, Verschiedenes

Der 1. Vorsitzende stellt die Herren Kuhn und Frank zur Wahl als Kassenprüfer für das Jahr 2013 zur Wahl, der die Mitgliederversammlung einstimmig – bei Enthaltung der beiden Betroffenen – zustimmt. Der 1. Vorsitzende stellt den Anwesenden Franz Meckes, Landeskonservator i. R. vor, der in den Beirat des HGV berufen werden soll. Franz Meckes wurde diesbezüglich bereits angefragt. Die Mitgliederversammlung stimmt der Berufung von Franz Meckes in den Beirat per Handzeichen ohne Gegenstimme – bei Enthaltung des Betroffenen – zu.

II. Öffentlicher Vortrag für Gäste und Mitglieder

Der Präsident des HGV, Wilderich Graf von und zu Bodman, begrüßt zu Beginn des öffentlichen Teils der Versammlung die Anwesenden. Der Stockacher Historiker und Oberstudienrat a. D. Dr. Fredy Meyer referiert in einem informationsreichen Vortrag über »Die Nellenburger«. Der Vortrag ist zum größten Teil im vorliegenden Jahrbuch HEGAU 70/2013 abgedruckt.

Dr. Franz Hofmann (Schriftführer)

Reihe »Hegau-Bibliothek«

Viele, vor allem ältere Publikationen der Reihe sind bereits vergriffen. Informationen zu Preisen oder zu Möglichkeiten des Erwerbs sind bei der Geschäftsstelle des Hegau-Geschichtsvereins, Hohgarten 2, 78224 Singen/Hohentwiel, Telefon 07731/85244, zu erhalten.

Bd. 1–119 siehe HEGAU 59/2002, S. 315–319. Die vollständige Liste der Reihe »Hegau-Bibliothek« ist auch auf der Homepage unter www.hegau-geschichtsverein.de zu finden.

Bd. 120 Michael Greuter (Hg.) mit Beiträgen von Michael Losse und Franz Götz: Hegau, Singen, Untersee – Kulturlandschaft mit Charme und Geschichte. 128 S., 2004

Bd. 121 Franz Hofmann, Reinhild Kappes (Hg.): »Zu Beurn sampt unnd sonders mit allem Vleis und Ernst«. Der Werdegang des Hegaudorfes Beuren an der Aach durch acht Jahrhunderte. 800 Jahre Beuren an der Aach. 180 S., 2004

Bd. 122 Michael Losse, Ilga Koch: Schlösser und Burgen am westlichen Bodensee. 80 S., 2004

Bd. 123 Hartmut Rathke: Stockach im Zeitalter der Weltkriege. 364 S., 2004

Bd. 124 Fredy Meyer: Auf Schritt und Tritt – Burgen, Höhlen und heilige Orte am Bodensee. 208 S., 2004

Bd. 125 Helmut Wengel, Wolfgang Kramer (Hg.): Raithaslach – 850 Jahre Ortsgeschichte. 196 S., 2005

Bd. 126 Michael Greuter (Hg.): Singen einst und jetzt, 88 S., 2005

Bd. 127 Gerhard Graf (Bearb.): Wappenbuch Landkreis Konstanz. Ergänzte und bearbeitete Neuauflage, hg. vom Landkreis Konstanz, 212 S., 2006

Bd. 128 Wolfgang Kramer, Michael Greuter (Hg. im Auftrag des Hegau-Geschichtsvereins): Kunstschätze im Kreis Konstanz. 256 S., 2006, 2. Auflage 2007, 3. überarbeitete Auflage 2008

Bd. 129 Reinhild Kappes (Hg. im Auftrag der Stadt Singen): »Ze Uberlingen am Ryete« 1256–2006, 750 Jahre Überlingen am Ried. 180 S., 2006

Bd. 130 Burkhard Helpap (Hg.): Der Gesundheitsverbund Hegau-Bodensee-Hochrhein-Kliniken. Eine Konsequenz aus den Gesundheitsreformen in Deutschland. 192 S., 2006

Bd. 131 Roland Kessinger, Klaus-Michael Peter (Hg.): »Als wenn die Hölle offen wär'« – Der Hegauer Aufstand und die Kriegskassenraube 1796. 224 S., 2006

Bd. 132 Poppele-Zunft Singen (Hg.): 50 Jahre Poppele-Narrenspiegel – 50 Jahre Stadtgeschichte 1957–2007. 256 S. incl. CD, 2007

Bd. 133 Kulturverein Hegne (Hg.): Hegne – einst und heute. Redaktion: Bernhard Adler, 100 S., 2007

Bd. 134 Fredy Meyer: Du stellst meine Füße auf weiten Raum (Ps. 31,9) – Jakobswege zwischen Neckar und Bodensee. 230 S., 2007

Bd. 135 Wolfgang Kramer (Hg. im Auftrag der Gemeinde Mühlingen): Mühlingen – Eine gemeinsame Ortsgeschichte der Madachdörfer Gallmannsweil, Mainwangen, Mühlingen, Schwackenreute und Zoznegg. 432 S., 2007

Bd. 136 Christof Stadler, Max Ruh (Hg.): 75 Jahre Schulhaus Gelbhausgarten mit Beiträgen zur Schul- und Stadtgeschichte Schaffhausen. 112 S., 2008

Bd. 137 Stefan Egenhofer, Wolfgang Kramer, Richard Welschinger (Hg. im Auftrag der Arbeitsgemeinschaft Allensbach): Allensbach – Die Geschichte der Gemeinde von den Anfängen bis heute. 424 S., 2010

Bd. 138 Wolfgang Kramer, Franz Hofmann (Hg. im Auftrag des Hegau-Geschichtsvereins): Kunstschätze in Konstanz, Kreuzlingen und Umgebung. 160 S., 2009

Bd. 139 Hans-Peter Jehle: 50 Jahre Narrenvereinigung Hegau-Bodensee. 340 S., 2009

Bd. 140 Klaus-Michael Peter, Reinhild Kappes, Gunnar Bamberg: Stadthalle Singen – Das Jahrhundertwerk. 128 S., 2008

Bd. 141 Martina Blaschka: Kleindenkmale im Kreis Konstanz. 160 S., 2009
Bd. 142 Elmar Zohren, Wolfgang Homburger, Peter Lutz: Naturerlebnis Bodensee-Hegau. Hg. v. Schwarzwaldverein e.V. Freiburg. 224 S., 2009
Bd. 143 Kurt Schmid: Zizenhausen – die jüngste Gemeinde in der Landgrafschaft Nellenburg. 373 S., 2011
Bd. 144 Fredy Meyer: Der Erfinder Karl Friedrich Gegauf – Seine Familie und sein Lebenswerk Bernina. 36 S., 2010
Bd. 145 Hans-Dieter Kuhn: Die Plansprachen Volapük und Esperanto in Konstanz. 132 S., 2010
Bd. 146 Stadt Radolfzell/Ortschaftsverwaltung Möggingen (Hg.): Möggingen am Mindelsee – Eine Dorfchronik. 300 S., 2010
Bd. 147 Jürgen Hald, Wolfgang Kramer (Hg. im Auftrag des Hegau-Geschichtsvereins): Archäologische Schätze im Kreis Konstanz. 256 S., 2011
Bd. 148 Michael Greuter: Bodensee und Hegau – einst und jetzt. Eine fotografische Zeitreise. 96 S., 2010
Bd. 149 Reinhard Brosig: Engen in der frühen Neuzeit. Bevölkerung und Gesellschaft. Eine Untersuchung der Bevölkerungs-, Berufs- und Vermögensstruktur von 1600–1800. 448 S., 2012
Bd. 150 Reinhild Kappes: Joseph Victor von Scheffel – Einblicke in ein vielschichtiges Leben. 112 S., 2011
Bd. 151 Achim Fenner, Monika Leister: Ein Maler für Radolfzell: Albert Fierz (1863–1913). 123 S., 2011
Bd. 152 Ortsgeschichte Randegg (erscheint 2014)
Bd. 153 Sebastian Hausendorf: »Eine böse Mißwirtschaft« – Radolfzell 1933–1935. 200 S., 2012
Bd. 154 Franz Hofmann: Geheimnisvolle Heidenhöhlen. 48 S., 2012
Bd. 155 Jakobus Kaffanke OSB, Frieder Kammerer, Fredy Meyer: Alte Burg und Ort der Stille. 1000 Jahre Ramsberg im Linzgau. 250 S., 2012
Bd. 156 Alfred Gschlecht: Die wechselvolle Geschichte des Dorfes Watterdingen. 316 S., 2013
Bd. 157 Ortsgeschichte Eigeltingen (erscheint 2014)
Bd. 158 Hannes Geisser (Hg.): 100 Jahre »Die Vegetation des Untersees (Bodensee)« von Eugen Baumann. Mitteilungen der Thurgauischen Naturforschenden Gesellschaft, Band 66, 2012. 260 S., 2012
Bd. 159 Eva Eberwein, Monika Leister: Lichtwerke – Mia Hesse, geb. Bernoulli, als Photographin. Versuch einer Nahaufnahme (erscheint Herbst 2013)
Bd. 160 Reinhold Gitter: 150 Jahre Hochrheinbahn – Die Strecke zwischen Aach und Biber (erscheint im November 2013)
Bd. 161 Dieter Britz, Roland Kessinger, Reinhold Gitter, Herbert Zahn und Klaus-Michael Peter: 150 Jahre Hochrheinbahn – Singen-Hegau (erscheint im November 2013)

Reihe »Neue Medien«

1. 1000 Ansichten aus dem Hegau bis 1850. Datenbank-CD-Rom mit Miniatur-Abbildungen. Bearb. von Franz Hofmann. CD-Rom, 2005
2. Quellen zur Frühindustrialisierung im Hegau und am See. Bearb. von Hildegard Bibby. Regionalgeschichte in der Schule Vol. 1. CD-Rom, 2008
3. Quellen zur Nachkriegszeit 1945–48 im Hegau und am See. Bearb. von Hildegard Bibby. Regionalgeschichte in der Schule Vol. 2. CD-Rom, 2011
4. Quellen zum Ersten Weltkrieg im Hegau und am See. Bearb. von Hildegard Bibby. Regionalgeschichte in der Schule Vol. 3. CD-Rom (erscheint im Frühjahr 2014)

Vorstand

Präsident: Wilderich Graf von und zu Bodman, Schloss Bodman, 78351 Bodman-Ludwigshafen
1. Vorsitzender: Wolfgang Kramer, Kreisarchivar, Hermann-Löns-Straße 32, 78234 Engen*
2. Vorsitzende: Sibylle Probst-Lunitz, Historikerin, Hermann-Albrecht-Str. 6/1, 78315 Radolfzell*
Schatzmeister: Bernd Eisenhardt, Städt. Beamter, Rathenaustraße 12, 78224 Singen/Htwl.
Schriftführer: Dr. Franz Hofmann, Historiker, Kunsthistoriker, Taborweg 40, 78467 Konstanz*

Ehrenvorsitzender

Dr. Franz Götz, Kreisarchivar i.R., Oberdorfstraße 13, 78224 Singen/Htwl.

Beiräte

Hildegard Bibby, Historikerin, Jacob-Burckhardt-Straße 15, 78464 Konstanz*
Dr. Reinhard Brosig, Lehrer, Historiker, Mägdebergstraße 5a, 78224 Singen/Htwl.
Dr. Tobias Engelsing, Direktor der städtischen Museen, Rosgartenstraße 3, 78462 Konstanz
Achim Fenner, Stadtarchivar und Museumsleiter, Stürzkreutstraße 32, 78315 Radolfzell
Dr. Christian H. Freitag, Lehrer, Schule Burg Hohenfels, 78355 Hohenfels
Ottokar Graf, Zollbeamter, Glockengasse 3, 78239 Rielasingen-Worblingen
Dr. Joachim J. Halbekann, Leiter des Stadtarchivs, Marktplatz 20, 73728 Esslingen/Neckar
Dr. Jürgen Hald, Kreisarchäologe, Am Schlossgarten 2, 78224 Singen/Htwl.*
Dr. Armin Heim, Museumsleiter, Sonnenhalde 1a, 88605 Meßkirch
Dr. Yvonne Istas, Museumsleiterin, Salmannsweilerstraße 1, 78333 Stockach
Reinhild Kappes, Leiterin des Stadtarchivs, Hegaustraße 33, 78224 Singen/Htwl.*
Dr. Roland Kessinger, Chemiker, Regionalhistoriker, Sommergasse 45/1, 69469 Weinheim
Peter Kessler, Bürgermeister, Gemeindeverwaltung Moos, 78345 Moos
PD Dr. Jürgen Klöckler, Leiter des Stadtarchivs, Benediktinerplatz 5, 78467 Konstanz*
Dr. Britta Leise, Historikerin, Amsler-Laffon-Straße 9, CH-8201 Schaffhausen
Dr. Michael Losse, Kunsthistoriker, Sandweg 10, 35037 Marburg
Alois Mattes, Kaufmännischer Angestellter i.R., Beethovenstraße 6, 78224 Singen/Htwl.
Franz Meckes, Landeskonservator a.D. für Bau- und Kunstdenkmalpflege am Landesamt für Denkmalpflege, Gütebohlweg 5, 78343 Gaienhofen
Dr. Fredy Meyer, Oberstudienrat a.D., Pestalozzistraße 7, 78333 Stockach-Wahlwies
Walter Möll, ehem. Geschäftsführer KT Singen, Schienerbergstraße 34, 78224 Singen/Htwl.
Hartmut Rathke, Oberstudienrat a.D., Richard-Wagner-Straße 11, 78333 Stockach
Claudia Rodat, Dipl.-Biologin, Gabelsbergerstraße 11, 78467 Konstanz
Albrecht Salewski, Dipl.-Bibliothekar i.R., Im Xander 9, 78224 Singen-Bohlingen
Thomas Schaad, Architekt, Bauforscher, Biesendorfer Straße 22, 78234 Engen-Biesendorf
Dr. Peter Scheck, Leiter des Stadtarchivs, Fronwagplatz 26, CH-8200 Schaffhausen*
Dr. Helmut Schlichtherle, Archäologe, Leiter Forschungsstelle Unterwasserarchäologie des Landesamts für Denkmalpflege, Fischersteig 9, 78343 Gaienhofen-Hemmenhofen
Prof. Manfred Schnopp, Direktor a.D. Staatliches Seminar für Schulpädagogik Rottweil, Am Kätzleberg 2, 78333 Stockach
Christof Stadler, Schulleiter, Historiker, Martinstraße 1, 78315 Radolfzell
Christa Stumpf-Boos, Dipl.-Verw.-Wiss., Ringstraße 17, 96117 Memmelsdorf
Werner Trapp, Historiker und Antiquar, Im Weinberg 15, 78464 Konstanz
Prof. Dr. Joachim Wahl, Anthropologe, Leiter Arbeitsstelle Osteologie des Landesamts für Denkmalpflege, Stromeyersdorfstraße 3, 78467 Konstanz
Benjamin Wieser, Leiter der Hegaubibliothek, Hauptstraße 50, 78315 Radolfzell

* Mitglied des Redaktions- und Programmausschusses